21世纪财务管理系列教材

内部控制学

〔第三版〕

李连华 主编

厦门大学出版社 XIAMEN UNIVERSITY PRESS | 国家一级出版社 全国百佳图书出版单位

图书在版编目(CIP)数据

内部控制学/李连华主编.—3版.—厦门:厦门大学出版社,2020.1
21世纪财务管理系列教材
ISBN 978-7-5615-7499-7

Ⅰ.①内… Ⅱ.①李… Ⅲ.①企业内部管理—高等学校—教材 Ⅳ.①F272.3

中国版本图书馆CIP数据核字(2019)第152322号

出 版 人 郑文礼
责任编辑 许红兵

出版发行 厦门大学出版社
社 址 厦门市软件园二期望海路39号
邮政编码 361008
总 机 0592-2181111 0592-2181406(传真)
营销中心 0592-2184458 0592-2181365
网 址 http://www.xmupress.com
邮 箱 xmup@xmupress.com
印 刷 厦门市金凯龙印刷有限公司

开本 787 mm×1 092 mm 1/16
印张 24.75
字数 572千字
印数 1~2 000册
版次 2007年3月第1版 2020年1月第3版
印次 2020年1月第1次印刷
定价 56.00元

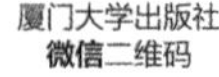
厦门大学出版社
微信二维码

厦门大学出版社
微博二维码

第三版前言

实现经营的可持续发展和稳定增长，系古今中外企业管理的永恒主题。理论上，企业能否实现其持续发展和稳定增长的目标，既与其所处的外部环境因素，如政治文明、法律制度、经济体制等有关，也与企业内部的管理控制是否有效相关联。现实中，若以企业失败之原因而研判，后一因素概大于前者，因为多数企业的失败或倒闭皆源于其内部管理失控。目前，这方面的事例俯拾即是，国外有“安然”、“世通”等著名的大公司，国内则有“中航油”、“中国银行开平分行”等国有大中企业，至于因内部控制失效而倒闭的中小企业更是不一而足。

如何才能实现企业的可持续发展，将企业办成“百年老店”？这是企业界和学术界长期探索、研究的论题，同时也是一个一直充满争议的话题。原因在于，影响企业发展的因素确实很多，各种因素之影响方式、影响程度很难精确地加以量定，更何况不同的价值判断标准和理解角度也会导致迥异的研究结论。但是，大致在20世纪50年代时，人们对企业失败原因的分析、认识开始逐渐收敛，趋于一致，即认为企业之失败主要根源于内部管理风险而非外部风险。因此，欲实现企业的持续发展与稳定增长，唯有控制内部风险，舍此，别无良途。

在所有管理方法和管理手段中，预防和降低内部风险的利器是内部控制。如果说在20世纪人们对此尚有存疑的话，那么在人类社会迈入21世纪的今天，其已成为定论。21世纪初，美国COSO委员会发布《企业风险管理——整合框架》，将内部控制置于风险管理的平台上进行研究和阐述，即是这种思想潮流之集大成。当然，除了风险控制功能外，内部控制尚可以提高效率效果，以及增加会计信息的真实性等等。凡此皆表明内部控制之于企业经营与持续发展中的重要性。

为了总结实践经验，凝练和介绍内部控制的理论与方法，我们曾于2007

年撰写和出版了《内部控制学》一书，以资业界在管理中应用，同时亦供高校师生加以研读参考。该书出版后，在国内产生了广泛影响，被多所大学选为教材，也曾获得华东区大学出版社优秀教材一等奖。然而，时过境迁，自第一版发行至今已过十余年，期间内部控制规范体系有了新的变化，人们对内部控制的理论与方法有了新的总结。虽然我们曾于2009年做过一些修订，但是其仍不能反映内部控制的最新发展与理论前沿。基于此，我们本着继承与创新的思想，在保持原有成熟的结构体例和知识体系的基础上，以我国颁布的内部控制规范为基本，对于相关内容进行了补充与完善，以期能够呈现给大家一本融合理论与实务、反映演变与前沿的教材。

在修订本书时，我们遵循教材应具有的原理性、通用性、学科性和稳定性的特征，重点研究和妥善处理了如下几个关系。这些思想是我们布局本教材内容体系的依据，也是读者理解本教材的指针。

第一，如何处理内部控制规范与内部控制教材之间的关系。我国财政部等五部委于2008年颁布《企业内部控制基本规范》，嗣后，又于2010年颁布《企业内部控制应用指引》、《企业内部控制评价指引》和《企业内部控制审计指引》以及两个解释性说明文件，这些构成了中国的内部控制规范体系。此规范体系出台后，对于内部控制教材的内容体系如何架构，则存在着两种方式。一种方式是以规范体系为准安排教材体系。比如，按照要素讲解内部控制，或者将内部控制分为治理层面的控制与业务层面的控制等，皆可归为此类。如此安排，内部控制教材就会侧重于使用说明、条例解释，虽实用但缺乏理论性和原理性。另一种方式则是注重内部控制的理论与方法体系，虽以规范体系为依据，但又具有高于规范体系的理论性和科学性。本书选择了后一种方式，这也是本书初版时的原有格局。此次修订仍然不变，故称为继承。

第二，如何处理全面内部控制与会计内部控制之间的关系。目前内部控制的前沿思想是强调全面性控制，所以，我国颁布的内部控制规范体系及其要素涉及范围非常广泛，既有组织结构设计，又有人力资源政策等。但是，我们考虑，现实中企业各部门职责不同，所谓术业有专攻，作为内部控制教材不可能面面俱到，而是应该有所侧重。我们这里以财务会计类专业学生和财务会计工作者为对象，对于与财务会计工作相关的内部控制加以详述，而对于诸如人力资源控制、企业组织结构、合同管理等，则鲜有涉及。事实上，人力资源管理涉及心理学、医学、社会学等诸多专业知识，也是内部控制学所无法深及的。

第三，如何处理不同行业之间的内部控制问题。行业之间的业务不同，内生并决定着其内部控制定然不同。若如此推断，势必存在着工业企业内部控制、商业企业内部控制以及金融企业内部控制、行政事业单位内部控制等等。但是，作为一本教材，因受讲课时数限制而不可能无所不包，一定要有所选择。在本教材中，我们以工业企业的内部控制为基准阐述内部控制之基本原理与方法，这样安排，是考虑到工业企业内部控制的齐全性与代表性。但同时我们又以行政事业单位内部控制加以补充，分列并详陈企业内部控制与行政事业单位内部控制的区别与关联，从而使内部控制的知识体系更加以完整。

综观而言，本书特点大体有四。其一，理论与实务并重。理论原应以实务为依据，实务则有赖于理论的支持与开发。书中所述各控制专题，既阐释内部控制的基本原理，也介绍实务管理中需要掌握的应用方法、技巧和注意事项。理论与实务融合一体，一贯而终。其二，内容系统而全面。既阐述内部控制的理论渊源、理论体系，又分项介绍各重要经济事项的控制程序、控制方法；既论述如何对经济事项进行控制，又介绍如何对内部控制进行评价。控制事项涵盖齐全，控制与评价兼而顾之。其三，关联融通。实践中，内部控制是和会计核算、财务管理、审计监督及其他业务关联一体的。可以说，既没有脱离业务流程的内部控制，也没有离开内部控制的业务流程。因此，内部控制的原理阐发和方法介绍，需要与会计核算要求、财务管理规程等相互融通，如此，才能建立起完整系统的内部控制观，而不至于使知识割裂化、碎片化。其四，体例新颖。本书以我国颁布的《企业内部控制基本规范》及其相关应用指引为依据，但是并未囿于规范体系，而是保持了教材应有的原理性、系统性和完整性。因此，各章内容并未采用使用手册式、制度注解式、专题讲座式的编写方式，而是以重要经济事项的控制为章序，每章内按照岗位分工、控制要点、监督与检查等逐一展开，同时每章末尾附以案例分析和思考题，便于读者研习和应用。这使本教材既可作为会计、审计和经济管理学生之教材，亦可用作实务工作者之梯航。

本书系由集体完成。具体分工是：李连华教授负责拟订写作大纲，对书稿进行总纂，同时负责撰写第一章、第二章、第十三章和第十六章，以及附录的收集工作。其他各章作者分别是：第三章、第四章，方时雄副教授；第五章、第六章，张蕾副教授；第七章、第八章，杨忠智教授；第九章、第十章，符大海副教授；第十一章，赵惠芳副教授；第十二章，聂海涛高级会计师；第十四章，项代有博士;第十五章,侯亚楠硕士。

在写作本书过程中,各章作者均参考了大量他人的研究成果,或著作或论文。其中,文献作者、年限和出版物等确切者已列于脚注或书后参考文献之中;但上述要素不全者或仅凭记忆的部分,因无法详细查证其出处,故无法列出,特向这些作者致以歉意。

作者写作本书,虽追求完美,然而因时间及能力所限,自愧未能尽善,敬请各位学者多加指正,以匡不逮。

李连华

2019 年 11 月

于杭州金沙学府

目 录

第一章 内部控制的产生与发展

第一节 内部控制的产生

一、内部控制的概念

(一)国外对内部控制的不同认识

人们对内部控制的认识,是随着管理实践而不断深入与发展的。在世界各国中,美国是对现代内部控制研究开展得比较早,而且是最富有研究成效的国家之一。因此,内部控制在美国的发展情况基本上也就代表了现代内部控制演变与发展的主要过程。在美国,人们对内部控制的认识先后经历了"两要素论"、"三要素论"、"五要素论"和"八要素论"等几个阶段。

1.两要素论

1949 年,美国会计师协会(AIA)在《内部控制,一种协调制度要素及其对管理当局和独立注册会计师的重要性》的报告中,首次对内部控制做出了明确定义,认为"内部控制,包括组织机构的设计和企业内部采取的所有相互协调的方法和措施。这些方法和措施目的在于保护企业的财产,检查会计数据的准确性,提高经营效率,促进企业执行既定的管理政策"。1958 年 10 月该委员会在《审计程序公告》(第 29 号)中进一步将内部控制划分为会计控制和管理控制两个组成要素。其中,内部会计控制是指与财产安全和会计记录有直接关系的各种控制程序和方法,主要包括财务记录和审核控制、财务财产记录与财产保管的职务分离控制、财产的实物控制和内部审计等。而内部管理控制则是指与企业的经营效率直接相关的各种控制程序和方法,主要包括业绩报告、员工培训计划和质量控制等。这些控制程序和方法只与财务会计记录有间接性的联系。

2.三要素论

1988 年,美国注册会计师协会(AICPA)在《审计准则公告》(第 55 号)(SAS 55)中,用"内部控制结构"取代了原先的"内部控制"的提法,并把内部控制结构概括为"为提供取得企业特定目标的合理保证而建立的各种政策和程序"。该公告将内部控制结构划分为三个要素:控制环境、会计制度和控制程序。其中,控制环境主要指董事会、管理者、业主和其他人员对控制的态度和行为;会计系统是指与各项经济业务的确认、归集、分类、分析、登记和编报等有关的方法;控制程序则是指管理当局为达到一定的目的而制定的政策和控制程序。

3.五要素论

1992年,COSO委员会(Committee of Sponsoring Organizations of the Treadway Commission)[①]在其研究报告《内部控制——一体化框架》(*Internal Control ——Integrated Framework*)中,将内部控制定义为"由企业董事会、经理层和其他员工实施的,为营运的效率效果、财务报告的可靠性、相关法令的遵循性等目标的达成而提供合理保证的过程"。该报告将内部控制分为五个要素:控制环境(control environment)、风险评估(risk assessment)、控制活动(control activities)、信息与沟通(information and communication)、监督(monitoring)。其中:(1)控制环境,包括员工的诚实性和道德观、员工的胜任能力、管理当局的管理哲学和经营风格、董事会或审计委员会、组织结构、授予权利和责任的方式、人力资源政策和实施等。(2)风险评估,是指识别、分析与实现目标相关的风险,并决定如何管理这些风险。(3)控制活动,是指对所确认的风险采取必要的措施,以保证管理当局的政策能够得以执行。(4)信息与沟通,主要指有关信息需要以一定的形式、在规定时间内被识别、捕捉和交流,以便于人们履行其控制职责。(5)监督,指对控制系统的实际执行质量进行评估和监督。

4.八要素论

2004年,COSO委员会对内部控制的认识更加宽泛化,将内部控制扩展到风险管理领域,在其研究报告《企业风险管理框架》(*Enterprise Risk Management Framework*)中将内部控制的要素进一步扩展为内部环境、目标制定、事项识别、风险评估、风险反映、控制活动、信息与沟通、监控等八个要素。其中:(1)内部环境,指董事会、企业管理者的管理理念、风险偏好、企业文化等影响内部控制运行的各种因素。这是其他内部控制要素发挥作用的基础。(2)目标制定,指根据企业所要完成的任务确定管理目标和战略规划。企业的目标有四类:战略目标、经营目标、报告目标和合法性目标。(3)事项识别,指对影响企业风险的有利或不利事项进行分析和识别,并对各种事项发生的可能性进行预期。(4)风险评估,指采用定性和定量的方法对企业的风险进行评价,以确定其对企业的影响方式和影响程度。(5)风险反映,根据风险评估的结论,将风险容忍度和风险控制成本结合起来,确定企业应该采用的风险控制方案。一般来说,有四类应对方案:规避风险、减少风险、分担风险和接受风险。(6)控制活动,指企业各个部门、各个环节所采用的实际控制行动。(7)信息与沟通,指有关信息在企业内部各个管理层面、企业与供应商、客户、行政管理部门之间的传递过程。(8)监控,指对企业风险控制过程和控制效果所进行的监督与控制。

由上面分析可以看,在国外,人们对内部控制的认识是不断变化的。内部控制是一个动态的概念,今后仍将发生变化。从总体趋势来看,内部控制的范围在逐渐扩大,其由最初侧重于财务会计角度的控制发展到目前包含战略管理、风险管理、绩效管理等在内的管

---

① 由美国注册会计师协会(AICPA)、美国会计学会(AAA)、财务经理协会(FEI)、内部审计师协会(IIA)及管理会计师协会(IMA)共同组建的专门研究内部控制的组织。

理活动。

(二)我国对内部控制的认识

我国对内部控制的系统研究大致开始于20世纪80年代末。然而,与美国不同,我国没有专门研究内部控制的类似于COSO委员会这样的专业组织。有关内部控制的研究主要是由学术界和会计审计职业管理机构进行的。因此,他们的看法基本上能够代表我国对内部控制的认识和理解程度。

1.学术界的认识

我国学术界对于内部控制的理解和概括很不一致。张龙平教授将我国理论界对于内部控制的看法概括为如下三种[①]:第一种是内部控制制度论,认为内部控制是为了保证会计信息可靠、企业的资产安全和完整,以及经营效率的提高所采用的控制制度。这些制度又包括会计控制制度和管理控制制度两部分。第二种是内部控制结构论,认为内部控制包括控制环境、会计系统和控制程序。第三种是内部控制成分论,认为内部控制主要由控制环境、风险评估、控制活动、信息与沟通、监控等五个成分所构成。

王德升、阎金锷教授在其《审计学基础》中认为,内部控制制度是一个单位为了保护其资产的完整性,保证会计资料的正确性和可靠性,提高经济效率以及促进贯彻规定的经营方针而在单位内部采用的一系列相互联系、相互制约的制度、方法和手续。

娄尔行教授在其著作《审计学概论》中认为,"所谓内部控制制度,就是各级管理部门,为了保护本单位财产安全完整,确保会计及其数据的正确可靠,保证国家财经纪律和本单位所制订的方针、政策的贯彻执行,利用单位内部因分工而产生的相互制约、相互联系的关系,形成一系列具有控制职能的方法、措施、程序,并予以规范化、系统化,使之组成一个严密的控制机制"。

总体上看,我国学术界对于内部控制的认识受国外影响比较大,有关内部控制内涵的概括和定义同美国具有比较高的同质性,基本上反映着国外内部控制的主要发展过程。

2.职业管理机构的认识

(1)1996年12月份,中国注册会计师协会发布的《独立审计具体准则第九号——内部控制与审计风险》将内部控制定义为:内部控制是指被审计单位为了保证业务活动的有效进行,保证资产的安全和完整,防止、发现、纠正错误与舞弊,保证会计数据的真实、合法、完整而制定和实施的政策与程序。

(2)2001年6月,我国财政部发布的《内部会计控制规范——基本规范(试行)》中,将内部会计控制定义为:内部会计控制是指单位为了提高会计信息质量,保护资产的安全、完整,确保有关法律、法规和规章制度的贯彻执行等而制定和实施的一系列控制方法、措施和程序。

(3)2008年6月,我国财政部、国资委、证监会等五部委联合发布了《企业内部控制基本规范》,其中把内部控制定义为:内部控制是由企业董事会、监事会、经理层和全体员工实施的,旨在实现控制目标的过程,其目标是合理保证企业经营管理合法合规、资产安全、财务报告及相关信息真实完整,提高经营效率效果,促进企业实现发展战略。这一定义较

---

① 张龙平,等.关于注册会计师对内部控制评价的理论思考[J].审计研究,2004(3).

之 2001 年相比有了明显进步,其控制范围更加广泛,不再局限于会计控制领域,和国际上的普遍认识已经基本一致了。

需要指出的是,对于内部控制的概念界定与描述,实际上存在着"静态论"和"动态论"两种不同思想。其中,前者侧重于要素与构成,后者侧重于过程与目标。这是导致相关定义出现差异的重要原因。

(三)内部控制的基本内涵与主要特征

1.基本内涵

虽然目前对于内部控制的定义,人们的概括方式和角度不一致,但是,就内部控制的基本内涵来说,其实差别并不大。即所谓内部控制,从静态角度讲,就是企业为了确保会计信息可靠、企业资产安全和完整、经营效率之提高,以及各种法规制度的有效执行,所制定的各种控制措施、程序和方法。从动态角度讲,就是上述控制措施、控制程序和控制方法的执行,以及实现会计信息可靠、企业资产安全、经营效率提高、有关法规得以执行等管理目标的过程。

2.主要特征

由内部控制的基本内涵,可以概括出内部控制具有如下主要特征:

(1)责任主体。即由谁负责实施企业的内部控制。内部控制中的"内部",我们理解有两层含义:一是指由企业内部人员实施的控制,以区别于由企业外部人员(如财政、税务、注册会计师等)所进行的控制;二是对企业内部经营业务进行的控制。因此,内部控制的责任主体应该是企业的负责人和有关管理层。如,在我国财政部等五部委联合发布的《企业内部控制基本规范》第十二条中就规定:"董事会负责内部控制的建立健全和有效实施;监事会对董事会建立与实施内部控制进行监督;经理层负责组织领导企业内部控制的日常运行。"具体来说,在企业中,董事会对内部控制的设计与实施承担最终责任;总经理或相同职位的管理者对内部控制的日常运行负责;财务部门作为一个职能部门则主要是协助总经理工作,并落实本部门的内部控制;其他业务部门和岗位人员同样也是负责落实与本部门、本岗位有关的控制措施。

(2)控制范围。内部控制涉及企业生产经营过程的方方面面,上至董事长、总经理,下至基层岗位工作人员,都与内部控制有关。因此,内部控制具有全员性、全方位性、全过程性的特点。

(3)控制标准。一般意义上讲,控制过程就是行为与标准相互对照并纠正误差的过程。因此,控制的前提是先要设定标准。对于内部控制来说,就是要从经营效率、财务报告可靠性、相关法令的遵循方面确定控制标准,而且这种标准应该尽量定量化。比如,需要明确规定财务报告的差错金额不能超过某一个特定水平。

(4)控制过程。内部控制包括用于控制目的各种控制程序、方法等。但是,更为重要的是这些控制措施、程序和方法的执行。因此,在内部控制中,不仅要制定严密、科学的控制制度和方法,更要注重各种控制措施和方法的实施,需要在企业业务开展过程中贯彻各种控制制度,及时对控制措施的落实情况进行评价和检查,只有这样,才能使内部控制产生实实在在的管理效益,而不是仅仅停留于形式。

（四）有关内部控制的不当认识

在内部控制中，目前存在着一些不当的观念和误解，严重影响、制约着内部控制的有效开展和控制效果的提高：

1.认为内部控制的建设就是制定规章制度

书面形式的规章制度，虽然是内部控制的一种必要表现形式，而且是内部控制中最重要的环节。但是，员工价值观、职业道德与胜任能力等软环境，也是企业内部控制建设的重要组成部分。另外，在重视制度制定的同时，更应该注重制度的实际执行。否则，再完善的制度，如果仅停留于书面形式的话，也没有任何管理意义。

2.认为内部控制就是"管、卡、压"，会影响工作效率和积极性

这种观点认为，内部控制必然导致大量的规章制度要遵守，一堆表格要填写，许多公章和私章要加盖，既滋生官僚作风，又影响工作效率。不可否认，为了达到内部控制的目标，规章制度、表格和签章都是必要的控制手段。而且履行这些控制手段和措施，肯定会耗用一定的时间。但是，这并不意味着一定会滋生官僚主义和降低工作效率。相反，只要企业在设计控制制度时，能够根据企业的实际业务流程制定合理的控制程序，完全可以实现控制和效率的统一。反之，如果只是为了图省事，减少控制措施和控制环节，则可能导致企业发生严重的经济舞弊，而且在没有科学严密的制度约束之下，各个部门和岗位很容易遇事相互推诿，工作效率很难真正提高。

3.认为内部控制主要是会计和审计部门的工作

事实上，内部控制不仅首先不是，而且也主要不是会计和审计部门的责任。就控制责任来说，首先对内部控制负总体责任的是董事会和总经理这些高层管理机构，会计部门和审计部门只是作为职能部门具体实施内部控制的相关工作。就此而言，会计、审计部门和企业中的生产部门、计划部门、销售部门等在内部控制管理中处于相同的责任地位。在管理实践中，企业的内部控制涉及管理的各个层面和环节，因此企业的所有部门和人员都和内部控制有着密切关系，都对内部控制的有效实施以自己的工作岗位和工作内容为界限而承担相应的控制责任。否则，如果仅仅依靠会计和审计部门，则根本无法完成预定的控制任务，而且在控制过程中如果不能全员参与、全过程参与，那么局部的控制效果也很容易被其他部门或环节中的浪费或损失所抵消，从而无法从总体上提高企业的内部控制管理成效。

4.认为内部控制就是为了防止贪污舞弊

预防贪污和舞弊是内部控制的一项重要任务，可以说从内部控制产生之日起这种作用就一直存在，而且也是人们强调的重点之一。但是，对现代内部控制来说，预防贪污舞弊只是其工作的一部分内容，除此以外，内部控制还关注企业经营效率的提高、规避企业经营过程中的各种风险等。随着内部控制的发展，后者目前正在变得越来越重要，因此，如果今天仍然认为内部控制就是预防贪污舞弊，则显然是有失偏颇的。比如，COSO 委员会在其最新的研究报告《企业风险管理框架》中并没有专门提到"保障资产安全"这一目标，而是将预防贪污舞弊融入企业的"经营性目标"之中。这反映出，内部控制的主要目标在于兴利，而防止员工舞弊正在逐渐退居成内部控制的次要目标。

5.认为内部控制就是内部会计控制

关于内部控制和内部会计控制的关系，有一个逐步发展和演变的过程。在 20 世纪 50 年代到 80 年代之间，由于受 CAP 发布的第 29 号审计程序公报《独立审计人员评价内部控制的范围》的影响，普遍认为内部控制包括会计控制和管理控制两部分。换言之，内部会计控制只是内部控制的一个组成部分而已。但是，到 20 世纪 80 年代之后，人们已经不再区分内部管理控制和内部会计控制。原因就在于内部管理控制和内部会计控制有着非常密切的联系，很难而且也不应该将二者分割开。比如，2008 年我国财政部等五部委联合颁布的《企业内部控制基本规范》及后续由财政部于 2010 发表的 18 个应用指引，其内容就涵盖了企业采购、生产、销售、投资等各个方面的控制内容。

6.认为内部控制越严格越好

内部控制应当根据企业的实际情况来制定，不同行业、不同规模的企业，其生产经营的特点是不同的，因此，对内部控制的要求也有很大差异。内部控制制度的制定，要遵循成本效益原则和灵活性原则。所谓成本效益原则，就是指效益大于成本的原则。企业在设计和制定内部控制制度时，如果分工和制衡的成本高于由此而带来的效益，那么就不应当采用该项控制程序。反之，就应该实施该项控制措施。按照这一原则，对于手续繁杂而涉及金额又小的业务就可以采用简化的控制程序，而不必事无巨细都要严格划一地严密控制。所谓灵活性原则，是指企业管理当局应根据有关规定，结合企业自身的控制目标、发展战略和管理需要，灵活地制定出适合自己管理情况的内部控制制度，而不必完全拘泥于其他企业的做法。比如，企业规模如果比较小、业务比较简单，就可以采用相对粗线条的岗位设置和责任划分，而不需要像大型企业那样设置完善的岗位，制定严密的岗位职责。因此，内部控制并非越严格越好，关键是要适合企业的自身情况，能提高企业的经营效率。从理论上讲，判断一个控制制度的好坏，不是看其严密程度，而是看其是否能够真正地促进企业管理水平的提高。凡是能够实现企业管理目标的控制制度，就是有效的、好的控制制度。

7.认为内部控制制定后，可以一成不变

一些企业认为，只要内部控制制定得当，可以一劳永逸。事实上，内部控制具有较强的时效性和环境适应性，今天有效的内部控制明天不一定有效。同时，内部控制也有一个精益求精的过程，内部控制总归是不可能很完善的。因此，企业要定期评估内部控制是否有效，以发现控制中的缺陷，并及时采取措施加以修正。

8.认为内部控制建设可以采用“拿来主义”，拷贝其他国家或其他企业的制度

不可否认，内部控制的一部分控制方法具有通用性，比如岗位分离控制、实物控制、授权批准控制等，都可以直接采用其他企业的经验做法。但是，内部控制还有其他一部分内容，如岗位设置和职责划分等，则都是内生于每个企业的生产经营过程和管理活动之中的，无法直接采用其他企业的做法。其实，即便是一些原理性、通用性的控制方法，也应该与企业每个阶段的实际情况结合起来，而不能直接采用其他企业的做法。否则，很难有好的控制效果。在我国，财政部颁布的企业内部控制规范及其指引，只是一种规范指南，仅就企业内部控制的建设做出一些基本要求，实践中企业需要在这些基础上根据自己的生产经营过程和管理要求，设计自己的控制制度和控制程序。

在美国，COSO委员会的研究报告更加具有原则性，都是一些"框架"性的东西，企业有很大灵活性和自由发挥的空间。之所以如此，概因为内部控制与企业的实际联系紧密，每个企业的情况都不一样，不能整齐划一，不可能存在一个放之四海而皆准的内部控制制度。

二、内部控制的理论基础与产生原因

(一)内部控制的理论基础

从学理上讲，内部控制为什么会产生？需要给出一个合乎理论逻辑的解释。否则，其就难成一体，难成体系。

内部控制的必要性，从理论上分析依赖于以下两个假设：

第一是自利性假设。该假设的基本含义是指，人都是理性的经济行为者，具有趋利避害的价值取向。因此，在其自身行为包括和其他人进行的经济交往中，每个人总是想法使利益最大而成本最小化。这一假设应该说比较准确地刻画了人类的普遍行为特征，尽管现实中我们不否认存在理想主义的无私者，但是他们毕竟是少数，并不具有代表性。而作为普罗大众，人们普遍的行为取向总是带有趋利性的。而且这一假设也为动物学上的实验结果所支持。

自利性假设在企业管理中有两个主要应用：一个是委托代理理论，另一个是机会主义理论。在现代企业中，委托代理关系布满着整个企业组织体系，按照科斯的理论，企业实际上就是一个由各种契约而形成的经济组织。由于自利性的存在以及委托关系下委托人的非现场监管，企业经营过程中势必会出现各种与企业总体目标追求不一致甚至是损害企业利益的行为。这种情况下，内部控制作为一种监控制度就变得非常必要，成为保护投资人利益、促使个人行为与企业总体利益相互一致的保障机制。

第二个假设是有限性假设。有限性假设是指行为人的知识和能力都是有限度的，有边界的。换言之，现实中不存在无所不能的所谓"超人"。根据这个假设，一个人在他(她)的知识和能力限度内，他(她)可以胜任自己的工作，圆满完成自己承担的任务。而如果任务需求超出了个人的能力和知识限度，那么他(她)就可能无意识地出错，从而给企业造成损失。况且从动态上考察，即使一个人的知识和能力能够满足目前的工作需要，但环境的变化和科技的进步也可能导致他(她)原有知识的老化和能力的下降，从而无法满足工作需要。

自利性假设表明，行为人的自我性追求可能危害企业的利益从而需要进行控制；而有限性假设则是说明，即使行为人是无私的，甚至是一心维护企业利益的，但是他(她)的能力、知识和注意力等方面的限制，也可能导致他(她)出现错误，偏离企业的目标，或者是好心办坏事。对于这种行为同样需要进行控制和纠正。如果把这两个假设合并在一起理解，它们实际上从逻辑上推演出一个结论：无论是对于有私心的人，还是对于无私心的人，都是需要进行控制的。

(二)内部控制产生的具体原因

内部控制是相对于外部控制而言的，是由于企业内部管理的需要而产生的。从古到今，控制都是根源于人类社会生活中的内在需求而产生的一种自觉行为。没有控制的需求，就不会产生控制的行为。企业管理，从某种意义上来说，其实也是一种有目的的控制行为。在企业经营过程中，实际情况与预想结果经常会出现较大的差异，因此，为了达成特定的目标，就必须对实际经营结果与预定标准进行及时的对比与分析，以便发现其中的差异，并及时补救，从而避免造成更大的损失。内部控制就是基于这种管理思想而在企业内部构造出的一个管理控制系统，其目的是保证会计信息的质量符合会计准则的要求，保证资产安全与完整，保证企业的经营效率不断提高。因此，内部控制是整个企业控制系统中一个十分重要的、不可缺少的子系统。其产生大致源于以下几个方面的原因：

1.内部控制是企业管理当局履行受托责任的内在要求

内部控制作为一种管理行为已经有很早的历史，但是，作为一个完善的控制系统却是在现代企业制度产生之后才出现的。在现代企业制度下，所有权与经营权分离，资产提供者（出资人）往往不亲自参与对企业的经营管理，而是将企业委托给专门的经理人员经营管理。这样，股东与经理人员之间便形成了一种典型的委托代理关系。受托人也由此而承担了替出资人保管资产、经营资产并使其增值的责任，会计上称这种责任为受托责任（accountability）或经管责任。

由于股东不直接参与企业的生产经营，并且如果亲临现场的话，监督成本又比较高，因此，股东在正常情况下根本无法观察到经理人员的具体行动，也不知道受托人是否在尽职完成自己承担的受托责任。这种情况下，受托人（企业实际管理者）就需要编制财务报告，并向委托人提供财务报告以说明自己对所承担的受托责任的完成情况，因此，财务报告便成为受托人报告其受托责任履行情况和解除自己的受托责任的一种最佳方式。然而，现实中，受托人和委托人的利益总是不一致的，受托人可能存在着机会主义的倾向，即可能向委托人提供虚假报告以欺骗委托人，从而谋求自己的最大利益。在这种情况下，要想使委托代理关系存在下去，并维持企业的正常运转，就必须有一种信任机制促使受托人和委托人之间相互信任，而内部控制就是这样的一种信任机制。因为财务报告是在特定内部控制制度下产生的，可以说它是内部控制运行结果的产物，如果企业有健全的内部控制的话，那么企业的财务报告通常不会存在重大问题，委托人完全可以信任财务报告所陈述的内容；反之，如果企业没有完善的内部控制制度，那么正常情况下企业的财务报告就会存在重大的误差或虚假，财务报告所陈述的相关信息就是不可信的。所以，从这种意义上讲，内部控制就成了维系委托人和受托人之间信任关系并促使经济市场正常运行的一种保障机制。如果没有内部控制，那么正常的经济委托代理关系将很难顺利地运行下去，现代企业制度也就没有办法真正落到实处。

2.内部控制是提高管理效率的需要

任何管理行为，都存在着一个成本效益问题。在企业经营中，为了使得企业高效率地运转，企业必须投入相当多的管理成本，如各种管理人员的工资、各种办公费用等等。而较高的管理成本，无论对大企业还是小企业来说，都会成为制约其快速发展和经济效益提高的重要因素。在这种情况下，要想节约和减少管理成本，一个可行的方法就是提高企业管理的例行性和规范性，即使得企业的管理行为能够成为一种可以重复进行的例行性工作，可以按照某种操作规范和程序自觉地、习惯性地进行下去，而不需要借助于前人的经验和其他人的亲自指点。内部控制就是这样一种可以提高企业管理的规范化和例行性的重要手段。因为，通过建立、健全内部控制，企业可以把所有管理工作和工作流程以制度的形式确定下来，从而使企业的管理工作变得程式化、例行化和规范化，这样不仅使管理流程更加流畅，大大提高管理效率，而且也可以有效地节约管理成本。

3.内部控制是制度管理思想的产物

从时间顺序上考察，现代内部控制与制度经济学的出现几乎是在同一时代。在20世纪40年代之前，在西方企业和我国的企业中，已经存在着内部控制的雏形——内部牵制制度。但是，这时候的控制制度还比较简单，很不严密，不是现代意义的内部控制，或者说不是正规的内部控制。20世纪40年代，在经济学领域出现了一个重要的学科分支——制度经济学，并由此带来了管理思想的巨大变化——制度化管理。按照制度管理的理念，人无法自己管理好自己。因此，要想约束人类自身具有的弱点而取得好的管理效果，就必须制定和严格实施制度化的管理。而内部控制正是在制度管理思想的启迪下，由企业自己建立的基于企业内部管理需要的一系列管理制度、程序和方法的总称。可以说，如果没有制度经济学及其所带来的制度管理思想的影响，内部控制就可能永远停留于内部牵制阶段而不会有现代意义上的内部控制制度的产生。制度经济学，在某种程度上说是现代内部控制产生的催化剂和"启蒙老师"。

三、内部控制的分类

（一）按控制时间分类

内部控制按控制的时间可以分为事前控制、事中控制和事后控制。

1.事前控制

事前控制是指财务收支和企业的经济活动尚未发生之前所进行的控制，如投资的申请和批准、融资的申请与批准、各种费用报销的限额制定和批准等，都是属于事先控制。通常情况下，事先控制可以防患于未然，因此控制效果要好于事中控制和事后控制。

2.事中控制

事中控制是指在企业经营活动和财务收支活动发生过程中所实施的一系列控制。如按财务预算要求监督预算的执行过程，对各项收入的去向和支出的用途进行检查，对产品生产过程中发生的成本进行控制等，均属于事中控制。在控制效果上，一般情况下，事中控制的效果要逊于事前控制。因为与事前控制相比较，事中控制意味着有一些经济活动和财务收支已经实际发生，无法进行有效制止了。如果是财务支出的话，也就意味着支出或损失已经发生，无法再挽回了。

3.事后控制

事后控制是指将企业经济活动和财务收支活动的实际结果与事先设定的标准进行对照，对有关责任中心和责任人进行考核和评价，并根据考核和评价结果对其进行相应的奖励或惩罚，从而起到奖优罚劣的控制目的。如，企业年末、季末或月末的考评活动都属于事后控制的范围。与前面两种类型的内部控制相比较，事后控制的效果要更加弱一些。因为，事后控制的着眼点只在于下一期或未来期间的控制，对于本期而言，其实所有的事项都已经既成事实，不可能再对其进行控制。事后控制的意义在于防止犯同样的错误，避免出现与以前相同的差错。

在内部控制体系中，事前控制、事中控制和事后控制，构成了一个完整的控制链，可以说设置了三道控制防线，三者缺一不可。

(二)按控制主体分类

内部控制按控制主体可以分为四个层次：出资者的控制、董事会的控制、总经理的控制和职能部门的控制。

1.出资者的控制

出资者(股东)的控制，是指投资人为了保护自己的权益，实现其资本保全和资本增值的目的而对企业经营过程实施的控制活动。这种控制活动，在股份有限公司中，主要体现为股东大会对企业经营决策过程所实施的决策行为。如股东大会对企业重大投资的审议，对年末分配方案的审议和批准，对重大融资方案和重大并购案件的审批等，都属于出资者的控制范畴。

2.董事会的控制

董事会的控制是指企业的董事会为了实现企业预定的经营目标而对企业生产经营过程和各个责任中心所实施的控制活动。在股份有限公司中，这种控制是最为关键而重要的一个控制层次。按照我国《公司法》的规定，董事会需要决策和控制的事项主要有：

(1)制订公司经营计划和投资方案；

(2)制订年度财务预算和决算；

(3)制订利润分配和亏损弥补方案；

(4)制订注册资本变更和发行债券的方案；

(5)制订公司合并、分立、解散的方案；

(6)决定公司内部管理机构的设置；

(7)决定总经理、副总经理和财务负责人的人选；

(8)制定本公司的基本管理制度。

3.总经理的控制

总经理的控制是指以总经理(CEO)为主体实施的控制行为。这种控制是董事会控制的延伸。在股份有限公司中，总经理的控制行为基本上是在执行董事会的控制意志和负责实施有关决策方案。在我国《公司法》中，总经理可以对如下经济活动实施控制与管理：

(1)组织实施经营计划和投资方案；

(2)拟订公司内部组织机构设置方案；

(3)拟订公司的基本管理制度；

(4)提请聘任副总经理和财务负责人；

(5)聘任或解聘由董事会确定之外的人员。

4.职能部门的控制

职能部门的控制是指以部门经理和有关岗位负责人为主体实施的控制行为。这种控制主要是直接面向业务过程，而且以执行有关董事会和总经理的决议为特征。职能部门的控制内容在各个不同职能部门之间差别很大。如，财务会计部门的控制是有效组织现金流动，通过编制现金预算、执行现金预算，从而对企业日常财务活动进行控制。而对生产部门来说，则是在生产过程中，对在产品、产成品的数量和流动过程进行控制等。

需要说明的是，上述四个层次构成了企业内部控制的严密体系，形成了内部控制的完整链条。在整个控制链条中，最上游的出资者控制和董事会控制，主要侧重于对决策过程的控制；而总经理和职能部门的控制则主要侧重于执行过程中的控制。对一个企业来说，仅有决策过程的控制而没有执行过程的控制是不行的，因为这种情况下良好的决策将无法得到有效的实施；但是，反过来，如果仅有执行过程的控制而没有决策过程的控制更不行，因为这时候，尽管执行过程可能比较有效率，但是由于决策过程的失控，其结果必然是本来劣质的决策方案却得到了有效的实施，管理效果是适得其反的。

(三)按控制对象分类

按照内部控制的控制对象，可以把内部控制分为：实体物质的控制和业务过程的控制。

1.实体物质的控制

所谓实体物质的控制，就是针对某些具体物资所实施的控制。这种控制的对象在物理上有自己的实体存在形态，通常是可以看得见、摸得着的一些财产物资。其控制的直接目的是保证这些财产物资的安全和完整。在企业内部控制中，属于实体物质控制的主要有货币资金控制、存货控制、工程项目控制、固定资产控制等。

2.业务过程的控制

所谓业务过程的控制，是针对企业的生产经营过程所实施的控制。这种控制对象没有自己的实物表现形态，通常是企业的业务经营或管理环节。其控制的目的是保证业务和管理的开展能够按照既定的程序和手续进行，以便提高经营效率，同时也可以防止经营过程中的舞弊行为。在企业内部控制中，属于过程控制的主要有销售与收款控制、采购与付款控制、成本费用控制、预算控制、对外投资控制、担保控制、筹资控制等。这些控制将在后面章节中详细阐述，这里就不再细加介绍。

需要说明的，在实际工作中无论是对实体物质的控制还是对业务过程的控制，最终都是通过对有关经办人员的控制来实现的。因此，内部控制与工程技术管理的主要区别就在于其以人为主要的管理对象。

四、内部控制的重要作用

古今中外的大量案例雄辩地证明了这样一个客观事实：经济越发展，内部控制越重要。尤其是在市场经济不断发展和经营情况日益复杂化的现代企业中，内部控制是否健全、有效，已经成为影响企业稳定和可持续发展最为关键的因素之一。

1995 年 2 月 27 日，国际金融界的一则消息令举世震惊：有着 232 年灿烂历史、一度排名世界第六的英国巴林银行(Barings Bank)倒闭，其主要原因是内部失控导致过度炒卖金融衍生产品。衍生资本期货交易的特点，在于它可以用较少的保证金做大笔交易，如运用得当，可以低成本获取高收益，因而这种交易近年来发展极为迅速。但是，另一方面，这种交易的风险也非常高，需要进行严格的控制和管理。而巴林银行恰恰在授权批准中失去了控制，其结果是一个年轻的交易员毁掉了一家具有两百年悠久历史的银行。

无独有偶，2002 年中国银行广东省开平支行同样由于内部控制不健全，导致某行长携款潜逃，给我国造成了高达近 5 亿美元的巨额经济损失。

以上事例说明，要保持企业稳定、持续发展，必须在企业内部建立和健全内部控制制度，只有内部控制制度才能为防范各种财务舞弊和经济犯罪筑起一道坚实的防火墙。因为健全、完善的内部控制具有如下几个方面的重要管理作用：

(一)规范会计行为，保证会计信息的真实和完整

真实、完整的会计信息，无论对企业来说，还是对国家来说都是非常重要的。对企业来说，会计信息是否真实和完整，是企业能否有效进行经济分析和准确预测与决策的基础。如果会计信息真实、完整而且具有相关性，那么就为企业决策提供了较好的信息基础；反之，如果会计信息是虚假的或者是不完整的，那么不仅对企业管理无利，而且对企业管理有害。因为虚假、片面的会计信息可能会起误导作用，将企业的决策行为引导到错误的方向。而对国家来说，税收的征缴、宏观经济运行质量的分析等，也需要以真实、完整的会计信息为基础。

要保证会计信息的真实、完整，就必须建立、健全企业的内部控制制度，可以说，内部控制是会计信息真实、可靠的制度保障。因为健全、完善的内部控制可以通过程序控制、手续控制、凭证编号、复核和核对等措施，使会计信息加工中各个环节相互牵制、相互制约，以避免错误的发生，而且即使是发生了经济业务的错误记录，内部控制也可以自动地发现和纠正这种错误，从而保证最终报送出去的会计信息是完整、真实的。

(二)维护资产的安全和完整

防止贪污、舞弊，保证企业资产的安全和完整，是内部控制的基本使命和任务之一，也是内部控制之所以产生的最原始的动因。在企业经营过程中，企业的财产物资时刻可能受到偷盗、侵占和挪用，这种偷盗、侵占和挪用不仅可能由外部人士引起，也可能是企业的内部人员所为，而且后者更加具有便利条件和隐蔽性，也因此对企业造成的损失可能更大。内部控制就是防范企业内部人员侵占和挪用公司财产物资的一种有效制度。因为在内部控制运行中，它通过管账不管钱、管物不管账，即出纳、会计、保管的三分立，以及授权与执行、执行与记录、总账与明细账等不相容岗位的分离，可以在企业财产物资的接受、储存和运送过程中形成严密的相互牵制关系，从而防止有关人员侵吞或挪用企业的财产物资。同时，即便有人侵占或挪用了公司的财产物资，内部控制通过采用盘点制度和账实核对的方法，也可以很容易地发现已经存在或发生的经济舞弊，及时采用措施并加以纠正和制止。因此，这种意义上讲，内部控制在保证财产物资安全、完整上，不仅有预警和防范的功能，而且还具有揭露和发现的功能。

(三)提高工作效率和经营成效

现代企业是一个有着复杂分工体系的经济组织。首先，在企业内部设有很多部门，如计划部、生产部、财务部、销售部、投资部等；其次，每个部门内部又分为很多个岗位，如财务部中的成本岗、出纳岗、工资岗等，而且每个岗位又可能有几个工作人员。这样一来，企业中的各个部门和各个岗位之间就沿着企业的业务链或业务流程形成了纵向上的上、下游岗位之间和横向上的部门之间的相互交叉和相互衔接的关系。这种交叉和衔接的关系必然会使得相邻岗位之间存在着工作上的相互重叠,并由此导致相互推诿、各不负责等现象的出现,从而降低企业的工作效率。内部控制就是基于上述情况而设计的一种严格划分岗位职责、明确岗位分工、防止相互推诿和不负责任的一种控制制度。因为在健全、完善的内部控制下,每个部门、每个岗位、每个人都有自己的工作职责,而且各个岗位之间的职责是清晰、明确的,岗位之间的衔接点和衔接方法是事先约定的。部门之间、岗位之间不必再相互推诿内耗了。

(四)保证国家法律、法规和企业内部规章制度的贯彻执行。

国家的法律、企业的规章制度都是为了保证宏观、微观经济秩序而进行的一种制度安排。各种法律、制度,如果从利益划分的角度讲,其实都是一种利益分配机制,一部分人可能因遵守法律、制度而受益,而另一些人也可能由于法律、制度的实施而使得自己原有的利益受到损失。所以,现实中,无论是何种法律、制度,总是既有大部分人遵守法律、制度,同时也有少部分人违反法律、制度。对于后者,从管理的角度上讲,必须进行控制和纠正,否则,任何一项法律、制度都无法执行下去,即使它本身的设计可能是科学、合理的。内部控制正是一种为保证其他法律、制度得到遵守所制定的制度。而用一种制度来保证另一种制度的实施,正是制度管理精髓所在,也是内部控制管理灵魂之所在。

(五)为宏观经济运行提供良好的微观基础

社会经济系统由宏观和微观两个层面的经济系统构成。其中,微观经济系统是宏观经济系统正常、高效运行的基础。这里的微观经济系统主要是指企业的生产经营系统。对一个国家来说,如果没有经济效益高、可持续发展能力强的企业作为基础或支撑,那么这个国家的社会经济系统就不可能顺利发展,甚至可能陷入经济危机之中。所以,构造良好的微观经济基础,对国民经济的发展至关重要。

内部控制的主要作用在于维持企业健康、稳定的发展,避免经济风险。而企业经营的健康、稳定又对宏观经济运行有积极意义,从这一意义上讲,内部控制也可以通过企业这个渠道而影响整个宏观经济的发展。因此,内部控制不仅具有微观经济意义,而且也具有宏观的经济意义。

第二节　内部控制的发展

内部控制作为一种经济管理活动,已经有很久的发展历史了。甚至可以说,自从有了企业内部的分工,就有了内部控制。因为,在分工情况下,企业内部必然会出现一些职能部门和诸多生产经营环节,必须依靠内部控制来解决各个部门和各个环节之间的衔接和控制问题。所以,内部控制与企业的内部分工有着紧密的渊源关系。然而,需要指出的是,内部控制虽然作为一种管理活动已经有很长的存在历史,但是作为系统化、规范化的管理制度则产生于20世纪初期,距今不过百年的历史。至于作为一门管理学科,可以说其至今仍未完全成形和完善,还有很多研究工作要做,有很多的控制管理经验需要在理论上加以总结、升华和系统化。这里,主要以20世纪初期现代意义上的内部控制产生为起点,系统阐述内部控制的主要发展过程,以便对内部控制的历史有个大致的了解。

20 世纪初以来,内部控制的发展,主要体现在内部控制概念的演变和发展之上。可以说,人们对内部控制概念的不同概括与表达,反映了人们对内部控制认识的不断深化,同时也是内部控制各个不同发展阶段的主要标志。

一、内部牵制阶段

在 15 世纪初期甚至在此之前,基于对财产物资管理的需要,企业内部已经出现了内部牵制制度。当时,这种内部牵制制度主要由职责分工、会计记账、人员轮换等控制要素所构成。目的是防范财产物资流转和管理中的舞弊,保证企业资产的安全和完整。到了 20 世纪 30 年代,由于企业规模变大、内部管理日益规范化,企业的内部牵制制度也逐渐趋于规范和完善,人们对它的认识和理解也更加深切,并从理论上给出了有关内部牵制制度较为完整的概念。当时,一般认为:"内部牵制是账户和程序组成的协作系统,这个系统使得员工在从事本身工作时,独立地对其他员工的工作进行连续性的检查,以确定其舞弊的可能性。"①

理论上,人们对于内部牵制的认识主要基于两个基本假设:第一,两个或两个以上的人或部门无意识地犯同样错误的机会很小;第二,两个或两个以上的人或部门有意识地合伙舞弊的可能性要大大低于一个人或一个部门舞弊的可能性。这两个假设归结为一点就是,如果财产物资能够由两个或两个以上的人或部门经手的话,其安全性和完整性就是有保证的。因为首先两个人或两个部门不会犯相同的错误;其次,两个人或两个部门相互串通舞弊的可能性也比较小,而且他们之间还可以相互监督,使得彼此不敢越雷池半步。

正是基于上述认识,早期的内部牵制特别重视企业内部的分工和制衡。在企业生产经营组织中,有意识地把经营业务过程进行分拆和细化,即把一个完整的经营过程分成若干环节,每个人负责其中一个环节的工作,相互之间进行明确分工,各负其责,互相监督。实践证明,这种制度设计是非常合理有效的。因为,这些基于分工与制衡作用的内部牵制制度,一方面有效地减少了错误和舞弊行为;另一方面,由于增强了工作中的专业化程度,也大大地提高了工作的熟练程度和工作效率。

发展至今,内部牵制制度已经变得相当完善。通常,企业中会存在如下的内部牵制制度:

(一)实物性牵制

以某种实物的"双控"为手段进行的控制。例如,把保险柜的钥匙交给两个以上的工作人员同时持有,非同时使用这两把以上的钥匙,保险柜就打不开。再比如,有些企业的仓库钥匙由两个人分别保管,同时使用方可有效。

(二)程序性牵制

主要指以作业程序为手段实行的控制。例如,保险柜的大门若非按正确程序操作就打不开,或者没有口令、密码就不能对机器操作等。

---

① 李敏. 内部会计控制规范与监控技术[M]. 上海:上海财经大学出版社,2003:4.

(三)体制牵制

主要指以管理体制特别是批准体制为手段实行的控制。例如,对于重要的开支,要求两个人或两个部门同时签字,或者部门之间相互签字等。

(四)簿记牵制

指利用复式记账法中的借贷平衡性、明细账与总账的平行登记、账实核对等来发现可能存在的舞弊和差错,从而达到牵制的效果。

内部牵制是内部控制的初始阶段,其管理目的比较单一,即保证财产物资的安全和完整,防止贪污、舞弊。这时候,作为一种管理制度,一方面,内部牵制基本上不涉及会计信息的真实性和工作效率的提高问题,因此,其范围和管理作用都比较有限。到 20 世纪 40 年代末期,生产的社会化程度空前提高,股份有限公司迅速发展,市场竞争进一步加剧,企业的生存压力进一步加大。在这种经济背景下,企业为了在激烈的竞争中求得生存和发展,迫切需要在管理上采用更为完善、更加有效的控制方法。另一方面,为了适应股权分散和保护社会投资人的利益,西方国家纷纷以法律的形式要求企业披露会计信息,这样对会计信息的真实性就提出了更高的要求。因此,传统的内部牵制制度已经无法满足上述企业管理和会计信息披露的需要,现代意义上的内部控制的产生已经成为一种必然要求。

需要指出的是,在推动内部牵制向现代内部控制转变与发展的过程中,除了前面企业管理的深化、会计信息披露的要求等因素外,审计思想的发展和审计模式的变革也是促使内部控制发展的重要动力之一。在 20 世纪 40 年代之前,当时的审计模式主要是以账项审计为基础的详细审计模式。这种审计方式虽然准确性比较高,然而其审计效率比较低,审计费用巨大。尤其是随着被审计企业的规模不断增大、业务数量不断增加,这种审计模式的弊端就更是暴露无遗。因为,当面对着被审计单位几十个账户、每个账户有成千上万笔业务需要审查时,如果仍然采用每个账户、每笔业务都必须审查的详细审计模式,审计人员就会显得力不从心,而且也难把众多的账户和众多业务的审计结果综合在一起而形成一个总体上比较准确的审计结论,很容易捡了芝麻却丢掉西瓜。基于这种审计困境,同时也由于制度经济学及其制度管理思想的影响,审计人员意识到会计报表和会计信息其实是一定控制制度之下的产物。如果企业存在健全、有效的控制制度,那么就可以合理地推测企业的经营活动和基于经营基础的会计报表与会计信息不会存在大的误差和错误,此时就可以少审计或者抽查一定数量的业务进行审计即可以得出相对准确的结论;反之,如果企业没有健全且有效的控制制度,那么企业的会计报表就极有可能存在着重大误差和错报,此时就应该多抽查一些业务进行审计或者采用前述的详细审计。这就是我们目前所说的基于内部控制为基础的"制度基础审计"。从此,审计的重点就由原来的账、表而转到了企业的内部控制,对内部控制的审计与评价就成为审计工作的首要环节。所以,审计师出于自己职业发展的需要而对内部控制的探索和研究,就成为推动内部控制不断发展与完善的另一个重要动力源。

二、内部控制论阶段

内部控制论阶段,从时间上讲主要存在于 20 世纪 40 年代至 70 年代之间。20 世纪

40年代以后，人们对内部控制理论与方法的研究逐渐受到重视，开始认识到内部控制应该是建立在内部牵制之上而高于内部牵制的一种控制制度。其基本含义是，企业为了实现经营管理上的特定目的，按照一定的业务程序而制定和实施的一系列控制政策与措施。这一发展过程严格地讲可以分为如下几个阶段：

(一)20世纪40年代

1949年，美国注册会计师协会的审计程序委员会在《内部控制——一种协调制度要素及其对管理当局和独立审计人员的重要性》的报告中，把内部控制定义为："内部控制包括组织结构及该组织为保护其财产安全，检查其会计资料的准确性和可靠性，提高经营效率，保证既定管理政策得以实施而采取的所有方法和措施。"这被认为是有关内部控制的第一个比较权威的定义，同时也是由内部牵制转向内部控制阶段的主要标志。

(二)20世纪50年代

1958年，美国注册会计师协会的审计程序委员会在《审计程序公告》(第29号)中，对内部控制的定义进行了重新表述，并将内部控制划分为内部会计控制和内部管理控制两个组成部分。内部会计控制，主要指与企业的财产安全与完整、会计信息真实与可靠有关的所有控制程序和方法。如，授权与批准制度、从事财务记录和审核与从事经营或财产保管职务相分离的控制、财产的实物控制、账簿之间的核对、内部审计等，都是内部会计控制的内容。

内部管理控制，主要是指与企业的经营效率提升、管理政策落实等相关的控制制度。这些控制虽然与财产安全与完整、会计信息真实与可靠也有一定联系，但是这种联系是间接性的。在企业中，安全生产控制制度、质量控制制度、人事控制制度、激励制度、奖惩制度、员工培训制度、工作操作制度等，都属于内部管理控制的范畴。

(三)20世纪70年代

1972年，美国审计准则委员会(ASB)在《审计准则公告》(第1号)中，重新并且更加明确地阐述了内部会计控制和内部管理控制的定义，指出：内部管理控制包括(但不限于)组织规划及与管理当局进行经济业务授权的决策过程有关的程序和记录，这种授权与完成该组织的经营管理目标有关，同时也是建立内部会计控制的起点。内部会计控制包括(但不限于)组织规划以及保护资产安全与财务报表可靠性有关的程序和记录，因此，它应该合理地保证：

(1)按照管理当局的授权进行工作；

(2)经济业务的会计记录要符合公认会计准则或标准；

(3)只有经过授权才能接近资产；

(4)账面资产要与实际资产进行经常核对，并对两者之间的差异采用适当的措施。

然而，需要指出的是，内部会计控制和内部管理控制的划分只具有相对意义。事实上，在企业中，内部会计控制与内部管理控制有很多交叉和重叠，有一些控制制度很难明确地认定其是属于内部会计控制制度还是属于内部管理控制制度，因此，不能把上述分类予以绝对化。

三、内部控制结构论阶段

内部控制结构论阶段，从时间上讲主要存在于 20 世纪 80 年代到 90 年代之间。20 世纪 80 年代以后，会计界与审计界对内部控制的研究逐步从一般含义向具体内容深化。1988 年美国注册会计师协会的审计程序委员会发布《审计准则公告》（第 55 号），取代 1972 年发布的《审计准则公告》（第 1 号）。该公告首次以"内部控制结构"代替"内部控制"，并指出"企业的内部控制结构包括为提供达成企业特定目标和合理保证所建立的各种政策和程序"。内部控制结构具体包括以下三个要素：

（一）控制环境

控制环境反映董事会、管理者、业主和其他人员对控制的态度和行为。具体包括：管理哲学和经营作风、组织结构、董事会及审计委员会的职能、人事政策和程序、确定职权和责任的方法、管理者监控和检查工作时所采用的控制方法，包括经营计划、预算、预测、利润计划、责任会计和内部审计等。

（二）会计制度

会计制度规定各项经济业务的确认、归集、分类、分析、登记和编报方法。一个有效的会计制度包括以下内容：（1）鉴定和登记一切合法的经济业务；（2）对各项经济业务适当进行分类，作为编制报表的依据；（3）计量经济业务的价值，以使其货币价值能在财务报表中记录；（4）确定经济业务发生的时间，以确保它记录在适当的会计期间；（5）在财务报表中恰当地表述经济业务及有关的揭示内容。

（三）控制程序

控制程序即管理当局所制定的政策和程序，用以保证达到一定的控制目的。它包括：经济业务和活动的批准权；明确各员工的职责；充分的凭证、账单设置和记录；资产和记录的接触控制；业务的独立审核；等等。

在上述内部控制结构的内容表述中，除了强调会计制度与控制程序之外，还正式将控制环境纳入到内部控制的范畴。因为随着管理实践的发展，人们不再将控制环境作为内部控制的外部因素来看待。控制环境应该是内部控制的一个组成部分，它是由企业全体职工，主要是企业的管理者所造成的，是充分有效的内部控制体系得以建立和运行的基础及保证。

四、内部控制框架论阶段

内部控制框架论阶段主要存在于 20 世纪 90 年代初期至今。这一时期是内部控制发展最快的一段时间。1985 年，由美国注册会计师协会（AICPA）、美国会计学会（AAA）、财务经理协会（FEI）、内部审计师协会（IIA）及管理会计师协会（IMA）共同发起成立了"美国反对虚假财务报告委员会"（又称为 Treadway 委员会），以便专门讨论虚假财务报告产生的原因及防范措施等问题。其中，在分析虚假财务报告产生的原因时涉及了企业内部控制不健全的问题。但是，该委员会本身并没有就内部控制做出任何有针对性的研究结论,而是建议成立一个专门组织来研究内部控制的问题。这个组织就是我们目前经常提到的 COSO 委员会。

1992 年,COSO 委员会发布了其研究报告《内部控制——一体化框架》。1994 年,COSO 委员会对该报告进行了修改。受这份报告的影响,1996 年,美国注册会计师协会发布了《审计准则公告》(第 78 号),以取代 1988 年发布的《审计准则公告》(第 55 号)。这些研究报告和规范性文件,目前被认为是"内部控制框架论"阶段开始的主要标志。

COSO 委员会在《内部控制——一体化框架》中,将内部控制定义为"由企业董事会、管理层和其他人员实施的,为经营的效果和效率、财务报告的可靠性、相关法规的遵循等目标的实现而提供合理保证的过程"。该报告将内部控制的组成分成五个相互独立而又相互联系的要素:控制环境、风险评估、控制活动、信息与沟通和监督。

(一)控制环境

控制环境主要指企业内部的文化、价值观、组织结构、管理理念和风格等。这些因素是企业内部控制的基础,其将对企业内部控制的运行及效果产生广泛而深远的影响。具体来说,这些环境因素主要有:

(1)员工的诚实性和道德观;(2)员工的胜任能力;(3)董事会或审计委员会的参与;(4)管理哲学和经营方式;(5)组织结构;(6)授予权利和责任的方式;(7)人力资源政策和实施。

(二)风险评估

风险评估是指管理层识别并采取相应的行动来管理对经营、财务报告、符合性目标有影响的内部或外部的风险。这一过程包括风险识别和风险分析两个部分。其中,风险识别包括对外部因素(如技术发展、竞争、经济变化)和内部因素(如员工素质、公司活动性质、信息系统处理的特点)进行检查。风险分析则涉及估计风险的重大程度、风险发生的可能性、如何管理风险等。

通常情况下,企业的风险主要来自于如下方面:(1)经营环境的变化;(2)聘用新的人员;(3)采取新的或改良的信息系统;(4)新技术的应用;(5)新的行业、产品或经营活动的开发;(6)企业改组;(7)海外经营;(8)新会计方法的应用;等等。

(三)控制活动

控制活动是指企业对所确认的风险采取必要的措施,以保证企业目标得以实现的政策和程序。一般来说,与内部控制有关的控制活动主要包括:

1.业绩评价

业绩评价是指实际业绩与业绩标准进行比较,以便确定业绩的完成程度和质量。这一活动对实现企业的经营效果和效率目标非常有用,但与财务报告的可靠性目标相关性较差。

2.信息处理控制

信息处理控制可分为两类:一般控制和应用控制。一般控制通常与信息系统的设计和管理有关,例如保证软件完整的程序、系统文件和数据的维护等。应用控制则与个别数据在信息系统中处理的方式有关,例如保证业务正确性和已授权的程序等。

3.实物控制

实物控制是指对企业的具体实物所进行的控制行为。如针对现金、存货、固定资产、有价证券等所进行的控制。

4.职责分离

职责分离是指为了防止单个雇员舞弊或隐藏不正当行为而进行的职责划分。一般来说,应该分离的职责有:业务授权与业务执行,业务执行与业务记录,业务记录与业务稽核,等等。

(四)信息与沟通

信息与沟通是指为了使职员能执行其职责,企业各个部门及员工之间必须沟通与交流相关的信息。这些信息既有外部的信息,也有内部的信息。通常而言,外部信息有市场份额信息、销售价格信息、法规方面的信息、客户投诉或反馈信息等。而内部信息则主要包括会计制度方面的信息、会计记录方面的信息、资产维护方面的信息等。

沟通的目的主要指让员工了解其职责,了解其在工作中如何与他人相联系,如何对上级报告例外情况。沟通的方式一般有政策手册、财务报告手册、备查簿,以及口头交流或管理示例等。

(五)监控

监控是指评价内部控制质量的执行情况,即对内部控制的设计、运作及改进活动做出正确评价。它既包括日常的监控活动,也包括内部审计和与单位外部人员或团体进行的定期信息交换和控制。

监控活动,通常是由内部审计部门或人事部门执行的。他们定期或突然地对内部控制的设计、执行情况进行检查和评价,与有关人员交流内部控制强、弱方面的信息,并提出改进意见,以保证内部控制能够随环境的变化而不断改进。

内部控制的上述五个要素或五种成分,既是相互独立的,也是相互联系的。一般来说,控制环境是其他控制要素发生作用的基础。这是内部控制的软环境,对内部控制的执行效果有着广泛、深远的影响。因为对一个企业而言,没有好的管理理念,没有遵守制度的良好传统和习惯,那么即使有健全、完善的政策和控制制度,最终也很难得到贯彻和实现。

内部控制框架论与内部控制结构论相比已经有很大进步,甚至可以说是内部控制发展史上的一个里程碑。这种进步主要体现在:

(1)内部控制的范围更加广泛,涵盖面更广。在内部控制结构论阶段,通常认为内部控制只有控制环境、会计制度和控制程序三个基本要素,而在内部控制框架论中,其控制要素进一步扩展到五个主要组成要素。

(2)内部控制框架论阶段,对风险的管理尤其重视,已经把内部控制和风险管理结合在一起,从风险管理的角度阐述和论述内部控制的意义和运行机制。

(3)从动态的角度来描述内部控制,把内部控制视为为实现企业目标而提供合理保证的过程。内部控制不再是一些静态的或形式化的制度、政策和条例等,而是一个执行并不断根据环境变化进行修正的管理过程。

五、内部控制的最新发展

20 世纪末，随着企业外部竞争的加剧和企业内部管理的强化，内部控制又有了新的发展趋势。这种发展趋势是，内部控制的范围越来越广，与企业风险管理的联系越来越紧密。人们逐渐倾向于基于风险管理的角度和立场来研究和建设内部控制问题。

2004 年，COSO 委员会在借鉴以往有关内部控制研究报告基本精神的基础上，结合《萨班斯—奥克斯利法案》在财务报告方面的具体要求，发表了新的研究报告——《企业风险管理框架》。这个报告的出台，预示着 COSO 委员会对待内部控制的认识和态度有了新变化，即从重视内部控制本身转向了重视风险管理，或者说更加倾向于在风险管理的背景下研究内部控制问题。

在《企业风险管理框架》中，COSO 委员会将风险管理的目标确定为四个：战略目标、经营性目标、财务报告目标和合法性目标。其中，战略目标居于更高的层次，主要取决于企业未来的任务或对未来的预期。在风险管理要素方面，《企业风险管理框架》则是比以前的研究报告更加广泛，包含了内部环境、目标制定、事项识别、风险评估、风险反应、控制活动、信息与沟通、监控等 8 个要素。

从发展时序上讲，《企业风险管理框架》是对内部控制的重要拓展和延伸，包含了内部控制的范围和内容。在目标上，企业风险管理框架不仅涵盖了内部控制框架中的经营性、财务报告和合法性三个目标，而且还新提出了一个具有更高管理意义和管理层次的战略管理目标；在内容上，企业风险管理框架除了包括内部控制框架中的五个要素外，还增加了目标制定、风险识别和风险反应三个要素。同时，企业风险管理框架更加强调风险管理的概念。

不过需要说明的是，企业风险管理框架的产生虽然后于内部控制框架，但是其并不是要完全替代内部控制框架，而只是包括了内部控制框架的内容。在企业管理实践中，内部控制是基础，风险管理只是建立在内部控制基础之上的具有更高层次和更加具有综合意义的控制活动。如果离开良好的内部控制系统，所谓的风险管理只能是一句空话。

第三节　内部控制的学科属性

一、内部控制的学科属性

对于内部控制是否成为一门独立的学科，尚没有明确的定论。目前国内外研究文献和研究报告大多是从制度建设的角度将其视为一种基于资产保护、会计信息可靠性和企业经营效率的应用性的管理制度，并没有从学科的角度来阐述和解释内部控制。我们理解，应该把内部控制作为一门学科来认识和研究，只有这样，才能促进内部控制的全面发展。根据这种认识，可以把内部控制定义为一门由企业内部管理人员实施的，以制度管理为主要手段，以资产安全、会计信息可靠和经营效率提高为主要目的的管理学科。这门学科和目前存在的战略管理学、组织行为学、市场营销学、财务管理学、生产管理学等一样，都是管理学科的重要组成部分。

内部控制学科虽然与组织行为学、战略管理学等一样属于管理学科，但是其有自己的学科特征和属性。这些特征主要表现在：

(一)内部控制是一门综合性的管理学科

在管理学科中，生产管理学只涉及企业的生产组织管理问题，财务管理学只涉及资金管理问题，其他诸如市场营销学等也都是只涉及企业经营活动中某个领域，而内部控制则涉及企业生产经营活动的所有环节和所有领域，所以其具有综合性的特征。

(二)内部控制的主体包括了企业的全体人员

在内部控制管理中，虽然制度主要是由财务部门或者是由财务部门牵头组织制定的，但是内部控制的执行却是涉及企业生产经营的所有部门和所有人员，上至董事长下至一般员工，都与内部控制有关。

(三)内部控制以制度制定、制度执行和制度执行效果的考核为主要管理手段

在管理学科中，财务管理的主要手段是资金需要量的预测、投资决策分析等，战略管理的主要手段是战略分析，如优劣势分析和战略计划等，而内部控制的管理手段则是以制度为基础进行的。但是，需要说明的是，制度只是内部控制的管理手段，不能把内部控制简单地等同于内部控制制度。

(四)内部控制的目标是防止风险，把企业风险带来的损失降至最低程度

在企业面临的风险中，主要有资产安全风险、财务信息披露风险和经营失败风险等。通常情况下，资产安全风险与资产管理有关，财务信息披露风险与会计管理有关，而经营失败风险则与经营活动、战略管理有关。所以，内部控制主要是围绕资产管理、会计信息披露、经营活动以及战略目标制定进行的。

二、内部控制学与相临学科之间的关系

(一)内部控制与制度经济学之间的关系

内部控制与制度经济学之间有着时间上的对应性和内容上的关联性。在内部控制的发展过程中，现代内部控制出现的时间正好是制度经济学产生和发展的时期，制度经济学为现代内部控制的出现提供了思想基础。

在制度经济学产生之前，人们对制度管理是不重视的，企业管理主要是靠经验、凭感觉来进行。企业内部既没有严格完善的投资管理制度、采购管理制度，也没有严格、完善的融资制度、利益分配制度等。这时候的管理应该说是非常粗放的。到20世纪30－40年代时，由于西方资本主义企业之间竞争加剧、市场变化剧烈，使得传统的靠经验管理企业的做法已经不能满足企业发展的需要，尤其是对于一些规模很大的企业而言，完全靠个人的感觉和经验来管理企业已经变得非常困难。因此，建立完善、严格的管理制度，靠制度来管理企业就变得越加迫切起来。正是在这种背景下，现代内部控制应运而生了。所以，可以说，制度经济学是现代内部控制的“启蒙老师”，内部控制实际上是在制度经济及

其所带来的制度管理思想的启迪下产生的。假如说没有制度经济学带来的管理思想的变化，人们在管理思想上将很难超越以往靠经验管理企业的做法，企业也就很难稳定、持续地发展。从这一意义来说，现代内部控制其实是制度经济学在微观经济管理中的应用和体现，而制度经济学则是内部控制的思想和理论基础。

（二）内部控制与公司治理的关系

内部控制与公司治理（公司治理结构）是两个不同的概念。所谓公司治理结构是指在股东大会、董事会、监事会和经理等之间建立的用于约束出资人和管理者行为的一系列制度契约。其目的是合理地处理出资人和管理者之间的委托代理关系，使出资人按照规定的义务出资，而管理人则在保证出资人财产安全的同时，合理有效地使用资产，以便为企业带来最大的利益。所以，公司治理结构既关注企业经济运行中的公平性问题，防止管理人员利用工作之便损害公司和出资人的利益，同时也关注企业经济运行中的效率问题，防止管理人员偷懒和懈怠。而内部控制则如前所述，只是企业为了保证财产安全、会计信息可靠、企业经营效果而建立的一系列制度，主要解决的是企业经营管理中的效率问题，基本上不直接涉及委托代理机制中的公平性问题。

严格地讲，内部控制与公司治理结构之间有着根本区别[①]。这种区别主要体现在：

1.目标上的区别

目标上，公司治理结构主要解决公司经营中的公平和效率问题，而内部控制则只是关注公司经营中的效率问题，一般不直接涉及公平性问题。

2.主体上的区别

主体上，公司治理结构的主体是股东、董事会、总经理、监事会等公司高层管理者，以及公司外部的债权人、政府管理部门和其他利益关系人等；内部控制的主体则主要是公司内部的董事会、总经理、部门经理以及各个岗位的职工等，仅限于公司内部，也正因如此，才把这些针对企业内部人士的管理称为“内部”控制，而且控制重点在于总经理以下的经济业务执行部门。

3.内容上的区别

内容上，公司治理结构主要涉及股东、董事会、监事会、总经理之间的委托代理合约关系，控制权的分配，剩余控制权的安排等；内部控制则主要解决资产的安全性、会计信息的可靠性、企业经营的效率问题，以及与此相关的审批权、执行权和监督权的配置问题。总体而言，公司治理结构涉及的问题比较宏观一些，而内部控制涉及的问题则非常具体，甚至就是业务进行中的程序和手续问题。

4.归属的法律体系不同

公司治理结构的内容主要体现于公司法、证券法等相对综合性的法律之内，而内部控制则主要体现于内部控制指南、会计法等法律层次比较低的专业性法规之中。

---

① 在我国，关于内部控制和公司治理结构之间的关系主要有三种代表性观点：一是认为公司治理结构是内部控制发挥作用的环境基础；二是认为内部控制与公司治理结构之间没有必然联系；三是认为内部控制和公司治理结构之间是相互嵌合式的关系。见：李连华. 公司治理结构与内部控制之间的连接与互动[J]. 会计研究，2005(2)。

但是，内部控制与公司治理结构除了上述区别之外，也还存在着紧密的联系。这种联系主要体现在：

1.公司治理结构与内部控制都统一于企业经营的总体目标

如前所述，内部控制是企业董事会、经理层等为确保企业财产安全完整，减少虚假会计信息，实现经营管理目标而建立和实施的一系列具有控制职能的措施和程序。其最终目标也是保证企业生产经营过程中的安全性和盈利性。而公司治理结构的目标则是在股东大会、董事会、监事会和经理层之间合理配置权限，明确各自职责，建立有效的激励、监督和制衡机制，保证企业运行在正确的轨道上，防止董事、经理等代理人损害股东的利益，从而实现企业公平和效率性的目标。因此，内部控制和公司治理结构在公平和效率这两个公司的最终目标上是一致的，只是各自有所侧重而已。

2.良好的内部控制是完善公司治理的重要保证

公司治理结构作为公司利益相关者之间的制度安排，必须依靠一系列的控制制度加以落实和实施。而这些制度绝大部分融于企业的内部控制制度之中，如果没有健全、有效的内部控制，那么公司治理结构就会成为无源之水、无椽之木。内部控制对于公司治理结构的重要意义主要体现在：

（1）公司治理结构在公司内部是相对比较宏观和处于较高管理层次上的控制活动，这些控制活动最终要落实到企业的各个部门、各个岗位等较为微观和较低层次的经济业务执行部门中去。换言之，公司治理结构，最终要靠企业内部控制系统中的分级控制、职责分工和全员性、全岗位的控制措施去实现。

（2）公司治理结构需要内部控制提供可靠的财务信息支持。按照控制论和信息论的原理，控制的前提是有充分和可靠的信息。在企业管理中，大部分的信息是由会计部门提供的，公司治理结构在实施过程中必须靠内部控制中的会计系统来提供信息支持。否则，如果没有这些信息，或者虽然有信息但是信息的真实性和可靠性较差，那么公司治理中有关对于董事会成员的考核、对于总经理的考核和选用等，都将很难有效地进行，也就无法对董事会、总经理，以及总经理以下的管理部门等进行有效的监控；所谓防止管理人员偷懒，提高管理效率，防止管理人员的败德行为，保证企业经济运行的公平性，都将成为一句空话。

3.内部控制与公司治理结构所遵循的控制原则基本相同

内部控制和公司治理结构都遵循分权制衡、职责分工、分级控制的基本控制原则。在公司治理结构中，股东大会、董事会、总经理和监事会实行分权制衡：股东大会作为公司出资人的代表，拥有最终的控制权和剩余分配权；董事会作为公司的主要决策机构，拥有并实际行使决策权，对企业重大事项进行决策；总经理作为管理者的代表，行使执行权，负责落实董事会的决策事项；监事会作为监督机构拥有并行使监督权，负责对董事会和总经理的工作进行监督。这样，在公司内部就形成了决策权、执行权和监督权“三权分立”和相互制衡的状态。同时，在分层控制上，股东大会控制董事会、董事会控制总经理，又形成了一个层次分明的控制链，实行自上而下的分层控制。内部控制在控制原则上与公司治理结构基本相同，也实行分权制衡、职责分工和分级控制的原则。在企业的内部控制系统中，决策权是由上一管理层次行使的，下级管理层次只行使执行权，而监督权则由内部审计部门和上级管理部门共同行使，同时内部控制中也存在着一个与公司治理结构非常相似的由总经理——部门经理——岗位负责人——个人所组成的层次分明的控制链，实行自上而下的控制和监督。

4.内部控制和公司治理结构的控制方法基本相同

从方法上看，现代内部控制的方法主要包括组织规划控制、授权批准控制、会计系统控制、预算控制、资产保护控制、人员素质控制、风险控制、内部报告控制、电子信息系统控制、内部审计控制等。这些方法当中很多都可以在公司治理过程中加以使用。如，组织规划控制、董事会与总经理之间的授权批准控制、风险控制等，都可以在公司治理和内部控制中使用，所不同的只是两者的使用对象有所区别，但是就方法本身来说则是完全相同的。

(三)内部控制与会计学的关系

从本质上讲，内部控制是一门以制度建设和制度实施为主要内容与管理手段的管理学科，而会计学则是一个以计量为主要特征的管理学科。两者的关注点和目标取向应该说是完全不同的。因此，在两者的历史演变和发展过程中，内部控制和会计学在很长时期内是各自独立或平行发展的，相互之间并没有明显的交叉性和必然性的联系。内部控制和会计学之间发生联系应该是在股份公司出现以及对会计信息公开披露的质量提出要求之后。

在股份公司出现之前，内部控制主要是以内部牵制的形式存在的。其目的是防止经济舞弊，保证企业财产物资的安全性。这其中虽然也会涉及对会计信息的利用，但是两者之间并没有必然的联系，因为内部牵制的主要手段是岗位分设和不相容岗位的分离，这些都不是会计学的必要内容。但是，自从股份公司出现之后，社会投资人对会计信息的披露提出了更高的要求，不仅要求企业提供充分的会计信息，而且要求企业必须提供真实、可靠的会计信息。这种对会计信息真实性和可靠性的要求就促使会计学和内部控制走在了一起。因为内部控制可以为会计信息的可靠性提供一个值得信赖的制度基础。由此，内部控制就分化出了以资产安全和管理效率提升为主要目标的内部管理控制制度和以保证会计信息可靠性为主要目标的内部会计控制制度。从这种意义上讲，内部控制对会计学的发展是有促进作用的。因为它可以在很大程度上避免虚假会计信息的产生，免得会计因虚假信息等财务丑闻而陷入发展中的陷阱。

但是，20 世纪 40 年代之后，随着管理会计的产生，会计学又反过来促进了内部控制的完善和发展。在管理会计出现之前，内部控制在实行过程中没有严格和完善的预算控制制度，控制手段还是比较传统的资产实物控制、人员控制、组织规划控制和授权审批控制等。而管理会计产生之后，则把控制职能和会计信息更加有机地结合在了一起，也可以说把数字和制度艺术性地结合在了一起，从此内部控制的控制手段更加丰富，控制效果更加显著，从而也就更加受到企业和社会有关人士的重视。所以，内部控制在 20 世纪 40 年代之后之所以受到广泛的重视和关注，管理会计可以说功不可没。比如，在美国，管理会计师协会一直是内部控制的主要研究机构之一，同时也是 COSO 委员会的主要发起者之一。

(四)内部控制与审计学的关系

审计学和内部控制在本质上有着根本区别。内部控制是为了保证资产安全、会计信息可靠和经营效率提高而采用的各种管理程序和方法,而审计学则是一门以查账和鉴证为主要特征的学科。在 20 世纪 40 年代之前,审计主要是以传统的账项审计为主要手段,与内部控制可以说毫无关系。20 世纪 40 年代之后,特别是第二次世界大战结束后,世界经济呈现出高速发展的趋势,企业规模越来越大,业务领域越来越广,生产经营过程越来越复杂,传统上以凭证和账簿为主要对象的审计方式已很难完成审计任务,而且即便能够完成审计任务但是审计成本相当高,审计机构不堪重负。在这种情况下,如何寻找一个相对高效而又成本低廉的审计方式来对企业的会计信息做出恰当的鉴证和评价,就成为审计发展中面临的一个重大问题。这时候,内部控制才开始走进审计学的视野。原因是内部控制是会计信息产生的制度基础,并对会计信息的可靠性起着基础性的保障作用。审计人员在理论研究和实践观察的基础上最终相信,内部控制与会计信息的可靠性之间存在着必然的联系。如果一个企业建立有完善而又行之有效的内部控制制度,那么这个企业的会计报表和会计报表所包含的会计信息就不会有重大的错误和漏报,因为这些重大的错误和漏报已经被内部控制发现和纠正了。反之,如果企业没有完善的内部控制,或者虽然有内部控制但没有得到真正有效执行的话,那么企业会计报表出现重大错报和漏报的几率就会非常高。因此,传统上以账项审计为基础来评价会计信息真实性的做法完全可以被以制度审计为基础来评价会计信息真实性的方式所代替,而且后者效果更高、成本更低。正是由于这种认识,在 20 世纪 40 年代后,审计方式就发生了革命性变化,即由原来以账项为基础的审计转到了以制度为基础的审计,也就是现在所说的“制度基础审计”。所以,制度基础审计是内部控制和审计学相互结合的结果。从此,内部控制开始成为审计的重心,相应的,有关内部控制制度设计和评价的研究也就成了审计理论界与审计职业组织研究的重点之一。

由上述可知,内部控制的存在是促使审计方式发生革命性转型的前提,也是促进审计学发展的重要动力之一。因为如果企业管理实践中没有内部控制,那么审计人员绝不会也不可能为了降低审计成本和提高审计效率而在企业创立和实施内部控制制度。所以从这种意义上讲,是内部控制促进了审计学的发展。但是,同时需要强调的是,审计与内部控制结合后也大大促进了内部控制的发展,甚至于这种贡献要大于内部控制对审计学发展所做出的贡献。审计对内部控制发展的推动作用主要表现在:

(1)审计职业组织是推动内部控制理论研究进步的重要机构。比如在美国,有关内部控制的研究成就大部分是由注册会计师协会(AICPA)取得的,而且即使是以后成立的 COSO 委员会,注册会计师协会也是一个重要倡导者和主要参与者;同样在我国,中国注册会计师协会也是内部控制研究的主要机构之一,并在财政部发布有关内部控制的基本规范之前就发布了针对审计界的内部控制职业规范指南。

(2)内部审计成为内部控制系统的重要组成部分,并使得内部控制系统更加完善。在内部审计出现之前,内部控制可以说一直没有一个有效的内在监督系统,所谓的监督主要是上级对下级的监督。而内部审计出现后,这个问题得到了彻底解决。因为内部审计可以借助其专业性的特点,实现对内部控制执行效果的全面监管。对现在来说,很多企业的内部控制制度主要是由财务部和业务部门设计、执行的，而内部审计机构则主要对各个部门是否执行控制制度以及执行效果的好坏进行监督与检查，从而实现了制度设计、制度执行和制度监督的三分离，形成了一个比较完整的控制系统。

（五）内部控制与风险管理的关系

内部控制与风险管理一直存在着必然的关系。内部控制从产生之日起，就是为了防止和控制资产被挪用、被侵占的风险而设计的。可以说，如果没有经营中资产被侵占、被贪污、被挪用的风险，就没有也没有必要存在内部控制。所以，内部控制因防范风险而生，并随着人们的风险意识和企业经营中各种风险的增加而发展。在早期阶段，企业的风险主要体现在资产风险上，即资产被有关人员利用职务之便侵占和贪污的风险，所以当时的内部控制非常重视资产的实物控制。后来，随着股份制企业的发展和上市公司不断增多，资本市场对会计信息披露的质量提出了更加严格的要求，于是，在企业经营风险中就又增加了会计信息披露风险的内容。因为如果企业披露的会计信息质量有瑕疵，那么就有可能被股东和其他利益关系人士告上法庭并由此而引发巨额的经济赔偿和损失。这时候，内部控制的控制目标就相应地增加了保证会计信息可靠性的内容。企业内部控制的内容也随之更加丰富了。因此，可以说，内部控制从产生之日起就是作为风险管理的手段存在的，而且也是随着风险管理的需要而不断发展的。

2004 年，COSO 委员会在《企业风险管理框架》（*Enterprise Risk Management Framework*）中指出，内部控制是风险管理的一部分，包含内部控制的风险管理框架为管理提供了更为强有力的概念。风险管理比内部控制更加广泛，并将企业风险管理定义为“由企业董事会、管理层和其他员工共同参与的，应用于企业战略制定和企业内部各层次和部门的，用于识别可能对企业造成影响的事项，并在其风险偏好范围内管理风险的，为企业目标的实现提供合理保证的过程”。企业风险管理的目标包括：战略目标、经营目标、报告目标和遵循目标。其中，经营目标和遵循目标与内部控制的目标一致，而报告目标则超越了内部控制目标的范围，扩展到了企业的对内、对外报告，即不但包括企业的财务信息，也包括非财务信息，而战略目标则是从更加全面和更高管理层次上对风险管理提出的要求。企业风险管理的构成要素则包括：内部环境、目标制定、事项识别、风险评估、风险反应、控制活动、信息与沟通、监控。显然，COSO 报告体现了将内部控制的框架全面纳入风险管理框架的思想，风险管理比内部控制的范围更加广泛。应该说，这份报告厘清了内部控制和风险管理的关系，在二者关系上具有正本清源的作用。

需要指出的是，内部控制与风险管理尽管存在着紧密的关系，但是两者并不完全相同，而且这两者之间也不能完全相互替代，只是他们之间存在着比较多的重叠与共通之处而已。对于内部控制和风险管理的不同内涵与外延，巴塞尔委员会曾经指出，风险管理不同于内部控制之处在于，典型的风险管理比较关注特定业务的战略评审，旨在通过比较不同公司业务领域内的风险与报酬来使收益最大化。而内部控制中的信息与沟通尽管也需要进行风险管理，但它本身可以不理解为风险管理的内容。另外，南非公司治理委员会（King Committee on Corporate Governance）在 2001 年 7 月发布的《南非公司治理 KING 报告》（讨论稿）中也认为，内部控制与风险管理尽管相互补充，但两者是不同的。内部控制是一种控制和最小化风险的机制，并认为内部控制的目标是：保护企业资产与投资，支持企业目标，在一般与不利条件下支持企业的持续生存，对与企业有法定利益的利益相关者承担责任。风险管理则可以被定义为“识别和评价附属于企业的实际的和潜在的风险领域，进而通过合适的内部控制消除、转移、接受或是减轻风险。风险管理的过程包括计划、安排和控制活动，以便使风险影响最小化，并达到能被股东和其他利益相关者接受的水平”。英国的 Turnbull 报告也认为，企业内部控制系统是风险管理的重要环节，但不是全部，它对完成企业目标也有着重要意义，良好的内部控制依赖于彻底的规范的对公司所处风险的性质与范围的评价。内部控制的目的是适当地管理与控制风险，而不是消灭它。①

第四节　内部控制要素与规范体系

一、内部控制构成要素

内部控制要素是指内部控制的构成要素及其各种要素之间的连接方式，或者关系。内部控制的要素包括哪一些，实际上和人们对于内部控制的认识与划分方式有关。在早期，人们对于内部控制的认识比较简略，对于内部控制要素的划分比较粗浅。所以，内部控制要素就比较少。比如，在 1992 年之前人们对于内部控制构成要素的划分就一直停留于“三要素”上，即内部控制结构系由控制环境、会计制度和控制程序组成。

1992 年，美国 COSO 委员会发布的《内部控制——一体化框架》在内部控制发展中具有里程碑意义，其将内部控制要素划分为控制环境、风险评估、控制活动、信息与沟通、监督五个要素，从此，“五要素论”成为内部控制要素划分的基础。我国 2008 年发布的《企业内部控制基本规范》中虽然在表述上与美国 COSO 委员会有所差异，但是，大同小异，没有本质性的区别。这五个要素的具体含义是：

(一)控制环境

控制环境，或曰内部环境，是指影响企业内部控制设计与实施的各种要素。这些要素主要有公司治理结构、公司机构设置及权责分配、内部审计、人力资源政策，以及企业文化等。这些要素都是内部控制系统的组成内容，而不是外在于内部控制本体之外的。从作用方式上讲，控制环境对于内部控制的影响是多层次、全方位的，这些因素会对内部控制中的其他要素和整个控制过程产生基础性的、持久性的影响。比如，公司治理结构中的股东大会、董事会、监事会、总经理之间的权力结构体系是否合理，将直接影响到整个公司的运行与效率。再比如，企业文化会影响到每个员工的行为特征，在民主型的企业文化氛围下员工的意愿能够得到充分表达，员工的积极性和主动比较高；而在专权型的企业文化氛围下员工可能崇尚权力，喜欢自上而下的命令，员工的意愿和积极性可能受到压抑。这是

① 转引自：唐予华，李明辉. 内部会计控制与会计信息质量研究[M]. 北京：中国财政经济出版社，2003：25.

内部控制系统设计时需要考虑的因素。

(二)风险评估

风险评估是指企业及时识别、系统分析经营活动中与实现内部控制目标相关的风险，合理确定风险应对策略。该要素实际上包括风险识别、风险分析与风险应对三个环节。其中的风险识别是将企业经营过程中影响内部控制目标实现的各种不利因素筛选出来，罗列出来，不要有遗漏；风险分析是将各种风险的影响方向、影响程度加以确定下来，区别重要风险与不重要风险、可控风险与不可控风险、外部风险与内部风险等；风险应对是针对各种风险制定出相应的规避策略，比如有些风险可以通过转移来规避，而有些风险则需要停止相关经营业务才可以避免等。

(三)控制活动

控制活动是指企业根据风险评估结果，采用相应的控制措施，将风险控制在可承受的程度之内。在企业内部控制过程中，控制活动是结合企业的经济业务和经济事项进行的，体现于企业的业务流程之中。在这个过程中，需要运用内部控制中的各种方法，比如不相容职务分离、授权审批、预算控制等对企业的经营活动进行控制，使之始终沿着企业设定的目标进行。这里需要注意的是，控制活动既是针对风险的，也是针对效率的。也就是说，通过控制活动来降低风险，同时提高效率。

(四)信息与沟通

信息与沟通是指企业及时、准确地收集、传递与内部控制相关的信息，确保信息在企业内部、企业与外部之间进行有效沟通。信息是实现控制的前提。没有信息，就无法进行判断，也就无法进行控制。在企业运行中，信息源多点分布，信息链有多条，它们通过信息链路把企业内部各管理层次、各管理部门串联起来，形成一个有机体系，实现相互之间的协同和有效运行。因此，信息与沟通对于内部控制而言是一个非常重要的组成要素。

(五)监督

监督，或者内部监督，是指企业对内部控制建立与实施情况进行监督检查，评价内部控制的有效性，发现内部控制缺陷，从而及时加以改进。从理论上讲，监督的存在意义和必要性在于内部控制实施过程中可能存在的失败或者低效。因为在企业实施内部控制过程中，由于利益不一致或者主观认知偏差，可能使得原有的内部控制制度失效或者走样，这时候就需要及时地检查、发现并予以纠正。现实中企业实施内部监督的机构主要有内部审计、监事会等。这些机构的内部监督和由会计师事务所、税务机构、国家审计机关实施的外部监督形成了一个比较完整的监督体系。

需要指出的是，内部控制要素是人们对于内部控制系统的一种主观解析和构造，不同人可以从不同的视角对其进行不同的解构。从这种意义上讲，接受“五要素论”并不一定代表着它就是唯一的真理，或者说它就是最准确的。只能说，由于它是权威机构给出的解构，所以得到了大家比较普遍的认可。实际上，对于内部控制要素，还可以从其他角度进行解析和组合，比如，从纵向上可以将之分为一级要素、二级要素，甚至三级要素等。再比如，内部审计虽然是内部环境的要素，但其实把它视作内部监督的要素，也未尝不可。

二、内部控制规范体系

内部控制规范体系，功能上类似于会计准则的作用，主要是提供一种参考标准和行为指南。内部控制在实践中虽然多种多样，每个单位可能因为组织机构的性质、规模和业务等而使得相互之间的内部控制差异很大，但是这并非意味着内部控制就无任何规律可循、杂乱无章，实际上内部控制作为一门科学也有其自身的规律性和共同性。内部控制规范体系，就是这些控制规律或通用原理的总结和提炼。

2008 年我国财政部、证监会等五部委共同颁布了《企业内部控制基本规范》，嗣后于 2010 年又由财政部、证监会、审计署、银监会和保监会共同制定和颁布了《企业内部控制应用指引》、《企业内部控制评价指引》和《企业内部控制审计指引》三个具体规范文件，如此我国就形成了"1＋3"的内部控制规范的总体框架（如图 1-1 所示）。这些规范为我国企业设计和实施内部控制提供了基本的遵循和指南。

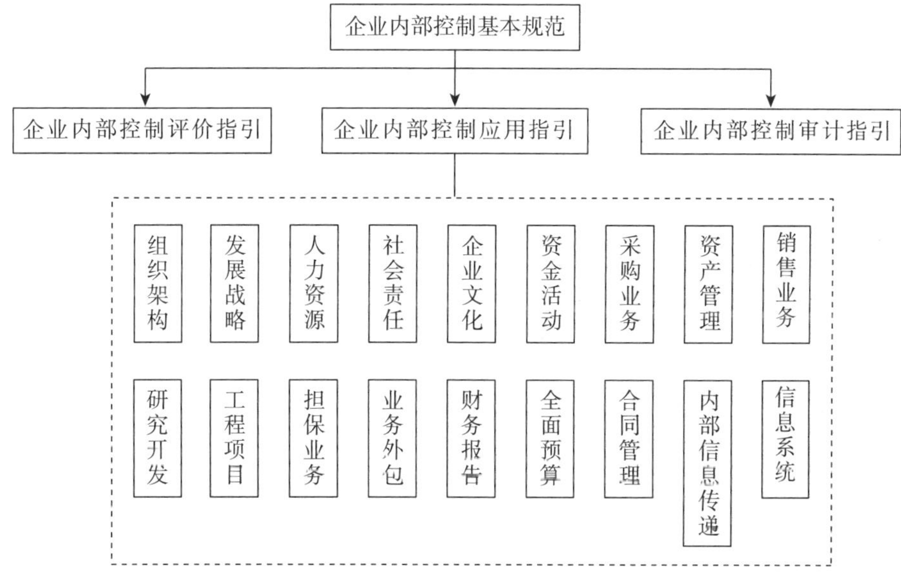

图 1-1　我国内部控制规范体系

（一）企业内部控制基本规范

在我国的内部控制规范体系中，《企业内部控制基本规范》（后称"基本规范"）处于最高层次，主要用于规范内部控制建设和执行中的基本内涵、基本原则、基本方法、控制目标等。由于这些都具有高度的通用性和原理性，因此，基本规范带有明显的理论属性和学科属性。

（二）企业内部控制应用指引

在我国的内部控制规范体系中，《企业内部控制应用指引》（后称"应用指引"）主要用于规范企业内部控制的架构设计问题，共有 18 个具体应用指引组成。这 18 个应用指引从内容特征和作用上大体可以分为三类。一类是内部控制建设时的微观环境问题，主要有组织架构、发展战略、人力资源、社会责任和企业文化等。另一类是业务控制问题，主要是针对不同业务介绍和规范其作业流程、控制方法、控制要点等。这一类指引实际上涉及业务流程的划分问题，不同企业和不同行业，对于应用指引的使用是有选择性的。按照我国颁布的应用指引来说，企业的主要业务构成是资金活动、采购业务、销售业务、研究与开发等。第三类是控制方法问题。这一类主要介绍和规范企业内部控制时应该采用的控制方法，主要有预算管理、信息传递、信息系统和合同管理等。这些方法在实际运行中是融于业务之中的，所以业务控制的应用指引和控制方法的应用指引实际上是交互在一起的。

（三）企业内部控制评价指引

内部控制评价指引是规范企业内部控制评价的文件，目的是对于企业内部控制设计与实施中可能存在的缺陷进行揭露、认定和纠正，从而促使内部控制效果不断提升。从性质上讲，这是一种自我评价和纠错的一种机制。

内部控制评价指引的必要性和意义在于，企业的内部控制从设计到实施都可能存在缺陷和不足，这些缺陷和不足主要内生于人类自身的认知缺陷和有限理性，同时也受企业经营环境的复杂性和可变性的影响。为了改进和提高控制效率，企业必须在一段时间之后对内部控制系统进行评价和修正，从这种意义上讲，企业的内部控制实际上是一个不断修正，从不完善到逐步完善的过程。我国颁布的《企业内部控制评价指引》正是用于指导企业对于内部控制的评价工作。在该评价指引中，对于内部控制评价工作的组织、内部控制缺陷的认定与分类、内部控制评价报告的要素与撰写、内部控制评价报告的报送与传递等都做出了具体规定，由此企业的内部控制评价工作就有了规章和标准可循。

（四）企业内部控制审计指引

《企业内部控制审计指引》用于规范注册会计师对内部控制的审计。相对于企业内部控制评价而言，这是一种外部评价与监督机制。其必要性和意义在于，这种外部评价可以弥补企业自我评价在权威性、专业性和独立性上的欠缺，更能够发现企业内部控制系统中存在的问题，并使评价报告更加具有可信性。

我国颁布的《企业内部控制审计指引》中，主要的条款内容是审计责任的划分、审计范围、整合审计、审计方法、控制缺陷的评价、如何利用被审计单位人员的工作、审计报告及其出具等。

案例分析题

1.案例资料[①]

湖州市双林酒厂单位负责人陈某公然违法，不要内部控制制度，随心所欲，自 1995 年起指使会计人员“以不出现亏损”为原则搞成本核算，为隐瞒严重亏损的事实真相，制作虚假报表上报主管局，骗取企业经营者年终奖。当市审计局对这家企业进行审计，发现蛛丝马迹时，陈某马上通过伪造库存商品蒙骗过关。通过玩弄数字游戏等违法手段，陈某获得

① 该案例资料来自：李敏. 内部会计控制规范与监控技术[M]. 上海：上海财经大学出版社，2003：23.

了多种荣誉，被称为“女能人”。但湖州市双林酒厂终于经不起这样的折腾，最终以亏损数千万元而破产。后经湖州市城郊法院审理查明，陈某自 1995 年至 1999 年任湖州双林酒厂厂长期间，制造虚假利润报表，骗取企业经营者年终考核奖共计 19.9 万元，已被当地法院以贪污罪判处有期徒刑 10 年。

2.案例讨论提示

结合本案例资料，谈谈对下述两个问题的认识：

(1)内部控制在保持企业健康发展方面所具有的重要作用和意义；

(2)企业负责人在建立和实施内部控制方面应该起的表率作用和应当承担的管理责任。

思考练习题

1.内部控制产生的动因是什么？

2.内部控制经历了哪几个比较重要的发展阶段？

3.内部会计控制和内部管理控制的关系如何？两者的关系经过了怎样的“分”与“合”的过程？

4.结合学习体会，谈谈你对内部控制重要性的认识。

5.内部控制与风险管理的关系如何？

6.内部控制与公司治理结构的关系如何？

7.现代内部控制包括哪些主要内容？

拓展阅读

1.财政部. 企业内部控制基本规范[S]. 2008.

2.美国 COSO 委员会. 内部控制——整合框架[S]. 1992.

3.中国财政部，等. 企业内部控制应用指引[S]. 2010.

第二章　内部控制的目标、原则与方法

第一节　内部控制的目标

一、内部控制目标的确定

所谓内部控制的目标，是指内部控制所要达到的预期效果和所要完成的控制任务。理论上讲，内部控制的目标主要取决于内部控制本身所具有的功能和人们在设计与执行内部控制时所要达到的主观需求。其中，内部控制的功能是决定内部控制目标的客观因素，同时也界定了内部控制目标的横向边界和范围。而人们对于内部控制的主观需求，则是内部控制目标的主观因素，说明了人们期望内部控制能够做些什么事情，满足哪些要求等。这两个因素共同决定了内部控制的目标。一般来说，内部控制的目标必须落在由功能因素所划定的上限和由需求因素所划定的下限共同组成的区间内。因为如果确定的目标超出内部控制的功能上限的话，那么内部控制肯定完成不了这些目标，也就注定这些控制是失败的；反之，如果目标低于人们所期望的下限，即不能满足人们所期望的管理需要，那么内部控制就不可能被采用和实施，这时候内部控制就不会存在，谈论其目标也就失去了任何现实意义。

应该说，上述所讲的“上限”与“下限”为内部控制目标的确定提供了一个比较广泛的空间范围。在这个区域内，可以为内部控制定义多种任务和多个目标。对于这些目标，我们大体上可以将其分为基本目标（总目标）和具体目标两个层次。

二、内部控制的目标

（一）内部控制的基本目标

内部控制的总体目标或基本目标，也是企业所追求的最终目标。这一目标可以概括为实现企业的可持续发展和取得企业最大化的利益。综观企业所有的生产经营与管理活动，其实都是要保证企业一是生存，二是发展，三是盈利。其中，生存是最基本的要求，如果企业不能生存，其他所有的追求都无从谈起；而发展不只是生存的简单延续，而是要有量的扩张和质的提高，要从一个小企业变成大企业，从一个生产和经营能力弱的企业变成一个生产和经营能力强的企业；盈利则是企业最根本的目的，因为从投资者的立场讲，如果企业不能带给他们利润，那么企业的生存和发展都是毫无意义的，也是没有必要的。所以，从这种意义上说，不能给投资人带来利益的企业一定是无法继续生存下去的。

（二）内部控制的具体目标

内部控制的具体目标是内部控制总体目标的细化和具体化。内部控制的具体目标可以分为：

1.保证财务报告的真实可靠，防止错误和舞弊的发生

由于在经济业务过程中采取了程序控制、手续控制和凭证编号、复核、核对等措施，内部控制可以使经济业务和会计处理得以相互联系、相互制约，从而做到内部相互监督，防止错误和舞弊的发生。即便发生了错误，也易于自动检验和自动纠正。实际上，人们最初建立内部牵制制度的初衷就是为了防范错误和经济舞弊。通过内部牵制，各部门和人员之间相互审查、核对和制衡，避免一个人控制一项交易的所有环节，既可以防止员工的舞弊行为，也能减少虚假财务报告的发生。为了达到财务报告可靠性的目标，内部控制在运行过程中必须达到如下要求：

(1)保证所有交易和事项都能够在恰当的会计期间及时地记录于适当的账户；

(2)保证会计报表的编制符合会计准则和有关会计制度的要求；

(3)保证账面资产与实存资产定期核对相符；

(4)保证所有会计信息都经过必要的复核手续，并确认有关记录正确无误。

保证财务报告的真实可靠，是管理当局的首要责任，也是内部控制的第一目标。目前，尽管现代内部控制的目标已经不再仅仅局限于防止财务报告舞弊，而由防弊为主发展到了以兴利为主，但是，防止舞弊仍是内部控制的重要任务之一。许多国家仍然是出于会计信息的可靠性考虑，要求企业必须建立、健全内部控制制度。如 1977 年美国《反国外行贿法》就规定，每个企业应当建立内部控制制度，以保证财务报告的可靠性。

2.保证企业资产的安全、完整

企业的资产，包括有形资产和无形资产，这些资产会因为盗窃、滥用和意外损坏而遭受损失。在内部控制实行过程中，不相容业务的分工，使授权人与执行人，执行人与记账人，保管、出纳与会计人员，总账和明细账等得以分开，从而形成了一种内部相互牵制的关系；加上限制接近财产及内部定期盘点、核对制度等管理规定，在企业财产的收、付、存、用等环节就建立起了一个严密的控制系统和完整的监控链条，可以有效地制止浪费，防止各种贪污舞弊行为，确保企业财产物资的安全与完整。一般意义上讲，健全的内部控制，可以堵塞漏洞、消除隐患，防止公司资产因浪费、盗窃、无效率使用、不当经营决策等原因而导致损失，保护单位财产的完全完整。

内部控制在运行过程中，要想很好地实现其保证财产物质安全与完整的目标，必须达到如下要求：

(1)资产的记录与保管一定要彻底分开；

(2)任何资产的流动都必须进行详细的记录，不仅进入企业和流出企业要记录，而且企业内部各个部门之间的资产流动也一定要有详细的记载；

(3)需要建立完善的资产管理制度,包括岗位责任制度、惩罚制度以及激励制度等;

(4)需要对资产进行定期和不定期的盘点,并确保资产的账面记录与实际存有数量的一致。

3.改善企业经营管理,提高企业的经营效率和效果

这是内部控制的营运性目标。现代企业是一个由多个部门、多种管理层次和多个经营环节所组成的经济组织。在这样的经济组织内部,相互之间的沟通和协调变得非常重要。通常情况下,合理的内部控制能够通过如下三种方式提高企业内部的经营效率和管理效果:

(1)内部控制要求组织精简,权责划分明确,使每个人的责任清楚,不能推卸,从而使各个部门和环节密切配合,协调一致,充分发挥资源潜力,充分有效地使用资源,提高经营绩效。

(2)内部控制要求有良好的信息沟通体系,可以使会计信息包括其他方面的经济管理信息快速地在企业内部各个管理层次和业务执行系统之间流动,从而提高经济决策和反应效率。

(3)内部控制有着与岗位职责相一致的业绩考评制度,可以对经济效率的优劣进行准确的考核,并对优秀者以奖励,对落后者以惩罚,从而形成有效的激励机制。

4.遵守现行的法律、法规、行业(或证券)监管规章和企业内部管理制度

这个目标称为遵循性目标。现实中,企业的经济活动涉及各个方面的经济利益,某种意义上讲,经济交易实质上就是利益的交换。因此,为了维护正常的交易秩序,防止交易关系人出于自我利益的考虑而不适当地损害其他人的利益,同时也为了降低整个社会的经济运行成本,国家有关部门和企业都制定了相应的法规、制度、条例等以便对有关经济行为加以管理和规范。然而,实际中守法与违法、规范与不规范却是一对孪生兄弟,企业经营过程和社会经济活动中总是存在着违反法规、制度的现象,因此国家有关法规、制度的落实必须靠内部控制的有效执行来保证。从这种意义上说,内部控制制度实际上是保证其他制度得到实施的保证性制度安排。

最后,需要指出的是,内部控制只能"合理保证"而不能绝对保证财务报告的可靠、企业资产的完全完整、企业经营活动的有效以及国家相关法律法规的遵守。之所以讲"合理保证",是因为还存在着人为判断的限制、资源的限制、成本效益的考虑、内部控制的故障、管理者的越权、员工的串谋等原因。内部控制在实际执行过程中总会存在一些其固有的限制,无论内部控制的设计与执行多么完善,内部控制都不可能绝对完美地实现上述目标,而只能在"合理"的意义上实现其预定的控制目标。

第二节　内部控制的原则

内部控制的原则是指在实施内部控制管理时必须遵循的基本规定和所要达到的基本要求。这些是内部控制的精髓所在,是内部控制经过长期实践经验总结出来的规律性的东西。企业在内部控制管理中只有按照这些原则行事,才能取得事半功倍的效果;否则,

如果违背了内部控制的基本原则，则内部控制管理就会遇到很大困难，甚至可能导致管理上的完全失控或失败。

一、美国学者孔茨对于内部控制基本原则的论述

美国著名管理学家哈罗德·孔茨(Harold Koontz)认为，所谓控制就是按照设定的标准衡量计划的完成情况，并纠正计划执行中的偏差，以确保计划目标的实现。在某些情况下，控制可能导致确立新的目标、提出新计划、改变组织机构、改变人员配备或在指挥和领导方法上作重大的改变等。为此，他提出了内部控制应该遵循的13条基本原则[①]：

(1)保证实现计划的目标；

(2)控制要针对未来；

(3)控制的职责要明确；

(4)控制要讲究经济效益；

(5)应尽可能采取直接控制方式；

(6)控制必须反映计划的要求；

(7)控制必须有适当的组织来保障；

(8)控制必须采用适合具体人员的技术信息；

(9)控制必须有客观的、精确的和适合的标准，用来衡量一个计划方案完成的情况；

(10)控制必须抓住关键点；

(11)控制必须主要集中于例外情况；

(12)控制必须灵活；

(13)发现偏差后必须及时采取行动，予以纠正。

二、我国财政部对于内部控制原则的论述

我国财政部在2008年颁布的《企业内部控制基本规范》中，提出了内部控制应该遵守的五条基本原则：

(一)全面性原则

内部控制应覆盖公司的各项业务(作业)、各个部门和各级人员，并渗透到决策、执行、监督、反馈等各个经营环节。即要实行全过程、全空域和全人员的控制，不能留有控制的空白点或控制死角。

(二)重要性原则

重要性原则是相对于全面性原则而言的，是全面性基础上的重要性。按照这一原则，内部控制应当在全面控制的基础上，重点关注那些风险比较高、比重比较大、影响比较广的业务领域。换言之，全面性原则并不是平均主义的原则，并不意味着资源的投放要均匀地分布，而是要有重点地进行控制。

---

① 参见李敏.内部会计控制规范与监控技术[M].上海：上海财经大学出版社，2003:33.

(三)制衡原则

内部控制应当保证单位内部机构、岗位及其职责权限的合理设置和分工,坚持不相容职务相互分离,确保不同机构和岗位之间权责分明、相互制约、相互监督。应避免一个人对某一项业务可以单独处理,或有绝对控制权,而必须经过其他人或部门的审查、核对,以最大限度地减少错误和舞弊现象的发生。

(四)适时性原则

内部控制应随着外部环境的变化、企业中业务职能的调整和管理要求的提高,不断修订和完善。

(五)成本效益原则

内部控制的任何分工、审核、制衡,都必须考虑是否符合成本效益原则。如果分工和制衡的成本高于其效益,则不应当采用该项控制。如,对于一些小企业而言,由于人员有限,职责划分可能不能像大企业那样细。但是,判断一项控制的成本效益,有时并非易事,而往往需要较多的主观判断。现实中,在判断一项控制是否符合成本效益原则时,应当站在企业整体利益的角度来综合考虑。比如,尽管一些控制措施会影响工作效率,但是对整个企业来讲,如果不采用该项控制,则可能对企业造成更大损失,那么这种情况下就应该实施该项控制制度。此外,企业还应当充分发挥各机构、各部门及广大职员的工作积极性,尽量降低经营运作成本,保证以合理的控制成本达到最佳的内部控制效果。

三、内部控制的基本原则

目前,尽管对于内部控制的基本原则,大家的认识和概括并不一致,但是公认的,有些原则应该是内部控制在实施过程中必须遵守的。除了上述我国《企业内部控制基本规范》中阐述的五项原则外,以下原则也是企业内部控制中应该遵守的。

(一)合法性原则

合法性原则是指企业内部控制设计和实施中应该遵守国家的政策法规,不能有所违背。从法律层次上讲,国家的政策法规相对于企业的内部控制而言属于上位法,企业是不能违反的。按照这一原则要求,企业的内部控制只能在国家法规允许的范围内进行控制,而不能超越法规的限制。比如,企业不能为了防止员工携带车间的物品回家而对员工进行任意搜身。

(二)有效性原则

该原则是指内部控制必须讲求效率和效果,所有的控制制度必须得到贯彻执行。内部控制应当约束企业内部涉及工作的所有人员,任何个人都不得拥有超越内部控制的权力。在企业内部,任何个人无论其权力多大、位次多高,都不能凌驾于控制制度而行事,也不能对既定的控制制度"打折"执行。

(三)分工与合作原则

在内部控制运行过程中,首先需要针对企业的经营需要设置岗位,对每个岗位明确职责权限,进行严格的分工。这种分工一方面可以促进管理的专业化,提高工作效率。但是,另一方面,分工也可能造成各个部门之间的隔阂和相互推诿,因此分工是相对的,必须强调在分工基础上各个部门之间的相互配合。尤其是要注意各个工作环节中的衔接点和结合部位。

（四）不相容职务相互分离原则

该原则是指企业内部控制应当保证企业内部工作的机构、岗位的合理设置及其职责权限的合理划分，坚持不相容职务相互分离，确保不同机构和岗位之间权责分明、相互制约、相互监督。

（五）时效性原则

内部控制随着企业内外环境的变化，其控制效果也会发生改变。一些原本效果较好的控制制度，可能会随着环境的改变而失效。因此，企业应当适时对内部控制进行评估，以发现可能存在的重大缺陷，并及时采取措施予以补救。

（六）权责利对称原则

在内部控制中，需要根据岗位分工确定每个岗位和每个员工的工作职责和权限，以及完成岗位工作可能得到的利益，或不能完成任务时可能受到的惩罚等。权力、责任和利益一定要相互对等，三者如果不平衡，就不可能取得好的控制效果。比如，如果只有权力而没有责任和利益，或者责任和利益小于权力，那么一个极有可能的结果是滥用权力。反之，如果只有利益而没有责任和权力，那么这种利益也很难实现。所以，在企业中实现权力、责任和利益的平衡是至关重要的，即要使得履行责任时有权力作保障，责任履行好者有奖，完不成责任者要受罚。

（七）制度为本的原则

在企业管理中，制度管理和人本管理是一对矛盾。前者强调管理时制度的作用，并以建立和强化制度作为提高管理效果的基本手段；后者则强调管理时人的积极性和能动性，并将管理的重心和根本建立在对员工的信任基础上。在内部控制中，需要坚持以制度为本的管理原则，要把会计信息可靠性、企业资产安全性和生产效率提高建立在完善的制度之上，而不能过于信任执行者，疏于制度的建立和执行。

就二者的关系来说，制度管理是人本管理的基础。以人为本的管理是建立在个人有高度的自觉性基础上的。如果员工没有这种高度的职业自觉性，那么推行以人为本的管理就必然陷入放任自由、失去控制的泥潭。

（八）内部控制与外部控制相结合的原则

企业的外部控制主要是指由注册会计师审计、国家审计、国家纪检监察等所形成的监督制度。在企业管理中，除了内部控制外，还应该进行定期的外部审计监督活动，并将内部控制和外部审计有机结合起来。比如，对内部控制中可能存在的薄弱环节，可以请注册会计师进行再监督，以弥补内部控制的缺陷，从而提高控制的效果。

第三节 内部控制的方法

一、内部控制的基本原理

按照控制论的原理，所谓内部控制其实就是设定标准，将标准作为行动的标杆，要求企业经营管理活动统一按照这一标准进行，对实际执行中所出现的差异，即与控制标准不一致的情况进行分析并加以纠正的过程。因此，完整的内部控制过程都应该包括如下几个控制环节，并由这些控制环节组成一个完整而严密的控制系统。

（一）设定控制标准

在内部控制中，首先要设置控制标准。这个控制标准就是行动的指南和技术要求。每个岗位、每个人员都要按照自己的行为标准进行生产和管理活动。在标准设定时，需要注意的一个关键问题是，要非常细致、具体，而且所有的岗位都要有自己的行为标准，不能有任何空白点。在企业管理中，这些标准有时是以行为规范的形式出现的，有时是以岗位职责的形式出现的，但是不管采用怎样的形式，一定要明确告诉有关人员应该做什么、不能做什么、需要按照什么样的程序做、出现例外情况时应该如何处理等。

（二）执行控制标准

标准一旦设定，就应该要求所有岗位、所有人员都必须无条件地执行，不能有任何程度随意性的改动。在实际执行中，可能会出现有关规定标准与实际情况相脱节，或者按照规定的程序无法开展业务的情况，这种情况下要求有关人员一定要按照事先约定的处理程序进行，不能擅做主张。对一个内部控制制度严密的企业来说，企业管理中的所有情况都应该在制度中有相应的规定和要求，不应该存在制度未加要求的空白点。另外，在对制度的执行中，一定要留有痕迹，事后要能够通过查看这些痕迹，知道业务和管理活动的开展过程和结果，可以确定谁在执行生产或管理任务，执行过程如何，执行结果如何等，以便为以后的职责追究和考评提供可靠的依据。要达到这一点，就需要企业按照业务种类和业务流程设计一系列的单据，并要求经办人员在有关单据上签字以示负责。

在内部控制执行过程中，可能会出现实际情况与控制标准不一致或者控制制度中未加规范的地方，这些统一称为“例外事项”。对于这些例外事项，处理上需要把握两个基本原则：第一，尽量减少例外事项，换言之，控制制度要尽可能严密，具有预见性。如果一个企业在管理中出现很多例外事项，那么只能说明这个企业的控制制度很不完善，有太多的空白点。第二，例外事项的处理要遵循一定的处理程序，不能完全由经办人员自由决定和处理。一个可行的办法是将例外事项的处理权交给高一级的管理者掌握与运用。这样可以避免出现大的失控。

（三）差异分析与报告

在制度的执行过程中，肯定会出现一些实际结果与制度所设定的标准不一致的情况。可以说，即使是非常完善的内部控制制度，也很难做到制度与实际的完全一致。从这种意义上讲，制度总是不完备的。这是因为企业所面临的经济环境和现实情况在不断发生变化。当发现差异出现时，企业应及时进行分析，确定差异出现的原因：制度本身是完备的，实际执行人没有按照制度的要求执行；现实情况已经发生变化，制度要求已经过时。对于第一种情况，要追究有关人员的职责；对于第二种情况，要及时修正制度。

（四）反馈与纠正

管理控制需要及时进行总结和分析，尤其对于一些失控的环节和领域要进行深入分析，找出原因和改进的方法，以便把控制工作做得更加细致，控制效果更加显著。对一个企业来说，通常情况下，要想一开始就把控制制度建立得非常完善，往往比较困难，因为很多控制中的细节、因素只有在实际执行中才能被发现，事先很难设想得细致和周全。因此，企业在管理中需要不断总结和完善控制制度，使控制制度趋于健全，控制效果逐步提高。现实中一些企业之所以长盛不衰，就在于其具有比较强的环境适应性，能够根据环境的变化适时地调整管理和控制策略，使管理和控制效果不会因为环境的改变而下降。

上述四个控制环节如图 2-1 所示，形成了一个完整的控制过程或控制循环。企业的管理控制就是随着这个控制循环不断走向完善和健全的，并随着这个控制循环的进行而实现自己的经营和管理目标。

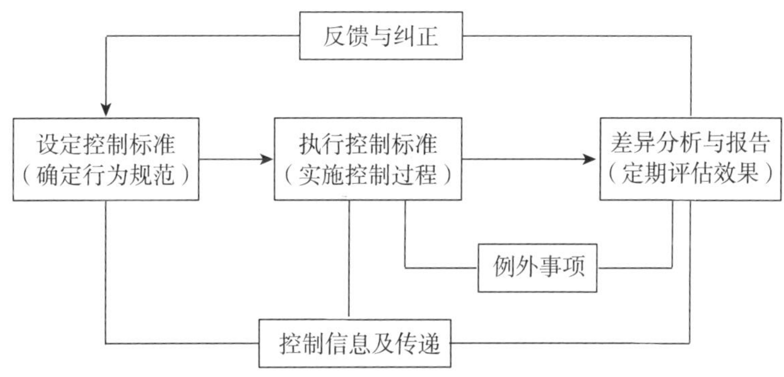

图 2-1　内部控制的控制原理和控制循环

二、内部控制的基本方式

控制方式或方法是指完成企业的控制任务、达到控制目的所采用的手段。内部控制在实现其控制目的的过程中，可以采用的具体方法多种多样。但是，如果按照每个控制方式所针对的控制对象以及控制方法所具有的基本特征来归类，所有的控制方法大致可以归结为如下 11 种。

（一）组织规划控制

组织规划控制，包括组织机构设置和组织分工两个内容。其中，组织机构设置控制是对企业组织机构进行合理的设置。这里的“合理”有两层含义：一是组织机构要满足企业经营管理的需要，不能过于精简，以至于无法开展工作；二是组织机构不能冗余，以至于机构重叠，人浮于事，影响工作效率。企业的组织机构就管理层次来说有两个层面：一是法人的治理结构问题，即董事会、经理、监事会的设置问题。这个层面的组织机构通常要按照国家的公司法或者有关的治理规范来设置，企业自身可以说没有很大的自主性。企业所能自主掌握的只是机构的人员组成和人数多少的问题。比如，对于股份有限公司来说，公司一定要设立董事会，这是国家规定的，不能违背，但是董事会人员的多少，企业可以在一定范围内自己确定。二是职能管理部门的设置。职能管理部门的设立，完全是企业根据自己的业务范围、规模大小和管理水平自主设立的。比如，对一个机械制造型企业来说，一般会设有厂部办公室、计划部、营销部、财务部、生产部等职能部门。

组织分工是指部门内部的岗位设立和岗位之间的职责分工。这是保证经济业务按照企业既定方针执行、提高经营效率、保护资产和增强会计数据可靠性的重要条件。企业在设立岗位和核定岗位人员多少时，要根据业务量、业务复杂程度和工作效率的要求进行。原则上一人一岗，不要存在岗位重叠，各个岗位的职责权限要非常清楚，以避免相互推诿现象的发生。同时，岗位设立还应当遵循不相容职务相分离的原则。所谓不相容职务，是指那些如果由一个人担任，既可能弄虚作假，又能够掩盖其错弊行为的职务。不相容职务分离就是要求把那些不相容职务分别由几个人担任，以利于互相监督。在企业中，需要分离的不相容岗位一般有：

(1)授权批准职务与执行业务职务相分离；

(2)执行业务职务与监督审核职务相分离；

(3)执行业务职务与会计记录职务相分离；

(4)财产保管职务与会计记录职务相分离；

(5)执行业务职务与财产保管职务相分离。

不相容职务分离，需要贯彻实质重于形式的原则。应该根据业务联系和牵制精神的要求，判断哪些职务之间存在着利害关系而应该实行分离。例如，在企业的某项资产管理中，资产的保管、资产的记录、资产的保管与记录之间的核对检查这三项职务就是不相容职务，应当实行分离。同时，不相容职务分离的控制，还需要各个职务分离的员工各守其责，不能相互串岗或混岗；否则，如果担任不相容职务的职工之间相互串通勾结，则不相容职务分离的作用就会消失殆尽。

不相容职务分离在执行中还需要注意与“回避原则”相互结合使用。一般情况下，直系亲属或其他具有亲缘关系的人员应避免在同一个单位的财务部门之间任职，特别是在不同级别的管理岗位上任职。因为具有上述关系的人员之间严格来说也是不能相互兼容的，否则，对于企业的资产安全与完整只有害而无益。

基于不相容职务分离的考虑，企业在组织机构设置中，应考虑设计自动检查和平衡的功能，其要求是：第一，每类经济业务的发生与完成，不论是简单还是复杂，必须经过两个或两个以上的部门或人员，并保证业务循环中的有关部门和有关人员之间能够进行检查与核对。如果企业没有设计适当的自动核查功能，则发生错误和舞弊的可能性将很大。第二，在每项经济业务检查中，检查者不应从属于被检查者领导，以保证检查出的问题不被掩盖，能够得到及时的纠正。第三，权力与职责应当明确地授予具体的部门和人员，并尽可能给予有关部门与人员一定的自主权，以便为企业内部各个岗位规定明确的经济责任。这种权力与职责通常应当以书面文件的形式加以规定。

(二)授权批准控制

授权批准控制是指企业在处理经济业务时,必须经过授权批准才能够实施。在一个公司制企业中,通常的授权程序是股东大会授权予董事会,然后由董事会将大部分权力授予企业的总经理,总经理把一些权力授予有关的部门经理,部门经理再把权力授予具体的岗位负责人和经办人员。一般情况下,企业每一层次的管理人员既是上级管理人员的授权对象,又是对下级管理人员的授权主体。

授权批准控制,要求企业必须明确规定涉及会计及相关工作的授权批准的范围、权限、程序、责任等内容,企业内部各级管理层必须在授权范围内行使职权和承担责任,经办人员也必须在授权范围内办理有关具体业务,而不能擅自超越权限和职责范围。

1.授权批准方式

按照授权批准的例行性,可以把授权批准分成一般授权(例行性授权)和特殊授权(例外授权)批准两种类型:

(1)一般授权

一般授权是对办理常规经济业务的权力、条件和有关责任的规定,其时效性较长。一般授权通常是在对该业务管理人员任命的时候确定的。在管理部门中,也可以采用岗位责任制或管理文件的授权形式加以认定,或在经济业务中以规定其办理条件、办理范围的形式予以反映。例如,会计部门规定某人负责支票的审核,那么只要当符合支票签发政策的部门和人员提出支票申请时,该人员就可以按照政策的规定授权办理支票审核业务。

(2)特殊授权

与一般授权不同,特殊授权只涉及特定经济业务处理的具体条件及有关具体人员。例如,上述负责支票审核的某会计人员,在审核应当开具的支票时,如果发现金额高达数百万元,额度远远超过自身甚至是会计部门的权限时,那么对于这笔支票审核业务,就必须作为特殊授权进行办理。可见,特殊授权时效较短,有时还须一事一议。

对一个企业来说,要准确地判断哪些事项应该采用例行性授权批准,哪些事项应该采用例外授权批准方式,有时是比较困难的。通常的方法是:凡是经常发生的、重复发生的、金额比较小的事项,采用例行性授权方式;反之,对于不经常发生的、不具有重复性、涉及金额比较大的事项,则采用例外授权方式。

2.授权批准体系

不论采用哪种授权批准方式,企业都必须建立严密的授权批准体系。通常包括如下内容:

(1)授权批准的范围

企业所有的经营活动都应当纳入授权批准的范围,以便于全面预算与全面控制。授权批准的范围不仅要包括控制各种业务的预算(计划)制定情况,而且还要对办理手续、业绩报告、业绩考核等进行明确的授权。总之,在授权批准上,不能存在空白区,所有的经营活动都应该在授权批准文件中有明确的规定。

(2)授权层次

企业的授权审批应该具有层次性,需要根据业务重要性和涉及金额大小等情况,将审批权限分配给不同的管理层次。比如,对于重要的、金额大的事项,审批权限应该授给董事会、总经理等，而将涉及面小、金额小的一些具体执行性事项则授权给下级管理层次。这样，可以在企业内部形成一个严密的、层次清晰的授权体系，使不同管理层次形成合理的管理分工。

(3)授权责任

授权批准控制中，授权者和被授权者都应该有明确的责任。通常情况下，被授权者应该明确在履行权力时应对哪些方面负责，避免授权责任不清，一旦出现问题又难辞其咎的情况发生。

3.建立授权批准检查制度

企业需要建立必要的检查程序来确保每项经济业务活动都得到了有关部门和人员的批准。这是保证授权批准质量的重要环节。

(1)检查有关文件

经济业务发生和完成时，企业通常要编制、审核一系列凭证或文件，这些凭证文件(尤其是定量的标准与签章等记录)是授权批准的执行证据。通过审查这些凭证，可以了解授权批准手续的执行程度。例如，通过核对购货发票和采购订单，以检查采购业务是否符合授权标准，价格是否合理，货款支付方式是否正确等。如果购货发票上的数量、金额与订购单不一致，货款支付仅以购货发票为依据时，则说明在采购和货款支付的授权批准程序上存在着失控情况。

(2)进行现场观察

观察授权批准的工作现场，有时同样有助于判断授权批准的工作质量。例如，某企业规定购货时需经电话询问取得三种报价后，才可发出订单，为了查明经办人员是否执行上述授权批准要求，只有通过现场观察才能了解。

4.授权批准控制中需要遵守的几个原则

在授权批准控制中，为了得到较好的控制效果，通常要遵守如下几个基本原则：

(1)有关事项的办理必须经过授权批准；

(2)授权批准后的事项必须执行；

(3)授权批准必须有明确的责任；

(4)授权和对授权的行使过程，必须有书面文件和书面的记录；

(5)对越权批准行为和拒绝执行批准的行为，必须进行惩处。

(三)全面预算控制

控制的最好基础是预算(或计划)。在企业管理中，通常意义上的预算实际上是以金额、数量及其他价值形式综合反映企业未来(通常为1年)业务的详细计划。这种意义上讲，预算控制是企业年度经济业务开展之前根据预期的结果对全年经济业务的授权批准控制。一般情况下，预算控制具有如下方面的重要作用：

(1)确定企业的整体目标，制订为达到这一目标所应有的各类业务计划和为配合业务计划而应有的财务收支计划；

(2)在业务执行和收支执行过程中，根据具体情况适时酌情调整预算，以确保预算具有可执行性；

(3)及时和定期地将实际情况与预算标准进行比对，对差异进行分析，以确保预定控制目标的实现；

(4)根据预算执行结果对有关岗位和有关人员的工作业绩进行考评，并以此为基础确定奖励和惩罚的程度。

为了使预算控制能够取得比较好的管理效果，通常在预算控制中要注重抓好以下几个管理环节：

(1)预算体系的建立，包括预算项目、标准和程序的确定；

(2)预算的编制和审定；

(3)预算指标的下达及有关负责人或部门的落实；

(4)预算执行的授权；

(5)预算执行过程的监控；

(6)预算差异的分析与调整；

(7)预算业绩的考核。

(四)文件记录控制

文件记录控制是企业内部控制的重要方面。健全而又正确的文件记录既是其他控制(如组织规划控制、授权批准控制)有效性的保证，又是企业保持高效率经营和获取高质量管理信息的重要手段。按文件记录的性质，一般可分为管理文件和会计记录。

1.管理文件

管理文件是以书面方式明确企业各级部门、各级管理人员的职权与责任，以及企业所有的方针政策，以便于企业有关人员全面了解内部控制制度的书面文件。目前，我国企业常用的管理文件有：

(1)组织结构图

组织结构图可以显示每一职位在企业中的地位及其上下隶属和纵横关系。从组织结构图中，每个岗位的工作人员可以知道应对谁负责，自己可以指挥与监管哪些人员，自己的工作与部门内部其他人员的工作以及与其他部门之间的工作如何协调和处理等。

(2)工作岗位说明书

企业对于每个工作岗位一般都有相应的书面说明，用以反映担任相应职位的人员应负有的责任和被赋予的权力。岗位职责规定得越详细明确，就越具有可行性，它既可以使员工无法推卸责任，也可以避免超越权限，侵犯其他人员的工作职权。在编制工作岗位说明书时，一个重要的原则就是要明确界定各个相邻和相关岗位的职权范围和边界，避免重叠和交叉，因为职权交叉、重叠必然会产生相互推诿，降低工作效率，以至于出现一些事情看起来几个岗位或部门都在管理，但是实际上大家都不管的现象。

例如，某公司材料采购与应付款岗位的工作职责如下：

①审核采购业务的原始凭证，如采购计划、合同是否经过供应部门和主管厂领导的批准；

②审查材料入库手续是否齐全；

③根据原始凭证编制记账凭证；

④登记应付账款明细账；

⑤核算材料采购；

⑥按照合同规定支付货款；

⑦定期组织仓库的盘点；

⑧核对材料总账和明细账；

⑨进行应付账款的对账。

2.会计记录

会计记录用于反映经济业务的发生、处理和结果。健全良好的会计记录有助于正确反映企业的财务状况和经营成果，有助于保护财产的安全和完整。会计记录控制的要求是保证会计信息反映的及时、完整和正确。

3.文件的保管

对于企业的重要文件，必须进行专门的保管，要有专门的保管地点和专门的保管人员。其他人员不能随意接近这些重要文件，以防止其篡改文件记录，掩盖舞弊行为。同时保管地点还应该具有防盗、防水、防火的功能，避免文件在保管中的遗失和毁损。

(五)实物保护控制

内部控制的各种方式都具有保护资产安全的作用，这里所说的实物保护是指对实物资产的直接保护，其主要内容有限制接近、定期盘点、记录保护、财产保险、财产记录监控等措施。

1.限制接近财产实物

(1)限制接近现金

现金收支的管理应该局限于出纳员。出纳员要与控制现金余额的会计记录人员和登记应收账款的人员相分离。可以设立单独、封闭的出纳室或带锁抽屉的收银机来保护现金的安全。零星现金的支出，也可以通过指定专门的核算人员管理备用金的方法来加以控制。

(2)限制接近其他易变现资产

其他易变现资产主要指应收票据和有价证券等。对于这些资产，一般都是采用确保两个人同时接近资产的方式加以控制。如，由银行等第三方保管的易变现资产；在处理保管的易变现资产时，要求由两名管理人员共同签名，等等。

(3)限制接近存货

存货的实物保护应有专职的仓库保管员控制。企业可以通过设置分离、封闭的仓库区域，以及工作时间之内和工作时间之后控制进入仓库区域等方式来实现。在零售企业中，存货的实物保护，可以通过在营业时间中和营业时间后控制接近库房的方式(如，使用夜盗警铃、发放有限的钥匙)来实现。另外，对贵重商品使用带锁的营业柜，以及聘用专人日常巡视和采用某些监控设备等，也是实物保护控制的重要措施之一。

2.定期盘点

定期盘点是指对资产进行定期清点，并将盘点结果与会计记录进行比较，以达到保护资产安全和完整的目的。定期盘点的时间一般在月末、季末或年末等。

(1)定期与会计记录核对

实物资产盘点并与账簿记录核对一致在很大程度上可以保证资产的安全，因为通过盘点，可以发现财产管理中存在的缺陷和漏洞，并通过后续的改进措施来防范资产的流失。

(2)差异分析与调整

由于财产溢余、短缺或会计记录错误等原因,在盘点时经常会出现盘点结果与账面记录不一致的情况。实物盘点结果与有关会计记录之间的差异应由独立于保管和记录职务的人员进行调查。盘点结果与会计记录如果不一致,说明资产管理上可能出现错误、浪费、损失或其他不正常现象。为防止差异再次发生,应详细分析原因、查明责任,并根据资产性质、现行的制度以及差异数额与产生的原因,采取针对性的保护性控制。

在进行资产盘点时,需要注意两点:第一,要将定期盘点与不定期盘点结合起来。对于重要的容易被侵害的财产物资,需要进行不定期的盘点,以便能够及时发现问题,提高盘点制度具有的威慑力。第二,要根据资产的性态确定盘点的次数或频率。通常情况下,动产较之于不动产,可携带性物品较之于不可携带性物品,消费品较之于生产用品,货币性资产较之于非货币性资产,其盘点的频率要高一些。

3.妥善保管有关资产记录的文件和文档

首先,应该严格限制非相关人员接近有关资产的会计记录,以保持保管、批准和记录职务分离的有效性。其次,会计记录应妥善保存,如可以设置专门的档案室、档案柜等保存资产方面的会计记录文件,尽可能减少记录受损、被盗或被毁的可能性。再次,某些重要资料(如定期的财务会计报告),应留有后备记录或备份记录,以便在遭受意外损失或毁坏时重新恢复。这一点在当前计算机处理的条件下,尤为重要。

4.财产保险

对于易损性资产,应通过资产投保(如火灾险、盗窃险、责任险等)来增加实物资产受损后补偿的程度或机会,从而将资产受损时对企业带来的影响降至最小。对于目前来说,为资产买保险,已经成为企业防范和规避资产风险的重要手段。

5.财产记录监控

对于较为重要的资产,需要建立资产个体档案或明细账,对资产的增减变动作及时、全面的记录,同时加强对财产的所有权证的管理。以低值易耗品为例,在现有的"一次摊销法"和"五五摊销法"下,低值易耗品仅在备查簿上反映,其实物管理较为薄弱。企业可考虑改进低值易耗品的摊销方式,保留部分价值于账面,使其价值纳入财务报表体系内,以确保账实一致。

(六)职工素质控制

所有的内部控制制度都是由人制定的,也要靠人去执行。因此,人员的素质对内部控制的效果起着非常重要的作用。一般情况下,高素质的员工可以使内部控制的管理效果得到充分发挥,甚至可以在某种程度上弥补内部控制制度可能存在的潜在缺陷;而低素质的员工,则完全相反,不仅会降低内部控制的应有管理效果,而且可能有意钻空子,从而造成内部控制的失败。

职工素质控制的目的在于保证职工具有忠诚、正直、勤奋的品质,以及拥有较高的工作效率与工作能力,从而保证其他内部控制的有效实施。职工素质控制的要点有:

1.招聘程序

严格的招聘程序是保证职工应有素质的重要环节。人事部门须对应聘人员进行细致的调查，通过审阅应聘人员的教育和工作经历、与以前的受聘单位联系、面试等方法评估应聘人员所掌握的技能情况，调查其以往有无不诚实行为和渎职行为。

2.行为手册

建立完善的作业标准，使每个职工都知道应遵循的行为要求，并将其用作考核评价职工行为的依据。建立作业标准有利于企业处理业务的规范化、标准化，有助于揭露不正常的经济活动。

3.培训计划

对于新增加的职工必须进行一定的职业培训或上岗培训，这是员工素质控制中的重要环节。进行职工培训时，可以按职工的工作岗位和每个岗位的程序手册进行，帮助他们提高业务素质，保证各级人员更好地完成规定的任务。

4.考核奖惩

企业应定期对职工业绩进行考核，对工作勤奋、业绩突出的职工，应予以表彰和晋升；对能力不足的职工，应及时调整其工作岗位；对玩忽职守，甚至造成企业损失的职工，应予以批评、降级甚至解聘。

5.信用保险

企业可以建立职业信用保险机制，例如，与重要岗位的员工(如销售、采购、出纳等)签订信用承诺书；也可采取推荐人制度，任命重要岗位的员工需要两名以上高级职位的管理人员举荐；甚至还可以办理商业信用保险。实施了信用保险制度后，不仅能在遭受财产损失时取得赔偿，而且还具有一定的制止犯罪的威慑作用。

6.岗位轮换

每项工作岗位可以定期或不定期地进行轮换，通过轮换交接，企业可以取得三个方面的管理效果：第一，可以揭露前任工作中可能存在的差错和弊端，同时抑制不法分子的不良动机；第二，可以增加各个岗位，尤其是相邻岗位之间的相互了解，便于相互配合和协作，提高工作效率；第三，可以克服传统的或历史遗留下来的弊端，摆脱特定环境下的惰性和依赖。因为新顶岗的职工更可能提出改进工作的新设想，改善工作程序，并提高工作效率。

7.因岗用人

企业中，不同的岗位需要不同性格的人员。因此，在工作安排上，应该尽量根据不同的岗位来选择和任用人员。比如，对于会计和出纳岗位，需要诚实、守信、谨慎、心细的人员；而对于销售、公关岗位，则是更加强调人员所具有的外向性和善于交流的能力。

(七)风险防范控制

在市场经济环境中，企业难免会遇到各种风险。为防范风险，企业应建立风险评估机制。常见的风险评估内容有筹资风险评估、投资风险评估、信用风险评估、合同风险评估等。

1.筹资风险评估

在企业经营过程中，积极地筹措资金是决定企业资金运动规模和生产经营发展速度的重要环节。不同性质的资金，具有不同的风险特性。通常情况下，负债资金的风险特性比较高，因为其不仅要按照规定时间归还本金，而且还要按照规定利率支付利息，而不管企业的实际经营是盈利或是亏损。所以,对于负债资金来说,其本金的返还和资金成本的支付都是硬约束。而对于通过发行股票和利润留存增加的自有性质的资金来说,其风险特性要低一些。因为这两种渠道筹集的资金,不需要归还本金,而且资金成本的支付也是以企业的盈利为前提的,所以是一种软约束。正因如此,控制筹资风险,重点在于控制负债的规模,优化负债的结构。

要控制筹资风险,企业应从事前评估、事中监督、事后考核入手。首先,应保持合理的财务结构,如资产负债率不应过高,年末贷款余额不应超过净资产等。此外,企业还应保持适度的筹资结构,即依据经营周期的需要搭配长、短期借款的期限,资金的筹集、投放、回收必须衔接,及时调度。最后,应做好筹资的币种与金额安排,考虑自有资金与借入资金的比例,合理估算筹资成本,制定筹资偿还计划,做到适度举债并符合生产经营的需要等。

2.投资风险评估

任何投资活动都伴有不同程度的风险。在自由市场经济条件下,有利无险的投资是不存在的。所以,企业应针对不同的投资方式采取相应的控制措施,以便将投资风险降低到可以接受的水平。

(1)项目投资

项目投资通常是以实业为背景的,投资涉及的资金规模较大,对企业未来的发展有举足轻重的影响,一旦投资失利,企业将大伤元气。因此,务必在事前进行充分详尽的可行性研究,仔细比较各投资方案的优劣。对于批准投资业务的管理人员级别,各种具体的呈报和审批手续,则应有严格的控制,确保投资活动必须经过规定的审批程序才能进行。此外,在投资期内,企业应按时检查投资情况,正确揭示投资收益。

(2)证券性投资

企业购买证券投资之目的在于使闲置现金得到充分利用,产生一定的投资收益。这里主要应加强对操作、报告程序的控制。企业进行短期证券投资,可委托证券经纪人或直接由企业内部负责投资业务的职员进行。购置证券时,必须取得经企业财务总监签署的投资指令,在其后的交易中,也应遵循操作程序方面的规定。同时,必须对每一种投资证券开设明细分类账,记载证券名称、号码、数量、购入成本、证券的利息或股息、证券的购入日期等。投资明细账应定期与总分类账核对,并定期编制报告。

(3)固定资产投资

固定资产的回收期长,变现能力较差,通常占用相对稳定的资金额,所以在评价投资方案时,应充分考虑到其中的风险变化、建设进度和投产期的变动等。

(4)海外投资

企业进行海外投资,属于跨国界的投资活动。与国内投资相比,海外投资出现风险的机会和程度都要大得多。一般情况下,导致海外投资风险的因素主要有:各国经济制度与政治制度的不同、各国经济政策特别是对外政策的不同、汇率与利率风险等。企业在进行海外投资决策时,应综合考虑上述各风险因素而加以分析。其中,要特别注意政治因素的风险,因为在政治因素带来的风险面前企业完全是被动的。所以,在进行海外投资时,企业应该避免在敌对国家、对自己有歧视的国家,以及政治动荡的国家进行投资。

3.信用风险评估

信用风险是指企业在赊销过程中出现的风险。赊销对企业来说是一把双刃剑,一方面可以增加企业的销售量,有利于迅速打开销售市场,但另一方面也可能出现坏账问题。所以,信用风险也可以说是企业应收账款在回收过程中遭受损失的可能性。应收账款赊销的效果好坏,主要依赖于企业的信用政策(信用期间、信用标准与现金折扣政策)。其中,以信用标准为首要控制内容,企业应制定科学的客户信用评估指标体系,确定信用授予标准,也可聘请专业的资信评级机构、人员对顾客信用进行评估。此外,企业还需要建立信用审批程序,信用发生以后,企业需定期编制账龄分析表,确定合理的收账程序,务必使信用风险降至最低。

4.合同风险评估

合同风险是指在合同的签订和履行过程中,由于没有完全遵照合同法的规定而发生法律纠纷所导致的企业被诉、败诉的可能性。常见的合同风险有:(1)因合同条款不完备或只订口头合同,导致合同无效或责任不清;(2)对债务企业的关、停、并、转等情况不密切关注,导致在对方清算过程中不能及时介入参加受偿;(3)不懂得利用法律手段保障自身债权的实现;(4)在行使请求权方面,根据我国法律规定,权利人请求保护民事权利的一般诉讼时效期间为 2 年,而一些债权企业由于不能及时行使自己的请求权,使自己的权利失去法律保护。

为了规避合同风险,企业在签订合同时要细心、认真,严格遵守有关的法律、法规,力求合同条款完备准确,不产生歧义。重大合同可以请律师帮助签订,甚至请公证机关进行公证。此外,在签订借贷、买卖、货物运输、加工承揽等合同时,债权人为了保障其债权的实现,需要严格依照《中华人民共和国担保法》的有关规定,通过保证、抵押、质押、留置、定金等方式设定担保。

对于企业的风险控制,有两点需要强调:第一,企业只能把风险控制在自己可以接受的范围内,尽量减少风险带来的影响,但是任何企业在任何情况下都不可能完全消除风险。如果企业为了回避风险而缩手缩脚,只会影响企业的发展,错失发展机会。第二,风险防范控制是企业一项基础性、经常性的工作,企业有必要设置风险评估部门或岗位,专门负责有关风险的规避和控制。

(八)内部报告控制

由于存在信息不对称,企业对外编制的资产负债表和损益表不能完全、真实地反映企业的实际情况,或多或少修饰过的对外报告同样也不能满足企业管理当局的需要。于是,企业通过编制一系列的内部报告,使管理当局及时掌握企业的动态,这对加强对经济活动的控制,改善经营状况,提高经济效益,是十分必要的。

(九)电算化系统控制

随着电子技术特别是以因特网为代表的网络技术的飞速发展,企业运用电算化建立内部快速反应机制的步伐大大加快了。电算化系统借助其信息储存量大、核算速度快、信息输出及时等优势,使得企业管理者能够及时了解经济信息动态指标,进行科学的预测和决策以及有效的反馈控制。

但是,电算化在会计领域推广的同时,也给内部控制带来了新的问题和挑战,使电算化系统下的内部控制呈现出了与传统以手工单证为主的内部控制所不同的管理特征:

1.授权批准口令化

在手工会计系统中，授权批准控制，要求一项经济业务的每个环节都要经过某些具有相应权限人员的签章。但是，在电算化环境下，这种签章转化为特殊的授权文件和口令。这种情况下，比较容易出现批准程序上的失控，现实中由于管理不善或系统程序漏洞，窃取他人口令，引发失控的案件时有发生。例如，一些业务人员被客户收买，非法取得他人口令，绕过批准程序开出销售提单，非法核销客户应收款及相关资料等。

2.系统失控的隐蔽性

在电算化系统中，许多应用程序本身就带有内控的功能，从而使得对于人的依赖性减弱，这样，企业的内部控制主要取决于应用程序。如果程序发生差错或不起作用，由于程序运行的重复性，往往会使失控情况长期不被发现，造成很大的损失。

3.系统缺乏交易痕迹

在电算化系统下，手工会计中严格的凭证制度减少或消失，文件记录的控制功能大大减弱，一旦企业发现错误，由于部分交易几乎没有"痕迹"，使得出错源头的追查变得非常困难。

4.控制范围扩大

在电算化环境下，内部控制的范围得到拓展和扩大，不仅要对交易处理进行控制，还要对网络系统安全进行控制，对修改程序进行控制，对系统权限进行控制等。

5.信息存储电磁化使实物保护控制风险加大

在电算化系统下，会计信息以电磁信号的形式存储在磁性介质中，是无法直接看到和辨认的，这样会计信息就很容易被删除或篡改而不留痕迹。另外，电磁介质本身也很容易受损坏，所以信息资料丢失或毁坏的可能性大大增加了。

6.电子商务的应用也给内部控制带来许多新问题

以因特网为基础的电子商务给企业带来了形式多样的商机。网上采购、网上销售及相应的网上银行、网上支付、网上催账、网上报账、远程报表、远程审计等新功能的出现，必须要求有相应的内控程序加以配合。这就要求企业不断设计出新的内部控制制度来应付新情况的出现。

总之，电子信息技术在企业的应用，一方面提高了内部控制的效率，拓展了控制范围；另一方面也增加了控制难度和失控的风险。因此，企业在实施内部控制制度时，在注重控制制度建设的同时，也需要加强对财务会计电子信息系统的开发与维护、数据输入与输出、文件储存与保管、网络安全等方面的控制。

(十)内部审计控制

内部审计控制是内部控制的一个组成部分。它是指在一个组织内部对各种经济活动、管理制度是否合规、合理及有效所进行的独立评价，以确定既定的政策和程序是否贯彻，建立的标准是否遵循，资源的利用是否合理有效，以及单位的目标是否达到。从这个意义上说，内部审计是对其他内部控制所进行的再控制。

内部审计部门应独立于其监督对象即企业内部的其他经营管理部门，内部审计的独立程度将直接影响到内部审计工作开展的成效。目前，内部审计部门存在着三种隶属关系，也可以说是三种组织结构的设置方式：第一种是直接受本公司董事会下设的审计委员会或监事会的领导，内部审计人员不受企业经营业务部门和有关职能管理部门的约束，独立性最高；第二种是受企业总经理的领导，独立性有所减弱但操作中更为有效；第三种是受本企业财务总监的领导，独立性为三者之中最弱。通常情况下，内部审计部门直属领导的层次越高，其独立性就越强，权威性也会越大。我国企业中，目前比较普遍采用的是第二种方式的领导体制。

（十一）会计系统控制

会计系统控制是文件记录控制的一种，也是文件记录控制的核心。会计系统控制要求企业依据《会计法》、国家统一的会计制度和企业会计准则，制定适合本企业的会计制度，明确会计凭证、会计账簿和财务会计报告的处理程序，建立和完善会计档案的保管和会计工作的交接办法，实行会计人员的岗位责任制，充分发挥会计的监督职能。从作用上来说，会计系统控制，既可以为内部控制系统的有效运行提供信息上的支持，成为企业内部控制信息的主要来源；也可以间接地服务于资产实物控制、预算控制等。所以会计系统控制是一个综合性的控制系统，其他很多控制系统和控制方式的实施都离不开它。

在会计系统控制中，核心的控制方式是会计记录控制。其主要内容有：

1.凭证编号

对凭证编号是企业常用的控制方法之一。它可以控制企业签发的凭证数量，以及相应交易涉及的其他文件，如支票、发票、订单、存货收发证明的使用情况，便于查询，避免重复、遗漏；更重要的是，编号的连续性在某种程度上可以减少通过抽取发票、截取银行收款凭证等进行贪污舞弊的可能性。

2.复式记账

复式记账能够将企业发生的经济业务按其来龙去脉，相互联系地、全面地记入有关账户，使各账户完整地、系统地反映各会计要素具体内容的增减变动情况及其结果。通过复式记账与借贷平衡，有利于保证会计账面记录无误，从而保证会计信息的正确完整。

3.统一会计科目

在《企业会计制度》所规定的统一会计科目的基础上，企业应根据经营管理需要统一设定明细科目，特别是集团性公司更有必要统一下级公司或子公司的会计明细科目，以便于统一口径、统一核算、有效分析。在应用时，企业可以列一张有全部会计科目（包括资产、负债、所有者权益、成本费用、损益）的清单，并附上每个账户的内容说明，一般包括会计科目编号、名称、级别、类别等几个方面。对于国家未作统一规定的明细科目，企业可以自行设定。

4.会计政策

对于主要的会计政策，我国《企业会计制度》有统一规定，如对于资产要提取减值准备，对固定资产采取直线折旧法，等等。但是，从企业内部控制及管理要求出发，必须编制一份专门的会计政策文件，让有关人员知晓，必要时也可在整个集团（包括各子公司）统一某些会计政策，以便于汇总管理和考核。这样统一会计处理，可以减少错误的可能性。目前，我国相当多大型企业集团都制定了自己的会计政策，这对于加强集团公司内部的控制是非常重要的。

5.结账和对账程序

结账是一项将账簿记录定期结算清楚的账务处理工作，既包括对收入、费用的结算，以揭示当年的经营活动成果，还包括对资产、负债、所有者权益的结算，结出其期末余额，以便结转下期。

在结账的基础上，企业还需要进行总账与明细账、本单位的账与外单位的账、会计部门的账与单位内部其他部门的明细账之间的核对，通过对账及时发现差错和舞弊。

第四节　内部控制的设计

内部控制设计的核心在于内部控制制度的设计上。但是，控制制度的设计是一个系统工程，涉及企业生产经营管理的各个方面，不仅包括董事会等高层管理者，而且影响到所有的工作岗位和员工，因此，内部控制制度设计时要坚持系统思想和整体最优的原则。内部控制制度的设计，通常包括组织结构规划设计、员工素质控制制度、实物保护控制制度等。这里主要介绍内部会计控制制度的设计思路和方法，因为这是内部控制设计的重点和难点。

在设计内部控制制度时，需要遵守的一个基本原则是：既要考虑到共性的一般要求，又要体现出企业的特殊要求。

一、会计组织结构的设计

按照我国《会计法》的规定，企业必须设立独立的会计部门以办理会计核算和财务管理的有关事宜。如果企业因为规模小等原因，不能建立会计机构的话，则应该委托有关代理机构代为进行会计核算工作。同时规定大中型企业需要实行总会计师制，由总会计师全面负责本单位的会计核算和财务管理工作。图 2-2 是某大型企业会计机构的设立情况。

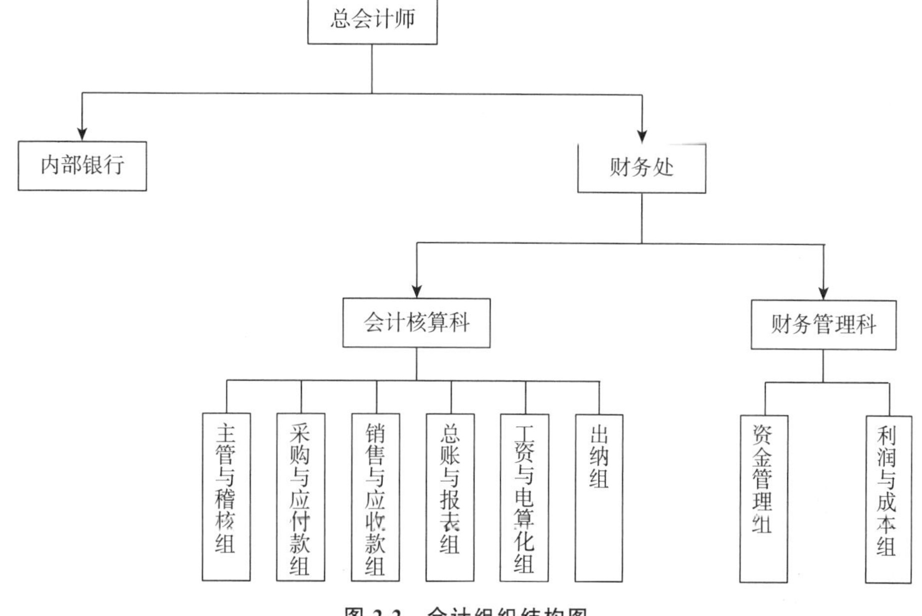

图 2-2　会计组织结构图

需要说明的是，就会计部门内部的岗位设立情况而言，各企业之间相差很大，每个企业需要根据自己的业务内容和管理人员的数量等设立相应的工作岗位。但是，一个需要遵守的基本原则是：岗位设立要在满足管理需要的前提下尽量简化。

二、内部控制循环设计的基本思路

内部控制循环的设计，需要根据业务内容进行，以便于把控制措施融入企业具体业务过程之中。在具体设计时，通常按照一定标准把企业的所有主要经营过程分为若干个业务循环，根据各个业务循环的内容确定相应的控制措施和控制方法。这里只是介绍控制循环设计的基本思路，至于具体的控制方法，将在后面有关章节中详细阐述。

(一)构造业务循环模型

业务循环是业务周而复始的过程。不同类型的企业，其业务循环的构造是不一样的。比如，工业企业的业务循环过程和商业企业的业务循环过程完全不同，同样，商业企业和金融服务业的业务循环过程也不相同。因此，在构造企业业务循环模型时，要充分考虑企业的行业特征和业务规律。除此以外，同一行业的企业中，大型企业和小型企业的业务循环过程也是不同的，因为大型企业中通常业务职能部门设置得比较多，管理比较严密，而小型企业由于部门设置得少，业务处理过程可能相对简化些。所以，在构造业务循环时，要根据行业性质、管理程序把那些具有共同数据性质，在共同控制之下，类型相同的事务归为一类。目前，国内外企业的业务循环设计基本上都是注册会计师基于审计目的划分的，这为企业设计内部控制制度提供了重要的参考依据。

1.国内注册会计师设计的内部控制循环模型

(1)销售和应收款循环；

(2)存货和应付款循环；

(3)生产循环；

(4)筹资和投资循环；

(5)货币资金循环。

2.国外注册会计师设计的内部控制循环模型

(1)筹资循环；

(2)采购循环；

(3)工资循环；

(4)存货、生产循环；

(5)销售循环。

3.我国台湾地区的内部控制循环模型

(1)销售及收款循环；

(2)采购及付款循环；

(3)固定资产；

(4)工资循环(含福利)；

(5)筹资循环(含现金)；

(6)投资循环；

(7)生产循环(含存货)。

4.我国内部控制规范中的内部控制循环模型

我国财政部等 2010 年颁布的《企业内部控制应用指引》中将企业的业务分为如下几种，这些业务基本上对应着相关的业务循环。

(1)人力资源；

(2)资金活动；

(3)采购业务；

(4)资产管理；

(5)销售业务；

(6)研究与开发；

(7)工程项目；

(8)担保业务；

(9)业务外包；

(10)财务报告；

(11)合同管理。

客观地看，我国《企业内部控制应用指引》中对于业务的划分与注册会计师对于企业业务的划分是不一致的，而且这种业务分割也不便于企业的实施。比如，"资产管理"指引中把存货、固定资产和无形资产放在一起就多有不妥。因为这三类资产虽然同属于资产项目，但是其存在形态、周转特性、风险表现都是完全不同的，不可能采用相同的控制程序和控制方法。相反，按照业务循环进行业务归纳，不仅和现行实务一致，而且更加反映出业务前后流程的系统性，对于加强内部控制的全面性和系统性更加有利。正是基于这种认识，所以，我们在介绍相关业务的控制内容和方法时并没有完全按照我国内部控制规范体系的内容进行章节设计，而且按照相关内容的特性和财务会计的项目来进行。我们认为，但凡教材都应保持其内容的通用性、原理性和稳定性，而不应该过于拘泥于制度规范的条款限制与更替。

(二)分析常见的业务弊端

在业务循环构造的基础上，需要有目的地分析该业务在运行中可能出现的错误和弊端，以便有针对性地制定控制措施。这个过程实质上就是对风险评估和对可能出现的错误进行预计或设想的过程。具体分析时，可以采用两种方式：一是根据会计实务常见的弊端进行总结和归纳，列示出该业务曾发生过的主要错弊和教训；二是采用"合理怀疑"的方式，推测可能出现的弊端和错误，即假设不予控制的话，该业务在执行过程中可能造成哪些损失，出现哪些错误和舞弊。

案例1

某企业经过调查研究以后，发现在存货循环中经常存在如下错误：

(1)保管不善变质、报废；

(2)多发少发，账实不符；

(3)混淆存货领用支出的界限；

(4)委托加工余料不回收；

(5)自制材料成本挤占生产成本；

(6)材料成本差异分配错误；

(7)混淆生产费用和其他费用的界限；

(8)混淆本期成本与其他期间成本的界限。

企业在设计制度时，应该针对以上几个方面存在的问题，有的放矢地制定内部控制制度，进行有针对性的控制。

(三)提出内部控制的要点

针对常见弊端设置相关的内部控制要点，是防错纠偏的关键所在。内部控制要点的设置一般应当考虑以下几个方面：

1.关键控制点

所谓关键控制点，是指在一个业务处理过程中起着关键作用的那些控制环节，如果没有这些控制环节或者这些控制环节失效，业务处理过程很可能出现错误和弊端，达不到既定的目标。设置关键控制点要针对错弊的发现和纠正。如，为了保证账户记录的正确性，明细账和总账之间的平行登记与核对是关键控制点；为了保证账户记录的真实性，账实之间的核对是关键控制点；为了保证银行存款金额的正确性，核对银行对账单和存款余额就是关键控制点。

2.补偿性控制

所谓补偿性控制，是指能替代前道控制作用的控制内容与方法。通常，设置补偿性控制的目的是弥补前道控制一旦失控时可能留下的控制空挡或空白点。内部控制应当根据每一类业务处理的重要性，设置数目不等的补偿性控制点，以保证内部控制运行的可靠性。例如，会计岗位、出纳岗位和保管岗位相互分离，是保证现金、存货安全的重要控制点，但是，为了进一步防范舞弊，还必须设置相应的补偿性控制措施，比如对出纳岗位和保管岗位进行换岗、不定期的盘点等。这样一来，上述各种措施形成合力，可以增强有关财产物质的安全程度。

3.成本效益分析

如果不考虑控制成本，可以说控制环节设置得越多，控制效果就会越好，出现差错的可能性就会越低。然而，现实中，由于成本因素的限制，内部控制对防范业务活动的错弊只能起到“合理保证”作用。合理保证就是指控制成本不能超过因实施控制而获得的利益，这就是成本效益原则。考虑成本效益分析，要求无论采取哪种控制方式，都应考虑控制收益大于控制成本的基本要求，设置控制点时应达到控制收益大于控制成本的要求。如果有些业务需要增加控制点才能达到较高的控制效果或控制收益时，企业就应考虑如何使控制收益减去控制成本的净收益最大化；反之，如果控制收益难以确定，企业就应考虑在满足既定控制的前提下如何使控制成本最小化。

(四)设计内部控制文件

内部控制文件是指导、落实内部控制实施的具体文件。这些文件大多以控制制度、流程图等形式加以体现，可采用单独格式编制，也可以采用混合格式编制。

1.单独格式

单独格式的文本也称独立式文本，就是将企业内部控制要点按业务领域单独列示。独立式文本是按业务管理制度要求将内部控制要点分离单独列示，便于企业管理者和其他人员了解及评价内部控制制度。

2.混合式文本

混合式文本是将内部控制融合在业务管理制度中，使业务管理制度既有业务程序又有控制程序，便于业务人员和部门熟悉和掌握。表 2-1 就是某企业存货控制的控制文件。

3.流程图

流程图依据特定的符号，按照企业业务经办顺序，以流程图的方式标示各部门在办理业务过程中需要接受和传递的凭证、需要做的工作，以及各个部门之间的相互衔接关系等。这种方式的最大优点是比较直观，但不够具体和细致。同时，有些管理责任很难通过流程图的形式标示出来。因此，很多企业在使用流程图的同时，附以必要的文字说明，应该说是一种变通的比较有效的方法。

表 2-1　××企业存货控制制度

岗位	存货循环内部控制——产成品	岗位负责人
产成品管理	1.产成品入库前，仓库部门需要仔细核对检验部门的验收报告，对入库产品进行清点和检查。 2.核对无误后，填制一式三联的入库单，由产成品交接双方共同签字，一联作产成品收发存登记簿的登记依据，一联交生产部门，一联交财务部门。 3.根据产成品的特征，分别存放，并填制标签。 4.产成品的发出必须以经过批准的发货通知单为依据，同时填制出库单，作为减记产成品收发存登记簿的依据。 5.会计部门增加记录产成品时，必须仔细核对生产通知单、检验报告、入库单；减少记录产成品时，必须仔细核对发货通知单和出库单。 6.各类存货应该由专门人员保管，存货保管情况和管理过程中发生的意外情况应由保管人员及时向财务部门报告。 7.定期盘点存货，以便及时发现短缺、毁损和呆滞情况，及时进行记录和处理。 8.应由独立的部门核对会计部门的账面记录和仓库结存数量的相符情况，对于差异应追查原因。 9.产成品保管员不能同时兼任产成品账户的登记工作。 10.产成品的验收部门应该同生产制造部门相互独立，不能相互兼任或隶属。	张兵

案例分析题

1.案例资料①

1997 年 10 月，毕业于某高校的周某被××县外贸公司进出口二部聘为财务主管。当时，他只有 24 岁。作为一名年轻的财务主管，刚开始，他踌躇满志，对工作满腔热情，把进出口业务搞得有声有色，深得领导的器重和同事的喜欢。

不久，他的思想发生了变化。他承认说："我平时看见客户进进出出，出手大方，好潇洒；公司业务人员年底也有不菲的奖金；朋友圈中不少人做生意发了财。自己作为专业财务，同样辛苦付出，脑子又不比别人差，回报却相差太大，我的心里便产生了不平衡。"面对自己经手的大把客户货款，又考虑到公司管理不严，支票、印鉴等全套银行凭证全部由自己保管，自己支配，账也是自己做的现状，周某认为有机可乘了。

1999 年 10 月，周某伺机利用客户某电子有限公司业务资金量大、利润高的条件，通

① 资料来源于李敏．内部会计控制规范与监控技术[M]．上海：上海财经大学出版社，2003：29.

过黑市兑换外汇，采用隐匿实际兑换美金汇率的手段，设法截留和侵吞公款。

1999年11月23日，周某通过BP机联系的方法，在外滩与一个姓朴的韩国人秘密接触，兑换美元。回来后将汇率提高0.4，从中贪污5 000多元。第一次作案就轻易得手，周某沾沾自喜。以后几次以同样手段作案，果然无人发现，他的胆子越来越大。

2000年春节，“哥们”刘某找到周某，说要购买上海某啤酒屋的股份，向周借25万元。周某心里很清楚自己没有这么多钱借给刘某，可为了不在朋友面前丢面子，他决定铤而走险，以支付客户货款等名义，从账上提出公款，为朋友分批“调头寸”。由于内控制度形同虚设，竟然又没被发现。

同年4月，刘某介绍周某认识了一个大连老板王某，一来二去，周和王某也成了“哥们”。一天，王某跟周吹嘘，他的水产冷冻加工生意效益很好，每年利润率达20%～30%，最高可达50%，就是缺少资金，怂恿周参股经营，年终按股分红。当年4月12日，周某把应付上海某电子有限公司的货款故意拖延支付，挪用9万元。至5月24日，他又连续挪用公款共计34万元，作为投资电汇给大连的王某。后来，由于外贸公司与上海某电子有限公司的业务中止，需要回笼资金平账，周某只能停止挪用，并开始想方设法收回资金。由于借款不能及时归还，再加上周某自己又一直大肆挥霍，造成资金缺口，尚有近25万元不能退赔。周某自知罪孽深重，带5万元赃款闻风而逃……经审理查明，周某贪污人民币13万余元，挪用公款59万元。

在戒备森严的看守所里，记者见到了还不到而立之年的周某。修长的身材，满脸的书卷气，可以想象当初他是何等的春风得意。才29岁的他却要在铁窗里待上12年！一个风华正茂的大学毕业生最终沦落至与铁窗为伴的可悲下场，是错误的人生观、价值观使然？还是哥们义气使然？还是单位教育、管理与内控机制不健全使然？这样的悲剧给人们留下沉重的思考。

2.案例讨论提示

(1)结合上述资料，从内部控制建设的角度谈一谈如何防范经济犯罪。

(2)谈谈该案例对自己的人生价值观和职业道德教育的意义。

思考练习题

1.如何设计企业的内部机构？

2.内部控制的原则有哪些？表示什么意义？

3.如何设计企业的内部控制制度？

4.在内部控制中如何把制度管理和人本管理结合起来？

5.如何理解内部控制中的“合理保证”的思想？

拓展阅读

1.李连华. 国有企业内部控制的机理分析与政策建议[M]. 北京：中国财政经济出版社，2013.

2.郑石桥，等. 现代企业内部控制系统[M]. 上海：立信会计出版社，2000.

3.白万钢. 财务管控[M]. 北京：中国发展出版社，2008.

4.Steven J.Root. 超越COSO加强公司治理的内部控制[M]. 付涛，等. 译. 北京：清华大学出版社，2004.

第三章 资金控制

本章以货币资金为主介绍资金控制的理论与方法。在企业经营过程中，资金活动类似于企业经营活动中的血脉，把企业生产经营的方方面面，从上到下都串联起来了。同时，货币资金又是企业管理中最容易被挪用、被挤占和出现工作失误的领域。因此，与货币资金活动相关的管理，在企业管理和内部控制中占据着重要地位。

第一节 货币资金内部控制概述

一、货币资金内部控制的范围及负责人

（一）货币资金内部控制的范围

货币资金是指企业在生产经营过程中停留在货币阶段的那一部分资金，是以货币形态存在的资产。货币资金包括现金、银行存款、其他货币资金等。

现金是指企业的库存现金，包括库存人民币和各种外币。

银行存款是指企业存入银行和其他金融机构的各种存款。

其他货币资金是指现金和银行存以外的货币资金，包括外埠存款、银行汇票存款、银行本票存款、信用卡存款、信用证保证金存款、存出投资款等。就其本质而言，以上其他货币资金大多属于银行存款的范畴，只是承诺了专门用途，不能像一般的银行存款那样随时可安排使用。

货币资金的特点是流动性很强，是速动资产的重要组成部分。其中现金是所有资产中流动性最强的一项资产。正因为货币资金具有很强的流动性，并且其中的现金及银行存款随时可以用于购买商品、劳务和清算债务，是不法分子极欲侵占的对象，因此，企业应非常重视货币资金的内部控制。

（二）货币资金内部控制的责任人

按照财政部于2010年颁布的《企业内部控制应用指引第6号——资金活动》中的规定，企业财会部门负责对于货币资金的日常管理，对于本企业货币资金内部控制的建立、健全和有效实施，以及货币资金的安全承担日常管理责任；总会计师或财务部门负责人对于货币资金的控制承担领导责任；单位负责人对货币资金控制承担最终责任。这里的单

位负责人是指单位法定代表人或者法律、行政法规规定代表单位行使职权的主要负责人。

二、货币资金内部控制的原则

（一）岗位分工和职务分离

将涉及货币资金内部控制不相容的职责分由不同人员担任，并且明确相关人员的职责权限，做到相互分离、相互制约，以明确责任，防止舞弊。

（二）严格收支分开及收款入账

将现金支出业务和现金收入业务分开处理，防止将现金收入直接用于现金支出，也就是说不得随意坐支。企业取得货币资金收入必须及时入账，不得私设“小金库”，不得账外设账，严禁收款不入账。

（三）实行支出款项的严格授权批准程序

企业支出款项必须执行严格的授权批准程序，严禁擅自挪用、借出以及其他不按规定支出货币资金。

（四）实施内部稽核

设置内部稽核机构和人员，建立和健全内部稽核制度。通过稽核及时发现和纠正货币资金管理中存在的问题，以改进货币资金的管理。

（五）实行定期轮岗制度

实行定期岗位轮换制度，借以防止或减少人为的舞弊行为。

三、货币资金内部控制的要求

（一）严格执行国家有关货币资金管理方面的重要法规

国务院于 1988 年 9 月 12 日发布的《现金管理暂行条例》，中国人民银行于 1988 年 9 月 23 日发布的《现金管理暂行条例实施细则》，第八届全国人民代表大会常务委员会第十三次会议于 1995 年 5 月 10 日通过并于 1996 年 1 月 1 日起施行的《中华人民共和国票据法》，1997 年 8 月 21 日中国人民银行发布的《票据管理实施办法》，中国人民银行于 1997 年 9 月 19 日发布并于 1997 年 12 月 1 日起施行的《支付结算办法》，财政部于 2010 年发布的《企业内部控制指引第 6 号——资金活动》等，都是国家对货币资金管理方面的重要法规，企业应严格执行。

（二）执行企业财务收支计划，组织货币资金收支，合理调度资金

企业的财务收支计划描述和规划了企业计划期内货币资金收支的前景，是企业货币资金收支的依据。财会部门应根据企业生产经营的情况，积极组织收入，合理安排支出，做到合理调度资金。合理调度是指应尽可能地使资金的收入与支出相衔接，做到日常收支平衡，银行存款只需保留适当的预备数额，使货币资金既能满足生产经营的合理需要，又能节约使用，尽可能减少不应有的闲置。如果有暂时的闲置，可以拿去进行短期投资，发挥资金的应有效益。

(三)控制货币资金的收支动态及其结存,为经营决策服务,保证货币资金的安全

资金观念是现代企业家的一个重要观念。企业家的经营决策受制于资金实力,特别是当前可作为支付手段的货币资金的实力。为了能为经营决策提供服务,应通过货币资金内部控制随时提供货币资金收支动态及存量的资料。同时,货币资金是企业的财产,而货币资金又能随时用于各种消费,具有很大的诱惑力,所以,应加强内部的管理和控制,防止不法分子的盗用与贪污行为的发生。

四、货币资金内部控制的目标

(一)确保现金及银行存款收付的合法、合理和正确

按照国家有关货币资金管理和内部控制的有关法规,认真审核现金及银行存款的收入来源和支出的用途,确保现金及银行存款收付的合法、合理;有效组织现金和银行存款的收支,正确计算和准确收付现金及银行存款的金额,避免错收或误付及违法乱纪问题的发生;监督并且揭露坐支、私分、私存和非法占用现金等违法违纪行为。

(二)确保现金及银行存款收付的适当和及时

合理安排现金收支和银行存款结算的时间,及时办理收付结算;适当选择现金收支的方式和银行结算方式,按各种不同银行结算方式的使用范围、使用条件及结算程序合理安排款项结算;避免提前或逾期付款,避免逾期托收、误期拒付,避免透支存款,避免银行结算方式的不当使用;加快资金回笼,提高资金使用效率。

(三)确保现金和银行存款的安全与完整

企业应严格保管现金,安全存放现金,严格执行库存现金限额,超过限额部分应及时送存银行;防止现金遭受抢劫、被盗,防止现金被贪污、挪用;严格管理银行存款,与银行认真核对银行存款的各项记录;妥善保管结算凭证、各项票据和银行印鉴,特别要保管好支票;及时办理支票挂失;严禁出借、出租银行账户和转账支票;确保现金和银行存款的安全与完整。

(四)确保现金和银行存款记录的真实可靠

按照国家统一会计制度的要求,结合本单位的特点及管理上的需要,设计现金和银行存款的收支凭证和核算账表,正确记录现金和银行存款的各项收支业务,如实反映现金和银行存款的各项收支活动,确保现金和银行存款记录的真实可靠,随时提供现金和银行存款的财务信息。

第二节　岗位分工及授权批准

一、岗位设置与工作分工

(一)出纳机构的设立

《会计法》规定:“各单位根据会计任务的需要设置会计机构,或者在有关机构中设置会计人员并指定会计主管人员。不具备条件的,可以委托经批准设立的会计咨询、服务机构代理记账。”这是会计法对企业会计、出纳机构和人员设置的规定。企业应当根据自己的业务特点及规模、业务量的多少,以及会计力量的情况设置出纳机构,配备出纳人员。

企业一般可在会计机构内部设置出纳机构,如在财会科、财务处内设置出纳组、出纳室;规模小、人员少、业务量不大的单位可以只设一名专职或兼职出纳人员,并为其配备专门的办公场所。

(二)出纳岗位的设置

企业应当根据业务需要,按照既满足出纳工作的需要,又避免人浮于事的原则设置出纳人员。一般可以采用以下几种形式:

1.一人一岗

一人一岗形式适用于规模不大、出纳工作量不大的企业。这种企业应设置出纳岗位并配备一名专职的出纳人员。

2.一人多岗

一人多岗的形式适用于规模较小、出纳工作量较小的企业。这种企业应设置出纳岗位并配备一名兼职的出纳人员。没有单独设置会计机构的企业,至少应在有关机构中配备一名兼职的出纳人员,但兼职出纳不得兼任稽核、会计档案保管,以及收入、支出、费用、债权债务账目的登记工作。

3.一岗多人

一岗多人形式适用于规模较大、出纳工作量较大的企业。这种企业应设置出纳岗位并配备多名专职出纳人员。这些出纳可分为管收付的出纳和管账的出纳,或者分为现金出纳和银行结算出纳,

(三)出纳岗位的工作分工

按照一岗多人形式设置出纳岗位并配备多名专职出纳人员的企业,出纳人员的具体分工,通常可按现金与银行存款、银行存款的不同户头、票据与有价证券的管理等工作性质的差异进行分工,也可以按照出纳工作的阶段和步骤进行分工。作为“结算中心”的出纳机构,出纳人员可按其业务的对口单位分工。

单位办理货币资金业务,应当配备合格的人员,并根据单位具体情况进行岗位轮换。

二、不相容岗位分离

企业应当建立货币资金业务的岗位责任制,明确相关部门和岗位的职责权限,确保办理货币资金业务的不相容岗位相互分离、制约和监督。

企业不得由一人办理货币资金业务的全过程。

货币资金内部控制中不相容岗位分离的基本要求是实行钱、账分管,将负责货币资金收、付业务的岗位和人员与记录货币资金收、付业务的岗位和人员相分离。出纳人员不得兼任稽核、会计档案保管和收入、支出、费用、债权债务账目的登记工作。具体要点如下:

(1)货币资金实物收付及保管只能由经过授权的出纳人员负责办理,严禁未经授权的机构或人员办理货币资金业务或直接接触货币资金。

(2)业务规模较大的企业,出纳人员每天应将现金收入、现金支出序时地、逐笔地登记现金出纳备查簿,而现金日记账和现金总账应由其他人员登记;规模较小的企业,可用现金日记账代替现金出纳备查簿,由出纳人员登记,但现金总账必须由其他人员登记。

(3)负责应收款项账目的人员不能同时负责现金收入账目的工作,负责应付款项账目的人员不能同时负责现金支出账目的工作。

(4)保管支票簿的人员不能同时负责现金支出账目和银行存款账目的调节。

(5)负责银行存款账目调节的人员与负责银行存款账目、现金账目、应收款项账目及应付款项账目登记的人员应当相互分离。

(6)货币资金支出的审批人员与出纳人员,支票保管人员和银行存款账目、现金账目的记录人员应当相互分离。

(7)支票保管职务与支票印章保管职务应当相互分离。

三、出纳人员的岗位职责

(一)按照国家有关现金管理和银行结算制度的规定办理现金收付和银行结算业务

出纳人员应严格遵守库存现金开支范围,非现金结算范围不得用现金收付;遵守库存现金限额,超限额的现金按规定及时送存银行;现金管理要做到日清月结,每日下班前对账面余额与库存现金进行核对,发现问题应及时查对;银行存款与银行对账单也要及时核对,如有不符,应立即通知银行调整。

(二)根据会计制度的规定及时进行账务处理

在办理现金和银行存款收付业务时,要严格审核有关原始凭证,再根据原始凭证编制收付款凭证,然后根据编制的收付款凭证逐笔顺序登记现金日记账和银行存款日记账,并结出余额,随时提供银行存款余额的信息。

(三)按照国家外汇管理制度的规定及有关批准文件办理外汇出纳业务

外汇出纳业务是政策性很强的工作,随着改革开放的深入发展,国际经济交往日益频繁,外汇出纳也越来越重要。出纳人员应熟悉国家外汇管理制度,及时办理结汇、购汇、付汇,避免国家外汇损失。

(四)遵守结算纪律,维护经济秩序

不准签发空头支票,不准出租、出借银行账户为其他单位办理结算业务。这是出纳人员必须遵守的一条纪律,也是防止经济犯罪、维护经济秩序的重要方面。出纳人员应严格按照支票和银行账户使用的管理要求,从出纳这个岗位上堵塞结算漏洞。

(五)保管库存现金和各种有价证券(国库券、债券、股票等)的安全与完整

要建立适合本单位情况的现金和有价证券保管责任制,如发生短缺,属于出纳人员责任的,要进行赔偿。

(六)保管有关印章、空白票据和空白支票

印章、空白票据的安全保管十分重要,在实际工作中,因丢失印章和空白票据给单位带来经济损失的不乏其例。对此,出纳人员必须高度重视,要建立严格的管理办法。交由出纳人员保管的印章要严格按规定用途使用,各种票据要办理领用和注销手续。

四、出纳人员的职业道德

办理货币资金业务的人员应当具备良好的职业道德，忠于职守，廉洁奉公，遵纪守法，客观公正，不断提高会计业务素质和职业道德水平。

(一)爱岗敬业

爱岗敬业，要求出纳人员热爱出纳工作，安心本职岗位，忠于职守，尽心尽力，尽职尽责。这是出纳人员做好本职工作的基础和条件，是最基本的道德素质。爱岗敬业包括：

1.热爱出纳工作，敬重会计职业

这是做好出纳工作的前提。只有热爱出纳工作，敬重会计职业，才会努力学习出纳业务知识，才会全身心地投入出纳工作，并把工作做好。

2.安心工作、任劳任怨

安心工作、任劳任怨表达的是一种精神境界。

3.严肃认真、一丝不苟

严肃认真、一丝不苟，表达的是一种工作态度。

4.忠于职守、尽职尽责

要求会计人员忠实于会计服务主体，忠实于社会利益，忠实于国家利益。

(二)诚实守信

诚实守信要求出纳人员在职业活动中应当实事求是，讲信用，重信誉，信守诺言。这是出纳人员职业道德的基本工作准则。诚实守信包括：

1.实事求是的工作作风

实事求是的工作作风，要求会计人员做老实人、办老实事、说老实话，从原始资料的取得、凭证的整理、账簿的登记、报表的编制，到经济活动的分析，都要做到实事求是、如实反映、正确记录；严格以经济业务凭证为依据，做到手续完备、账目清楚、数字准确、编报及时；严格按照国家统一会计制度记账、算账、结账、报账，做到账证、账账、账表、账实相符。

2.坚持职业操守

出纳人员的操守，主要包括社会或他人对出纳工作的尊敬和出纳人员自己对职业的珍爱。坚持职业操守，要求出纳人员做到讲信用、守诺言，保守秘密。作为出纳人员本身而言，注重职业操守，主要是要对自己所从事的职业有一个正确的认识和态度，维护职业信誉，诚实守信，保守国家秘密、商业秘密和个人隐私。

(三)廉洁自律

廉洁自律要求出纳人员公私分明、不贪不占、遵纪守法、清正廉洁。这是出纳人员的工作特点所决定的，是职业道德的内在要求和行为准则。出纳工作涉及国家、企业、投资者、债权人、企业职工等各方利益，出纳人员只有自身做到廉洁自律，才能理直气壮地行使会计监督的职能。廉洁自律包括：

1.公私分明，不贪不占

公私分明，要求出纳人员严格划分公私界限，公是公，私是私；不贪不占，要求出纳人员不贪污、不挪用公款，不监守自盗。

2.遵纪守法、清正廉洁

要求出纳人员在从事出纳工作时，按照国家的法律法规及其他规定履行职责，自尊、自爱、自律，不以权谋私，不违法乱纪，做到清正廉洁。

（四）客观公正

客观公正，要求出纳人员端正态度，依法办事、实事求是、不偏不倚，保持应有的独立性。客观公正包括：

1.端正态度

端正态度，要求出纳人员坚持以客观公正的态度从事出纳工作。这是坚持客观公正原则的基础。

2.依法办事

依法办事，要求出纳人员遵守法律法规，依法办理出纳业务。这是保证会计工作客观公正的前提。

3.实事求是、不偏不倚

实事求是、不偏不倚，要求出纳人员在处理各种利益关系时，保持客观公正、不偏不倚的立场。

4.保持应有的独立性

客观性是会计信息的本质要求。客观公正，要求出纳人员在出纳业务的处理、会计政策和会计方法的选择、财务会计报告的编制、财务状况及经营成果的评价等方面都必须保持独立性，做到客观、公正。

（五）坚持准则

坚持准则，要求出纳人员熟悉国家法律、法规和国家统一的会计制度，始终坚持按法律法规和国家统一的会计制度的要求进行会计核算，实施会计监督。这里所说的“准则”，就是泛指有关会计的法律法规和国家统一的会计制度。因此，坚持准则就是坚持依法办理会计事务。要做到坚持准则必须：

（1）掌握准则，要求出纳人员熟练掌握准则，正确领会和准确把握准则的精神实质。

（2）遵循准则，要求出纳人员严格执行准则。

（3）坚持准则，要求出纳人员依法办理出纳业务，即使在依法办理出纳业务的过程受到干扰、阻碍和挑战时，也应当坚持准则依法办理。

（六）提高技能

提高技能，就是要求出纳人员不断增强提高专业技能的自觉性和紧迫感，勤学苦练，刻苦钻研，开拓进取，不断提高业务水平。出纳工作是专业性很强的工作，出纳人员应当全面准确地掌握出纳工作的专业知识和技能。社会在前进，经济在发展，科技在进步，出纳工作也就会面临不断出现的新情况和新问题。所有这些都要求出纳人员与时俱进，不断地学习和掌握新的知识和新的技能，以适应出纳业务不断发展和变化的新形势。

（七）参与管理

参与管理，就是要求出纳人员在做好本职工作时努力钻研相关业务，全面熟悉本企业经营活动及其业务流程，积极参与管理，主动提出合理化建议，协助领导决策。参与管理应当做好以下两点：

1.树立参与管理的意识,积极主动地做好参谋

出纳人员不能消极被动地记账、算账和报账,而是要积极主动地参与企业的经营管理活动,应当经常向领导反映经营管理活动中的新情况和存在的问题,提出合理化建议,协助领导决策。具体地说,应当充分利用所掌握的大量会计信息去分析本企业的经营活动,将财务会计的职能渗透到单位的各项管理工作中,找出经营管理中的问题和薄弱环节,提出改进意见和措施,从而使出纳工作的事后反映变为事前的预测分析和事中的控制监督,真正起到当家理财的作用,成为决策层的参谋和助手。

2.参与管理应具有针对性

在参与企业管理时,需要了解企业的生产经营活动及其业务流程,使参与管理更具有针对性,增强参与管理的有效性。出纳人员应当熟悉本企业的生产经营活动及其业务流程,掌握有关企业的生产经营能力、技术设备条件、产品市场行情及资源供给等方面的情况,结合财会工作的综合信息优势,积极参与预测;根据预测情况,运用专门的财务会计方法,从生产、销售、成本、利润等方面有针对性地提出可行性方案,参与优化决策;要充分利用会计工作的优势,积极参与监控预算执行情况,为改善单位内部管理、提高经济效益服务。

(八)强化服务

强化服务,就是要求出纳人员树立服务意识,提高服务质量,努力维护和提升会计职业良好的社会形象。

1.强化服务意识

出纳人员要在内心深处树立强烈的为管理者服务、为所有者服务、为社会公众服务、为人民服务的服务意识;无论是为本企业服务,还是为社会公众服务,都应摆正自己的位置;不能认为管钱、管账就高人一等;不能认为参与决策就自命不凡。应认识到管钱、管账是职责,参与管理是义务,会计职业受社会尊重来自于会计职业在社会上的信誉。只有这样才能做好会计工作,履行会计职能,为单位和社会经济的发展做出应有贡献。

2.提高服务质量

强化服务的关键是提高服务质量。出纳人员的服务就是真实、客观地记账、算账和报账,积极主动地向上级领导者反映经营活动的情况和存在的问题,提出合理化建议,为企业决策层、政府部门、投资人、债权人以及社会公众提供真实、可靠、相关的会计信息,以引导他们正确地做出决策。

五、授权批准制度

企业应当对货币资金业务建立严格的授权批准制度,明确审批人对货币资金业务的授权批准方式、权限、程序、责任和相关控制措施,规定经办人办理货币资金业务的职责范围和工作要求。

审批人应当根据货币资金授权批准制度的规定,在授权范围内进行审批,不得超越审批权限。

经办人应当在职责范围内,按照审批人的批准意见办理货币资金业务。对于审批人

超越授权范围审批的货币资金业务，经办人有权拒绝办理，并及时向审批人的上级授权部门报告。

货币资金收付的授权批准，主要有“一支笔”审批、分级审批、多重审批和混合审批四种模式。

(一)“一支笔”审批模式

按照这种模式，企业的一切货币资金收付全部由单位负责人或其授权的人员一人审批。单位负责人授权的人员可以是总会计师，也可以是主管会计工作的副职。“一支笔”审批模式的优点是可以使资金的使用围绕着企业的总目标有序进行，克服因多头审批而造成的监督失控及审批标准不一致的弊端。其缺点是容易造成腐败。

(二)分级审批模式

按照这种模式，企业的货币资金收付应根据企业业务范围和金额的大小，分级确定审批人员，行使审批权力。由企业的权力机构授权单位负责人、单位的副职领导(分管领导)以及各职能部门的负责人在其业务和金额范围内对货币资金收付具有一定的审批权。金额巨大的货币资金支付必须由董事会或类似的机构，股东大会、股东代表大会或类似的权力机构集体审批，对于重要的或金额较大的货币资金支付可以授权给单位负责人审批，其他的货币资金支付可以授权给各职能部门的负责人在其业务和金额范围内审批。

(三)多重审批模式

按照这种模式，企业的货币资金收付须由两个或两个以上的人员共同审批。多重审批模式在具体运用时可以具体化为“双审制”和“多审制”。双审制是指货币资金收付先由职能部门的负责人审批，后由单位负责人审批；多审制是指货币资金收付先由职能部门的负责人审批，后由分管领导或指定主管会计工作的领导审批，再由单位负责人最终审批。这种审批程序的优点是符合内部控制的相互牵制原则，提高审批的质量；其缺点是审批程序比较复杂，从而降低办事效率。

(四)混合审批模式

这种模式是“一支笔”审批、分级审批、多重审批和混合审批四种模式的结合使用。混合审批模式将根据不同的货币资金收付而采用不同的审批模式。通常情况下，一定业务和金额范围内的货币资金收付授权某一人审批，而超过一定业务和金额范围的货币资金收付则授权两个或两个以上的人员审批。这种方式的最显著优点是将控制的重点放在重要业务或重大金额的货币资金收付的审批上，同时又简化了非重大货币资金收付的审批程序，提高了审批的效率。但是，为了维护混合审批模式的严肃性、有效性，在采用混合审批模式时应该注意防止人为地将货币资金的收付化整为零以避开双重审批或多重审批的情况出现。

六、办理货币资金支付业务的程序

(一)支付申请

单位有关部门或个人用款时，应当提前向审批人提交货币资金支付申请，注明款项的用途、金额、预算、支付方式等内容，并附有效经济合同或相关证明。

(二)支付审批

审批人根据其职责、权限和相应程序对支付申请进行审批。对不符合规定的货币资金支付申请,审批人应当拒绝批准。对重要的货币资金支付业务,应当实行集体决策和审批,并建立责任追究制度,防范贪污、侵占、挪用货币资金等行为。

(三)支付复核

复核人应当对批准后的货币资金支付申请进行复核,复核货币资金支付申请的范围、权限、程序是否正确,手续及相关单证是否齐备,金额计算是否正确,支付方式、支付单位是否妥当等。复核无误后,交由出纳人员办理支付手续。

(四)办理支付

出纳人员应当根据复核无误的支付申请,按规定办理货币资金支付手续,及时登记现金和银行存款日记账。

第三节　现金与银行存款的内部控制

一、现金的内部控制

(一)现金内部控制的内容

现金是指具备现实购买力或者法定清偿力的通货。在金属货币流通条件下,现金是指金属铸币及其他作辅币使用的铸币;在纸币或者信用货币流通的条件下,现金包括铸币、纸币和信用货币。在我国,外币不能自由流通,现金主要是指人民币,包括纸币和金属辅币。

国家对现金管理的主要法规,是国务院于 1988 年 9 月发布的《现金管理暂行条例》和中国人民银行于 1988 年 9 月发布的《现金管理暂行条例实施细则》,财政部等于 2010 年颁布的《企业内部控制应用指引第 6 号——资金活动》。企业在现金的内部控制中应该严格执行这些法规。根据这些法规,现金内部控制的内容主要有以下方面:

1.现金使用范围的控制

企业可以在下列范围内使用现金:

(1)职工工资、各种工资性津贴;

(2)个人劳务报酬,包括稿费和讲课费及其他专门工作报酬;

(3)支付给个人的各种奖金,包括根据国家规定颁发给个人的各种科学技术、文化艺术、体育等各种资金;

(4)各种劳保、福利费用以及国家规定的对个人的其他现金支出;

(5)收购单位向个人收购农副产品和其他物资支付的价款;

(6)出差人员必须随身携带的差旅费;

(7)结算起点以下的零星支出;

(8)中国人民银行规定需要支付现金的其他支出。

不属于现金使用范围而需要支付的款项应当通过银行办理转账结算。

2.库存现金限额的控制

按规定企业一般可按3～5天的日常零星开支所需现金核定库存现金的限额。企业不能超出核定的库存现金限额留存现金，超出的现金应及时送存银行。

3.现金收支的控制

(1)企业的现金收入应于当日送存开户银行；当日送存银行有困难的，由开户银行确定送存时间。

(2)企业支付现金，可以从本单位库存现金限额中支付或者从开户银行提取；超过一定限额的现金支出，应当使用支票。不得从本单位的现金收入中直接支付(即坐支)，因特殊情况需要坐支现金的，应当事先报经开户银行审查批准，由开户银行核定坐支范围和限额，坐支单位应当定期向开户银行报送坐支金额和使用情况。

(3)单位借出现金必须执行严格的授权批准程序，严禁擅自挪用、借出现金。

(4)企业从开户银行提取现金，应当如实写明用途，由本单位财会部门负责人签字盖章，并经开户银行审批后，予以支付。

(5)因采购地点不确定，交通不便，抢险救灾以及其他特殊情况，办理转账结算不够方便，必须使用现金的，要事先向开户银行提出书面申请，由本单位财会部门负责人签字盖章，开户银行审批后，予以支付现金。

(6)企业取得的现金收入必须及时入账，不得私设“小金库”，不得账外设账，严禁现金收入不入账。

4.现金记录的控制

应当建立健全现金账目，经常核对检查库存现金与账簿记录是否相符。现金账目应当逐笔记载现金收付，做到日清月结，账款相符。企业应当定期和不定期地进行现金盘点，确保现金账面余额与实际库存金额相符。发现不符，应及时查明原因，做出处理。

5.防止现金违纪行为的发生

(1)不准用不符合财务会计制度规定的凭证顶替库存现金(即白条抵库)；

(2)不准单位之间相互借用现金；

(3)不准谎报用途套取现金；

(4)不准利用存款账户代其他单位和个人存入或者支取现金；

(5)不准将单位收入的现金以个人名义存入储蓄；

(6)不准保留账外公款(即小金库)；

(7)禁止发行变相货币，不准以任何票券代替人民币在市场上流通。

(二)现金收支的主要业务环节

1.授权办理业务

企业管理部门或业务部门的负责人根据授权批准制度的有关规定和业务经营的需要，授权有关人员办理有关业务，相应地根据业务需要授权有关人员办理有关现金收付。

2.填制或取得原始凭证

有关人员在办理业务后，应该按照财务会计制度的规定填制或取得有关原始凭证作为办理现金收付业务的书面证明。其中一部分原始凭证直接作为出纳人员收付现金的依据，一部分作为有关人员向出纳人员交纳现金或现金报销的依据。

3.审签原始凭证

对于办理业务后填制或取得的有关现金收付业务的原始凭证，有关经办人员应签字盖章，有关部门的负责人或其授权的有关人员审核后也应签字盖章，表明批准出纳人员办理现金收付，或表明同意非出纳人员已办理的现金收付，而后应向出纳人员交纳现金或报销现金。

4.审核原始凭证

会计主管人员或其授权的有关会计人员审核现金收付业务的原始凭证，经审核无误的，确认其可以办理现金收付，或确认其向出纳人员应交纳的现金或可以报销的现金。

5.编制记账凭证

会计人员根据审核无误的现金收付款业务的原始凭证编制现金收付款业务的记账凭证。

6.收付现金

出纳人员根据经复核无误的现金收付款业务的记账凭证，收入现金或支付现金（包括现金报销）。

7.稽核记账凭证

负责稽核的会计人员结合现金收付业务的原始凭证对现金收付款业务的记账凭证进行稽核。

8.登记现金日记账

出纳人员根据复核无误的现金收付款业务的记账凭证逐笔登记现金日记账。

9.登记现金总账及有关明细账

会计人员根据现金收付款业务的记账凭证登记现金总账，根据有关原始凭证及记账凭证登记有关明细账。

10.日常现金盘点

出纳人员应于每日营业终了，结出现金日记账的本日收入合计、支出合计及现金余额，并将现金余额与实际的库存现金进行核对。如有不符，应查明原因，报经批准后进行处理。

11.现金送存银行

出纳人员应将现金收入于当日送存开户银行；当日送存银行有困难的，由开户银行确定送存时间。

12.核对账目

有关账簿记录人员应当定期将现金日记账、现金总账以及有关涉及现金收付业务的明细账进行核对。如有差错，应查明原因，报经批准后进行处理。

13.定期和不定期的现金清查

定期和不定期地由清查小组盘点库存现金，并将现金日记账的现金余额与实际的库存现金进行核对，编制现金盘点报告单，反映现金账面结存与实际结存的情况。

（二）现金收支业务的关键控制点

现金的内部控制应在现金收支的主要业务环节上设置关键控制点进行控制，使现金收支业务始终围绕着企业目标正常、有序、安全地进行。

现金收付业务的关建控制点主要有：

1.审批

业务经办人员在经办了有关涉及现金收付的业务后，应对填制或取得的证明业务发生或完成的原始凭证进行审核，审核无误经签字盖章后交部门负责人审核并签章，表明批准出纳人员办理现金收付活动；或表明同意非出纳人员已办理的现金收付，而后应向出纳人员交纳现金或报销现金。有关人员应在授权的范围内办理业务，批准现金收付。超出授权范围的业务和现金收付，必须报上级有关部门和领导审批。严格按授权批准制度的规定进行审批，有利于加强有关人员的责任感，避免违纪、违规情况的发生，保证现金收付的正确性、合规性、合法性，确保现金的安全。

2.审核原始凭证

会计主管人员或其授权的有关人员应严格审核现金收付业务的原始凭证，经审核无误的应按规定签字盖章，批准办理现金收付。审核原始凭证，可以检查业务是否合理合法，保证现金收付的及时、安全、正确和有效。

3.现金收支

出纳人员复核经审签、已批准现金收付的记账凭证，复核无误的办理现金收付。出纳人员办理现金收付以后，应在现金收付的原始凭证上加盖"收讫"或"付讫"戳记，表示款项已经收付完毕，以防止重收、重付或漏收、漏付。

4.稽核

稽核人员在审核时，主要审核以下内容：现金收付业务的原始凭证的基本内容是否完整，手续是否完备；所反映的降价业务是否具有真实性、合规性、合法性及合理性；现金收付款业务的记账凭证与其相应的原始凭证是否一致等。作为控制环节，稽核可以保证现金收付的正确性及会计核算的真实性，能够及时纠正现金收付错误，防止记账失实。

5.记账

出纳人员根据现金收付业务的记账凭证登记日记账，会计人员根据现金收付款业务的记账凭证登记现金总账。现金日记账的登记、现金总账的登记应严格按照不相容岗位分离的原则分别由出纳人员和其他会计人员登记，以做到互相牵制，互相监督。

6.对账

现金收付款业务的对账工作主要包括两个环节：

(1)现金日记账与现金收付款业务的原始凭证及记账凭证互相核对，做到账证相符。

(2)现金日记账与现金总账核对，做到账账相符。

7.清点和清查

出纳人员于每日营业终了时应进行现金清点，将实际库存现金数与现金日记账的现金结存数进行核对，保持账实相符。企业还应当组成由会计主管人员、内部审计人员及稽核人员组成的清查小组，对库存现金进行定期或不定期的清查，检查现金账实相符的情况。现金清查的目的是加强对出纳工作的监督，防止贪污盗窃和挪用现金情况的发生。

二、银行存款的内部控制

(一)银行结算账户开立、使用的控制

银行存款是企业存放在银行或其他金融机构的货币资金。按照现金管理制度的规定,企业除根据核定的库存现金限额留存一部分现金以备日常零星开支外,超过限额的现金必须及时送存银行;除了在规定的范围内可以用现金直接支付的款项外,在经营过程中所发生的货币资金收支业务,都必须通过银行结算账户进行结算。所以,企业必须在当地银行申请开立银行结算账户,用以办理企业存放在银行的货币资金的存取和转账结算。根据中国人民银行发布的《支付结算办法》规定的精神,单位、个人和银行应当按照《人民币银行结算账户管理办法》的规定开立、使用银行结算账户。

银行结算账户是银行为存款人开立的用于办理现金存取、转账结算等资金收付活动的人民币活期存款账户。根据《人民币银行结算账户管理办法》的规定,银行结算账户分为基本存款账户、一般存款账户、临时存款账户和专用存款账户。

基本存款账户是企业办理日常转账结算和现金收付的账户,它是存款人的主办账户。企业日常经营活动的资金收付及工资、奖金等现金的支取,应当通过基本存款账户办理。一个企业只能选择一家银行的一个营业机构开立一个基本存款账户,不得在多家银行机构开立基本存款账户。

一般存款账户是指企业因借款或其他结算需要,在基本存款账户开户银行以外的银行营业机构开立的银行结算账户。一般存款账户主要用于办理存款人借款转存、借款归还和其他结算的资金收付。该账户可以办理现金缴存,但不得办理现金支取。存款人开立一般存款账户没有数量限制,存款人可自主选择不同经营理念的银行,既能充分享受多家银行的特色服务,又能适应不同的经济往来对象,更为方便地使用不同银行提供的支付结算工具和手段。

临时存款账户是存款人因临时需要并在规定期限内使用而开立的银行结算账户。临时存款账户主要用于办理临时机构以及存款人临时经营活动发生的资金收付。临时存款账户可以支取现金,但应按照国家现金管理的规定办理。注册验资的临时存款账户在验资期间只收不付。临时存款账户有效期最长不得超过 2 年。

专用存款账户是存款人按照法律、行政法规和规章,对其特定用途资金进行专项管理和使用而开立的银行结算账户。对下列资金的管理与使用,存款人可以申请开立专用存款账户:基本建设资金,更新改造资金,财政预算外资金,粮、油收购资金,证券交易结算资金,期货交易保证金,信托基金,金融机构存放同业资金,政策性房地产开发资金,单位银行卡备用金,住房基金,社会保障基金,收入汇缴资金和业务支出资金,党、团、工会所在单位的组织机构经费,其他需要专项管理和使用的资金。收入汇缴资金和业务支出资金,是指基本存款账户存款人附属的非独立核算单位或派出机构发生的收入和支出的资金。

企业应当严格按照《支付结算办法》等国家有关规定,加强银行账户的管理,严格按规定开立账户,办理存款、取款和结算。企业应当定期检查、清理银行账户的开立及使用情况,发现问题,及时处理。不准违反规定开立和使用账户,企业在银行开立的账户,只供本

企业业务经营范围内的资金收付，不准出借、出租或转让给其他单位或个人使用。企业在银行的账户必须有足够的资金保证支付，不准签发空头的支付凭证，不准签发远期的支付凭证，不准利用账户搞非法活动。

(二)支付结算的控制

根据《支付结算办法》的规定，企业的支付结算是指在社会经济活动中使用票据、信用卡和汇兑、托收承付、委托收款等结算方式进行货币给付及其资金清算的行为。支付结算工作的任务是，根据经济业务往来情况组织支付结算，准确、及时、安全地办理支付结算，按照有关法律、行政法规和支付结算办法的规定管理支付结算，保障支付结算活动的正常进行。支付结算控制主要有以下几个方面：

1.执行支付结算方面的法律、法规和制度

为了规范支付结算行为，保障支付结算活动中当事人的合法权益，加速资金周转和商品流通，促进社会主义市场经济的发展，我国制定了一系列支付结算方面的法律、法规和制度，主要包括《中华人民共和国票据法》、《票据管理实施办法》、《支付结算办法》、《人民币银行结算账户管理办法》、《国内信用证结算办法》、《银行卡业务管理办法》、《关于审理票据纠纷案件若干问题的规定》等。企业应当严格贯彻执行支付结算方面的法律、法规和制度。

2.坚持办理支付结算的原则

(1)恪守信用，履约付款。单位之间、单位与个人之间发生交易往来，通过银行办理结算，并根据各自的具体条件，自行协商订约，使收付双方办理款项收付完全建立在自觉自愿、相互信任的基础上。结算当事人应依法承担义务和行使权利，恪守信用，履行付款义务，特别是应当按照约定的付款金额和付款日期办理支付。

(2)谁的钱进谁的账，由谁支配。银行在办理结算时，必须尊重开户单位资金支配的自主权，做到谁的钱进谁的账，银行不代扣款项，以维护开户单位对资金的所有权或经营权，保证开户单位对其资金的自主支配。

(3)银行不垫款。银行在办理结算的过程中，只负责将结算款项从付款单位账户划转到收款单位账户，不承担垫付任何款项的责任，以划清银行与开户单位的资金界限，保护银行资金的所有权或经营权，促使开户单位直接对自己的债权、债务负责。

3.遵守办理支付结算的纪律

办理支付结算的纪律包括：不准签发没有资金保证的票据或远期支票，套取银行信用；不准签发、取得和转让没有真实交易和债权债务的票据，套取银行和他人资金；不准无理拒绝付款，任意占用他人资金；不准违反规定开立和使用账户。

4.符合办理支付结算的基本要求

(1)企业和银行办理支付结算，必须使用按中国人民银行统一规定印制的票据和结算凭证。

(2)企业和银行应当按照《人民币银行结算账户管理办法》的规定开立、使用账户。

(3)票据和结算凭证上的签章和其他记载事项应当真实，不得伪造、变造。

(4)填写票据和结算凭证应当规范，做到要素齐全、数字正确、字迹清晰、不错不漏、不潦草，防止涂改。

(三)企业与银行的对账

企业应当指定专人定期或不定期地核对银行账户，每月至少核对一次。企业与银行的对账是通过企业银行存款日记账与银行对账单的逐笔勾对进行的。企业接到对账单后应与银行存款日记账逐笔勾对。对于企业与银行之间只有单方记录的账项应作摘录，以便下次核对，发现的错账应立即到银行查明原因并加以更正。

对账过程中有可能出现企业银行存款日记账与银行对账单之间账面记录的不一致，其原因有两方面：一是记账错误；二是由于收付款结算凭证在企业与银行之间传递需要时间而造成记账时间上有先有后，形成一方已记账而另一方未记账的未达账项。未达账项概括起来不外乎四种情况。

(1)企业已收款入账，而银行尚未收款入账的账项；

(2)企业已付款入账，而银行尚未付款入账的账项；

(3)银行已收款入账，而企业尚未收款入账的账项；

(4)银行已付款入账，而企业尚未付款入账的账项。

对于记账错误的账项，应立即到银行查明原因后更正或要求银行更正。对于未达账项，为了检查银行和企业账面记录的正确性及企业的银行存款实有数额，可以通过编制银行存款余额调节表进行调节(见表 3-1)。

表 3-1　银行存款余额调节表

× 年×月×日　　　　金额单位：元

项目	金额	项目	金额
银行存款日记账余额		银行对账单余额	
加：银行已收，企业未收的款项		加：企业已收，银行未收的款项	
减：银行已付，企业未付的款项		减：企业已付，银行未付的款额	
调节后余额		调节后余额	

经过调节，双方调节后的余额应该相等。“相等”说明企业与银行双方的记账工作基本正确，调节后的余额是企业编表日可以动用的银行存款实有数额。如果调节后的余额不相等，说明双方的记账至少有一方错误，应查明原因后进行更正，然后再编制银行存款余额调节表进行检查。

银行存款余额调节表只起到对账的作用，对于调节表中所反映的未达账项，不能据此进行账务处理，应待银行转来有关凭证时再据以进行账务处理。

(四)银行存款收支的主要业务环节

1.授权办理业务

有关业务部门的负责人应根据授权批准制度的有关规定和业务经营的需要，授权有关业务人员办理有关的经济业务，相应地根据业务需要授权业务人员批准办理有关银行存款收付的业务。

2.规定结算条款

业务人员办理经济业务，同时涉及银行存款收付业务的，应与对方商定款项收付的结算工具或结算方式、结算时间等，并以合同的方式加以明确。

3.填制或取得原始凭证

业务人员办理经济业务后，应该按照财务会计制度的规定填制或取得有关原始凭证作为办理银行存款收付业务的书面证明。

4.审签原始凭证

对于办理经济业务后填制或取得的有关原始凭证，有关业务人员应签字盖章，业务部门的负责人或其授权的有关人员进行审核后也应签字盖章，表明已经批准办理银行存款收付的结算。

5.审核原始凭证

会计主管人员或其授权的有关人员应审核原始凭证，只有经审核无误的原始凭证才能按规定办理银行存款收付的结算。

6.填制或取得结算凭证

出纳人员根据已批准的银行存款收付结算的业务，选择合适的结算工具或结算方式，填制或取得银行结算凭证。

7.办理结算业务

出纳人员根据已批准的银行存款收付结算的业务向有关银行办理银行存款收付的结算。

8.审核结算凭证

会计主管人员或其授权的有关人员结合有关原始凭证对结算凭证的回单联等进行审核。

9.编制记账凭证

会计人员根据审核无误的结算凭证及有关原始凭证编制银行存款收付款业务的记账凭证。

10.稽核记账凭证

有关会计人员结合有关结算凭证及其他原始凭证对银行存款收付款业务的记账凭证进行稽核。

11.登记银行存款日记账

出纳人员根据审核无误的银行存款收付款业务的记账凭证，逐笔登记银行存款日记账。

12.登记银行存款总账及有关明细账

会计人员根据银行存款收付款业务的记账凭证登记银行存款总账，根据结算凭证及其他有关原始凭证、银行存款收付款业务的记账凭证登记有关明细账。

13.与银行对账及编制银行存款余额调节表

企业应当指定专人定期核对银行账户，每月至少核对一次。企业与银行的对账是通过企业银行存款日记账与银行对账单的逐笔勾对进行的。企业接到银行对账单后应与银行存款日记账逐笔勾对。对于未达账项应编制银行存款余额调节表进行调节。对于记账错误，应查明原因进行更正。

14.核对账目

有关账簿记录人员应当定期将银行存款日记账、银行存款总账以及有关明细账进行核对。如有差错,应查明原因,报经批准后进行处理。

(五)银行存款收支业务的关键控制点

对于银行存款的内部控制,应在银行存款收支的主要业务环节上设置若干关键控制点来进行。这样既可以提高控制的效果,又可以相对简化程序,节约控制成本。

银行存款收支业务的关键控制点主要有:

1.审批

业务经办人员在经办有关涉及银行存款收付的业务时,应对填制或取得的证明经济业务发生或完成的原始凭证进行审核,审核无误经签字盖章后交业务部门负责人审核并签章,批准银行存款收付结算。有关人员应在授权的范围内办理业务,批准银行存款收付结算。超出授权范围的业务和银行存款收付,须报上级有关部门和领导审批。要严格按授权批准制度的规定进行审批,以有利于加强有关人员的责任感,避免违纪、违规情况的发生,保证银行存款收付的正确性、合规性、合法性,确保银行存款的安全与完整。

2.审核

与审批不同,审核工作是针对银行存款实际收支之前所设的第二道控制关。审核主要是由会计主管人员或其授权的有关人员进行的。审核的重点在于原始凭证及其他有关证据。在审核结算凭证及其他原始凭证时,经审核无误的应按规定签章,批准办理银行存款收付结算。审核结算凭证及其他原始凭证,可以检查经济业务是否合理合法,保证银行存款收付结算的及时、安全、正确和有效。

3.结算

出纳人员复核经审签、已批准银行存款收付结算的凭证,复核无误后,依据约定的结算工具或结算方式,及时填制或取得银行结算凭证,办理结算业务,并登记银行存款收付结算登记簿。出纳人员办理收付款项以后,应在收付款的原始凭证上加盖“收讫”或“付讫”戳记,表示款项已经收付完毕,以防止重收、重付或漏收、漏付。同时应加强结算环节对印章的管理,通常办理银行存款支付结算的财务专用章和企业法人代表的私章,按照内部牵制的原则,不能由出纳人员一人保管,以防止舞弊行为的发生。

4.稽核

稽核人员主要审核涉及银行存款收付业务的结算凭证及其他原始凭证基本内容的完整性,手续的完备性;审核所反映经济业务的真实性、合规性、合法性及合理性;审核银行存款收付款业务的记账凭证与其相应的原始凭证的一致性。

5.记账

出纳人员根据银行存款收付款业务的记账凭证登记银行存款日记账,会计人员根据银行存款收付款业务的记账凭证登记银行存款总账。银行存款日记账的登记与银行存款总账的登记,严格按照不相容岗位分离的原则分别由出纳人员和其他会计人员登记,以做到互相牵制,互相监督。

6.对账

对账在控制上属于事后控制,主要目的是发现和揭露已经存在的弊端或舞弊。银行存款收付款业务的对账工作主要包括三个环节：

(1)银行存款日记账与银行存款收付款业务的原始凭证及记账凭证互相核对，做到账证核对相符；

(2)银行存款日记账与银行存款总账核对，做到账账相符；

(3)银行存款日记账与银行对账单核对，以便及时了解银行存款收支情况，准确掌握企业可运用的银行存款实有数，避免银行存款账目发生错误。

7.调账

对于银行存款日记账与银行对账单核对过程中发现的未达账项，应该编制银行存款余额调节表进行调节。在编制银行存款余额调节表时，特别要注意：已列于上月银行存款余额调节表的银行上月底未记账的在途存款，是否已包括在本月的银行对账单中。银行上月底未记账的在途存款，理应在本月初收妥入账；该在途存款若未包括在本月的银行对账单中，应引起高度重视，必要时应进行追查。为加强内部控制，银行存款日记账与银行对账单核对及银行存款余额调节表的编制，应授权出纳人员以外的会计人员进行。

第四节　票据与印章的管理

一、票据管理

票据有两种解释：一是指发票人依法签发的，无条件约定自己或委托他人以支付一定金额为目的的有价证券，如汇票、本票和支票等；二是指出纳或运送货物的凭证。这里的票据应该是指出纳凭证。本章重点介绍支票、汇票、本票及收据的管理。

企业应当加强与货币资金相关的票据的管理，明确各种票据购买、保管、领用、背书转让、注销等环节的职责权限和程序，并专设登记簿进行记录，防止空白票据的遗失和被盗用。

(一)支票的管理

1.支票的领购和保管

企业可以授权出纳人员在银行存款的额度内向开户银行领购支票。企业因撤销、合并或其他原因结清账户时，应将剩余的空白支票交回银行，切角作废。

支票是企业的一种支付凭证，领购的支票若没有填写有关内容，没有加盖在银行预留印鉴相同的印章的，称为空白支票；填写了有关内容并加盖了在银行预留印鉴相同的印章后，支票就成为直接可从银行提取现金或向其他单位进行支付结算的支付结算凭证，如果丢失就可能会给企业造成资金损失，所以，企业应对空白支票加强保管，以免发生非法使用、盗用、遗失等情况，造成不必要的损失。支票的保管实行票、印分管的原则，即支票保管职务与支票印章保管职务要相互分离，形成制约机制，防止舞弊行为。

2.支票的使用

有关部门和人员申请领用支票一般应填制专门的“支票请领单”，说明领用支票的用途、日期、金额，由经办人签字，经有关领导批准。

支票应由经授权的出纳人员专人签发。出纳人员签发支票时必须对支票领用单的各项内容进行审核，审核无误后，按规定要求签发支票，并在“支票签发登记簿”上登记。对于填写错误的支票，必须加盖“作废”戳记，与存根一起保存。

领用支票，需要实行支票领用与销号制度，领用人领用支票时应在“支票签发登记簿”的“领用人”专栏内签名或盖章，领用人将支票存根或者未使用的支票交回时应在“支票签发登记簿”的“销号”专栏内销号，并注明销号日期。

3.空白支票的管理

企业必须加强空白支票的管理，不得签发空白的现金支票，严格控制签发空白转账支票。因特殊情况确需签发不填写金额的转账支票时，必须在支票上写明收款单位名称、款项用途、签发日期、规定限额和报销期限，并由领用支票人在专设登记簿上签章。逾期未用的转账支票要及时收回注销。

对签发不填写金额的转账支票，也可采用另一种办法进行控制，即：由需要这种支票的人员填制“转账支票请领单”一式两份，由其部门负责人签名或盖章后交财务会计部门，经财务会计部门审核并经会计主管人员批准，交出纳签发支票。出纳在支票上填写收款单位名称、款项用途、签发日期、规定限额，并在两份请领单上填明支票号数和支票日期，签名盖章后将支票（不带存根，存根应留在支票簿内）交与请领人，由请领人在两份请领单上签收后，将第一联带去作为报销之用，第二联由出纳依支票号数、日期顺序保管，待报销后，退回请领人。这种支票一般限期报销，不及时报销的，应向出纳申请延期，或退回出纳。领取支票人使用支票时，应在支票上和请领单上同时填写实支金额（不超过规定限额），将买到的实物交与请领的仓库、车间或部门的负责人员验收并在发票上签收后（需要入库的另办入库手续），应将第一联请领单连同发票向财会部门报销，由财会部门填制正式的付款凭证，据以入账。

4.支票遗失的挂失或请求协助防范

已签发的现金支票遗失，应及时向银行挂失止付；已签发的转账支票遗失，银行不挂失，企业应及时请求收款单位协助防范。

（二）银行本票、银行汇票的管理

1.银行本票、银行汇票的领用

有关部门和人员申请领用银行本票、银行汇票，一般应填制专门的“银行本票领用单”或“银行汇票领用单”，说明领用银行本票、银行汇票的用途、日期、金额，由经办人签字，经有关领导批准。

出纳人员对“银行本票领用单”或“银行汇票领用单”进行审核，审核无误后，根据授权按规定向开户银行交存银行本票保证金或银行汇票保证金后，申请签发银行本票或银行汇票。

领用银行本票，要实行银行本票领用、销号制度，领用银行汇票，也要实行银行汇票领用、销号制度，领用人领用银行本票或银行汇票时应在“银行本票领用簿”或“银行汇票领用簿”的“领用人”专栏内签名或盖章；领用人将银行本票、银行汇票用于支付并交回采购发票、费用收据时，或者将未使用的银行本票、银行汇票交回时，应在“银行本票领用簿”或

“银行汇票领用簿”的“销号”专栏内销号，并注明销号日期。

2.银行本票、银行汇票遗失的挂失或请求协助防范

银行本票、银行汇票是银行见票即付的票据，万一丢失就可能给企业带来资金的损失，因此，应严格进行管理。

对于银行本票，银行见票即付，故不予挂失。遗失的不定额银行本票在付款期满后一个月确未冒领的，银行可以办理退款手续。

持票人如果遗失了填明“现金”字样的银行汇票，应当立即向兑付银行或签发银行请求挂失。在银行受理挂失前（包括对方银行收到挂失通知前）被冒领的，银行概不负责。

遗失填明收款单位或个体经济户名称的汇票，银行不予挂失，可通知收款单位或个体经济户、兑付银行、签发银行请求协助防范。

遗失的银行汇票在付款期满后一个月确未冒领的，银行可以办理退汇手续。

（三）商业汇票的管理

有关部门和人员申请领用商业汇票，一般应填制专门的“商业汇票领用单”，说明领用商业汇票的用途、日期、金额，由经办人签字，经有关领导批准。

出纳人员对“商业汇票领用单”进行审核，审核无误后，根据授权按规定签发商业汇票。商业汇票是一种约期付款的票据，万一丢失就可能给企业带来资金的损失，因此应严格管理。

领用商业汇票，应实行商业汇票领用、销号制度。领用人领用商业汇票时应在“商业汇票领用簿”的“领用人”专栏内签名或盖章；领用人将商业汇票用于支付并交回采购发票、费用收据时或者将未使用的商业汇票交回时应在的“销号”专栏内销号并注明销号日期。

（四）空白收据的管理

未填制的收据称为空白收据。空白收据一经填制并加盖有关印章就成为已经办理现金支付或转账结算的一种书面证明，因此它直接关系到结算资金的安全，应加强管理。空白收据一般应由主管会计人员保管。企业应当设置“空白收据登记簿”，对空白收据的领用、归还和核销等进行详细记录。对于空白收据，使用人不得将其带出工作单位使用，不得将其转借、赠送或买卖；不得弄虚作假，开具实物与票面不相符的收据，更不能开具存根联与其他联不符的收据；作废的收据要加盖“作废”章，将作废收据的存根联与其他各联一起保管，不得撕毁、丢弃。

（五）结算凭证的管理

企业的结算凭证主要包括银行信汇凭证、银行电汇凭证、托收承付结算凭证、委托收款结算凭证等。企业的结算凭证的保管和签发应指定专人负责。签发支付款项的结算凭证应加盖与留存银行印鉴相同的企业财务专用章及有关人员的印章。印章应指定专人保管，按规定用途使用。所使用的印章不能由出纳人员单人保管。

二、填写票据的基本要求

票据是银行、单位和个人凭以记载账务的合法凭证，是记载经济业务和明确经济责任

的一种书面证明。填写时要符合下列基本要求。

(1)中文大写金额数字应用正楷或行书填写,不得自造简化字。如果金额数字书写中使用繁体字,银行也应受理。

(2)中文大写金额数字到"元"为止的,在"元"之后,应写"整"(或"正")字,在角之后可以不写"整"(或"正")字。大写金额数字有"分"的,"分"后面不写"整"(或"正")字。

(3)中文大写金额数字前应标明"人民币"字样,大写金额数字应紧接"人民币"字样填写,不得留有空白。大写金额数字前未印"人民币"字样的,应加填"人民币"三字。在票据和结算凭证大写金额栏内不得预印固定的"仟、佰、拾、万、仟、佰、拾、元、角、分"字样。

(4)阿拉伯小写金额数字中有"0"时,中文大写应按照汉语语言规律、金额数字构成和防止涂改的要求进行书写。

(5)票据的出票日期,必须使用中文大写。为防止变造票据的出票日期,在填写月、日时,月为壹、贰和壹拾的,日为壹至玖和壹拾、贰拾和叁拾的,应在其前加"零";日为拾壹至拾玖的,应在其前面加"壹"。如,2 月 12 日,应写成零贰月壹拾贰日;10 月 20 日,应写成零壹拾月零贰拾日。

(6)票据出票日期使用小写填写的,银行不予受理。大写日期未按要求规范填写的,银行可予受理,由此造成损失的,由出票人自行承担。

三、有关印章的管理

企业及个人的印章是明确责任、表明业务执行及完成情况的标记。经济业务的审批、执行、监督都要留下印章的轨迹,所以,应加强印章的管理。

(一)印章的保管

印章的保管要贯彻不相容职务分离的原则。企业应加强银行预留印鉴的管理,财务专用章应由专人保管,单位负责人的个人印章必须由其本人或其授权的人保管;严禁由一个人保管支付款项所需的全部印章。各种印章应该分处存放,分专人保管;委托其他人保管个人印章的,要办理授权手续;重要印章的保管,可以设置双重或多重保管制度,并且实行内部牵制制度,如保管箱设两道锁,钥匙由两个以上的人员持有。

(二)印章的使用。

制定印章的使用规则,对印章的使用范围和批准使用的程序做出明确的规定;赋予印章的保管人负责监督盖章的权力。

确实需要将企业印章带离企业的,应经过有关部门主管人员的批准;印章保管人员要作备查记录,并负责及时收回;印章的领用者在取得印章时应在印章领用簿上签字,以明确领用交回之责任。

按规定需要有关负责人签字或盖章的经济业务,必须严格履行签字盖章手续。

第五节　监督与检查

一、货币资金内部控制监督与检查制度及方法

单位应当建立货币资金内部控制的监督与检查制度，明确监督检查机构或人员的职责权限，定期或不定期地进行检查。

单位监督检查机构或人员应通过实施符合性测试和实质性测试检查货币资金业务内部控制制度是否健全，各项规定是否得到有效执行。

符合性测试是检查内部控制实行执行情况所进行的测试，通常采用观察、实验、检查证据等方法进行。在符合性测试中，要求检查监督人员做出总体错误率的推断，这通过统计抽样方法中的属性抽样来完成。属性抽样是对总体进行定性评价，描述总体的质量特征的统计抽样方法。属性抽样通过对总体范围内一定数量的样本进行审查，确定其中有多少为正确，有多少为错误，进而获得样本错误数或错误率，据以对总体的错误率进行推断，从而对总体做出定性的评价。

实质性测试是指为取得直接证据而进行的深入的检查，其目的是使结论建立在足够的证据基础上。实质性测试要求做出总体错误额或正确额的结论。因此，实质性测试所使用的统计抽样方法要求能够对总体进行定量评价，并能描述总体的数量特征，这种统计抽样的方法称为变量抽样。变量抽样通过对被检查监督的总体范围内一定数量的项目（样本）进行审查，确定其中无错部分和有错部分，以及错误额；确定样本错误额或样本平均值等数据，按照一定的公式推断总体的错误额或正确额，进而对总体做出定量的评价。

二、货币资金内部控制监督与检查的主要内容

(1)货币资金业务相关岗位及人员的设置情况。重点检查是否存在货币资金业务不相容职务混岗的现象。

(2)货币资金授权批准制度的执行情况。重点检查货币资金支出的授权批准手续是否健全，是否存在越权审批行为。

(3)支付款项印章的保管情况。重点检查是否存在办理付款业务所需的全部印章交由一人保管的现象。

(4)票据的保管情况。重点检查票据的购买、领用、保管手续是否健全，票据保管是否存在漏洞。

三、货币资金内部控制监督与检查结果的处理

货币资金内部控制的监督与检查是保证货币资金内部控制制度得以有效实施的一项

保障性措施。通过监督与检查,对货币资金内部控制制度实施的有效性进行评价和总结,一方面促使货币资金内部控制制度得到更加有效的实施,另一方面发现货币资金内部控制的薄弱环节,及时采取措施加以纠正,不断地完善货币资金内部控制。

案例分析题

1.案例资料

根据某报2002年1月16日的报道,一个年仅23岁,从事会计工作不到3年的会计人员黄某某,在其从事会计工作不到3年的时间里竟贪污、挪用公款近100万元,最后被法院以贪污、挪用公款罪判处有期徒刑18年,没收财产人民币10万元。承办该案件的法官认为,黄某某的犯罪,从主观上来说,是黄某某道德沦丧、法制观念淡薄;从客观上来说,其所在单位内部会计控制疲软、财务监督机制失灵是他走上犯罪道路的重要原因。

1999年5月黄某某走上该单位的会计岗位,担任该单位项目部出纳兼会计的工作。这样的工作安排显然是不符合内部会计控制中不相容岗位分离原则的,不符合内部牵制、互相监督的要求的。此后项目部有人冒充领导签字报销竟然没有被发现,内部控制形同虚设的现状为黄某某的犯罪心理壮了胆。2000年3月,黄某某以业务招待费的名义,先后10次假冒领导签字,虚报了2万余元的费用,竟然既没有人审核也没有人发现而蒙混过关顺利得手。正在此时,他得知公司纪委要来进行财务检查,十分害怕,提心吊胆地过了一段时间,但是,公司纪委财务检查的风声没多久就悄然过去了。这回的悄然过关,使黄某某的私欲进一步膨胀了。

2000年4月,黄某某利用支付正常施工费的机会,涂改了“工时付款会签单”,虚增了施工费金额1.95万元,在假冒了公司总经理签名后,他将“工时付款会签单”分别送给公司所属的10来个部门的负责人审批,这些部门负责人看到公司总经理在“工时付款会签单”上的“签名”后,信以为真,也就不加审核地纷纷在单上签了名。整个审批过程就如此顺畅、简单。凭着这张“手续齐备”的“工时付款会签单”,黄某某顺利地从公司财务科开得了支票,并通过自己朋友开的一家装潢公司套取了该笔现金。他将这第一笔套取的现金用于了赌博,原想靠赌博发财的他,结果运气不佳输了个精光。已经陷入赌场一输再输而不能自拔的他,为了翻本又筹赌资,于是,他按照第一次套取现金的方法,如法炮制,先后多次套取现金,而且金额一次比一次大,最大的一次高达40万元,总金额高达80余万元。光靠套取现金还不够,他就利用职务之便,挪用了由他保管的备用金10余万元。

有了筹集赌资的渠道,他的赌博也变本加厉,竟将90余万元的公款输得一干二净。直到案发,他共贪污、挪用了公款近100万元。最后终于受到了法律的制裁。

2.案例评析

这一案件发人深省,以下几个方面值得我们高度重视:

(1)黄某某道德沦丧、法制观念淡薄是其犯罪的主观原因。这个案件说明,廉洁自律、遵纪守法对于会计人员特别是出纳人员来说是非常重要的,会计人员应该注重自身的会计职业道德修养,增强法律意识;单位应当重视对会计人员的会计职业道德和法制观念的教育。会计人员只有具备良好的会计职业道德,才能自觉抵挡各种名利的诱惑;会计人员只有具备强烈的法律意识，才能自觉地接受法律约束，做到遵法守法，使会计工作符合法规的要求。

（2）内部会计控制疲软、财务监督机制失灵是黄某某走上犯罪道路的重要原因之一。这个案件说明，健全有效的内部会计控制制度是保证会计信息真实、企业财产安全的有效措施。应从企业发展战略的高度认识内部会计控制制度的重要性。

（3）不相容职务分离，实行互相牵制、互相监督是防止舞弊行为发生的有效手段。本案中的黄某某出纳兼会计，而出纳和会计是两个不相容的职务，这两个职务由一人担任，缺乏了互相牵制、互相监督，客观上给舞弊行为的发生提供了条件。

（4）支付审批环节缺乏正常的审批程序也是导致案件发生的重要原因之一。先由总经理审批，后由部门经理跟从审批，而各部门经理在审批过程中又是唯上级是从，这种审批程序的倒转，违反了民主集中原则。犯罪分子正是利用"唯上级是从"这种官场上的为官潜规则，扭曲正常的审批程序达到犯罪目的的。

（5）加强库存现金限额的管理，实行定期和不定期的现金清查是防止现金被挪用的有效措施。黄某某挪用了由他保管的备用金 10 余万元，这件事情一方面说明很可能该单位库存现金限额管理不够严格，大量地超库存现金限额存放现金；另一方面说明现金清查制度的严重缺失，因为如此巨大金额的现金被挪用，应该不是一次、二次的事情，一般要经历一段比较长的时间，而在这段时间里，只要开展了现金清查，是不难发现现金被挪用这样的舞弊行为的。

思考练习题

1.货币资金内部控制有哪些主要要求？

2.货币资金内部控制有哪些主要目标？

3.货币资金收付的授权批准主要有哪些"模式"？

4.办理货币资金支付业务的程序分哪些主要步骤？

5.现金收付业务的关建控制点主要有哪些？

6.现金内部控制的内容主要有哪些？

7.银行结算账户控制的主要内容有哪些？

8.支付结算控制的主要内容有哪些？

9.银行存款收支业务的关建控制点主要有哪些？

10.票据与有关印章的管理主要有哪些方面？

拓展阅读

1.袁琳，等. 结算中心案例研究[M]. 北京：经济科学出版社，2004.

2.隋解军，等. 如何做财务主管[M]. 北京：首都经济贸易大学出版社，1998.

3.编写组. 会计人员继续教育辅导读本[M]. 北京：中国财政经济出版社，2007.

第四章 销售业务控制

销售业务是企业经营活动的重要内容。其业务开展和收款是联系在一起的。这里按照业务流程和惯例将销售与收款放在一起，按照完整业务链条介绍相关的控制内容和方法。

第一节 销售与收款内部控制概述

销售与收款业务的内部控制，以规范销售与收款行为，防范销售与收款过程中的差错与舞弊为宗旨。做好销售与收款内部控制工作，对于加强内部监督，维护社会主义市场经济秩序将起到重要作用。

一、销售与收款内部控制的范围及负责人

(一)销售与收款内部控制的范围

销售是企业最主要的经营业务，是决定企业销售收入的重要环节。销售与收款内部控制的范围主要包括接受客户订货单、核准客户的信用、装运商品、开具销售发票、核算销售收入与应收账款、记录款项收入等内容。

1.接受客户订货单

企业销售部门通过广告宣传等市场推销活动赢得客户，接受客户订货单。客户订货单应载明购货单位购买产品的品种、数量、质量、价格、交货方式、交货地点、交货期限等方面的内容，以此作为规范销售行为的直接依据。

2.分析信用

在市场竞争中，采取赊销方式、提供商业信用是吸引客户、扩大销售量的有效措施，为了减少由于提供商业信用而带来的坏账风险，企业应对拟提供商业信用的客户进行资金信用分析，以确定其信用程度，从而对不同的客户提供不同的信用政策。

3.开票发货

根据订单要求及产品入库的情况，开出销售发票和提货单并组织发货；根据订单要求的交货方式，分别采用提货制、发货制、送货制等。

4.结算记账

在商品交货后,根据订单约定的付款条件及付款方式向购货单位办理货款结算,并根据商品销售及货款结算情况作有关会计记录。

(二)销售与收款内部控制的负责人

按照财政部等2010年颁布的《企业内部控制应用指引第9号——销售业务》的规定,销售业务涉及多个部门,各个部门依据自己的业务内容承担控制责任。通常情况下,销售部门对于销售合同的签订、审核、销售退回、货款催收等承担责任;仓储和运输部门对于货物的交运承担责任;而财务部门则对于销售发票的开具、收入款项的登记以及应收账款的函证负责。

二、销售与收款内部控制的目标

销售与收款业务既涉及商品的交付,又涉及货款的收回或债权的形成,业务本身的固有风险水平比较高,对其控制的目标也要求较高。销售与收款的内部控制应实现以下控制目标。

(一)保证商品安全完整

应从货物的开票、交付发运、运输等环节确保商品的完整与安全,避免商品在转运过程中发生遗失和毁损等。

(二)保证销售业务顺畅有效地的运行

销售控制应使各业务环节、各部门间能互相核对、稽查,及时发现和纠正错误及舞弊行为。

(三)保证货款的及时收回及货币资金的安全与完整

计算货款应该准确,结算货款应该及时,清理欠款应该有力,以确保货款及时完整地回收,加速资金流转。对收到的现金应及时送存银行,确保其安全与完整。防止收到现金不入账等现象的发生。

(四)确保销售与收款业务的真实与合法

各项销售业务应符合国家的有关规定,保证其合法性。同时,对销售业务活动的有关会计记录要做到客观、真实与完整。

(五)保证销售退回、折扣与折让手续齐备,记录真实完整

销售退回、折扣与折让应确保有合理的审批手续,并使得其有真实完整的会计记录。

第二节 岗位分工与授权批准

一、销售与收款内部控制的业务环节

为了确保从销售到收款各个环节的工作相互衔接、合法合规,有效地防止和发现差错及弄虚作假、营私舞弊等行为，单位应合理划分销售与收款的业务环节。其主要业务环节通常划分如下：

（一）编制销货通知单

负责处理订单的销售部门收到顾客订货单后，应首先进行登记，在审核订单的内容和数量，确定能够如期供货后，编制销货通知单和销售发票通知单，作为信用、仓储、运输、开票和收款等有关部门履行职责的依据。

（二）批准赊销

赊销批准应由信用管理部门根据管理当局的赊销政策，以及对每个顾客已授权的信用额度来进行。信用管理部门收到销货通知单后，应区分新老顾客进行信用调查。对老顾客只要还款记录良好，订货数量正常，在已授权的信用额度内，信用部门可以进行常规处理。而对新顾客，应进行信用调查，审查该顾客的会计报表，或通过社会的信用评审机构或金融机构获取有关信用资料，了解该顾客的信用状况，从而决定能否批准赊销。避免对信用不好的顾客盲目赊销，而使单位承受不适当的信用风险。信用部门无论是否批准赊销，都应在销售通知单上签署意见。

（三）发货

仓储部门根据运输部门持有的经信用部门核准后的销货通知单来发货。

（四）运货

运输部门运送货物时应填制发货单等货运文件并送往开票部门。货运文件应顺序编号，并记入送货登记簿。发货单是货物出库的依据，用于仓库和财务部门的存货记录，也是开具销货发票的依据。

（五）开具销售发票

财会部门根据顾客订货单、销售通知单、销售发票通知单、发货单，经审核无误后开具统一格式的销售发票，列明实际发货的数量、品种、规格、单价、金额和增值税税额。价格要根据单位的价目表填写，对需要经特别批准的价格应由有关人员批示。销售发票需预先连续编号，由专人管理，尤其是增值税专用发票。销售发票一式数联，分别转给顾客、仓库、销售、财务等部门，并保存好存根联备查。

（六）记录销售业务

会计部门根据销售发票的记账联进行账务处理，区分赊销还是现销，决定编制转账凭证还是收款凭证，据以登记销售账和应收账款明细账或现金、银行存款日记账。根据发货单等结转销售成本，并冲销库存。

（七）收款

收到货款后，出纳人员应登记银行存款日记账，并将银行收款通知单交记账人员据以编制记账凭证，登记应收账款明细账。此外，会计部门还应定期编制和寄送应收账款对账单，与顾客核对账面记录，如有差异，要及时查明原因并进行调整。

（八）处理销货退回

顾客如果不满意，或者销售货物并非原定货单所规定的产品，企业一般会同意退货，这类业务应由经授权的部门办理。

二、岗位责任制与不相容岗位分离

企业应当根据销售到收款的业务环节设立销售、发货、收款等工作岗位，建立销售与收款业务的岗位责任制，明确相关部门和岗位的职责、权限，确保办理销售与收款业务的不相容岗位相互分离、相互制约和相互监督。不得由同一部门或一个人办理销售与收款业务的全过程。

(一)销售、发货、收款三个业务部门(或岗位)分别设立

1.销售部门(或岗位)

销售部门(或岗位)是负责处理订单、签订销售合同、执行销售政策和信用政策、催收货款的部门(或岗位)。其主要职责：

(1)根据企业制订的年度销售计划，制订月度销售计划，并监督实施；

(2)处理客户订单，根据客户订单编制销售通知单；

(3)参与同客户的商务谈判，负责与客户签订一般销售合同；

(4)监督执行企业制定的信用政策和销售政策，确保企业制定的信用政策和销售政策的实施；

(5)负责向客户催收货款。

2.发货部门(或岗位)

发货部门(或岗位)是负责审核销售发票等单据是否齐全，并办理发货具体事宜的部门(或岗位)。其主要职责：

(1)审核销售部门编制的发货单证是否齐全；

(2)负责销售部门开出的发货凭证的审批；

(3)审核销售部门开出的发货凭证与销售通知单是否相符；

(4)办理发货的相关手续。

3.财会部门(或岗位)

财会部门(或岗位)是负责销售款项的结算和记录；监督管理货款回收的部门(或岗位)。其主要职责：

(1)按照财务会计制度记录销售事项；

(2)按照《支付结算办法》的规定办理货款结算；

(3)监督销售部门向客户催收货款。

4.信用管理部门(或岗位)

有条件的单位应当建立专门的信用管理部门(或岗位)。信用管理岗位与销售业务岗位应分别设立。信用管理部门(或岗位)的主要职责：

(1)对客户进行信用调查，建立客户信用档案；

(2)核定客户的信用额度；

(3)批准销售部门提出的授信申请；

(4)制定企业的信用政策；

(5)监督各部门信用政策的执行。

信用政策包括信用期间、信用标准和现金折扣政策。

信用期间。信用期间是单位允许顾客从购货到付款之间的时间，或单位给予顾客的付款期间。理论上，延长信用期，能扩大销售，增加销售收入，带来销售利润；但是信用期的延长，也会带来应收账款、收账费用和坏账损失的增加。因此，只有信用期的延长所带来的收益超过其增加的费用时，才能延长信用期；否则不宜延长信用期。

信用标准。信用标准是指顾客获得企业的交易信用所应具备的经济条件。如果顾客达不到信用标准，则不能享受单位的信用，或只能享受较低的信用优惠。具体来说，顾客信用标准的设定，要依据该顾客的品质（信誉）、能力、资本、抵押和条件等。

现金折扣政策。现金折扣是指销售单位给予购买单位的一种应收账款的减让，目的是促使付款人早日偿还账款。现金折扣的根源在于商品的赊销方式。当赊销商品时，通常要规定清偿账款的期限，也称"信用期限"。销售单位为了鼓励购买单位尽早偿还账款，就要规定一个比信用期限更短的"折扣期限"。若在折扣期限内清偿账款，可减让一定比例的应收账款，即现金折扣。销售单位采用现金折扣是一种理财活动，给予的现金折扣是一种理财费用。现金折扣的程度要与折扣期限的长短结合起来加以考虑。提供现金折扣所带来的销售量的扩大，缩短折扣期限所带来的资金时间价值，这些都能产生收益；而提供现金折扣本身就是一种应收账款的减收，形成一种理财费用。这种收益与费用的对比权衡，是确定现金折扣程度和折扣期限长短的依据。

（二）销售与收款业务的岗位分工

企业在岗位设置和人员调派上必须保证销售与收款业务中的不相容岗位分别设置，实行不相容职务的相互分离，做到相互牵制、相互监督。

（1）销售业务的经办、审核和销售通知单的签发三个岗位必须由不同人员担任，三个岗位相互监督、相互制约；

（2）财会部门的开票、出纳和记账这三个岗位相互分离，分别由不同的人员担任，实行互相牵制、互相监督；

（3）收款、管理应收账款、向欠款客户发放对账单这三个岗位相互分离，分别由不同人员担任；

（4）应收票据及票据抵押物或质押物的保管岗位与应收票据记录岗位相互分离，分别由不同人员担任；

（5）信用管理岗位与销售业务岗位分别设置，分别由不同人员担任。

企业应根据具体情况对办理销售与收款业务的人员进行岗位轮换。有关人员在办理岗位轮换移交手续时，应保证其经手的账款和财物的安全与完整。

三、建立和健全销售与收款授权批准制度

岗位分工和授权批准是销售与收款内部控制的两种主要方法。在科学合理的岗位分工基础上，建立和健全严格的授权批准制度，严格按照授权批准权限进行销售与收款的各项业务活动，才能保证销售与收款业务按照内部控制的要求进行，才能有效防止在销售与收款业务中可能出现的各种弊端，确保销售与收款业务的质量及其合法性、合理性和经济

性。授权批准制度一般内容有：

（1）明确审批人员对销售收款业务的授权方式、权限、程序、责任和相关的控制措施，规定经办人员的职责范围和工作要求。

（2）审批人员应当根据销售与收款授权批准制度的规定，在授权范围内进行审批，不得超越审批权限进行审批。

（3）经办人员应当在职责范围内，按照审批人员的批准意见办理销售与收款业务。对于审批人超越授权范围审批的销售与收款业务，经办人员有权拒绝办理，并及时向审批的上级授权部门报告。

（4）对于超过单位既定的销售政策和信用政策规定范围的特殊销售业务，单位应当进行集体决策，防止决策失误而造成严重损失。

（5）严禁未经授权的机构或人员办理销售与收款业务。

第三节 销售和发货控制

一、建立严格的销售预算管理制度

单位销售业务应当建立严格的预算管理制度，制定销售目标，确立销售管理责任制。

（一）销售预算

销售预算是指完成销售计划的每一个目标的费用分配。完成一定的销售任务需要一定的销售费用支撑，在销售计划中如果只有销售目标而无销售预算是不完整的，也无法对销售人员的工作提供支持。销售预算的目的就是要明确收入、成本、销售费用和销售利润四者之间的关系。编制销售预算将有助于控制销售费用，从而提高企业利润。销售预算的内容通常包括销售收入预算、销售成本预算、销售毛利预算、销售费用预算、应收账款的回收预算、存货预算等。

（1）销售收入预算。销售收入预算是整个销售预算编制的基础，主要内容是预计销售量、预计单位售价和销售收入。其中销售收入，实际上指的是销售净额。因为销售净额是销售收入减去销货退回与折让的差额。所以，另需设立退货与折让的预算。

（2）销售成本预算。用销售数量乘以单位产品的制造成本或单位商品的购买成本就可得到销售成本。销售成本是销售部门确定产品销售价格的依据。

（3）销售毛利预算。销售收入预算减去销售成本预算，即可求得销售毛利预算。在销售毛利预算确定之前，应检查销售毛利是否足以抵偿企业所需的一切经费。

（4）销售费用预算。通过销售配额来使销售收入目标具体化，并且依据销售方针，明示销售活动内容，依据销售活动的内容来估计销售费用的数额。

（5）应收账款的回收预算。应收账款的回收预算是根据销售收入预算和确定的付款条件编制的。

（6）存货预算。存货主要是为了利于销售，它取决于企业的安全库存、生产能力及需求变化等。

销售预算的编制方法可以采用弹性预算、零基预算、滚动预算等方法。

(二)销售目标

单位的销售目标应包括以下几个方面的内容：

(1)销售额目标，包括部门、地区、区域销售额、销售产品的数量、销售收入和市场占有率等分指标。

(2)销售费用目标，包括旅行费用、招待费用、运输费用、费用占净销售额的比例、各项损失等分指标。

(3)利润目标，包括每一销售人员所创造的利润、区域利润和产品利润等分指标。

(4)销售活动目标，包括访问新顾客数、营业推广活动、访问顾客总数、订单数量、商务洽谈等分指标。

销售目标又可按地区、销售人员、时段来分成各个子目标，在设定这些目标时，必须结合企业的销售策略。

(三)销售管理责任制

单位应当建立销售管理责任制，将销售目标和销售预算的各项指标尽量加以细化分解，落实到每个销售区域、每个销售人员、每个月。同时，制定销售人员的绩效评价标准以及有效的激励方法与手段。销售人员绩效评价标准的主要指标有：

(1)订单，包括所获订单数量、平均定购量、平均成功率。

(2)成交量，包括成交数量、成交金额、单位成交额、按客户类型划分、按产品类别划分、折算成的市场份额销售定额的完成比例。

(3)利润，区分毛利、净利，并应按客户类型划分，按产品类别划分。

(4)客户账户，包括新增账户数量、损失的账户数量、售出账户百分比、过期账户数量、应收账款、应收账款的实收金额。

(5)客户访问，包括对现有客户的访问次数、对潜在客户的访问次数、每次电话访问的平均时间、销售展示的次数、销售时间与非销售时间、每类顾客的访问频率。

(6)销售费用，包括每次销售访问的平均成本、占成交金额的比例、占销售定额的比例、按客户类型划分、按产品类别划分、直接销售费用所占比例、间接销售费用所占比例。

(7)客户服务，包括服务访问的次数、陈列品的配置、单位产品的交货成本、按类型划分的客户存货所能维持的月数、客户抱怨次数、退货比例。

二、销售定价控制制度

各单位应当建立销售定价控制制度，制定价目表、折扣政策、付款政策等并予以执行。

(一)保证产品售价的合理性

售价的高低直接影响到企业的销售收入，售价的制定要灵活，适应市场的变化，价格过高可能会失去市场，价格过低又会使企业失去部分收入。合适的价格是一个既不过高又不过低的价格，它应该是以目标市场消费者预期价格为基础，同时又考虑其他影响因素而形成的价格。为此，应该建立一个有效的价格调查和反应系统，尽量做到单位的产品每个月都有一个适应市场较为合理的售价，并制定价目表，予以执行。

（二）制定折扣政策，保证折扣的适度性

单位的折扣政策包括数量折扣、现金折扣、职能折扣、季节折扣等。数量折扣是单位对大量购买产品的顾客所给予的一种减价优惠，一般情况购买量越多，折扣也越大，以鼓励顾客增加购买数量。现金折扣是对在规定的时间内提前付款者所给予的一种应收款账的减让。职能折扣是指生产企业根据经销商在产品分销过程中所承担的功能、责任和风险，给予不同的折扣。职能折扣主要有两个目的：一是对经销商经营有关产品的成本和费用进行补偿，并让经销商有一定盈利；二是鼓励经销商大批量订货、扩大销售，争取顾客，并使之与本单位建立长期、稳定、良好的合作关系。季节折扣就是单位对淡季购买商品的顾客所给予的一种减价优惠。季节折扣是对生产和消费存在季节性的产品而言的，其比例的确定，应考虑成本、储存费用、基价和资金利息等因素。季节折扣有利于减少库存、加速商品流通，加速资金回笼、促进单位生产，充分发挥生产和销售的潜力，避免因季节需求变化而产生的市场风险。各种折扣都是单位在得到一定利益情况下相应放弃的一部分销售收入，判断折扣政策适度性的标准是所给折扣是否超过单位因此可得到的利益。

（三）付款政策

付款政策是销售单位为了实现应收账款的及时、足额回收而对购货单位在付款期限、付款方式、支付结算办法等方面所做出的规定。付款政策对销售价款收回的实际金额会产生影响。付款期限是指销售单位允许客户从购货到付款之间的时间，也称为信用期间。销售单位在做出付款期限的规定时，可以同时制定提前付款的优惠措施，提前付款的优惠一般可以现金折扣的方式给予。提前的时间越长，给予的现金折扣就越多。同时，还可以规定对逾期付款所采取的措施，如立即停止发货、打入“黑名单”、取消信用额度，直至依法追究责任。付款方式是指一次性付款或是分期付款。支付结算办法可按银行规定的支付结算办法办理。

（四）销售定价的授权批准

销售定价的授权批准，可以实行一般授权批准和特殊授权批准两种方式。对于按价目表上规定的价格、按规定条件给予的折扣，以及按信用政策确定的付款政策，可以采用一般授权批准的方式；对于销售过程中需要执行特殊价格，需要超出规定条件给予折扣，以及需要超出信用政策执行特殊付款政策的，则应该实行特殊的授权批准方式，关系重大的应当实行集体决策。在销售定价的授权批准控制中，既要严防销售人员自行定价、自行给予折扣、自行答应付款条件的随意性行为，更要防止销售人员利用这些随意性为自己谋取私利。

三、客户信用分析及赊销业务管理

单位在选择客户时，应当充分了解和考虑客户的信誉、财务状况等有关情况，降低应收账款回收中的风险。

（一）客户管理

选择客户的关键是对客户进行信用分析，建立客户信用资料卡，针对不同客户的信用状况，采取不同的信用标准。

1.调查客户信用

通过搜集客户信用状况的有关信息，对客户进行信用调查。这些信息主要包括：基础资料、客户特征、业务状况、交易现状、财务状况等。这些内容同时也是客户信用资料库要反映的内容。基础资料主要包括客户的名称、地址、电话、股东、经营管理者、法人代表及他们的个人特性、开业时间、与本公司交易时间、企业组织形式等。客户特征主要包括服务区域、销售能力、发展潜力、经营观念、经营方向、经营政策、企业规模、经营特点等。业务状况主要包括销售实绩、经营管理者和业务人员的素质、与其他竞争者的关系、与公司的业务关系及合作态度等。交易现状主要包括客户的销售活动现状、存在问题、保持的优势、未来的对策、企业形象、声誉、信用状况、交易条件以及出现的信用问题等。财务状况主要包括资产、负债和所有者权益的状况，重要的财务比率，现金流量的变动情况等。

2.建立客户资料卡

客户资料卡应记载客户的姓名、电话、住址、交易联系人及订购日期、品名、数量、单价、金额等，同时还应记录客户的付款态度、付款时间、银行往来、财务实权的掌管人、付款方式、往来数据及其他应记明的内容。客户资料卡应遵循动态管理、突出重点、灵活运用和专人负责的原则。

建立客户资料卡的目的是掌握客户的付款动向，以便进行科学化的收款，避免异常订货、大量出货造成的坏账，避免有关人员由于遗忘而贻误收款，提高收款的科学化水平和收款效率。

(二)客户信用分析

企业应掌握赊销客户的资金信用情况。一般来说对老客户的资信情况，由于不断积累，比较熟悉和了解，因此企业应将重点放在新客户上。对新客户资信的了解一般应从以下五个方面进行：一是客户的合法性；二是银行对客户信誉的评估；三是对客户销售款的回笼天数；四是客户对本企业全年执行购销协议的情况和付款情况；五是客户与其他供应商的业务往来情况。在此基础上，应进一步对赊销客户的信用进行信用标准的定性和定量分析。

1.信用标准的定性分析

这种分析主要是确定客户的资金信用程度。可以通过对客户的信用品质、偿付能力、资本、抵押品和经济状况等方面的分析来确定。

2.信用标准的定量分析

根据客户的资料卡及财务报表数据，可以选定一组具有代表性的能够证明付款能力和财务状况的比率作为信用风险指标，计算出每一客户的综合信用分数，然后进行风险排队，确定客户的信用等级，从而确定是否可以给予赊销。

(三)客户信用等级管理与赊销限度确定

单位应当加强对赊销业务的管理。赊销业务应遵循规定的销售政策和信用政策。对符合赊销条件的客户，经审批人批准后可办理赊销业务；超出销售政策和信用政策规定的赊销业务，应当进行集体决策审批。批准赊销的依据是客户的信用等级，在批准赊销后，还应该具体确定赊销额度、赊销期限等，并进行客户信用控制。

1.客户信用等级管理

其内容包括按信用等级分别管理和信用等级定期核查两个方面。

(1)不同信用等级客户的管理。对信用等级评价不是最终目的,最终目的是利用信用等级对客户进行管理。单位和各销售区应针对不同信用等级的客户采取不同的信用或赊销政策。

对A级客户,可以不设限度或从宽控制,在客户资金周转偶尔有一定困难,或旺季进货量较大、资金不足时,可以有一定的赊销额度和回款期限。但赊销额度以不超过一次进货为限,回款宽限以不超过一个进货周期为限。

对B级客户,可以先设定一个信用限度,以后再根据信用状况逐渐放宽。一般要求现款现货。但在如何处理现款现货时,应讲究艺术性,不要让客户很难堪。应该在摸清客户确实已准备好货款或准备付款的情况下,再通知公司发货。特殊情况下可以用银行承兑汇票结算,允许零星货款的赊欠。

对C级客户,应仔细审查,可以给予少量信用限度,或不给信用限度即要求现款现货。如对一家欠债甚巨的客户,业务员应坚决要求现款现货,丝毫不能退让,而且要考虑好一旦该客户破产倒闭应采取怎样的补救措施。C级客户不应列为公司的主要客户,应逐步以信用良好、经营实力强的客户取而代之。

对D级客户,不给予任何信用交易,坚决要求现款现货或先款后货,并在追回货款的情况下逐步淘汰该类客户。

新客户一般按C级客户对待,实行“现款现货”。经过多次业务往来,对客户的信用情况有较多了解后(一般不少于三个月),再按正常的信用等级评价方法进行评价。需要注意的是,要提防一些异常狡猾的小客户或经销商,他们在做头几笔生意时故意装得诚实守信,待取得信任后再开始行骗。

(2)客户信用等级的定期核查。客户信用状况是不断变化的,有的客户信用等级在上升,有的则在下降。如果不对客户信用等级进行动态评价,并根据评价结果调整销售政策,就可能导致货款回收困难。一般应一个月核查一次,核查间隔时间最长不能超过3个月。核查的结果必须及时通知有关部门。

2.赊销额度的确定

赊销额度是指企业根据客户经营情况和偿付能力规定的该客户的最高赊购金额。赊销额度的确定在应收账款信用管理中具有特殊意义,它能防止由于给予客户过度的赊销,超过其实际偿付能力而使企业蒙受损失。当客户的订单不止一份,而是在一定时期内有连续多个订单时,要注意控制客户应收账款金额的最高限度。在日常业务中,可以连续地接受客户的订单,办理赊销业务,只要其赊销额不超过规定的赊销额度,便可视为正常。一旦发现某客户赊销额达到其赊销额度,且其赊销规模还在进一步扩大时,便应重新对其进行信用分析,并经有关负责人批准后方能办理赊销业务。

赊销额度实际上表示企业愿意对客户承担的最大赊销额。其限额的大小与信用标准、赊销期限、坏账损失、收账费用等的大小直接有关,单位应在可能获取的收益和可能发生的损失之间进行衡量,合理确定赊销额度。但总的限额不能超过企业的信用承受额。确定赊销额度的方法有:

(1)销售额测定法。其计算公式为：

客户赊销限额＝客户购入额×客户信用等级赊销率

(2)综合判断法。根据客户收益性、安全性、流动性、销售能力、购物情况和员工素质等综合确定一个大致的赊销额度，然后根据支付状况和交易额大小，适当地逐步提高赊销额度。

(3)信用系数确定法。该信用系数可按产品在市场上的畅销程度、客户的信用评估情况来确定。产品越畅销，信用系数就越小，甚至为0；客户的信用等级越高，其信用系数越大，一般不要超过3。当信用系数为0时，即意味着客户一定要先付款才提货，款到开单，款到提货。一般直接客户的信用系数最大为2，商业公司的信用系数最大为3，特殊客户和重要客户可以按特定的系数。假定信用系数为1，其信用天数为30天，那么如果一个客户信用系数为2，则信用天数为60天，信用系数为3，则信用天数为90天。当然，企业可以根据自身的资金承受能力和市场竞争状况适当地调整信用系数。如A级客户确定信用系数为3，B级客户确定为1，C级、D级客户确定为0等。每隔一个阶段应重新核定客户的赊销额度，对赊销额度建立定期和不定期的检查和修改制度，使赊销额度经常保持在企业所能承受的风险范围之内。

3.赊销期限的确定

赊销期限是指允许赊销的期限，在风险管理中具有十分重要的意义。设定合理的赊销期限，既是信用促销的手段，也是加强货款回收管理的重要内容之一。赊销期限的确定常用的方法有两种，即谈判法和计量分析法。谈判法就是双方根据市场条件和各自的承受能力以及对客户信用的评估结果，谈判确定赊销期限，如3天、7天、10天或1个月、3个月等。这种方法随意性较大，因而风险也较大。计量分析法，就是根据资金状况和信用成本分析确定赊销期限，常用边际分析法。

这一方法是将赊销期限内的边际收益与其他成本相比较，当其获取的边际收益大于其他边际成本时，则这种延长信用期限的方案是合理的。

现举例来比较不同信用期限的决策。如某企业现在采用30天按发票金额付款的信用政策，拟将信用期放宽至60天，仍按发票金额付款即不给折扣，该公司投资的最低报酬率为15%，其他有关的数据见表4-1。

表4-1 信用期限决策实例

指 标	一个月信用期销售	两个月信用期销售
销售(件)	100 000	120 000
销售收入(元)	500 000	600 000
变动成本	400 000	480 000
固定成本	50 000	50 000
毛利	50 000	70 000
赊销费用	3 000	4 000
坏账损失	5 000	9 000

在分析时，先计算放宽信用期得到的收益，然后计算增加的成本，最后根据两者比较的结果作出判断。

(1)收益的增加

$$
\begin{aligned}
\text{收益的增加} &= \text{销售量的增加} \times \text{单位边际贡献} \\
&= (120\ 000 - 100\ 000) \times (5-4) \\
&= 20\ 000(\text{元})
\end{aligned}
$$

(2)应收账款占用资金的应计利息的增加

应收账款应计利息＝应收账款占用资金×资本成本率

应收账款占用资金＝应收账款平均余额×变动成本率

应收账款平均余额＝日销售额×平均收现期

$$
\begin{aligned}
30\text{天信用应计利息} &= \frac{500\ 000}{360} \times 30 \times \frac{400\ 000}{500\ 000} \times 15\% \\
&= 5\ 000
\end{aligned}
$$

$$
60\text{天信用应计利息} = \frac{600\ 000}{360} \times 60 \times \frac{480\ 000}{600\ 000} \times 15\% = 12000
$$

应计利息增加＝12 000－5 000＝7 000(元)

(3)收账费和坏账损失的增加

收账费用增加＝4 000－3 000＝1 000(元)

坏账损失增加＝9 000－5 000＝4 000(元)

(4)改变信用期的税前损益

$$
\begin{aligned}
\text{改变信用期的税前损益} &= \text{收益增加} - \text{成本费用增加} \\
&= 20\ 000 - (7\ 000 + 1\ 000 + 4\ 000) \\
&= 8\ 000
\end{aligned}
$$

由于收益的增加大于成本的增加，故应采取 60 天的信用期。

4.客户信用的控制

单位应采用严密的客户信用控制制度，对每个客户都建立档案，对每个客户购货数量、付款情况都进行记录。根据客户不同的信用情况、业务量大小给予相应的信用限额。如果超过规定的时间(信用天数)不付款或订货总量(欠款金额＋新订单金额)超过信用额度，就停止发货。

信用限额的调整必须由销售人员提出申请，填写信用限额申请表，再报告各级经理审批同意后交财务部审核，并按建立信用限额的原则予以确定。随着客户业务情况的变化和发展，一般每 3 个月应对客户信用情况进行一次分析和调整，特殊情况需要调整的，须总经理和财务总监批准后方可调整。

一旦客户出现欠款总额＋合同金额＞信用限额，或欠款时间超过规定的信用天数时，企业对该客户的新订单就不应再履行，并应将该客户列入信用管理的“黑名单”。如果企业使用计算机管理，那么这种情况下配货单就不能开出。单位利用计算机进行信用管理时，系统会根据情况发出相应的预警，如严重超过信用限额亮红灯，达到信用限额亮黄灯，不超过信用限额亮绿灯，还可加上语音提示，如“危险，该客户限额已超出！”或“危险，该客户信用期限已超出!”等。进入“黑名单”的客户要由销售部门和财务审核分析原因,并采取相应措施,以在增加销售与防止坏账之间取得一个平衡点。一般对“黑名单”的释放,必须经财务总监或总经理审批后方可进行。财务总监或总经理一般在以下两种情况下才会批准:一是客户已付款(可能在银行账上还未进公司账户,可凭付款凭证);二是填写“申请发货单”,详细说明发货理由。

四、销售合同控制

销售合同控制,包括销售谈判、合同订立和合同审批三个方面的内容。

(一)销售谈判

单位在销售合同订立前,应当指定专门人员就销售价格、信用政策、发货及收款方式等具体事项与客户进行谈判。谈判人员至少应有两人以上,并与订立合同的人员相分离。销售谈判的全过程应有完整的书面记录。

在销售谈判中,谈判双方主要就以下几项交易条件进行磋商:商品的品质条件、价格条件、数量条件、包装条件、交货条件,货款的支付条件,货物保险条件,商品的检验与索赔条件,不可抗力条件,仲裁等。

商品品质可以用规格、等级、标准、产地、型号和商标、产品说明书或图样等方式来表达,也可以用一方向另一方提供商品实样的方式表达。只有明确了商品的品质条件,谈判双方才有谈判的基础。

商品的价格条件,在国内货物买卖中,主要是就价格的高低进行磋商。而在国际货物买卖中,除了要明确货币种类、计价单位外,还应明确以何种贸易术语成交。

在磋商数量条件时,应明确计量单位和成交数量,必要时应订立数量的机动条款。

商品包装条件是指包装方式、包装材料、包装费用等内容。

货款的支付问题主要涉及支付货币和支付方式的选择。

检验、索赔、不可抗力与仲裁条件是买卖双方预防和解决争议,保证合同顺利履行,维护交易双方权利的交易条件。

(二)合同订立

单位应当授权有关人员与客户签订销售合同。合同应符合《合同法》的规定。金额重大的销售合同的订立,应当征询法律顾问或专家的意见。

买卖双方通过交易谈判,一方的实盘被另一方有效接受后,交易即达成。但在商品交易过程中,一般都通过书面合同来确认。合同经双方签字后就成为约束双方的法律性文件,双方都必须遵守和执行合同规定的各项条款,任何一方违背合同规定,都要承担法律责任。所以,合同的签订是销售谈判的一个重要环节。如果合同签订这一环节发生事故或差错,就会给以后合同履行留下纠纷,甚至会给交易带来重大损失。只有对这一工作采取认真、严肃的态度,才能使整个销售谈判达到预期的目的。在实践中,把握好这一环节的基本要求是:合同内容必须与双方谈妥的事项及其要求完全一致,特别是主要的交易条件必须明确和肯定;拟订合同时所涉及的概念不应有歧义,前后的叙述不能自相矛盾或出现疏漏或差错;应当建立健全销售合同审批制度,审批人员应对销售价格、信用政策、发货及收款方式等严格把关。

五、组织销售、组织发货、销货退回以及销售记录

(一)组织销售

单位销售部门应按照经批准的销售合同编制销售计划,向发货部门下达销售通知单,同时编制销售发票通知单,并经审批后下达给财会部门,然后由财会部门根据销售发票通知单向客户开出销售发票。编制销售发票通知单的人员与开具销售发票的人员应相互分离。

(二)组织发货

发货部门应当对销售发货单据进行审核,严格按照销售通知单所列的发货品种和规格、发货数量、发货时间、发货方式组织发货,并建立货物出库、发运等环节的岗位责任制,确保货物的安全发运。

(三)销售退回

单位应当建立和健全销售退回管理制度。其主要控制节点有:

1.销售退回的审批

为了维护单位的良好形象,当客户对商品不满意而要求退货时,单位应接受退货,但必须经过单位销售主管审批后才能办理有关手续。

2.销售退回的质量检验和清点入库

销售退回的货物须经质量检验部门检查验收,仓储部门清点后才能入库。质量检验部门应对客户退回的货物进行质量检验,并出具检验证明;仓储部门应在清点货物、注明退回货物的品种和数量后,填写退货接收报告单。退货接收报告单是对退回货物进行文件记录和控制的重要手段。它应当事先加以编号,在发生退货时填写。填制该报告单的人员不应当同时从事货物的发运业务。一切有关资料,如客户名称、退货名称、数量、日期、退货性质、原始发票号、价格以及退货原因和其他情况说明等,都必须记录在该报告单中。退货接收报告单应受到独立于发货和收货职能的人员的监督和检查。

3.调查退货索赔

在接到仓储部门转来的退货接收报告单后,应由客户服务部门对客户的退货要求进行调查。其目的是确定退回货物索赔的有效性和合理性,确定赔偿金额。客户服务部门在调查结束后应当将调查结果和意见记录于退货接收报告单上,提交给信用、会计、销售部门作为最后审核的依据。

4.退货理赔核准

退货理赔最终由销售部门核准。该核准以仓储部门的退货接收报告单和客户服务部门对退货调查的结果和意见为依据,并将退货理赔意见签署在退货接收报告单上。

5.填制红字发票

销售人员应当根据验收报告和退货接收报告单填制一式多联的红字发票,红字发票经财会主管核准后,会计人员据以调整主营业务收入和应收账款,或者进行其他有关账务处理。同时,财会部门应对检验证明、退货接收报告单以及退货方出具的退货凭证等进行

审核,审核后办理相应的退款事宜。

(四)销售记录

单位应当在销售与发货各环节设置相关的记录,填制相应凭证,建立完整的销售登记制度,并加强销售合同、销售计划、销售通知单、发货凭证、运货凭证、销售发票等文件和凭证的相互核对工作。

销售部门应设置销售台账,及时反映各种商品、劳务等销售的开单、发货、收款情况。销售台账应附有客户订单、销售合同、客户签收回执等相关的购货单据。

第四节　收款控制

一、收款业务的内部控制

(一)单位应当按照《现金管理暂行条例》、《支付结算办法》等规定,及时办理销售收款业务。

(二)单位内部的销售与收款职能应当分开,销售人员应当避免接触销售现款。

(三)销售部门应当设置销售台账,及时反映各种商品的开单、收款、发货情况,为收款业务做好基础工作。销售台账应当附有客户订单、销售通知单、客户签收回执等相关的客户购货单据。

(四)明确客户信用评级方法和客户信用授信表。严格执行应收账款信用政策。为此,单位对长期往来的客户应当建立完整的客户资料,对客户资料实行动态管理和经常更新。

(五)落实催款责任,销售人员负责对应收账款的催收,对于到期未收回的应收账款,财会部门必须提出报告,督促销售部门加紧催收。

(六)销售收入及时入账,不得设立账外账,不得擅自坐支现金,需要坐支现金的单位需报经开户银行审批。坐支是指将单位的现金收入直接用于支付。坐支违反了现金管理暂行条例中关于开户单位收入现金应于当日送存银行的规定。

(七)单位应当加强收存现金和银行存款的控制,保证已经收到的现金与银行存款能够及时入账,确保货币资金的安全与完整,严防收到现款而不入账的现象发生。

二、销售部门对应收账款的收款控制

(一)建立和健全销售与收款一体化的应收账款收款的控制制度

在单位内部明确经济责任,建立奖惩制度。对从事销售的业务部门实行销售与收款一体化,将从销售到收款的整个业务流程具体落实到部门和人员。对于销售人员既要分配销售指标,又要核定应收账款的回收率。建立权责利相结合的奖惩制度,对完成和超额完成指标的给予奖励,对完不成任务的扣发奖励甚至停发工资。对追讨回来的逾期应收

账款，可以考虑按一定比例对有关部门和人员进行奖励。

（二）实行合同条款控制

单位对于赊销期限较长的应收账款，合同或协议条款必须清楚、严密；在与客户订立合同时就必须对其收款方式和收款期限做出明确的规定，并对违约及其赔偿条款做出详细规定，以避免因赊销期过长而发生坏账损失的风险。

（三）应收账款结算选择坚挺货币

单位在进行对外销售时，其应收款项往往受汇率变动会给单位带来较大风险，因此，在取得债权、形成应收账款时，应该选择较坚挺的货币作为结算货币，以避免或减少外汇汇兑损失。结算货币的选择、结算期的选择，依赖于对外汇市场的预测与分析。

三、应收账款记录的内部控制

(1)按照客户设置应收账款台账，及时登记每一客户应收账款的余额增减变动情况和信用额度使用情况。定期编制应收账款余额核对表或对账单，每年至少一次向欠款客户寄发对账单。编制该表人员不能兼任记录和调整应收账款的工作。

(2)设置应收账款总账和明细账进行核算。应收账款总分类账和明细分类账应由不同的人员根据各种原始凭证、记账凭证或汇总记账凭分别登记。

(3)应收账款必须根据经过销售部门核准的销售发票和发货凭证加以记录。

(4)单位对长期往来客户应当建立起完善的客户资料，并对客户资料实行动态管理，及时更新。

四、应收账款账龄分析制度和逾期应收账款催收制度

单位应当建立应收账款账龄分析制度和逾期应收账款催收制度。销售部门应当负责应收账款的催收，财会部门应当督促销售部门加紧催收。对催收无效的应收账款，可通过法律程序予以解决。

（一）应收账款账龄分析制度

单位的应收账款，应该采取各种措施，争取按期收回。应收账款拖欠的时间过长会发生坏账损失。一般来说，拖欠时间越长，款项收回的可能性越小，形成坏账的可能性就越大。因此，单位应实施严密的控制措施进行监督，随时掌握回款情况。在实施应收账款回收情况监督时，需要采用应收账款账龄分析制度。应收账款账龄分析是通过编制应收账款账龄分析表进行的。账龄分析表是一张显示应收账款在外天数(账龄)长短的报表。利用账龄分析表，单位可以了解下列情况：

(1)有多少欠款尚在信用期内。这些尚在信用期的欠款是未到偿付期的欠款，是正常的；但这种欠款到期能否收回，尚要待时再定，因此，对它进行及时监督是十分必要的。

(2)有多少欠款超过了信用期。超过信用期的款项中，有多少欠款会因拖欠时间太长而可能成为坏账。对拖欠时间不同的欠款，单位应采取不同的收账方法，制定出经济、可行的收款政策；对可能发生的坏账损失，则应提前做出必要的准备，充分估计这一因素对

损益的影响。

(二)逾期应收账款的催收制度

催收制度包括落实责任、选择催收手段、制定催款政策和策略、实施依法清收手段四个方面。

1.落实逾期应收账款催收的责任

对于逾期的应收账款,销售部门应负责具体的催收,财会部门应当督促销售部门加紧催收。

2.选择逾期应收账款催收手段

逾期应收账款催收手段有四种:动之以情,晓之以理,辅之以利,诉之以法。动之以情:催收欠款要运用生意场上与老顾客多年积淀的交情,说出自己催款时的伤心为难之处,打动对方还款之心。晓之以理:当仅以动之以情未能奏效时,就应情中寓之以理,晓之以利害,以理服人,以事实服人,则对方考虑还款会更深入一层。辅之以利:当客户实在有难处,虽也领情明理,但就是付不出款时,可以考虑给客户以一定程度的债款减让,以激起客户还款的积极性,打破还款僵局。这种方法往往行之有效,而且能使客户关系更加牢固。诉之以法:当情、理、利三种手段均告无效时,那就只能利用法律手段讨回欠款。

3.制定催款政策和策略

单位对各种不同的逾期应收款应当制定不同的催款政策:对于过期较短的,不必过多地去催讨,以免将来失去这一客户;对于过期稍长的,可措辞婉转地写信催款;对于逾期较长的,应频繁地使用信件和电话催询;对于逾期很长的,应当措辞严厉,必要时可提请有关部门仲裁或提起诉讼。

单位在催收欠款时也要具体问题具体分析,审时度势,对症下药,讲究策略,以免两败俱伤,得不偿失。逾期应收账款常见的有七种类型,可分别采取不同策略进行催收。

(1)催款不力型。这种逾期的应收账款,主要是由于销售人员对回收货款的认识不够,或货物发出后不主动催款,而对方又不主动付款造成的。这种欠款只要去电、去函或去人催要,一般很快就会收回欠款。

(2)合同纠纷型。合同纠纷造成应收账款逾期拖欠有几种情况。一是在业务洽谈或合同签订时疏忽大意,造成合同有关条款在执行中产生争议而引起货款逾期拖欠。这种情况下,有关人员应主动找客户协商,对原来的疏忽给予纠正,取得客户同意,从而追回货款。二是销售方在执行合同中违反了合同规定造成合同纠纷而影响货款的回收。这种情况下,有关人员应主动向客户赔礼道歉,取得客户的谅解,并按合同有关违约条款承担一定责任,对客户造成的损失给予适当赔偿,这样可以追回货款。三是由于客户违反合同而造成的拖欠。这种情况下,则应主动与其交涉,尽量通过协商的方式解决;若双方协商不成,可以按合同纠纷处理办法进行仲裁或法律调解,最后追回逾期货款。

(3)货物积压型。这种情况的逾期拖欠往往是由于销售方大量推销或客户经营决策失误,大量进货后造成货物积压而引起的。此时,应通过把多余货物调剂给别的客户或帮助客户加强销售等办法处理积压货物,从而尽快收回货款。

(4)中间商经营不佳型。对于中间商因经营不佳暂时无力偿还的逾期货款,则要分步分批催讨。既不能因同情对方而不要,也不能向对方强行逼债。可以考虑帮助客户搞活经营，增加现金流入，这样就可以追回逾期欠款。

(5)中间商资金周转不佳型。资金周转不佳造成逾期欠款有两种情况，应区别对待：一是有偿还能力，有还款诚意，只是因资金暂时困难而造成的，应本着长期合作的原则，体谅对方的难处，给予暂缓催讨，但双方应达成协议，要求其在资金稍有缓和时主动还款；二是客户人为原因，资金使用不当造成资金紧张而引起逾期拖欠的，则应采取一定的公关手段追回逾期欠款。

(6)故意拖欠型。对于不讲商业信誉，故意逾期拖欠的，应当指出对方的故意拖欠行为，视具体情况，或者采用强硬手段，或者软磨硬缠，以其人之道还治其人之身，使对方不得不偿还货款。对一点信用都不讲的，可采用法律形式追讨。

(7)中间商遇到不测事件型。对于中间商遇不测事件造成重大经济损失而无法偿还货款的，应首先表示同情和慰问，然后根据对方所遭事件的程度，分别采用暂缓催讨、部分追回或保留追索权等措施，确实无法追回的，可以作坏账处理。

4.实施依法清收手段

依法清收手段包括选择法院管辖、申请财产保全、申请支付令、申请法院执行、办理债权文书公证和责任延伸等。

(1)选择法院管辖。我国《民事诉讼法》第 25 条规定，合同双方当事人可以在书面合同中协议选择被告住所地、合同履行地、合同签订地、标的物所在地人民法院管辖。这就是说，当事人可以选取对自己有利的法院管辖有争议的案件。所以，在合同中应商定法院管辖地，一旦产生纠纷，能向对自己有利的法院提出诉讼。

(2)申请财产保全。《民事诉讼法》第 92 条规定："人民法院对于当事人一方的行为或者其他原因，使判决不能执行或者难以执行的案件，可以根据对方当事人的申请，做出财产保全的裁定。"第 93 条规定："利害关系人因情况紧急，不立即申请财产保全将会使其合法权益受到难以弥补的损害的，可以在起诉前向人民法院申请采取财产保全措施。"在现实经济生活中，有的债务人明知自己应承担的债务，但拒不偿还，即使公证机关做出裁决或人民法院做出判决，也往往难以执行；有的债务人实质上是在进行经济诈骗活动。遇到这种情况，债权人可根据上述规定，在提出债务诉讼的同时，向人民法院递交一份财产保全申请书，并提供有关债务人的财产情况，以使人民法院采取查封、扣押、冻结银行账户或法律规定的其他方法，保证判决顺利进行。

(3)申请支付令。《民事诉讼法》第 189 条规定："债权人请求债务人给付金钱、有价证券，符合下列条件的，可以向有管辖权的基层人民法院申请支付令：①债权人与债务人没有其他债务纠纷的；②支付令能送达债务人的。"为了保证支付令的执行，第 191 条规定："债务人应当自收到支付令之日起到十五日内清偿债务，或向人民法院提出书面异议。""债务人在前款规定的时间内没提出异议而又不履行支付令的，债权人可向人民法院申请执行。"

为了使申请支付令能起到应有的作用，债权人在向人民法院提出申请之前，要做好以下准备工作：理顺债权债务关系，提出书面债权文书(协议书)；没有债据的，要求债务人出具表明拖欠金钱或有价证券数额的书面凭证；核实债务人名称、所在地等基本情况，以便支付令能够达到。

(4)申请法院执行。《民事诉讼法》第216条规定:“发生法律效力的民事判决、裁定,当事人必须履行。一方拒绝履行的,对方当事人可以向人民法院申请执行。”第221条、第222条、第223条中还规定:被执行人未按通知履行法律文书确定的义务,人民法院有权冻结、划拨被执行人的存款;有权扣留、提取被执行人应当履行义务部分的收入;有权查封、扣押、冻结、拍卖、变卖被执行人应当履行义务部分的财产。为了使申请法院执行能及时得到批准和顺利执行,债权人应积极搜集债务人有关存款、收入、财产的证据,为法院提出执行措施提供可靠的依据。

(5)办理债权文书公证。《民事诉讼法》第218条规定:“对公证机关依法赋予强制执行效力的债权文书,一方当事人不履行的,对方当事人可以向有管辖权的人民法院申请执行,受申请的人民法院应当执行。”

在现实经济生活中,债权文书常以双方协议形式出现,这种协议不具备法律效力,所以,债权人在与双方协商还债的过程中,应先争取办理债权文书公证,并在公证的文书中,写明所欠债务总额、偿还债务时限、抵押担保的财物或担保人、计算办法等。这样到期时对方当事人如不履行义务,可直接向法院提出申请执行,不必再经过诉讼程序。

(6)责任延伸。债务人为分公司时,分公司无力偿还的,所欠债务应由总公司承担。所欠债务的单位若被其上级撤销,其所欠债务应由宣布撤销的上级单位负责偿还。

依法清收时应注意以下事项:①明确主体。确定被告是依法清收的前提。一般说来,在债务合同纠纷中,被告是确定的,但在实际中,因企业的关、停、并、转可能引起诉讼主体的变化,所以企业在诉讼前,一定要依据有关法律规定,弄清谁是民事关系主体,否则会因主体的要素不具备,中途被迫撤诉,使债务悬空。②重视时效。我国法律规定,民事诉讼时效为2年,诉讼时效一过就得不到法律的保护,因此债权人千万不可有“你欠我的,黑字写在白纸上,官司打到天边输不了”的想法。在催讨不成时,要一张还款承诺的纸条也是有用的,证明你去催讨过,从而可以延长催讨时效。③收集证据。民事诉讼不同于刑事诉讼,它有一个重要原则,就是“谁主张,谁举证”。如果取证工作马马虎虎,在法庭上辩护时,就会一问三不知,或被对方驳得张口结舌,由主动变被动,甚至败诉。④善于调解。打官司和协商调解都是手段,目的是收回债款,因此要弄清债务人的情况。如果确有还债之意,但有具体困难的,就应该主动配合法庭进行调解;如果债务人一心想逃债,就要果断采取措施。

五、坏账损失的控制

坏账是指单位经确认无法收回的应收账款及其他应收款。坏账损失是指由于坏账而造成的损失。单位应当在采用应收账款赊销政策的同时,采取各项催账政策以减少坏账损失。

(一)坏账确认控制

单位对于逾期时间长的应收账款,应当报告决策机构,由决策机构进行审查,确定是否确认为坏账。单位对于不能收回的应收款项应当查明原因,追究责任。对有确凿证据表明确实无法收回的应收款项,如债务单位已撤销、破产、资不抵债、现金流量严重不足等,根据企业的管理权限,经股东大会或董事会,或经理(厂长)办公会议或类似的机构批准作为坏账损失。

(二)坏账处理的控制

单位对于确实收不回来的应收账款,经批准后应作为坏账损失,冲销计提的坏账准备,注销应收账款等。已经注销的坏账又收回时,要及时入账,防止形成账外账。

六、应收票据的内部控制

应收票据的内部控制应当贯彻核准、记录和保管职能相互分离的原则,由不同的部门和人员经办。应收票据内部控制的要求主要有以下几个方面:

(一)应收票据的审核

单位在接受应收票据时,要按照《票据法》和《支付结算办法》中对商业汇票的具体规定,仔细审核票据的真实性、合法性,防止以假乱真,避免单位资产遭受损失。

(二)应收票据取得和贴现的批准手续

应收票据的取得和贴现必须经由保管票据以外的主管人员的书面批准。接受顾客票据需经批准手续,这样可使伪造票据以冲抵、盗用现金的可能性大为降低。票据的贴现和换新也必须经主管人员审核和批准,否则经办人员可能在贴现或顾客付款后截留现金而用伪造的新票据加以掩饰。票据换新是指票据到期后顾客未付款而是签发新的票据。在进行控制时,单位内部审计人员可以直接向出票人函证,以加强这方面的控制作用。

(三)应收票据的保管

单位应当有专人保管应收票据,对于即将到期的应收票据,应及时向付款人提出付款;已贴现的票据应在备查簿中登记,以便日后追踪管理;保管应收票据的人员不得经办会计记录。

(四)逾期票据的冲销管理程序

单位应制定逾期票据的冲销管理程序,逾期票据的冲销须按规定的程序批准;单位应建立逾期票据追踪监控制度,已冲销的票据应置于会计部门的控制之下,并在以后采取有效的追踪措施。

(五)到期票据部分付款的管理

票据到期时如果顾客只付了其中的部分款项,则应将付款日期、金额、余额等记录在票据的背面,并在票据登记簿上适当记录,以免经办人员剽窃部分付款的现金收入。

(六)正确进行应收票据的账务处理

应收票据的账务处理,包括收到票据、票据贴现、期满兑现时登记应收票据等有关的总分类账。同时,还要仔细登记应收票据备查簿,特别是已经贴现的票据必须在备查簿中登记,以便日后进行追踪管理。

七、应收款项的函证

单位应当定期与往来客户通过函证等方式核对应收账款、应收票据等往来款项,如有不符,应查明原因及时处理。应收款项函证,就是单位为了查证应收款项相关账户的余额是否正确无误而直接发信给债务人,要求债务人核对应收款项的记录是否正确的一种方法。函证是一项非常重要的必不可少的步骤。函证的目的主要是验证应收款项的真实性和正确性,防止有关人员在销售业务中发生差错或弄虚作假、营私舞弊的行为。通过函证,可以有力地证明债权的存在以及债权记录的正确与可靠。函证方式可以分为肯定式和否定式两种。

(一)肯定式函证

肯定式函证也称为正面式函证、积极式函证,是一种要求被函证对象对于查证的欠款数额不论正确与否,都必须函复的函证方法。当债务人的情况符合下列条件时,采用肯定式函证较具优越性。

(1)个别账户的欠款金额比较大;

(2)有理由相信对欠款可能会存在争议、差错或问题。

(二)否定式函证

否定式函证也称反面式函证、消极式函证,是一种要求被函证对象在查证的结欠余额有差错时才函复,如无差错,则不必函复的函证方法。当债务人的情况符合以下所有条件时,可以采用否定式函证:

(1)相关的内部控制是有效的;

(2)预计差错率较低;

(3)欠款余额很小;

(4)有理由确信大多数被函证者能够认真对待函证信,并对不正确的情况做出反应。

两种函证形式结合起来使用,应该是很适宜的。比如,对于大金额账项采用肯定式函证,对于小金额账项则采用否定式函证。

(三)应收账款函证应做好的工作

1.函证时间的选择

为了充分发挥函证的作用,应合理选择函证发送的时间。一般来说,最佳时间应当是与年度结账日期相近的时间。同时也要考虑对方函复的时间,尽可能做到在函证工作要求的时间内已取得函证的全部资料。

2.信函的发送、收回

应授权专门人员直接控制信函的发送和回收。对无法投递而退回的信函要进行分析、研究处理,查明是由于被函证者地址迁移、差错,还是一笔假账。对于采用肯定式函证方式而没有得到答复的,应采用追查程序:一般说来,应寄送第二次乃至第三次函证信;如果仍得不到答复,则应考虑采取必要的替代措施,例如检查与销货有关的文件,包括契约、订购单、销货发票副本及发货凭证等,以验证这些应收款项的真实性。

3.差异的分析与解决

收回的复函所揭示的问题,主要是金额差异。产生差异的原因是多方面的,可能是由于购销双方记录采购和销售的时间不同,可能是由于一方或双方记账错误,也可能是其中有弄虚作假或舞弊行为。由于记录采购和销售的时间差而产生的差异,可能是由下列情况产生的:

(1)函证信发出时,购货方已付款,但单位尚未收到;

(2)函证信发出时,单位货物已发出并已作销售记录,但货物在途,购货人尚未收到;

(3)购货人对收到的货物的数量、质量、价格等有争议或部分拒付;

(4)购货人由于某种原因已将货物退回,但单位尚未收到。必要时有关人员应同债务人直接联系,以核实差异,并要求单位作必要调整。

必须注意,尽管收到了某债务人的复函,但这并不意味着该债务人一定付款。此外,函证不可能发现所有问题,有关人员应当对债权无法回收的可能性做出恰当合理的估计和判断,并向企业当局提出有关所面临的风险和应当采取的措施。

第五节　监督与检查

一、销售与收款内部控制的监督检查制度及方法

单位应当建立对销售与收款内部控制的监督检查制度,明确监督检查机构或人员的职责权限,定期或不定期地进行检查。

单位监督检查机构或人员应通过实施符合性测试和实质性测试检查销售与收款业务内部控制制度是否健全,各项规定是否得到有效执行。

(一)符合性测试

符合性测试是检查内部控制实行执行情况所进行的测试,通常采用观察、实验、检查证据等方法进行。在符合性测试中,要求检查监督人员做出总体错误率的推断,这可以通过统计抽样方法中的属性抽样来完成。

属性抽样是对总体进行定性评价,描述总体的质量特征的统计抽样方法。属性抽样通过对总体范围内一定数量的样本进行审查,确定其中有多少为正确,有多少为错误,进而获得样本错误数或错误率,据以对总体的错误率进行推断,从而对总体做出定性的评价。

属性抽样又可分为固定样本容量抽样、连续抽样和发现抽样三种。

固定样本容量抽样是属性抽样的基本形式,它根据公式或表格确定固定的样本数量进行审查,并以全部样本的审查结果来推断总体。这种方法适用于总体错误率较大的情况。

连续抽样采用一边抽样审查,一边判断分析的方式,一旦能满足抽样要求,即终止审查,并根据已得到的样本审查结果来推断总体。这种方法适用于总体错误率较少的情况。

发现抽样是首先假定总体错误率为零,在审查了一定的样本以后,若一个错误也没有发现,则说明假定基本正确,可终止审查,并根据样本的审查结果推断总体;若发现错误,就采用其他方法,如连续抽样或固定样本容量抽样,继续抽样审查。发现抽样适用于总体错误率很小,几乎接近于零的情况。

(二)实质性测试

实质性测试是指为取得直接证据而进行的深入的检查,其目的是使结论建立在足够证据的基础上。实质性测试要求获得总体错误额或正确额。因此,实质性测试所使用的统计抽样方法要求能够对总体进行定量评价,并能描述总体的数量特征,这种统计抽样的方法称为变量抽样。

变量抽样通过对被检查的总体范围内一定数量的项目(样本)进行审查,确定其中无错部分和有错部分,以及错误额;确定样本错误额或样本平均值等数据,按照一定的公式推断总体的错误额或正确额,进而对总体做出定量的评价。

变量抽样又可分为平均值估计、差异估计和比率估计三种。

平均值估计是根据审查样本所得到的样本平均值来推断总体的正确额。它适用于无法确知总体账面价值的情况。

差异估计是根据审查样本所得到的样本平均错误额来推断总体错误额,进而推断总体的正确额。它适用于总体有账面价值的情况。

比率估计是根据样本审定额与账面记录额的比率来推断总体正确额。比率估计也适用于总体有账面价值的情况,而且它在样本错误额很小的情况下也能使用。

二、销售与收款内部控制监督检查的重点

针对销售和收款的管理情况和业务特点,各单位应该对销售与收款业务内部控制的下列内容重点进行监督检查。

(1)销售与收款业务的相关岗位及人员的设置情况。重点检查是否存在销售与收款业务不相容职务相互混岗的现象。

(2)销售与收款业务授权批准制度的执行情况。重点检查销售合同的授权批准手续是否齐全,是否存在越权审批行为,是否存在未经授权批准的销售和收款业务。

(3)销售的管理情况。重点检查单位的信用政策、价格政策的执行情况是否符合规定的程序,是否合理、合法,有关政策的调整是否经过必要的程序。

(4)收款的管理情况。重点检查单位是否按照国家制定的结算纪律和结算办法进行结算、收款,单位的应收账款和应收票据的管理控制是否严密,坏账的确认、批准和坏账准备的计提是否属实,是否符合国家有关会计制度的规定等。

(5)销售退回和折让的管理情况。重点检查销售退回制度和折让政策的执行情况,退回货物的入库手续是否齐全,有没有形成账外物资等。

三、销售与收款内部控制监督检查结果的处理

对于监督检查中发现的销售与收款业务内部控制中的问题和薄弱环节,单位应当及时采取有效措施加以纠正和完善,如果发现存在舞弊行为,应该及时进行追查并启动相应的法律处理程序,如向公安机构报案等。

案例分析题

1.案例资料

ABC公司为一家工业企业，前些年，由于产品推销宣传不力，销售政策研究得不深，销售方式运用得不活，导致产品销售的不景气。ABC公司管理层于是对中层干部进行调整，选拔新的销售经理，改组销售部门，重新设立销售的基层单位——销售部，增加了销售力量。为了提高工作效率，对客户的信用管理和所采取的信用政策由销售人员根据具体情况自行掌握。新的销售经理新官上任三把火，马上召开销售会议，布置了4个销售部的销售任务，要求每个销售部每月完成销售额100万元，并与各个销售部门签订了承包合同。为了激励大家努力完成和超额完成销售目标，销售经理经公司董事会的批准，承诺凡是销售额超过承包基数以上的部分，按照2%的比例计算并兑现奖金；完不成任务的不发奖金。会后，销售人员干劲冲天，积极寻找客户，积极开票增加销售，争取超额完成任务。新的销售奖励政策确实取得了明显的成效，不久，公司的销售额直线上升，随着销售的增长，利润也上去了。销售经理感到非常的高兴。

然而，公司的财务经理却高兴不起来：一方面，虽然销售上去了，但是，销售收入中的很大部分并没有形成现实的现金流入而是形成了应收账款；另一方面，销售的增长导致生产的增长，而生产的增长导致原材料供应的增加，进而导致现金支付的现实压力。于是，财务部门向公司董事会告急，要求销售部门立即开展应收账款的催收和清理工作，加速资金回笼，满足公司当前的资金需要。

销售部积极开展应收账款的催收和清理工作，取得了一定的成效，收回了不少应收账款。但是也发现了不少问题，比较突出的问题有：

(1)某客户所欠货款150万元，因其财务状况不佳，应收账款催收无效而一拖再拖，现正准备协商债务重组的事宜；

(2)销售员张某某具体接头的某项销售业务，已发去商品30万元，客户只付来货款2万元，现在该客户已无法找到，有诈骗嫌疑；

(3)销售员王某某具体接头的某项销售业务，已发去商品40万元，客户交来了一张面值为40万元的商业承兑汇票，经查现在该客户财务拮据，很可能会造成无力支付；

(4)通过银行办理委托收款的货款100万元，遭到了购货方无理拒付，协商未果。

由于巨额款项被客户拖欠，ABC公司在销售繁荣的情况下陷入了财务困境。

2.案例启示

ABC公司在销售繁荣的情况下陷入了财务困境，从内部控制的角度分析，给了我们如下重要的启示：

(1)必须严格执行不相容岗位分离原则

ABC公司没有专门设立信用管理部门(或岗位)，对客户的信用管理和所采取的信用政策由销售业务人员根据具体情况自行掌握，这违反了不相容岗位分离原则；而承包合同规定按超过承包基数以上的销售额2%的比例计算并兑现奖金，导致销售业务人员出于自身利益的考虑盲目地采取赊销方式，降低了对客户的信用要求，一味地追求销售额。按照不相容岗位分离的原则，信用管理部门(或岗位)与销售部门(或岗位)这两个不相容岗位应当分离，实行互相牵制、互相监督，使对客户提供的信用与客户的信用程度相适应，并为企业的经营目标服务。

(2)必须合理设计销售业绩考核制度

ABC公司在销售繁荣的情况下陷入了财务困境，其重要原因在于销售业绩考核中没有将销售额与应收账款的回收相结合，没有将“只有收到货款的销售才是现实的销售”的观念具体贯彻落实到销售工作中去。销售业绩考核制度设计上的缺失，导致了盲目追求销售额而忽视货款回笼的结果。

(3)必须重视结算工具的选择

一般来说，银行承兑汇票的信誉要远远高于商业承兑汇票，商业承兑汇票出现坏账的风险要远远高于银行承兑汇票。在提供商业信用，采用商业汇票结算工具时应优先选择银行承兑汇票。

(4)慎防合同诈骗

犯罪分子往往以签订虚假合同，支付部分货款的方法，诱使销售方继续签订或履行合同，等到大批商品骗到手后，立即逃之夭夭，逃避销售方的货款催讨，使销售方蒙受巨大损失。

思考练习题

1.销售与收款内部控制的目标有哪些？

2.销售与收款业务有哪些主要环节？

3.销售、发货、收款三个业务部门(或岗位)各自的职责有哪些？

4.销售预算管理制度有哪些内容？

5.销售定价控制制度有哪些内容？.

6.客户信用分析及赊销业务管理有哪些内容？

7.销售合同控制有哪些内容？

8.销售部门对应收账款的收款控制应从哪些方面进行？

9.销售管理责任制有哪些内容？

10.信用政策包括哪些内容？

拓展阅读

1.中国财政部，等. 企业内部控制应用指引第 9 号——销售业务[S]. 2010.

2.马克・多诺罗. 销售绩效与薪酬奖励体系设计全书[M]. 王尔笙，译. 北京：中国人民大学出版社，2018.

第五章　采购业务控制

第一节　岗位设立与工作职责

一、采购与付款业务的内容及其控制目标

(一)采购与付款业务内部控制的宗旨及依据

1.采购与付款的含义

任何一个组织，如国家机关、社会团体、企业、事业单位和其他经济组织(以下统称为单位)，只要存在，它就必须从经济市场中获取各种所需的有形或无形物质，这种从市场中获取经济资源的行为称之为“采购”。单位采购的对象不仅包括实体的物品，如原料、辅料、机具设备和事务用品、包装物、商品等，也包括无形的劳务，如技术、售前和售后服务、专业服务、勤杂服务和工程发包。

付款是指单位采购过程中的款项支付行为。通常情况下，付款是以采购行为的发生为前提的。

这里需要说明的是，单位在获取经济资源时，除了从市场上以付款手段得到外，还可以通过行政手段，如财政拨款或资产调拨的形式得到自己所需的经济资源。这种获取经济资源的方式不能称为采购。所以，采购在概念上必须具备两个条件：一是要有货款支付行为；二是要通过公开的市场。

2.采购与付款业务内部控制的宗旨

采购与付款业务内部控制的宗旨是规范采购与付款行为，防范采购与付款过程中的差错与舞弊，提高采购活动的经济效率。

3.采购与付款业务内部控制的依据

采购与付款业务内部控制的依据是我国的《会计法》、《企业内部控制应用指引第7号——采购业务》、《现金管理暂行条例》等有关法律法规。

(二)执行采购与付款业务内部控制规范的原则性和灵活性

在贯彻执行过程中，国务院有关部门可以在采购与付款控制规范的原则框架下，根据国家有关法律和控制规范，制定本部门或本系统的采购与付款内部控制规定；各单位应当

根据国家有关法律和规范，结合部门或系统有关采购与付款内部控制的规定，建立适合本单位业务特点和管理要求的采购与付款内部控制制度。这种原则性与灵活性相结合，既可以保证采购与付款控制规范的贯彻实施，又能兼顾各部门、各单位的业务特点和管理要求，增强了内部控制的实务性，从而可以提高内部控制的效果。同时，还能调动各部门、各单位做好采购与付款业务内部控制的积极性。

(三)采购与付款业务内部控制的责任人

采购业务涉及请购、验收、付款等多个环节，经办该项业务的部门通常有请购部门、采购部门、验收和仓储部门、财务部门等。请购部门提出购买申请，采购部门负责采购过程，验收部门负责验收，仓储部门负责入库保管，财务部门负责付款等。各个部门沿着业务流程各负其责。

(四)采购与付款业务内部控制的目标

根据采购与付款业务内部控制的宗旨，可以将采购与付款业务内部控制的目标理解为：

1.保证购进的货物与生产、销售的要求相一致

购进原材料、商品的品种、数量、质量和价格，在某种程度上决定了企业未来生产和销售的成败与盈亏。因此，采购与付款业务内部控制应使采购活动实现以销定进，防止盲目采购、超储积压和舞弊行为的发生。

2.保证资金支付后获得相应的货物或劳务

采购与付款业务内部控制，应做到付款是以获得相应原材料、物品或者劳务为条件的。内部控制应保证一切采购活动均在这一条件下进行，防止采购付款过程中的欺诈和舞弊行为的发生。保证账面记录的数字与实际获得的物品或劳务相一致，防止错计和被篡改实物或劳务的数量、金额。

3.保证应付款项的真实和合理以及授权支付

采购与付款业务内部控制，应保证应付账款、应付票据的真实和合理，防止交易活动发生后，应付款项的漏记和少记，避免企业财务实力的虚假增大。内部控制应保证应付账款、应付票据经有关授权人员审批后方可办理结算与支付。

4.合理揭示采购业务中所享有的折扣与折让

供应方所提供的商业折扣、现金折扣以及购货折让是整个买卖交易活动的一个组成部分。采购与付款业务内部控制，应合理地揭示企业已享有的各种折扣与折让，合理地冲销相应的应付账款，防止有人将企业享有的各种折扣、扣让隐匿不报据为已有。

5.保证应计负债的合理计算

采购与付款业务内部控制，应使应计负债得到合理的确认和及时记录，按规定在授权情况下办理支付，并且监督其相应费用的确认、计量及记录。

二、岗位分工与授权批准

(一)采购与付款的业务环节

采购与付款业务的内部控制涉及许多业务环节。这些业务环节及其控制的主要内

容是：

1.请购

根据生产经营需要和储备情况，由仓储或需用部门提出请购单，经领导批准后，交采购供应部门办理。

2.订购

采购供应部门收到批准的请购单后，应与采购计划进行核对，并深入车间、仓库或销售部门进行调查，确定采购的具体品种、规格、数量，指定采购人员组织采购；大宗货物采购应与供货单位签订合同，并将合同副本分送会计部门及请购部门，以便检查合同的执行情况。为了防止盲目进货，应严加控制计划外进货、合同外进货，实行专项申请。

3.验收

采购合同签订后，应建立催收制度，督促供货单位按期交货。采购的货物运达后，须由仓储部门对照购货发票、合同副本等清点数量，检验质量。根据点验结果填写入库单一式数联，除自存一份外，其余各联应分别送给采购供应部门、会计部门，以分别登记业务账、会计账和保管账。在验收时，如果出现品名、规格、花式、质量、数量等不符合合同的，应如实记录，并填写书面报告；如有严重不符，应提出拒绝验收。

4.付款

财会部门收到供货单位转来的发票结算联及银行的结算凭证后，应送给采购供应部门复核，并与入库单、采购合同核对无误后，办理结算付款手续；同时在发票结算联上加盖“付讫”戳记。

5.记账

财会部门根据上述有关原始凭证，编制记账凭证据以登记明细账和总分类账及其他有关账簿。

(二)岗位责任制与不相容岗位的分离

1.采购与付款业务的岗位责任制

在采购与付款业务的每一个环节应设置相应的岗位。这些岗位有：请购、审批、询价、确定供应商、订立采购合同、审计、采购、验收、会计记录、付款审批、付款执行等。单位应实行岗位责任制，明确相关部门和岗位的职责、权限，确保办理采购与付款业务的不相容岗位相互分离、相互制约和相互监督。

2.采购与付款业务不相容岗位的分离

采购与付款业务不相容岗位至少包括：采购业务的请购与请购审批；询价与确定供应商；采购合同的订立与审计；采购与验收；采购、验收与相关会计记录；付款审批与付款执行。

单位不得由同一部门或个人办理采购与付款业务的全过程，同时，应根据具体情况对办理采购与付款业务的人员进行岗位轮岗。

［例］某企业财务科中采购与应付账款组的工作职责是：

(1)审核采购业务的原始凭证，如采购计划、合同是否经过供应部门和主管厂长的批准；

(2)审核入库手续是否完备；

(3)根据原始凭证编制记账凭证;

(4)登记应付账款明细账;

(5)核算材料采购;

(6)支付货款;

(7)定期盘点材料库存;

(8)核对材料总账与明细账;

(9)核对账实相符情况。

(三)办理采购与付款业务的人员应具备的业务素质和职业道德

单位应当配备合格的人员办理采购与付款业务。办理采购与付款业务的人员,应当具备良好的业务素质和职业道德。

1.业务素质

(1)采购人员应具备的业务素质:思维敏捷,口齿伶俐,表达能力好,外表形象佳;掌握所要采购产品自身的特性、生产过程、生产成本、采购渠道、运输保管特性、市场供应能力、市场价格行情、交易规则等;了解所要采购产品在本单位的用途、用量、使用特性等。

(2)办理付款业务人员应具备的业务素质:通晓现金、银行存款管理制度,银行支付结算办法,票据法和货币资金控制规范;掌握财会方面的专业知识;能够熟练地办理结算业务。

2.职业道德

采购和付款业务人员的每一个行为都应致力于单位的长期最佳利益。

(1)采购人员必须具备的品德

一是公正。成功的采购工作,主要取决于对供应商的选择是否正确。因此,采购人员必须以公平、公开、公正的方式来评选供应商,不可心存偏见,厚此薄彼;与供应商的往来,必须以实事求是的态度相待,不可有欺瞒的行为,造成不道德的采购。

二是诚实。采购人员所处理的采购单在性质上与货币并无太大差异,因此,难免被唯利是图的供应商所包围。采购人员应该不贪图私利,自觉抵制损害单位利益的行为。

三是敬业。采购人员必须具备热爱单位、敬业爱岗的品德。

四是谦谨。采购人员在与供应商的关系中虽然较占上风,但对供应商的态度应是平等互利。与供应商谈判或议价的过程,可能相当艰辛与复杂,采购人员要有忍耐、等待的修养;居于劣势时,亦能忍让求全,不愠不火,事半功倍。

(2)付款业务人员应具备的职业道德

敬业爱岗,诚实守信,廉洁自律,客观公正,坚持原则,提高技能,参与管理,强化服务。其中,最重要的是诚实守信。

(四)采购与付款业务授权批准制度

单位应该对采购与付款业务建立严格的授权批准制度:

(1)明确审批人对采购与付款业务的授权审批方式、权限、程序、责任和相关的控制措施,规定经办人办理采购与付款业务的职责范围和工作要求。

(2)审批人应当根据采购与付款业务授权批准制度的规定,在授权范围内进行审批,不得超越审批权限。

(3)经办人员应当在职责范围内，按照审批人的批准意见办理采购与付款业务。对于审批人超越授权范围审批的采购与付款业务，经办人有权拒绝办理，并及时向审批人的上级授权部门报告。

(4)单位对于重要的和技术性较强的采购与付款业务，应当组织专家进行论证，实行集体决策和审批，防止出现决策失误而造成严重损失。

(5)严禁未经授权的机构或人员办理采购与付款业务。

(6)按照规定的程序办理采购与付款业务。

第二节　请购与审批控制

一、采购申请制度

单位应当建立采购申请制度，依据购置物品或劳务的类型等，确定归口管理部门，授予相应的请购权，并明确相关部门或人员的职责权限及相应的请购程序。

一个单位可以有若干不同的请购制度，并根据不同的请购内容，采用相应的控制程序和控制制度。

(一)原材料或零配件购进

一般首先由生产部门根据生产计划或即将签发的生产通知单提出请购单。材料保管人员接到请购单后，应将材料保管卡上记录的库存数同生产部门需要的数量进行比较。当生产所需材料和仓储所需后备数量合计已超过库存数量时，则同意请购。

(二)临时性物品的购进

通常由使用者而不需经过仓储部门直接提出，由于这种需要很难列入计划中，因此，使用者在请购单上一般要对采购需要做出描述，解释其目的和用途。请购单须由使用者的部门主管审批同意，并须经资金预算的负责人员同意签字后，采购部门才能办理采购手续。

(三)经常性服务项目

由同一服务机构或公司所提供的某些经常性服务项目，例如公用事业、期刊报纸、保安等服务项目，请购手续的处理通常是一次性的。即当使用者最初需要这些服务时，应提出请购单，由负责资金预算的部门进行审批。

(四)特殊服务项目

特殊服务项目，如保险、广告、法律和审计服务等，一般由企业最高负责人审批(有的单位根据公司章程应由董事会或股东大会审批)。可参照过去的服务质量和收费标准，审核所选定的广告商、事务所及费用水平等是否合理，经批准后采购。

(五)资本支出和租赁合同

资本支出和租赁合同，单位通常要求作特别授权，只允许指定人员提出请购。对重要的、技术性较强的，应当组织专家进行论证，实行集体决策和审批，防止出现决策失误而造成严重损失。

各单位请购相关部门应当加强对请购需求的审核、管理，确保请购需求的依据充分、要求合理，请购单填制正确。

二、预算管理

(一)预算管理及其重要意义

预算管理就是指单位内部通过编制预算、执行预算、分析预算差异和预算考核来管理单位的经济活动，反映单位管理的成绩，保证管理政策的落实和目标的实现，促使单位不断提高效率和效益。

实行预算管理，单位必须加强预算编制、执行、分析、考核等环节的管理，明确预算项目，建立预算标准，规范预算的编制、审定、下达和执行程序，及时分析和控制预算差异，采取改进措施，确保预算的执行。

单位应当加强采购业务的预算管理，对于预算内采购项目，具有请购权的部门应严格按照预算执行进度办理有关的请购手续；对于超预算和预算外采购项目，具有请购权的部门应对需求部门提出的申请进行审核后，再行办理请购手续。

(二)编制采购预算

编制采购预算是指根据采购预算项目，建立预算标准，采用一定的编制方法和程序，将单位在未来一定时期内具体的采购目标以数量和货币的形式表现出来。编制的预算经批准后，就成为单位采购经济活动的目标。决定适当的物料采购数量是制定科学、合理的采购预算的核心内容。

决定最适当的采购数量有以下方法：

1.经济订购法(EOQ)

假设：每次订购费用(S)：45 元(人民币，下同)，储存成本(C)：1.5 元(每周)，商品单位成本(U)：1 元，平均每周净需求(A)：110÷12≈9(件)。则 EOQ 的计算公式及答案如下：

$$\text{EOQ}=\sqrt{\frac{2AS}{UC}}=\sqrt{\frac{2\times 9\times 45}{1\times 1.5}}=23(\text{件})$$

周	1	2	3	4	5	6	7	8	9	10	11	12	合计
净需求		10	10		14		7	12	30	7	15	5	110
计划订购		23			23			23	23		23		115

2.固定数量法(FOQ)

即每次发出的数量都相同；订购数量的决定是凭过去的经验或直觉，也可能考虑某种设备或产能的限制、模具的寿命、包装或运输方面的限制、储存空间的限制等；不考虑订购成本和储存成本这两项因素。

周	1	2	3	4	5	6	7	8	9	10	11	12	合计
净需求		10	10		14		7	12	30	7	15	5	110
计划订购		40					40		40				120

3.批对批法(LFL)

即发出的订购数量与每一期净需求的数量相同,每一期均不留库存数。如果订购成本不高,此法最适用。

周	1	2	3	4	5	6	7	8	9	10	11	12	合计
净需求		10	10		14		7	12	30	7	15	5	110
计划订购		10	10		14		7	12	30	7	15	5	110

4.固定期间法(FPR)

即基于订购成本较高的考虑,每次订单涵盖的期间固定(如每个月的第一周下订单),但订购数量则变动;期间长短的选择,是凭过去的经验或主观来判断。采用此法每期会有些剩余存货。

周	1	2	3	4	5	6	7	8	9	10	11	12	合计
净需求		10	10		14		7	12	30	7	15	5	110
计划订购	25				30				60				115

5.物料需求计划法(MRP)

物料需求计划是利用生产日程总表(MPS)、零件结构表(BOM)、库存报表、已订购而未交货的订购单等各种相关资料,经正确计算而得出各种物料、零件的变量需求,提出各种新订购或修改各种已经开出订购的物料管理技术。编制物料需求计划的过程如下:

(1)计算毛需求。毛需求等于项目要求的物料数量。

生产排程×用料表=个别项目的毛需求

(2)计算净需求

个别项目的净需求=个别项目的毛需求－可用存货量(库存数＋预计到货数)

(3)确定下达订单日期和订单数量

下单日期=要求到货日期－认证周期－订单周期－缓冲时间

式中,订单周期为订单执行时间,包括从订单制作到物料入库时间。主要由订单拟制审批时间、供应商备料时间、供应商加工生产时间、送货验收入库时间四个部分组成。

订单数量=净需求量

物料需求计划的基本原理:按照基于产品结构的物料需求组织生产,根据产品完成日期和产品结构规定生产计划,即以产品零件为计划对象,以完工日期为计划基准来倒排计划,按各种零件与部件的生产周期反推出它们的投入时间和数量,按提前期长短区别各物料的优先级,保证在生产需要时所有物料能配套齐备,不到需要的时刻不要过早积压,以达到减少库存量和减少资金占用的目的。

(三)采购预算的执行

将审核通过的各项预算指标及时下达给相关责任部门以及人员,并实行预算执行的授权。在预算执行过程中,责权利应结合,并实行预算执行过程的监控。

(四)采购预算差异的分析和调整

在预算执行过程中,要根据业务、统计和财会部门核算的实际数据,即预算的实行执行结果与预算数进行比较,如果有差异,要分析差异产生的原因和责任归属,制定控制差异或调整预算的具体措施。预算差异的分析和调整是使预算管理真正发挥作用的落实环节。

(五)采购预算资金控制

各单位在采购预算资金控制中,必须对采购预算资金实行责任人限额审批制度。各级责任人按照其权力的大小,审批的额度有所不同。各级责任人只能在自己的限额内进行审批,限额以上的采购预算实行集体审批制,严格控制无预算的资金支出。

第三节 采购与验收控制

一、采购与验收的管理制度

单位应当建立采购与验收环节的管理制度,对采购方式确定、供应商选择、验收程序等做出明确的规定,确保采购过程的透明化。

(一)采购方式

单位应当根据物品或劳务的性质及其供应情况确定采购方式。一般物品或劳务的采购应采用订单采购或合同订货等方式,小额零星物品或劳务等的采购,可以采用直接购买等方式。单位应当制定例外紧急需求的特殊采购处理程序。

1.订单采购方式

这种采购方式是采购部门根据批准的请购单签发订购单,订购单上注明求购商品或劳务的具体项目、价格、数量、交货时间等,送交供应商表明购买意愿。供应商按订购单生产和供应货物或劳务。订购单在提交给供应商之前还应由独立于请购、采购部门之外的其他部门检查订购单的合理性。

2.合同订货方式

单位的采购部门与供应商通过谈判,就采购的货物的质量、数量、价格水平、运输条件、结算方式等项内容达成一致,并且以购销合同的形式确定下来,购销双方共同遵守。供应商按合同提供货物并取得货款,购货方按合同验收货物并支付款项。

3.直接采购方式

直接采购方式是单位的采购人员根据批准的请购单,就其所列货物直接向供应商购买的一种采购方式。直接采购方式具有简便、快捷的特点,常用于小额零星物品或劳务的采购。

(二)供应商的选择

单位应当充分了解和掌握供应商的信誉、供货能力等有关情况,采取由采购、使用等部门共同参与的比质比价的程序,并按规定的授权批准程序确定供应商。小额零星采购也应由经授权的部门事先对价格等有关内容进行审查。

1.供应商的开发

俗话说"男怕入错行,女怕嫁错郎"。采购最怕找错供应商,如果供应商选择不当,日后品质欠佳、交期不准等问题难免层出不穷。

要找对供应商,就必须扩大供应商的来源,换言之,供应商越多,找对供应商的机会就越大。寻求供应商的主要资讯来源有:国内外采购指南;国内外产品发布会;国内外新闻传播媒体(报纸、广播电台、电视);国内外产品展销会;国内外产业工会——会员名录、产业公报;国内外企业协会;国内外各种厂商联谊会或同业公会;国内外政府相关统计调查或刊物;中心卫星工厂体系;其他有关权威机构出版的厂商名录;等等。

2.采购认证

选择一批好的供应商,不但对单位的正常生产经营起着决定作用,而且对单位的发展也非常重要。要不惜花大力气采用各种方法做好供应商的选择工作。

采购认证是指建立采购目录的过程,即确认信得过的采购资源,它由一些供应商组成。对于一些需要长期、批量供应的认证物料项目,其认证一般要经过以下六个过程。

(1)认证准备。其内容包括:熟悉需要认证的物料项目;价格预算;研究项目质量需求;了解项目的需求量;准备好物料认证所需的资料。

(2)初选供应商。其内容包括:确定社会供应群体范围;研究供应商提供的资料,并向相关供应群体发调查问卷。

如有可能,还可以实地考察供应商,与供应商进行谈判,发放认证说明书,供应商提供改善报告,供应商参与竞标,选定三个以上初选供应商。

(3)试制认证。其内容包括:签订试制合同;向初选供应商提供项目试制资料;供应商准备样件;过程协调监控;调整技术方案;供应商提供样件;样件评估;确定本物料项目样件供应商(三家以上)。

(4)中试认证。其内容包括:签订中试合同;向样件供应商提供项目中试资料;供应商准备小批件;过程协调监控;调整技术方案;供应商提供小批件;中试评估;确定本物料项目中试供应商(三家以上)。

(5)批量认证。其内容包括:签订批量合同;向中试供应商提供项目批量生产资料;供应商准备批量件;过程协调监控;调整技术方案;供应商提供批量件;批量评估;确定本物料项目批量供应商(两家以上)。

(6)认证供应评估。其内容包括:制订供应评估计划;采购部门绩效评估;采购角色绩效评估;供应商绩效评估;调整采购环境。

一个物料项目的认证过程究竟需要多少个步骤,要根据具体认证项目情况来定,采购环境、项目难度、认证人员经验、采购管理水平等方面因素都会对认证产生影响。

3.供应商的衡量

衡量供应商好坏的根本标准就是其产品的好坏。产品好具体表现为产品质量好;产品价格合适;产品先进,技术含量高,发展前景好;产品货源稳定,供应有保障。而好的产品只有那些有实力的企业才能够生产出来。因此,一个好的供应商必须具备以下条件:

(1)企业生产能力强,表现为产量高,规模大,生产历史长,经验丰富,生产设备好等。

(2)企业技术水平高,表现为生产技术先进,设计能力和开发能力强,生产设备先进,产品的技术含量高,达到国内先进水平。

(3)企业管理水平高,表现为企业有一个坚强有力的管理班子,有一个有魄力、有能力、有管理水平的一把手,具备高水平的生产管理系统和质量管理保障体系,企业上下形成严肃认真、一丝不苟的工作作风。

(4)企业服务水平高,表现为对顾客高度负责,主动热诚认真服务,并且售后服务制度完备,服务能力强。

三、货物验收制度

单位应当根据规定的验收制度和经批准的订购单、合同等采购文件,由独立的验收部门或指定专人对所购货物或劳务等的品种、规格、数量、质量和其他相关内容进行验收,出具验收证明。对验收过程中发现的异常情况,负责验收的部门或人员应当立即向有关部门报告;有关部门应查明原因,及时处理。

货物的验收应由独立于请购、采购和会计部门的人员来承担,其责任是检验收到的货物的数量和质量。货物验收制度一般包括以下内容:

(一)待收货

货物验收人员收到采购部门交来的已核准的“订购单”时,按供应商、货物交货日期分别依序排列,并于交货前安排存放的库位以方便收货作业。

(二)收货

货物进单位后,货物验收人员应会同检验单位依“装箱单”、“订购单”、“合同”等采购文件核对货物名称、规格,并清点数量或过磅,并将到货日期及实收数量填入“订购单”。同时,验收人员填写验收报告单并在上面签字。

验收中如发现所载的货物与“装箱单”、“订购单”或合同所载内容不符的,应通知办理采购的人员及采购部门进行处理。

验收过程发现货物有倾覆、破损、变质、受潮等异常情况而且达到一定程度时,验收人员应及时通知采购人员联络公证处前来公证或通知代理商前来处理,并尽可能维持其状态以利公证作业。由公证或代理商确认,验收人员开立“索赔处理单”呈主管核实后,送会计部门及采购部门督促办理。

(三)货物待验

已经进入单位待验收的货物,必须在物品的外包装上贴上货物标签并详细注明货号、品名、规格、数量及进入本单位的日期,并且应与已验收的分开储存,并规划“待验区”以示区分。

(四)超交处理

货物交货数量超过“订购量”部分应予退回,但属自然溢余的,由货物管理部门在收货时在备注栏注明自然溢余数量或重量，经请购部门主管同意后进行收货，并通知采购人员。

(五)短交处理

交货数量未达到订购数量，以要求补足为原则，由验收人员所在货物管理部门通知采购部门联络供应商处理。

(六)急用品收货

紧急货物到达单位，若尚未收到“请购单”，验收人员应先洽询采购部门，确认无误后，按收货作业办理。

(七)货物验收规范

品质管理部门应当就货物的重要性及特性等，适时召集使用部门及其他有关部门，按照所需货物研究制订“货物验收规范”作为采购及验收的依据。

(八)货物检验结果处理

1.合格品

检验合格的货物，检验人员于外包装上贴上“合格”标签，以示区别。货物管理部门人员再将合格品入库定位。

2.不合格品

验收不合标准的货物，检验人员于货物包装上贴“不合格”标签，并于“材料检验报告单”上注明不良原因，经主管核实处理后转给采购部门处理及通知请购单位，再送回货物管理部门凭此办理退货。

(九)退货作业

对于检验不合格的货物退货时，应开立“货物交运单”并附有关“货物检验报告单”呈主管签认后，将此异常货物办理退货。

第四节　付款控制

一、付款控制应遵循的法规

单位应当按照《现金管理暂行条例》、《支付结算办法》、《企业内部控制应用指引第 6 号——资金活动》、《企业内部控制应用指引第 7 号——采购业务》等规定办理采购付款业务。

(一)《现金管理暂行条例》

国务院于 1988 年 9 月 12 日发布了《现金管理暂行条例》。中国人民银行于 1988 年 9 月 23 日发布了《现金管理暂行条例实施细则》与之配套。现金管理暂行条例及其实施细则，对现金管理的内容做出了明确规定，其中有些内容对采购付款业务直接产生影响。

1.采购付款中现金的使用范围

采购过程中收购单位向个人收购农副产品和其他物资的价款可以支付现金；结算起

点以下的零星采购支出可以支付现金。

2.采购付款中,零星的采购需要支付现金的,应从本单位库存现金限额中支付或者从开户银行提取后支付,不得从本单位的现金收入中直接支付(即坐支);确需要坐支现金的,需报经开户银行批准。因采购地点不确定、交通不便等特殊情况,办理转账结算不便,必须使用现金的开户单位,要向开户银行提出书面申请,由本单位财会部门负责人签字盖章,开户银行审批后,予以支付现金。

3.违反现金管理暂行条例的处罚原则

开户单位违反现金管理条例规定的,开户银行有权责令其停止违法活动,并根据情节轻重给予警告或罚款;情况严重的,可在一定期限内停止对该单位的贷款或者停止对该单位的现金支付。

(二)《支付结算办法》

《支付结算办法》是中国人民银行于 1997 年 9 月 19 日发布的。制定该办法是为了规范支付结算行为,保障支付结算活动中当事人的合法权益,加速资金周转和商品流通,促进社会主义市场经济的发展。支付结算是单位、个人在社会经济活动中使用票据、信用卡和汇兑、托收承付、委托收款等结算方式进行货币给付及资金清算的行为。中华人民共和国境内人民币的支付结算适用本办法。

(三)《企业内部控制应用指引第 6 号——资金活动》和《企业内部控制应用指引第 7 号——采购业务》

根据《企业内部控制应用指引第 6 号——资金活动》和《企业内部控制应用指引第 7 号——采购业务》的精神,企业应严格规范采购过程中的资金支付。相关内容主要有:单位负责人应对本单位货币资金内部控制的建立、健全和有效实施,以及货币资金的完全、完整负责;单位不得由一人办理货币资金业务的全过程,办理货币资金业务的不相容岗位必须相互分离、相互制约和相互监督,严禁未经授权的机构和人员办理货币资金业务或直接接触货币资金;规定现金和银行存款管理的内容。

涉及支付的主要有:严格执行《现金管理暂行条例》确定的现金开支范围,不属于现金开支范围的业务应当通过银行办理转账结算;不能坐支销售款;单位应加强对银行结算凭证的填制、传递及保管等环节的管理与控制;单位应当严格遵守银行结算纪律,不准签发没有资金保证的票据或远期支票,套取银行信用;不准签发、取得和转让没有真实交易和债权债务的票据,套取银行和他人资金;不准无理拒绝付款,任意占用他人资金;按规定程序办理货币资金支付业务等等。

二、采购付款内部控制

采购付款业务与企业的采购业务密切相关,采购付款的内部控制也相应涉及采购、验收与储存、财会等部门。健全有效的采购付款内部控制制度应包括以下内容。

(1)采购、验收储存、会计与财务部门在人员安排及职责分工等方面应相互独立,实行不相容岗位的相互分离。采购付款应经上述部门确认或批准。

(2)一切购货业务,应编制购货订单,购货订单通过采购及有关部门(如生产部门、销售部门等)签单批准。订单副本应及时提交会计、财务部门。

(3)收到货物并验收后,应编制验收报告,验收报告必须顺序编号,其副本应及时送交采购、会计部门。

(4)收到供方发票后,应及时送给采购部门,采购部门将供方发票与购货订单及验收报告进行比较,确认货物种类、数量、价格、折扣条件、付款金额及方式等是否相符。

(5)会计部门应将收到的购货发票、验收证明、结算凭证与购货订单、购货合同等进行复核,检查其真实性、合法性、合规性和正确性。

(6)实行付款凭单制。有关现金支付须经采购部门填制应付凭单,并经各有关部门及人员授权批准后方可支付货款。

(7)已确认的负债应及时支付,以便按规定获得现金折扣,加强同供应商的良好关系,维持单位信用。

(8)应付账款总分类账和明细分类账应按月结账,并且互相核对,出现差异时应编制调节表进行调节。

(9)按月向供货方取得对账单,将其与应付账款明细账或未付凭单明细表互相调节,并查明发生差异的原因。

(10)应当建立预付账款和定金的授权批准制度,定期对定金、预付货款实行核对。如有不符,应查明原因,及时处理。

三、付款控制中单据的审核

单位财会部门在办理付款业务时,应当对采购发票、结算凭证、验收证明等相关凭证的真实性、完整性、合法性及合规性进行严格审核。

(一)真实性审核

真实性审核是指审核原始凭证本身是否真实,以及原始凭证反映的经济业务事项是否真实两个方面。即确定原始凭证是否虚假,是否存在伪造或者涂改等情况,核实原始凭证所反映经济业务是否发生过,是否反映了经济业务事项的本来面目等。

(二)合法性审核

合法性审核就是审核原始凭证所反映的经济业务事项是否符合国家有关法律、法规、政策和国家统一会计制度的规定等等。

(三)合规性审核

合规性审核就是审核原始凭证是否符合有关规定,如是否符合预算,是否符合有关合同,是否符合有关审批权限和手续,以及是否符合单位的有关规章制度,有无违章乱纪、弄虚作假现象等等。

(四)完整性审核

完整性审核就是根据原始凭证所反映的基本内容的要求,审核原始凭证的内容是否完整,手续是否齐备,应填写的项目是否齐全,填写方式、填写形式是否正确,有关签章是否具备等。

除上述内容审核外,还应对原始凭证的正确性进行审核,即审核原始凭证的摘要和数字是否填写清楚、正确，数量、单价、金额的计算有无错误，大写与小写金额是否相符等。

单位财会部门根据经审核完全符合真实性、完整性、合法性及合规性要求的采购发票、结算凭证、验收证明等相关凭证据以付款；对于审核中发现有问题的上述原始凭证，应采取以下方法进行处理：

对于不真实、不合法的原始凭证有权不予接受，并应当报告单位负责人；对记载不准确、不完整的原始凭证予以退回，并要求经办有关经济业务事项的人按国家统一会计制度的规定更正、补充，待内容补充完整、手续完备后，再予以办理。

四、建立退货管理制度

单位应当建立退货管理制度，对退货条件、退货手续、货物出库、退货回收等做出明确规定，及时收回退货货款。

（一）退货条件

单位应该建立各种货物的验收标准。验收标准应该在采购合同中加以明确规定。不符合验收标准的货物为不合格货物，应办理退货。

（二）退货手续

检验人员对于检验不合格的货物，应贴上“不合格”标签，并在“货物检收报告”上注明不合格的原因，经主管审核后转给采购部门处理并通知请购单位。

（三）货物出库

当决定退货时，采购部门应编制退货通知单，并授权运输部门将货物退回，同时，将退货通知单副本寄给供应商。运输部门应于货物退回后，通知采购部门和会计部门。

（四）退货货款回收

采购部门在货物退回后，应该编制借项凭单，其内容包括退货的数量、价格、日期、供应商名称以及金额等。借项凭单应由独立于购货、运输、存货职能的人员检查。会计部门应根据借项凭单来调整应付账款或办理退货货款的回收手续。

五、应付账款、应付票据和预付账款的内部控制

单位应当加强应付账款和应付票据的管理，由专人按照约定的付款日期、折扣条件等管理应付款项。已经到期的应付款项须经有关授权人员审批后方可办理结算与支付。

（一）应付账款的内部控制

应付账款是单位因购买材料、商品、物资或接受劳务等而应付给供应商的款项。应付账款的真实与否对企业财务状况有较大影响。同时，债务人的应付账款即为债权人的应收账款，任何应付账款的不正确记录和不按时偿还，都会导致债权人和债务人的债务纠纷。所以，应加强应付账款的管理和内部控制。应付账款的内部控制制度应包括下列内容：

1.应付账款必须由专人管理

应付账款的管理和记录必须由独立于请购、采购、验收付款职能以外的人员专门负

责，实行不相容岗位的分离。应按付款日期、折扣条件等项规定管理应付账款，以保证采购付款内部控制的有效实施，防止欺诈、舞弊及差错的发生。

2.应付账款的确认和计量应真实、可靠

应付账款的确认和计量必须根据审核无误的各种必要的原始凭证。这些凭证主要是供应商开具的发票、验收部门的验收证明、银行转来的结算凭证等。负责应付账款管理的部门人员必须审核这些原始凭证的真实性、合法性、完整性、合规性及正确性。

3.应付账款必须及时登记

负责应付账款记录的人员应当根据审核无误的原始凭证及时登记应付账款明细账。应付账款明细账应该分别按照供应商进行明细核算，在此基础上还可以进一步按购货合同进行明细核算。

4.及时冲抵预付账款

单位在收到供应商开具的发票以后，应该冲抵预付账款。

5.正确确认、计量和记录折扣与折让。

单位应当将可享受的折扣和可取得的折让按规定的条件加以确认、计量和记录，以确定实际支付的款项。防止单位可获得的折扣和折让被隐匿和私吞。

6.应付账款的授权支付。

已到期的应付账款应当及时支付，但必须经有关的授权人员审批后才能办理结算与支付。

7.应付账款的结转

应付账款总分类账和明细分类账应按月结账，并相互核对，出现差异时，应编制调节表进行调节。

8.应付账款的检查

按月向供应方取得对账单，与应付账款明细账或未付凭单明细表互相调节，若有差异应查明发生差异的原因。如果追查结果表明本单位无会计记录错误，则应及时与债权人取得联系，以便调整差异。从供应商取得对账单并进行核对调节的工作应当由会计负责人或其授权的、独立于登记应付账款明细账的人员办理，以贯彻内部牵制的原则。

(二)应付票据的内部控制

应付票据是单位采用商业汇票结算方式进行延期付款交易时签发、承兑的尚未到期的商业汇票。商业汇票签发后，承兑单位具有到期无条件付款的责任。在实际工作中，有人利用商业汇票进行违法乱纪活动，所以，要进行应付票据内部控制。

(1)票据的签发必须经两个或两个以上人员批准。

(2)设置应付票据账簿，并认真做好应付票据的核算工作。票据的登记人员不得兼管票据的签发。

(3)专人管理空白、作废的、已付讫退回的商业汇票。

(4)设置独立于票据记录之外的人员负责应付票据的定期核对。

(5)指定专人复核票据的利息核算。

(6)应付票据要定期与订货单、验收单、发票进行核对。

(7)应付票据要按照号码顺序保存。

单位应当建立预付账款和定金的授权批准制度，加强预付账款和定金的管理。防止利用预付账款进行诈骗和营私舞弊等行为的发生。

第五节　监督与检查

一、监督检查的制度、机构以及方法

单位应当建立对采购与付款内部控制的监督检查制度，明确监督检查机构或人员的职责权限，定期或不定期地进行检查。

单位监督检查机构或人员应通过实施符合性测试和实质性测试，检查采购与付款业务内部控制制度是否健全，各项规定是否得到有效执行。

（一）符合性测试

符合性测试是检查内部控制实行执行情况所进行的测试，通常采用观察、实验、检查证据等方法进行。在符合性测试中，要求检查监督人员做出总体错误率的推断，这通过统计抽样方法中的属性抽样来完成。

属性抽样是对总体进行定性评价，描述总体的质量特征的统计抽样方法。属性抽样通过对总体范围内一定数量的样本进行审查，确定其中有多少为正确，有多少为错误，进而获得样本错误数或错误率，据以对总体的错误率进行推断，从而对总体做出定性的评价。

属性抽样又可分为固定样本容量抽样、连续抽样和发现抽样三种。固定样本容量抽样是属性抽样的基本形式，它根据公式或表格确定固定的样本数量进行审查，并以全部样本审查结果来推断总体。这种方法适用于总体错误率较大的情况。连续抽样采用一边抽样审查、一边判断分析的方式，一旦能满足抽样要求，即终止审查，并根据已得到的样本审查结果推断总体。这种方法适用于总体错误率较少的情况。发现抽样是首先假定总体错误率为零，在审查了一定的样本以后，若一个错误也没有发现，则说明假定基本正确，可终止审查，并根据样本的审查结果推断总体；若发现错误，就采用其他方法，如连续抽样或固定样本容量抽样，继续抽样审查。发现抽样适用于总体错误率很小，几乎接近零的情况。

（二）实质性测试

实质性测试是指为取得直接证据而进行的深入的检查，其目的是使结论建立在足够的证据基础上。实质性测试要求得出总体错误额或正确额。因此，实质性测试所使用的统计抽样方法要求能够对总体进行定量评价，并能描述总体的数量特征，这种统计抽样的方法称为变量抽样。

变量抽样通过对被审的总体范围内一定数量的项目（样本）进行审查，确定其中无错部分和有错部分以及错误额；确定样本错误额或样本平均值等数据，按照一定的公式推断总体的错误额或正确额，进而对总体做出定量的评价。

变量抽样又可分为平均值估计、差异估计和比率估计三种。平均值估计是根据审查样本所得到的样本平均值来推断总体的正确额，其适用于无法确知总体账面价值的情况。差异估计是根据审查样本所得到的样本平均错误额来推断总体错误额，进而推断总体的正确额，其适用于总体有账面价值的情况。比率估计是根据样本审定额与账面记录额的比率来推断总体正确额，其同样适用于总体有账面价值的情况，而且它在样本错误额很小的情况下也能使用。

二、采购与付款业务内部控制监督检查的内容

（一）采购与付款相关岗位及人员的设置情况

对采购与付款业务相关岗位及人员的设置情况进行检查，重点是检查单位是否在采购与付款业务中存在不相容岗位混岗的现象，对不相容职务是否真正做到了分离控制。

（二）采购与付款业务授权批准制度的执行情况

对采购与付款业务授权批准制度的执行情况进行检查，重点是检查单位的重大采购与付款的授权批准手续是否健全，是否存在越权审批行为。如果存在，是否及时进行了纠正和处理。

（三）应付与预付账款的管理情况

对应付账款和预付账款进行检查，重点是检查应付账款和预付款形成和支付的正确性、时效性、合法性，检查单位有无利用这些账户从事不法活动。

（四）有关单据、凭证和文件的使用和保管情况

对采购与付款业务有关单据、凭证和文件的使用和保管情况进行检查，重点是检查采购与付款业务中产生的各种单据、凭证和文件的登记、领用、传递、保管、注销手续是否健全，使用和保管制度是否存在漏洞。

单位对监督检查中发现的采购与付款业务内部会计控制中的薄弱环节或漏洞，应当积极采取有效措施，及时加以纠正和完善，保证采购与付款业务内部会计控制的顺利实施。

案例分析题

通用汽车产业链条——解读世界级零部件采购理念

1.案例资料

一辆汽车究竟有多少零部件？由于汽车零部件的种类名目非常多，不同的汽车公司有着不同的回答。比较统一的说法是，典型的家用 4 门轿车一般包括 6 000 多个零部件，货车的零部件总数达到 7 000～8 000 个。

制造车间里的生产速度极快，几乎每分钟就有一辆汽车组装完毕。不利的一面是，一旦供应商供货不及时，造成的损失巨大。如果供应商提供的零部件种类不齐、数量不够或者运输不及时，即使是短暂的几分钟，也会使生产成本大幅度上扬。

有一个故事至今仍令全球整车厂刻骨铭心：1997 年 2 月 1 日，日本某著名品牌汽车的制动供应商的工厂突然发生火灾，整车厂和部分供应商被迫停工。根据日本经济计划

局估算，该厂因大火停产一天，日本经济总产值就下降 0.1 个百分点。事后检讨，由于该汽车公司把制动这一关键零部件的生产权只授予了这一家工厂，公司没有其他紧急供应渠道可以在发生诸如地震、火灾等突发事件时保证及时的零部件供应，这才导致了这一严重后果。等到恢复正常生产时，累计减产 7.2 万辆汽车。通用和其他汽车生产商通过研究和分析这一事件受到了很多启发。为了保证供应和必要的竞争，整车厂并不是集中在一家零件厂订货，而是由 2～3 家供应同一零部件。这一做法打破了垄断。

两块基石全球织网。作为一家全球性企业，要和全球对手进行竞争就要利用全球供应商资源来进行采购，这是上海通用汽车企业采购体系的一块重要基石；对汽车制造企业而言，发展具有较低成本、有能力引进新的技术并且能通过自身的不断发展来提供优质服务的供应商，是建立采购体系的一个重要方面。因此，采购体系的另一大基石就是对供应商的开发和发展。上海通用从一开始便充分借鉴和接受了美国通用这一先进的理念和模式。

立足中国。随着中国"入世"和全球经济一体化，上海通用开始用一种更加开放的眼光来看待国产化，考虑利用通用在全球范围的采购网进行全球采购。如果有一种零配件在国际市场上质量比国产的好、加上关税和运输成本价格比国内还要便宜的话，企业就会将它纳入采购范畴直接从海外采购，而不是片面追求国产化。

在建立国际供货网的同时，挑选当地供货商是一条稳定可靠之路。选择当地供应商提供所有零部件、原材料、生产设备的好处是，生产商可以集中精力关注生产和产品质量，而不必为跨国界的零部件运输和不同汇率的货币而分散精力。但同时，在与任何一家供应商确定供货关系之前，采购负责人都必须对其是否具有足够的资源保障能力进行评估，尤其要考察在发生诸如暴风雪、地震或是火灾等突发事件时，该供货商的危机应付能力。

在开发国内供应商方面，上海通用的根本策略是反对无序竞争。在选择供应商时，是几家企业一起来公平竞争，参加招投标，统一评估，不仅看供应商的报价，还要视其表现出的潜力。为了避免出现有些供应商当获得了供应的资格并形成一种稳定关系后，出于经济利益而提高零部件价格的现象，上海通用非常注重供应商的合作伙伴理念。那些认为双方的合作只是一种单纯的贸易关系，能占便宜的时候尽量占便宜的供应商根本无法进入上海通用的选择范围；认为双方应该成为长期合作伙伴关系，配合主机厂降低成本、提高质量的供应商才是上海通用的最后选择。在通用看来，如一个车型的生命周期是 5～6 年，在这个产品上双方可能就有五六年的合作关系。在这样的关系下，绝大部分供应商绝对不会垄断和提升其价格，而是积极配合主机厂做好降低成本提高质量的工作。上海通用和供应商一起研究如何在小批量、多品种、快节奏的生存环境里一起成长发展，获得双赢的局面。双方建立了联合发展委员会，上海通用企业的一部分利润为供应商提供培训和服务，帮助供应商改善和实施他们的供应系统，并帮助其争取出口项目、扩大出口规模。但是，所面临的一个难题是如何避免暗箱操作与其他一些人为的干扰，比如暗箱操作行为，一直是采购过程中的一个敏感话题。在上海通用，有一套严格的程序——联合采购决定的程序将人为的错误降到最低限度。潜在供应商的选择要由质量部门、工程部门进行评估，评估完后决定潜在供应商的名单，接着发标书，回标后再进行评估，并分头进行谈判，谈判后由联合采购委员会集体做出决定。采购决定做出后，还要进行各方面的修正。

比如，在对供应商的核查中有一项内容——仓库里物料的布置，有一条基本的原则就是必须做到先进先出，即先进来的货必须先交给生产线用。这不仅是一个产品新鲜程度的概念，而且是一个质量管理的概念。因为如果先到的货发现问题，后到的货则可以加以改进。如果先到的货不用，用后到的货发现有质量问题，用追溯的方法就可以判断出前面所出现的质量管理漏洞。在检查中，根据这一标准去判断一个供应商的管理非常有效。对供应商的评估有一本清单，共有50多个问题，这些问题提供给供应商，供应商如能做到实际表现和答案相符的话，应该就没有什么问题了。另外，还有技术上包括设备工艺开发能力等方面的评审。这一程序更为复杂，最后需要经过采购委员会的批准。

上海通用把所有采购活动计算机化，即所有用户单位提出申请，所有的批准都在计算机上进行，到采购部手上时，所有采购活动也都在计算机上可看出。作为采购部经理的义务是审核整个过程是否符合要求，价格是否可以接受。在这一严格的程序下，采购过程中人为因素的影响和不规范操作几乎为零。

目前，上海通用共有150家直接生产物料供应商和上千家非直接生产物料供应商。在最近两年时间里，上海通用的采购成本不断下降。非直接物料采购方面每年节省率在10%左右，直接物料节省率在7%左右。这种节省对于人口众多、资源相对贫乏的中国有着重要的意义，也让人看到了先进理念所蕴藏的巨大效益。

世界一流的企业就具有一流的采购理念。作为世界第一大汽车公司的美国通用，其世界级的造车理念也渗透在上海通用的每一个环节，从而创造了一连串的汽车奇迹。上海通用汽车采用先进的采购管理理念和模式，控制风险，降低成本，创造了巨大的经济效益。

2.案例评析

从本案例中我们可以看到，上海通用汽车企业采购体系的构建主要从两个方面入手：一是利用全球供应商资源来进行采购；二是发展具有较低的成本、有能力引进新的技术并且能通过自身的不断发展来提供优质服务的供应商。

（资料来源：《物流案例分析》，阙祖平主编，人民交通出版社）

思考练习题

1.采购与付款业务内部控制的目标是什么？

2.采购与付款业务内部控制有哪些业务环节？主要内容是什么？

3.采购与付款业务应设置哪些岗位？不相容岗位包括哪些？

4.办理采购与付款业务的人员应具备什么业务素质和职业道德？

5.采购与付款业务授权批准制度的内容有哪些？

6.一个单位可以制定哪些不同的请购制度？

7.简述采购预算管理的环节。

8.对于一些需要长期、批量供应的认证物料项目，其采购认证一般要经过哪几个过程？

9.货物验收制度包括哪些内容？

10.采购付款内部控制制度的内容是什么?

11.简述应付账款、应付票据和预付账款内部控制的内容。

12.采购与付款业务内部控制监督检查的方法是什么?

13.采购与付款业务内部控制监督检查的主要内容有哪些?

拓展阅读

1.中国财政部,等. 企业内部控制应用指引第 7 号——采购业务[S]. 2010.

2.王皓. 采购管理[M]. 武汉:华中科技大学出版社,2019.

3.落杰. 国有企业招标风险防控 100 例[M]. 北京:人民出版社,2018.

第六章　存货控制

存货，通常由原材料、在产品、产成品等组成，是企业资产的重要部分。存货的或高或低，都对企业的经营效益具有显著影响。而且存货的流通性强，也意味着它在管理中具有更大的风险。因此，在企业内部控制中，加强对于存货的控制就显得非常重要。

第一节　岗位设立与工作职责

一、存货内部控制概述

(一)存货业务内部控制的宗旨及依据

存货是单位的一项重要的流动资产，指单位在日常生产经营过程中持有准备出售，或者仍然处在生产过程，或者将在生产经营或提供劳务过程中耗用的材料、物料等。存货业务控制的正确与否，对于恰当地反映单位的财务状况和经营成果有着重要的影响。

1.存货业务内部控制的宗旨

存货业务内部控制的宗旨是规范存货的管理行为，防范存货业务中的差错与舞弊，保护存货的安全与完整，提高存货运营效率。

2.存货内部控制的依据

存货业务内部控制的依据是《中华人民共和国会计法》、《企业内部控制应用指引第8号——资产管理》等有关法律法规。

(二)存货业务内部控制规范的原则性和灵活性

在存货内部控制规范的原则框架下，有关部门可以根据国家有关法律和规范，制定本部门或本系统的存货内部控制规定；各单位应当根据国家有关法律和规范，结合部门或系统有关存货内部控制的规定，建立适合本单位业务特点和管理要求的存货内部控制制度。这种原则性与灵活性相结合，既可以保证存货控制规范的贯彻实施，又能兼顾各部门、各单位的业务特点和管理要求，增强内部控制的实务性，从而可以提高内部控制的效果。同时，还能调动各部门、各单位做好存货业务内部控制的主动性和积极性。

(三)存货内部控制的责任人

从最终意义上讲，单位负责人对存货负有最终责任，但是他通常并不亲自进行存货的管理工作。在企业中，对存货进行管理的主要是仓储部门，其次相关的还有采购部门、财务部门以及与存货周转使用相关的其他业务部门。这些部门沿着存货的取得、保存和发送形成一个作业链，成为上下游之间的工作关系。他们按照各自的工作内容和岗位承担相应的工作责任。

二、岗位分工与授权批准

（一）存货内部控制的业务环节

存货的内部控制涉及许多与存货周转相关的业务环节。这些业务环节及其控制的主要内容是：

1.采购

采购供应部门根据生产经营需要和储备情况，确定采购的具体品种、规格、数量，指定采购人员组织采购，其中大宗货物采购应与供货单位签订合同，并将合同副本分送会计以及请购部门，以便检查合同执行情况。为了防止盲目进货，对于计划外进货、合同外进货应严加控制，另行批准。

2.验收

采购合同签订后，应建立催收制度，督促供货单位按期交货。采购的货物运达后，须由仓储部门对照购货发票、合同副本等清点数量，检验质量。根据点验结果填写入库单一式数联，除自存一份外，其余各联应分别送给采购供应部门、会计部门，以分别登记业务账、会计账和保管账。在验收时，如果发现品名、规格、花式、质量、数量等与合同规定不相符合的，应如实做出记录，并填写书面报告；如有严重不符，应提出拒绝验收。

3.付款

财会部门收到供货单位转来的发票结算联及银行的结算凭证后，应送给采购供应部门复核，并与入库单、采购合同核对无误后，办理结算付款手续；同时在发票结算联上加盖“付讫”戳记，以免重复支付。

4.仓储保管

仓储部门对验收入库的存货应按照品种数量进行登记入账，对各种类型存货的摆放、进出库房等按照流程在记事本中进行登记。

5.清查

单位应定期对存货实地盘点，确定存货的实有数，并与账面数量核对。在盘点时发现存货盘盈、盘亏的，应及时查明原因，分清责任，填写“存货清查盘盈盘亏报告表”，并及时报送相关部门。

6.领用和发出

单位内部各部门因各种需要领用存货，应履行审批手续，填制“领料凭证”；仓库发出存货要填制发料凭证。

7.记账

财会部门应根据上述有关原始凭证，编制记账凭证据以登记明细账和总分类账及其他有关账簿。

(二)岗位责任制与不相容岗位的分离

1.存货业务的岗位责任制

在存货业务的每一个环节应设置相应的岗位。这些岗位有:采购、验收、保管、发料、清查、会计记录、处置审批、付款审批、付款执行、收款执行等。单位应实行岗位责任制,明确相关部门和岗位的职责、权限,确保办理采购与付款业务的不相容岗位相互分离、相互制约和相互监督。

2.采购与付款业务不相容岗位的分离

采购与付款业务的不相容岗位至少包括:存货业务的采购、验收与付款;付款审批与付款执行;存货的保管与清查;存货的销售与收款;存货处置的申请与审批;存货处置的审批与执行;审批、执行与相关会计记录。

单位不得由同一部门或个人办理存货业务的全过程,且应根据具体情况对办理存货业务的人员进行岗位轮岗。

(三)办理存货业务的人员应具备的业务素质和职业道德

1.业务素质

存货人员应具备的业务素质:思维敏捷、口齿伶俐、表达能力好;懂得各种存货的自身特性、生产过程、生产成本、采购渠道、运输保管特性、摆放的要求、在本单位的用途、用量、使用特性等。

2.职业道德

存货业务人员的每一个行为都应致力于单位的长期最佳利益和可持续发展。

存货业务人员应具备的职业道德:敬业爱岗,诚实守信,廉洁自律,客观公正,坚持原则,提高技能,参与管理,强化服务。

(四)存货业务授权批准制度

单位应该对存货业务建立严格的授权批准制度:

(1)明确审批人对存货业务的授权审批方式、权限、程序、责任和相关的控制措施,规定经办人办理存货业务的职责范围和工作要求。

(2)审批人应当根据存货业务授权批准制度的规定,在授权范围内进行审批,不得超越审批权限。

(3)经办人员应当在职责范围内,按照审批人的批准意见办理存货业务。对于审批人超越授权范围审批的存货业务,经办人有权拒绝办理,并及时向审批人的上级授权部门报告。

(4)单位对于重要的和技术性较强的存货业务,应当组织专家进行论证,实行集体决策和审批,防止出现决策失误而造成严重损失。

(5)严禁未经授权的机构或人员办理存货业务。

(6)单位应当按照规定的程序办理存货业务。

单位应当按照存货的取得、验收入库、仓储与保管、领用、发出与处置等规定的程序办理存货业务,并在存货各环节设置相关的记录,填制相应的凭证,建立完整的存货登记制度,加强存货采购订单(或采购合同)、验收证明、入库凭证、保管记事本、领发料凭证、存货清查盘盈盘亏报告表等文件和凭证的相互核对工作。

第二节　存货的取得、验收与入库控制

存货通常包括各类材料、在产品、半成品、产成品、商品以及包装物、低值易耗品、委托代销商品等。

一、存货的取得控制

(1)存货的确认条件

单位要把一项资产确认为存货，首先要符合存货的定义，在此前提下，还要符合存货确认的条件。

1.该存货包含的经济利益很可能流入企业

资产最重要的特征是预期会给企业带来经济利益。如果某一项目预期不能给企业带来经济利益，就不能确认为企业的资产。存货是企业的一项重要的流动资产，因此，对存货的确认，关键是要判断其是否很可能给企业带来经济利益或所包含的经济利益是否很可能流入企业。通常，存货的所有权是存货包含的经济利益很可能流入企业的一个重要标志，凡是所有权已属于企业的，无论企业是否收到或持有该存货项目，均应作为企业的存货；反之，如果没有取得所有权，即使存放在企业，也不能作为本企业的存货。比如，一般情况下，根据销售合同已经售出(取得现金或收取现金的权利)，所有权已经转移的存货，因其所含的经济利益已不能够流入企业，因而不能再作为企业的存货核算，即使该存货尚未运离企业；再比如，委托代销商品，由于其所有权并未转移至受托方，因而委托代销的商品属于委托企业存货的一部分。总之，企业在判断存货所含经济利益能否流入企业时，通常应考虑该项存货所有权的归属。

2.存货的成本能够可靠地计量

成本能够可靠地计量是资产确认的一项基本条件。存货作为企业资产的组成部分，要予以确认也必须能够对其成本进行可靠的计量。存货的成本能够可靠地计量，必须以取得确凿、可靠的证据为依据，并且具有可验证性。如果存货成本不能可靠地计量，则不能确认为存货。

(二)存货的取得控制

存货有很多取得方式，包括购入、自制、委托加工、接受投资、债务人以存货抵债、以货易货、接受捐赠等。单位应当根据存货取得的不同方式，采取相应的控制方法实施有效控制，确保存货取得真实、合理、透明。

1.单位外购存货的取得控制

(1)确定采购批量和采购时点。所有对外采购的存货，都应当符合采购与付款内部控制的有关规定，应按照市场状况、行业特征和单位经营管理的实际需要确定采购批量和采购时点。

(2)确定取得成本。存货成本包括采购成本、加工成本和其他成本，但并不是每项存

货的成本均包括这三部分内容。

通过购买而取得的存货的成本由采购成本构成，主要包括 7 个组成部分：采购价格、进口关税、其他税金、运输费、装卸费、保险费和其他可直接归属于存货采购的费用。

2.自制存货的取得控制

单位通过进一步加工而取得的存货的成本，主要由采购成本和加工成本构成，也可能还包括其他成本。其中，存货的采购成本包括上述 7 个组成部分。存货的加工成本，是指在存货加工过程中发生的追加费用，包括直接人工以及按照一定方法分配的制造费用；存货的其他成本是指除采购成本、加工成本以外的，使存货达到目前场所和状态所发生的其他支出，如为特定客户设计产品所发生的设计费用等。

(1)直接人工。是指企业在生产产品过程中，直接从事产品生产的工人工资和福利费。如果企业生产车间同时生产几种产品，则发生的直接人工，应采用一定方法分配计入各产品的成本中。由于工资的形式不同，直接人工的分配方法也不同，通常有两种分配方法，分别是按计时工资和计件工资分配直接人工。

(2)制造费用。是指企业为生产产品和提供劳务而发生的各项间接费用。制造费用是一种间接生产费用，包括工资和福利费、折旧费、修理费、办公费、水电费、机物料消耗、劳动保护费、季节性和修理期间的停工损失等。企业应按照合理的方法将制造费用分配计入产品的成本。

3.委托加工存货的取得控制

单位因自己没有生产能力或者自己生产的成本较高等原因，可以委托其他企业加工存货。此时，其存货的取得成本包括四部分：加工中耗用物资的实际成本、支付的加工费用、支付的应计入加工成本的税金、支付加工物资的往返运杂费。

4.接受投资者投入的存货的取得控制

单位接受投资取得的存货，其取得成本和质量状况应经过评估和检查，并与单位筹资合同或协议的约定相一致。

5.接受捐赠存货的取得控制

单位有时会通过他方的捐赠取得存货。其取得成本应按以下规定确定：

(1)捐赠方提供了有关凭证(如发票、报关单、有关协议)的，按凭证上标明的金额加上应支付的相关税费，作为取得成本。

(2)捐赠方没有提供有关凭证的，按如下顺序确定其取得成本：①同类或类似存货存在活跃市场的，按同类或类似存货的市场价格估计的金额加上应支付的相关税费，作为取得成本；②同类或类似存货不存在活跃市场的，按该接受捐赠存货的预计未来现金流量的现值，作为取得成本。

6.接受债务人以非现金资产抵债的存货的取得控制

单位之间由于互相提供产品或劳务，经常会产生债权、债务关系，由此也就会发生债务人以非现金资产(比如存货)抵债的情况，或者以应收债权换入存货。该类存货的取得应经过单位有关部门和人员的审核批准，其取得存货的成本和质量状况应当符合双方的有关协议。

二、存货的验收与入库控制

(一)存货的验收控制

单位应当根据规定的验收制度和经批准的订单、合同等采购文件,由独立的验收部门或指定专人对所购货物或劳务等的品种、规格、数量、质量和其他相关内容进行验收,并出具验收证明。对验收过程中发现的异常情况,负责验收的部门或人员应当立即向有关部门报告;有关部门应查明原因,及时进行处理。

货物的验收应由独立于请购、采购和会计部门的人员来承担,其责任是检验收到的货物的数量和质量。货物验收制度的内容请见第五章采购与验货控制。

(二)存货的入库控制

1.财会部门对存货入库的控制

单位财会部门应当按照国家统一会计制度的规定,根据验收证明对验收合格的存货及时办理入账手续,正确登记入库存货的数量与金额。

单位外购存货时,由于结算方式和采购地点不同,存货入库和货款的支付在时间上不一定完全同步,相应的,其入账处理也有所不同。一般有以下三种情况:

(1)发票账单等结算凭证与存货同时到达(简称单、货同到)的入账处理。存货到达后,先验货入库,然后向供货单位支付货款或开出、承兑商业汇票。以上工作完成后,财会部门应根据银行结算凭证、发票账单和存货入库单等凭证及时进行账务处理。

(2)结算凭证先到,存货未到(简称单到货未到)的入账处理。结算凭证先到之后,经审核无误付款或开出承兑的商业汇票,若存货尚未到达或虽已经到达但尚未点验入库时,如果付款与收料的间隔时间不太长,可在付款后、收料前的这段时间内,暂不做账务处理。待存货到达后,按“单、货同到”的情况进行处理。但若到了月末,仍未收到存货时,则应通过“在途材料”账户进行核算。

(3)存货已到并验收入库,但发票账单未到(简称货到单未到)的入账处理。这种情况如果发生在月中,估计月末之前结算凭证可以到达的,可以暂不进行总分类核算,待收到发票账单时再进行处理;如果等到月末,仍未收到发票账单时,则应估价暂入账。估价时只对存货进行估价,不反映增值税的内容。

2.存货管理部门对存货的入库控制

单位存货管理部门应当设置实物明细账,详细登记验收合格入库的存货的类别、编号、名称、规格、型号、计量单位、数量、单价等内容,并定期与财会部门核对。

代管、代销、暂存、受托加工的存货,其产权不属于代管、受托单位。应单独记录,避免与本单位存货相混淆。

第三节　存货仓储与保管控制

一、存货数量控制

存货数量控制是指根据销售计划、生产经营计划、采购计划、资金筹措计划等，对各种存货的使用和周转状况进行组织、调节，将存货数量保持在一个合理水平上。存货数量控制的方法有多种，下面介绍一下存货经济批量法。

经济批量法是从存货成本角度考虑，进行存货数量控制的一种方法。

(一)存货经济批量控制基本模型

存货经济批量又称最优经济采购批量，简称 EOQ，是指在保证企业经营需要的前提下能使全年存货相关总成本最低的采购批量。

这里所说的 EOQ 控制基本模型，是建立在这样一些基本假设条件之上的：(1)企业存货能做到及时补充，即从发出订货单到取得存货不需要准备时间；(2)能一次集中到货而不是陆续到货；(3)不允许缺货；(4)全年的需求量已知且确定；(5)全年内存货单价不变，不考虑商业折扣。那么，存货全年总成本为：

$$\mathrm{TC}=F_1+\frac{U}{Q}\cdot V+F_2+\frac{Q}{2}\cdot C+P\cdot U$$

由于 F_1、F_2、U、V、C、P 均为常数，所以存货全年总成本的大小取决于 Q，即使 $\mathrm{TC}=\frac{U}{Q}\cdot V+\frac{Q}{2}\cdot C$ 为最小时的 Q 为最优经济采购批量。如图 6-1 所示。

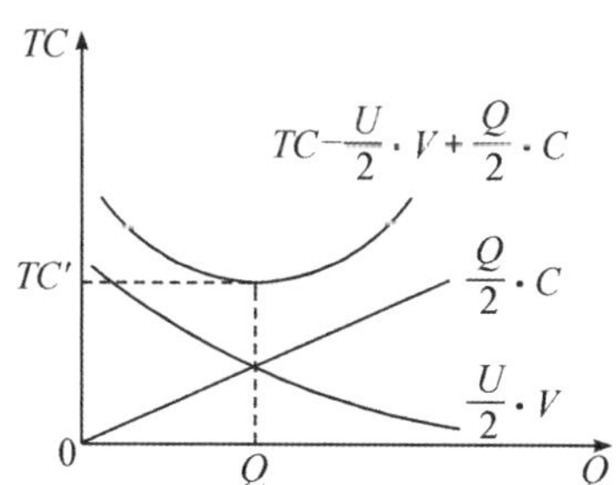

图 6-1　经济采购批量示意图

对 TC 求导，并令 TC′=0 得：

$$\frac{\mathrm{d}(TC)}{\mathrm{d}Q}=U\cdot V\cdot Q^{-2}+\frac{C}{2}=0$$

$$\frac{U\cdot V}{Q^2}=\frac{C}{2}$$

$$Q^2=\frac{2U\cdot V}{C}$$

$$\therefore Q^* = \sqrt{\frac{2U \cdot V}{C}} = \text{EOQ}$$

[例]A 公司每年耗用某种存货3 600单位，单位存货的购买价格为 40 元，单位存货每年变动储存成本为 20 元，每批订货的变动订货成本为 250 元.那么每批订货为多少单位时才能使全年该种存货的总成本为最低？

解：

$$\text{EOQ} = \sqrt{\frac{2U \cdot V}{C}} = \sqrt{\frac{2 \times 3\ 600 \times 250}{20}} = 300(\text{单位})$$

当每批订货 EOQ＝300 单位时，存货的全年相关总成本（即变动储存成本与变动订货成本之和）最低。TC^* 为：

$$TC^* = \sqrt{2U \cdot V \cdot C} = \sqrt{2 \times 3\ 600 \times 250 \times 20} = 6\ 000(\text{元})$$

即每年按最优经济采购批量 300 单位，订货 12 次（3 600/300），每 30 天一次，那么变动储存成本与变动订货成本之和最小，为 6 000 元。

（二）经济采购批量控制基本模型的延伸

1.存货储备不能及时补充时再订货点的确定

基本模型假定从发出订货单到取得存货不需要时间间隔，但在现实生活中这一假设是很难实现的。仍以上面所举的 A 公司为例。假设该公司从发出订货单到取得存货运抵仓库备用花费 10 天的时间，那么为了不使生产（或销售）活动中断，该公司在每次发出订货单时仓库里至少必须储备 10 天的存货，A 公司每天的存货消耗量为 10 单位（EOQ/30 天＝300/30＝10）。那么，该公司应在当该种存货库存量 10 单位×10 天＝100 单位时发出订货单。这里库存量 100 单位便为该种存货的再订货点。不管存货什么时候下降到这一点，都应该及时发出订货单，等到存货运抵仓库时，库存 100 单位存货刚好用完。如图 6-2 所示。

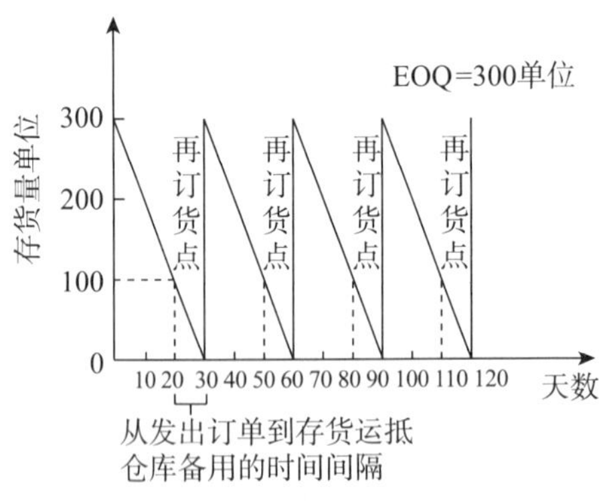

图 6-2 再订货点示意图

2.存货陆续供应陆续耗用（销售）时的经济批量模型

在经济采购批量控制基本模型中，是假设存货一次集中到货，然后陆续耗用的。但在现实生活中，存货陆续到货的情况比比皆是，尤其是制造行业，在多步骤连续性生产方式下，在产品在各步骤之间转移，产成品的陆续入库和陆续销售，都使基本模型中存货一次集中到货的假设不复存在。因此，需要对基本模型进行修正。

在存货陆续供应和陆续耗用（销售）的情况下，存货量的变化如图 6-3 所示。

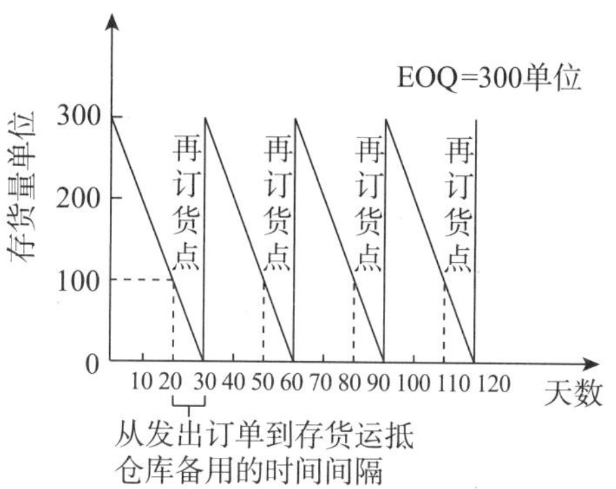

图 6-3　陆续供货和消费的存货变化

设存货每日供应量为 R，每日耗用（销售）量为 D，在存货陆续供应期内，R 大于 D，那么最大存货必将在 M 点上达到，这一点上存货量为每批订货量（如自制存货则为每批生产量）减去存货陆续供应期内的消耗（销售）量，即 $Q-\frac{Q}{R}\cdot D$ ，因此，存货的平均库存量为 $\frac{1}{2}\left(Q-\frac{Q}{R}\cdot D\right)$ 。

至此，存货陆续供应陆续耗用（销售）的经济采购批量控制模型可建立如下：

$$\mathrm{TC}=\frac{U}{Q}\cdot V+\frac{1}{2}\left(Q-\frac{Q}{R}\cdot D\right)\cdot C$$

这里的“V”，当存货为外购时，则为每批订货的变动订货成本；当存货为自制时，则为每批存货的变动生产准备成本。

对 TC 求导，并令 TC′＝0 得：

$$\frac{\mathrm{d(TC)}}{\mathrm{d}Q}=\frac{C}{2}\left(1-\frac{D}{R}\right)-\frac{U\cdot V}{Q^2}=0$$

$$\frac{C}{2}=\frac{CD}{2R}-\frac{U\cdot V}{Q^2}=0$$

$$\frac{\mathrm{CRQ^2-CDQ^2-2RU}\cdot V}{\mathrm{2RQ^2}}=0$$

$$Q^2(\mathrm{CR-CD})=\mathrm{2RU}\cdot V$$

$$Q^*=\mathrm{EOQ}=\sqrt{\frac{2U\cdot V\cdot R}{C(R-D)}}\ 或\ \sqrt{\frac{2U-V}{C(1-)\frac{D}{R}}}$$

最低相关总成本　　$\mathrm{TC}^*=\sqrt{2U\cdot V\cdot C\left(1-\frac{D}{R}\right)}$

［例］仍引用前例资料，假设 A 公司某种存货每日供应量（R）为 15 单位，每日耗用（销

售)量(D)为 10 单位,其他数据不变,则:

$$Q^{*}=\mathrm{EOQ}=\sqrt{\frac{2\times 3\ 600\times 250}{20\times(1-\frac{10}{15})}}=520(\text{单位})$$

$$\mathrm{TC}^{*}=\sqrt{2\times 3\ 600\times 250\times 20\times(1-\frac{10}{15})}=3\ 464(\text{元})$$

(三)关于存货安全储备量的确定

设置安全储备,是为了避免不确定条件下存货供应和需求变化给单位造成的由于存货短缺所带来的损失,但另一方面,安全储备的设置会导致存货平均持有量的上升从而增加企业的存货储存成本。因此,单位的财务管理人员要确定一个合理的安全储备量,使由于存货不足造成的损失与由于设置安全储备而增加的存货储存成本之和为最小,以实现单位财务管理的目标。

[例]A 公司每年耗用某种存货(U)为 3600 单位,单位存货每年变动储存成本(C)为 20 元,单位存货缺货成本 Cq 为 40 元,从发出订单到存货运抵仓库备用的时间间隔(l)为 10 天,在前例中已计算出其经济采购批量 $\mathrm{EOQ}=Q^{*}=300$ 单位,每年订货次数(N)为 12 次。试问:该公司应设置多少单位的安全储备量时才能使其相关总成本最低?

设公司应设置的安全储备量为 B,一次订货缺货量为 S,缺货概率为 p,单位存货成本为 C,则与安全储备量相关的存货的储存成本为 $C\cdot B$;全年缺货成本为 $Cq\cdot S\cdot p\cdot N$;全年相关总成本为 $C\cdot B+Cq\cdot S\cdot p\cdot N$。

不同安全储备量下相关成本计算如表 6-1 所示。

表 6-1 不同安全储备量下相关成本计算表

单位:元

安全储备量	缺货量	概率 P	预期缺货成本	预期储存成本	预期总成本
0	10	0.2	960		
	20	0.08	768		
	30	0.04	576		
			2304	0	2 304
10	10	0.08	384		
	20	0.04	384		
			768	200	968
20	10	0.04	192	400	592
30	0	0	0	600	600

比较表 6-1 的计算结果可知:当存货的安全储备量为 20 单位时,其相关成本最低(592 元)。因此,该公司应设置 20 单位的安全储备量。该公司的再订货点应为 120 单位,当仓库的存货量下降为 120 单位时,公司便应及时发出订货单。第一次订货量为经济采购批量 300 单位与安全储备量 20 单位之和,以后每次订货仍按经济采购批量即每次

300 单位订购。

二、存货的日常管理制度

单位的存货不仅数量大，而且涉及所有的部门和人员。为了加强对存货资产的日常管理，单位必须建立以财务管理部门为主，与各业务部门归口分级管理相结合的存货归口分级管理制度，严格限制未经授权的人员接触存货。存货归口分级管理制度主要包括以下几个方面的内容：

（一）财务部门对存货资金实行统一管理

财务部门要对存货资金实行统一、集中管理，保证供应、生产、销售各阶段各部门之间的协调，实现存货资金使用的综合平衡。财务部门的统一管理主要包括以下几个方面的工作：

（1）根据国家的有关制度和企业的具体情况，制定企业存货资金管理的各种制度。

（2）认真核定各项存货的定额（即各种资金占用数额），制定单位存货资金需用总量和各阶段各部门的存货资金需用量。

（3）把有关存货指标进行分解，归口到有关部门负责管理，直接落实到职工个人。

（4）对各部门的存货资金运用情况进行检查，分析存货资金的使用情况。

（二）业务部门对存货实行归口管理

根据物资管理与资金管理相结合的原则，业务部门既要负责对实物使用和管理，同时还要承担存货定额的资金管理责任。一般分工如下：

（1）生产部门加强对生产现场的材料、低值易耗品、半成品等物资的管理与控制，并根据生产特点、工艺流程等对转入、转出存货的品种数量等进行登记，并分管在产品、自制半成品的存货资金定额。

（2）单位仓储、保管部门要建立岗位责任制，明确各岗位在值班轮班、入库检查、货物调运、出入库登记、仓场清理、安全保卫、情况记录等各方面的职责任务，并定期或不定期地进行检查，分管原材料、辅助材料、燃料、包装物等存货资金定额。

（3）工具部门分管专用工具、一般修理工具等存货资金定额。

（4）设备部门分管修理用备件存货资金定额。

（5）劳动工资部门分管劳动保护用品的存货资金定额。

（6）销售部门分管产成品存货资金定额。

（7）技术部门分管工、夹、模具的存货资金定额。

单位还要结合存货的具体特征，建立健全存货的防潮、防火、防鼠、防盗和防变质等措施，并建立相应的责任追究机制。

三、存货的分类管理制度

单位通过建立存货分类管理制度对库存进行有效的管理和控制。对贵重物品、生产用关键设备、精密仪器、危险物品等重要存货，应当采用额外控制措施，确保重要存货的保管、调用、转移等经过严格授权批准，且在同一环节有两人或两人以上同时经办。常用的存货分类管理方法有 ABC 分类管理法和 CVA 分类法。

(一)ABC 分类管理法

ABC 分类管理法也称重点管理法，是由意大利经济学家巴雷特于 19 世纪首创的，所以国外把这种方法叫巴雷特分析法。其基本原理是处理事务要分清主次、轻重，区别关键的少数和次要的多数，根据不同情况进行分类管理。现在它已广泛用于存货管理、成本管理和生产管理。就一个企业来说，往往有成千上万种存货项目，价格高低不一，数量多寡不同，如果不分主次一概而论，势必造成重点不突出，只有劳动付出，没有管理成效或成效甚微的结果。为此，ABC 分类管理法提出了抓住重点、区别对待的管理思想。ABC 分类管理法的基本步骤如下：

第一步，计算每一种存货在一定时期内的占用额或耗用额。

第二步，计算每一种存货资金占用额占全部资金占用额的百分比，并按大小顺序排列，编成表格。

第三步，根据事先确定好的标准，把存货分为 A、B、C 三类。把占用资金比重较大的少数存货划为 A 类；把占用资金比重较小且品种较多、较杂的存货划为 C 类；介于两者之间的存货划为 B 类。并用坐标图表示出来，横坐标表示品种的百分比，纵坐标表示资金的百分比。

第四步，对 A 类存货进行重点管理，对 B 类存货进行次重点管理，对 C 类存货进行一般管理。

由于存货品种繁多，可以先归类计算确定重点类别，再从重点类别中确定重点项目。

[例]某企业共有 20 种材料，共占用储备资金 125 000 元，按占用资金多少的顺序排列，并按规定的标准划分为 A、B、C 三类。见表 6-2 所示。各类材料资金占用情况(ABC 分类图)见图 6-4 所示。

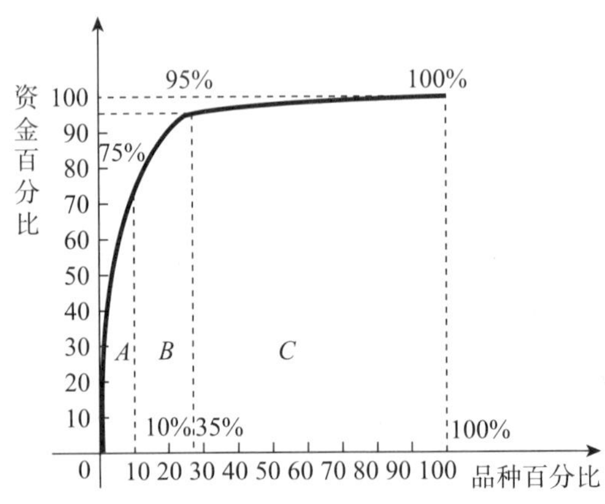

图 6-4 ABC 分类图

把存货划分为 A、B、C 三类，目的是对存货占用资金进行有效管理。A 类存货虽然品种较少，但占用资金多，是存货管理的重点，对存货的收入、发出要进行严格的控制；C 类存货虽然品种繁多，但资金占用不多，一般可采取比较简化的方法进行管理，不必耗用大量的人力、物力、财力去管理与控制；而B类存货介于A类与C类之间，也要给予相应的重视，但不必像A类存货那样进行非常的控制，但也不能像C类存货那样管理上过于简单。A、B、C三类存货管理方式见表6-3所示。

表6-2　储备材料ABC分类

材料品种（用编号代表）	占用资金数额（元）	类别	各类存货所占份额		各类存货占用资金的份额	
			种类	比量（%）	金额（元）	比量（%）
1 2	60 000 33 750	A	2	10	93 750	75
3 4 5 6 7	10 000 6 000 4 000 3 000 2 000	B	5	25	25 000	20
8 9 10 11 12 13 14 15 16 17 18 19 20	1 200 1 000 800 550 300 400 350 350 350 350 300 200 100	C	13	65	6 250	5
合计	125 000		20	100	125 000	100

表6-3　ABC存货管理方式

控制内容＼类别	A类	B类	C类
控制程度	严格控制	一般控制	松散控制
存货记录	详细记录	一般记录	金额总记
采购计划	详细计划	统计计算	库存低就进货
存货检查	半月左右一次	1～3个月	3个月以上
保险储存量	较少	较多	灵活

（二）CVA分类法

CVA分类法是指在存货管理中引入关键因素分析（Critical Value Analysis），把存货按照关键性分类，并分别加以管理的方法。此法有着更强的目的性，把存货分成3～5

类，即：

(1)最高优先级。这是经营的关键物资，不允许缺货。

(2)较高优先级。这是经营中的基础性物资，但允许偶尔缺货。

(3)中等优先级。这是属于比较重要的物资，允许合理范围内的缺货。

(4)较低优先级。经营中需要这些物资，但可替代性高，允许缺货。

在使用中要注意，人们往往倾向于制定最高优先级，结果最高优先级的物资种类很多，最终哪种物资也得不到应有的重视。将ABC管理法和CVA分类法结合使用，可以达到分清主次、抓住关键环节的目的。

四、存货的清查盘点制度

单位的存货在日常收发保管过程中，由于计量不准、错漏记等核算错误，或者由于自然损耗、自然灾害或意外事故等客观原因，或者由于管理不善发生盗窃私分等失职或不法行为等，可能会发生存货的盘盈、盘亏或毁损现象，从而造成存货账实不符。为了保护存货的安全、完整，做到账实相符，单位应当建立、健全存货的清查盘点制度，定期或不定期地对存货实地清查和盘点，确定存货的实有数，并与账面数量核对。发现存货盘盈、盘亏的，应及时查明原因，分清责任，填写存货清查盘盈盘亏报告表，并及时报送。

(一)存货数量清查的方法

1.定期盘存法(实地盘存法)

实地盘存法是指会计期末通过对全部存货进行实地盘点，以确定期末存货的数量，然后分别乘以各项存货的盘存单价，计算出期末存货的总金额，计入各有关存货账户，并倒轧本期已耗用或已销售存货成本的一种方法。

采用定期盘存法，平时不记录发出存货的数量和金额，对存货明细账的设置也不要求非常详细，其最大优点是简便易行。但也有明显的缺点：增加了期末工作量；不能随时反映存货收入、发出、结存的动态，不便于管理人员掌握有关情况；由于采用“以存计耗”和“以存计销”倒挤成本的方式，从而使非正常销售或耗用的存货损失、差错，甚至偷盗等原因所引起的短缺，全部挤入到了耗用或销货成本之中，容易掩盖存货管理中存在的问题，削弱了对存货的控制；另外，此法只能等到期末盘点时才能结转已耗用或销货的成本，而不能随时结转成本。因此，这一方法通常适用于那些自然损耗较大、数量不稳定的鲜活商品。

2.永续盘存法(账面盘存法)

账面盘存法是指通过设置详细的存货明细账，逐笔或逐日记录存货收入、发出的数量、金额，以随时结出结余存货的数量、金额的一种存货盘存方法。

永续盘存法的优点是有利于加强对存货的管理。在各种存货明细记录中，可以随时反映每一种存货收入、发出、结存的情况；通过账簿记录中的账面结存数，结合不定期的实地盘点，将实际盘存数与账面结存数相核对，可以查明溢余或短缺的原因；通过账簿记录还可以随时反映出存货是否过多或不足，以便及时合理地组织货源，避免不合理的库存，加速资金周转。其缺点是存货明细记录的工作量较大，存货品种规格繁多的单位尤其如此。

(二)存货全面清查的条件

通常有以下情况之一的,应进行存货的全面清查:

1.编制年度会计决算之前,为使年度会计决算真实、准确,应对存货进行全面清查。

2.实行租赁、承包时,为核实净资产的实有数额,摸清家底,分清责任,需要对存货进行全面清查。

3.停办、合并、破产、改变隶属关系时,应对存货进行全面清查。

4.清产核资时,需要对存货进行全面清查。

5.企业主要领导人(法人代表)更换、离任或上任,工作交接时,对存货进行全面清查。

(三)存货清查的过程及处理

在存货清查过程中,单位应认真做好清查记录,并将清查结果登记在"存货清查盘盈盘亏报告表"中,其格式如表 6-4 所示。

表 6-4　存货清查盘盈盘亏报告表

××单位　　　　仓库　　　　年　　月　　日

存货类别	存货编号	存货名称	计量单位	计划单价	账面		实点		盘盈		盘亏		原因
					数量	金额	数量	金额	数量	金额	数量	金额	

为便于归类汇总,存货清查盘盈盘亏报告表应按照存货明细账的分类和顺序填写,并由清查人员和仓库保管人员签章,按规定程序上报审批,及时处理。对账外物资,要查明原因及时处理;对账外的借入存货,要及时归还或分清所有权归属;对账内的借出物资,要及时收回。

盘点结果如果与账面记录不符,应于期末前查明原因,并根据单位的管理权限,经股东大会或董事会,或经理(厂长)会议或类似机构批准后,在期末结账前处理完毕。

五、存货成本的会计核算制度

单位要建立、健全存货成本的会计核算体系,正确计算和结转存货成本。

(一)存货的期末计量

在资产负债表日,企业应按成本与可变现净值孰低对存货进行期末计价。这就是说,要求企业按照成本与可变现净值两者之中的较低者对期末存货进行计量。当成本低于可变现净值时,存货按成本计量;当成本高于可变现净值时,存货按可变现净值计量。

1.存货期末成本的确定

存货的期末成本,是指期末存货的实际成本。如果企业在存货成本的日常核算中采用计算成本法、零售价法等简化核算方法,那么存货的期末成本应该是经调整后的实际成本。

2.期末存货可变现净值的确定

(1)可变现净值的定义。存货的可变现净值,是指在正常生产经营过程中,以存货的估计售价减去至完工估计将要发生的成本、估计的销售费用以及相关税金后的金额。在确定存货的可变现净值时,应合理确定估计售价、至完工将要发生的成本、估计的销售费用和相关税金。此外,还应注意以下几个方面:①企业应当以处于正常生产经营过程中作为确定存货可变现净值的前提。如果企业不是处于正常生产经营过程中,那么可变现净值的确定不适用于存货准则。②产成品、商品和用于出售的原材料等直接用于出售的存货,其可变现净值是指在正常生产经营过程中,以存货的估计售价减去估计的销售费用和相关税金后的金额。③用于生产的材料、在产品或自制半成品等需要经过加工的存货,其可变现净值是指在正常生产经营过程中,以存货的估计售价减去至完工估计将要发生的成本、估计的销售费用以及相关税金后的金额。④如果属于按订单生产,则应按协议价而不是估计售价确定可变现净值。

(2)存货可变现净值的确定。企业在确定存货的可变现净值时:①应当以取得的可靠证据为基础。这里所讲的"可靠证据"是指对确定存货的可变现净值有直接影响的确凿证明,如产品的市场销售价格、与企业产品相同或类似商品的市场销售价格、供货方提供的有关资料、销售方提供的有关资料、生产成本资料。②应考虑持有存货的目的。由于企业持有存货的目的不同,确定存货可变现净值的计算方法也不同。如用于出售的存货和用于继续加工的存货,其可变现净值的计算就不相同,因此,企业持有存货的目的,通常可以分为:持有以备出售,如商品、产成品,其中又分为有合同约定的存货和没有约定的存货;将在生产过程或提供劳务过程中耗用,如材料等。③应考虑资产负债表日后事项等影响,这些事项应能够确定资产负债表日存货存在状况。即在确定资产负债表日存货的可变现净值时,不仅要考虑资产负债表日与该存货相关的价格与本波动,而且还应考虑未来的相关事项。也就是说,不仅限于财务会计报告批准报出日之前发生的相关价格与成本波动,还应考虑以后期间发生的相关事项。比如,20×8 年 12 月 13 日,某一品牌小轿车在市场销售价格为100 000元。根据可靠资料,预计在 20×9 年 5 月,该品牌汽车市场销售价格可能会下跌至98 000元,则在 20×8 年 12 月 31 日的资产负债表时,企业确定该品牌汽车的可变现净值时就可能需要考虑 20×9 年 5 月汽车销售价格将下跌这一因素。

3.材料存货期末计量不同情形的处理

(1)对于用于生产而持有的材料等,如果用其生产的产成品的可变现净值预计高于成本,则该材料应当按照成本计量。这里的"材料"指原材料、在产品、委托加工材料等,"可变现净值高于成本"中的成本是指产成品的生产成本。

[例]20×8 年 12 月 31 日,XYZ 公司库存原材料——丙材料的账面价值(成本)为150 000元,市场购买价格为140 000元,假设不发生其他购买费用。用丙材料生产的产成品——M1 型机器的可变现净值高于成本。要求:确定 20×8 年 12 月 31 日丙材料的价值。

根据上述资料可知,20×8 年 12 月 31 日,丙材料的账面价值(成本)高于其市场价格,但是由于用其生产的产成品——M1 型机器的可变现净值高于成本,也就是用该原材料生产的最终产品此时并没有发生价值减损,因而,在这种情况下,丙材料即使其账面价值(成本)已高于市场价格,也不应计提存货跌价准备,仍应按150 000列示在 20×8 年 12 月 31 日的资产负债表的存货项目之中。

(2)如果材料价格的下降表明产成品的可变现净值低于成本,则该材料应当按可变现净值计量。

[例]20×8 年 12 月 31 日,XYZ 公司库存原材料——丁材料的账面价值(成本)为100 000元,市场购买价格为90 000元。假设不发生其他的购买费用。由于丁材料价格下降,市场上用丁材料生产的 M2 型机器的售价也发生了相应下降,下降了 20%,由此造成 XYZ 公司 M2 型机器的售价从总额由225 000元降为180 000元,但生产成本仍为190 000元,将丁材料加工成 M2 型机器尚需投入90 000元,估计销售费用及税金为11 000元。要求:确定 20×8 年 12 月 31 日丁材料的价值。

首先,计算用该原材料所生产的产成品的可变现净值。

M2 型机器的可变现净值＝M2 型机器估计售价－估计销售费用及税金
＝180 000－11 000
＝169 000(元)

其次,将用该原材料所生产的产成品的可变现净值与其成本进行比较。

M2 型机器的可变现净值169 000元＜其成本190 000元,即丁材料价格的下降表明 M2 型机器的可变现净值低于成本,因此丁材料应当按可变现净值计量。

最后,计算该原材料的可变现净值,并确定其期末价值。

丁材料的可变现净值＝M2 型机器的售价总额－将丁材料加工成 M2 型机器尚需投入的成本－估计销售费用及税金
＝180 000－90 000－11 000
＝79 000 元(元)

丁材料的可变现净值79 000元＜其成本100 000元,因此,丁材料的期末价值应为其可变现净值79 000元,即丁材料应按79 000元列示在 20×8 年 12 月 31 日的资产负债表的存货项目之中。

(二)存货跌价准备的计提方法

(1)存货跌价准备应当按照单个存货项目计提。将每个存货项目的成本与可变现净值进一步进行比较,取其低者计量存货,并且按成本高于可变现净值的差额,计提存货跌价准备。企业应当根据管理要求及存货的特点,具体规定存货项目的确定标准。比如,将某一型号和规格的材料作为一个存货项目,将某一品牌和规格的商品作为一个存货项目,等等。

(2)在某些情况下,比如,与具有类似目的或最终用途并在同一地区生产和销售的产品相关,且难以将其与该产品的其他项目区别开来进行估价的存货,可以合并计提存货跌价准备。存货具有类似目的或最终用途,意味着具有相同的风险和报酬,在同一地区生产和销售,意味着所处的经济环境、法律环境、市场环境等相同,不同的地区具有不同的风险,因此,在这种情况下,可以对存货合并计提存货跌价准备。

[例]假如某服装制造公司根据季节的变化、消费者偏好的改变,决定进行季节大清货,所有各种款式的服装均按 200 元 3 件出售,在这种情况下,就需将这些服装合并起来

确定其可变现净值，如果可变现净值低于成本，则应计提存货跌价准备。

（3）如果某一类存货的数量繁多并且单价较低，企业可以按存货类别计量成本与可变现净值，即按存货类别的成本总额与可变现净值的总额进行比较，每个存货类别均取较低者确定其存货价值。按各类存货的成本总额高于相同类别存货的可变现净值的差额，计提存货跌价准备。

（三）存货跌价准备的转回

（1）企业每期都应当重新确定存货的可变现净值。企业在对外提供财务会计报告时，必须重新确定存货的可变现净值。

（2）如果以前减记存货价值的影响因素已经消失，则减记的金额应当予以恢复，并在原已计提的存货跌价准备的金额内转回，转回的金额应当减少计提的存货跌价准备，即转回的存货跌价准备与计提该准备的存货项目或类别直接相对应，但转回的金额以将余额冲减至零为限。

［例］20×8 年 12 月 31 日，XYZ 公司 X1 材料的账面金额（成本）为200 000元，预计可变现净值为1 600 000元，由此计提的存货跌价准备为40 000元。

假设 20×9 年 3 月 31 日，X1 材料的账面金额（成本）为20 000元，预计可变现净值为160 000元，由此计提的存货跌价准备为40 000元。

由于市场供需发生变化，X1 材料的可变现净值有所恢复，应计提的存货跌价准备为1 000（200 000－190 000），则当期应冲减已计提的存货跌价准备30 000元（10 000－40 000）小于等于已计提的存货跌价准备（40 000元），因此，应转回的存货跌价准备为30 000元。

假设 20×9 年 6 月 30 日，X1 材料的账面金额（成本）为200 000元，X1 材料的预计可变现净值为222 000元。

此时，X1 材料的可变现净值有所恢复，应冲减存货跌价准备为22 000元（200 000－222 000），但是对 X1 材料已计提的存货跌价准备为10 000元，因此，当期应转回的存货跌价准备为1 000元，而不是22 000元（即以将对 X1 材料已计提的“存货跌价准备”余额冲减至零为限）。

（四）存货成本的结转

存货成本的结转，主要是解决将存货以主营业务成本或费用的形式从资产负债表结转到利润表中去。在具体结转时，应区分以下几种情况进行相应的会计处理。

1.已售存货成本的结转

已售存货的账面价值应当在确认其相关收入的当期确认为费用。这就是说，企业在确认存货销售收入的当期，应当将已经销售存货的账面价值结转为费用。这种结转是为了符合收入与成本、费用相配比原则的要求。

（1）如果存货为商品、产成品，企业应根据采用先进先出法、加权平均法、移动平均法、后进先出法和个别计价法等方法确定销售商品的实际成本，但是，在企业采用分期收款方式销售商品的情况下，在每期确认销售收入的同时，按商品全部销售成本与全部销售收入的比率，结转本期销售商品的成本。

（2）如果存货为非商品存货，如原材料等，应将已出售的原材料的实际成本予以结转，计入当期其他业务支出。

(3)如果对已售存货计提了存货跌价准备,也应该结转已计提的存货跌价准备。这种结转是通过调整“管理费用”科目来实现的。

2.低值易耗品和包装物摊销的会计处理

企业应当采用系统合理的方法对低值易耗品和包装物进行摊销,计入成本费用。可选用的方法有一次转销法、五五摊销法等。如果对相关低值易耗品和包装物计提了存货跌价准备,还应结转已计提存货跌价准备。

3.存货盘亏或毁损的会计处理

存货盘亏或毁损所造成的损失,应当在发生的当期计入损益,存货发生的盘亏或毁损,应作为待处理财产损溢进行处理。根据造成盘亏或毁损的原因,分别以下情况进行处理:

(1)属于计量收发差错和管理不善等原因造成的存货短缺,应先扣除残料价值、可以收回的保险赔偿和过失人的赔偿,将净损失计入管理费用。

(2)属于自然灾害等非常原因造成的存货毁损,应先扣除残料价值、可以收回的保险赔偿和过失人的赔偿,将净损失计入营业外支出。

六、存货的信息化管理

存货的有效控制需要以及时、真实的信息为前提。单位应当创造条件,逐步实现存货的信息化管理,确保信息及时传递,提高存货运营效率,使得与存货周转、流通有关的各个部门和各个岗位都能够及时地掌握必要的信息。

第四节　存货领用、发出与处置控制

一、存货领用与发出的控制

单位的存货总是处于不断周转过程中,既有流入,又有流出。单位应当根据存货实物流转的情况、存货的性质等加强对存货领用与发出的控制。

(一)领用发出存货应填制的凭证

单位发出存货时,要填制“领料单”和“产品出库单”等凭证,登记领用或发出存货的名称、规格、数量等,有关部门和人员还要签字盖章,以明确责任。

(二)发出存货成本的计算

发出存货成本＝发出存货的数量×单位成本

存货数量的确定由实地盘存法和永续盘存法。

发出存货成本的计算与采用的存货流转假设有关。具体方法包括先进先出法、加权平均法、个别计价法、毛利率法和售价金额法等。

(三)领用与发出存货的管理

(1)单位内部各业务部门因生产、管理、基本建设等需要领用存货的,要履行审批手续,填制领料凭证。

(2)单位销售存货,要填制相关凭证;如果同时满足收入确认的条件,就要确认收入,并根据配比原则结转已销存货成本。

(3)单位对外捐赠存货,要履行审批手续,填制凭证,签订捐赠协议,捐赠对象须明确,捐赠方式须合理,捐赠程序可监督检查。

(4)单位运用存货对外投资,要履行审批手续,填制凭证,并与投资合同或协议等核对一致。

二、存货处置控制

单位的各种存货按照行销状况及盘存记录,可以分为畅销、平销及有问题三类。前两类通称适销存货,后一类属于不适销或积压的有问题存货。有问题存货又分为销小存大、冷背呆滞、质次价高、残损霉变等多种。对有问题的存货,单位要采取一定的方法及时处理。

(一)权衡利弊,合理地进行削价处理

对于不适销的存货,不少企业采取挂账方式而不予处理,这样做表面上不会减少当期收益,但对企业是非常不利的。因为存货一旦积压滞销,损失实际上已经形成,企业无论处理与否,削价损失都是客观存在的,并且拖延的时间越长,需要降价的幅度会更大,推销的难度也会更大,造成的实际损失会更多。另外,采用挂账方式,积压存货占用的资金不能及时盘活,不能投入企业资金周转增值过程,从而形成机会损失。占用的资金还需要支付利息费用,仓储的积压存货还要支付储存费用。若存货损失不能处理,使企业利润虚增,增加企业税收,还会导致现金流出量增加。因此,企业要从盘活资金的角度出发,积极地处理有问题的存货。

企业各种积压的问题存货,无论采取什么样的推销方式,一般都无法按正常市价销售出去,采取削价策略是不可避免的。在对有问题存货进行削价处理时,要根据具体情况,分析机会损益,分别对待。

对于冷背呆滞、残损霉变的存货,其削价幅度的确定,应以能否销售出去为原则。因为这类存货几乎无销路可言,只要能销售出去,削价幅度可以很大,否则,错失机会,企业将会遭受更大的损失。

对于那些过季积压或预计未来某一时间能够由滞转畅的存货,企业需要通过机会损失分析,来确定有无必要降价处理,以及降价的幅度。机会损失分析是用削价处理后的损失额减去盘活资金的再投资收益的净损失额与储存待销所增加的成本费用相比较。

削价处理的净损失额=削价损失－削价后盘活资金的再投资收益

用公式表示:

$$M = K \cdot X - K(1 - X)R \cdot D$$

式中:M—— 存货削价处理的净损失额;K—— 存货成本;X—— 削价幅度;R——再投资的日收益额;D—— 待机销售的储存天数。

待机销售的成本费用增加额＝借款利息＋保管费用＋存货损耗

用公式表示：

$$N = K \cdot (L + P + S) \cdot D$$

式中：N—— 待机销售的成本费用增加额；L—— 日借款利息率；P—— 日保管费用率；S—— 日存货损耗率；D ——待机销售的储存天数。

当削价处理的净损失额小于待机销售的成本费用增加额时，可以考虑进行削价处理，否则应当待机销售。通常也可以用损益分界点来判断。所谓损益分界点，即削价处理的净损失等于待机销售的成本费用增加额时的削价率。

令 M＝N，则：

$$K \cdot X - K \cdot (1 - X) \cdot R \cdot D = K \cdot (L + P + S) \cdot D$$

整理得：

$$X = \frac{(R + C + P + S) \cdot D}{1 + R \cdot D}$$

当 $X < \frac{(R + C + P + S) \cdot D}{1 + R \cdot D}$ 时，应当削价处理。

当 $X > \frac{(R + C + P + S) \cdot D}{1 + R \cdot D}$ 时，应当继续储存以待未来销售。

［例］某企业一月末甲存货 200 万元已过时令，要到 10 月初才能进入下一销售旺季。年借款利率 10％，年保管费用率 4％，年损耗率 0.6％。现有客户拟以 150 万元价格买下全部甲存货，企业年平均投资收益率 18％。问：企业是否接受这一削价订单。

解：损益分界点削价率：

$$X = \frac{(18\% + 10\% + 1.4\% + 0.6\%) \div 360 \times 240}{1 + 18\% \div 360 \times 240} = 17.85\%$$

企业实际削价幅度为(200－150)/200＝25％，大于损益分界点削价率，对企业不利，企业应拒绝这一削价订单。

上述分析是以存货未来能够销售出去为前提的，没有考虑可能发生的销售不出去，或部分销售不出去的情况。因此，在实际工作中，还要在对未来销售情况进行概率分析的基础上，对削价与否及幅度大小做出合理的判断。

(二)完善存货质量控制制度。

对积压的有问题的存货进行削价处理是企业迫不得已的举措，削价处理总会使企业遭受一定的经济损失。虽然存货积压的情况是难以完全避免的，但是如果企业采取有效的管理措施，严格控制存货数量和质量，还是可以降低或防范存货积压的情况。这些管理措施包括：

(1)建立健全存货进、存、销责任制度，以销定购，以销定存。

(2)建立健全存货验收、监督、检查和反馈制度，及时分析反馈存货质量信息，并通过资金分配环节进行控制、调节，以减少积压存货数量及资金占用额。

(3)建立存货管理的奖惩制度，对已经出现的积压的有问题存货，要查明原因，明确责任。对造成重大经济损失的积压存货的责任者要给予适当的惩罚，对及时发现有问题存货，采取措施减少经济损失的要给予一定的奖励。

第五节　存货控制的监督与检查

一、监督检查的制度、机构以及方法

单位应当建立对存货内部控制的监督与检查制度，明确监督检查机构或人员的职责权限，定期或不定期地进行检查。在企业中，对存货内部控制执行结果的监督检查，通常是由内部审计部门进行的。当然，企业也可以委托外部的审计机构和注册会计师对本单位的存货内部控制情况进行检查。

单位监督检查机构或人员应通过实施符合性测试和实质性测试，检查存货业务内部控制制度是否健全，各项规定是否得到有效执行。

二、存货业务内部控制监督检查的内容

(1)对存货业务相关岗位及人员的设置情况进行检查，重点是检查单位是否在存货业务中存在不相容岗位混岗的现象，对不相容职务是否真正做到了分离控制。

(2)对存货业务授权批准制度的执行情况进行检查，重点是检查授权批准手续是否健全，是否存在越权审批行为。如果存在，是否及时进行了纠正和处理。

(3)对存货收发、保管制度的执行情况进行检查，重点是检查存货取得是否真实、合理，存货验收手续是否健全，存货保管的岗位责任制是否落实，存货清查、盘点是否及时、正确。

(4)对存货处置制度的执行情况进行检查，重点是检查存货处置是否经过授权批准，处置价格是否合理，处置价款是否及时入账。

(5)对存货会计核算制度的执行情况进行检查，重点是检查存货成本核算、价值变动是否真实、完整、及时。

单位对监督检查中发现的存货业务内部控制中的薄弱环节或漏洞，应当告知有关部门，有关部门要及时查明原因，积极采取有效措施，及时加以纠正和完善，保证存货业务内部会计控制的顺利实施。

单位监督检查部门要按照单位内部管理权限向上级有关部门报告存货业务内部控制监督检查情况和有关部门的整改情况。

案例分析题

戴尔的库存管理与控制模式

1.案例资料

在企业生产中，库存无法避免的。但是，过量的库存会诱发企业管理中的诸多问题，例如资金周转慢、产品积压等。因此，很多企业往往认为，如果在采购、生产、物流、销售等经营活动中能够实现零库存，企业管理中的大部分问题就会随之解决。因此，零库存便成了生产企业管理中一个不懈追求的目标。

(1)库存谁来承担

如此看来，库存显然成了一个包袱。目前条件下，任何一个单独的企业要向市场供货都不可能实现零库存。通常所谓的“零库存”只是节点企业的零库存，而从整个供应链的角度来说，产品从供货商到制造商最终达到销售商，库存并没有消失，只是由一方转移到了另一方。成本和风险也没有消失，而是随库存在企业间的转移而转移。

戴尔电脑的“零库存”也是基于供应商的“零距离”之上的。假设戴尔的零部件来源于全球4个市场，美国市场20%，中国市场30%，日本市场30%和欧盟市场20%，然后在香港基地进行组装后销售全球。那么，从美国市场的供应商A到达香港基地，空运至少10小时，海运至少25天；从中国市场供应商B到达香港基地，公路运输至少2天；从日本市场供应商C到达香港基地，空运至少4小时，海运至少2天；从欧盟市场供应商D到达香港，空运至少7小时，海运至少10天。若要保持戴尔在香港组装基地电子器件的零库存，则供应商在香港基地必须建立仓库，或自建或租赁，来保持一定的元器件库存量，而且还要求戴尔制造公司与供应商之间要有及时的、频繁的信息沟通与业务协调行为。

由此，戴尔制造公司与供应商之间可能存在着两种库存管理模式。

模式1：戴尔制造公司在香港的基地有自己的存储库存。

该模式要求香港基地的库存管理由戴尔制造公司自行负责。一旦缺货，即通知供应商4小时内送货入库。供应商要能及时供货必须也要建立仓库，从而导致供应商和企业双重设库，降低了整个供应链的资源利用率，也增加了制造商的成本。

模式2：戴尔制造公司在香港的制造基地不设仓库，由供货商直接根据生产制造过程中物品消耗的进度来管理库存。比如，采用准时制物流、精细物流组织模式，按销售订单排产。

该模式中的配送中心可以是四方供应商合建的，也可以和香港基地的第三方物流商合作。此时，供应商完全了解电脑组装厂的生产进度、日产量，不知不觉地参与到戴尔制造厂的生产经营活动之中，但也承担着零部件库存的风险。尤其在PC行业，原材料价格每星期下降1%。而且，供应商至少要保持二级库存，即原材料采购库存和面向制造商所在地香港进行配送业务而必须保持的库存。面对“降低库存”这一令人头痛的问题，供应商实际上处在被动“挨宰”的地位。

在这种情况下，对供应商而言，所谓的战略合作伙伴关系以及与戴尔的双赢都是很难实现的。在供货商—制造商—销售商这根链条中，如果只有制造商实现了最大利益，而其他两方都受损，这样的链条必定解体。因为各供应商为了自身的生存，必然扩展自己新的供货合作伙伴，如对宏基电脑、联想电脑制造商供货，扩大在香港配送基地的市场业务覆盖范围。供货商这种业务扩展策略就会降低戴尔电脑产品的市场竞争力。很显然，当几家电脑制造商都用相同的电脑元件组装时，各企业很难形成自身的产品优势，而且还有泄漏制造企业商业秘密的危险。这种缺乏共兴共荣机制的供应链关系，也必然给制造商埋下隐患。

(2)双赢如何实现

实行供应链管理，提升企业的核心竞争力，关键不在于企业所采用的信息技术的先进性，而在于采用合理的管理体制和运行机制，以及构建整个供应链健康的利润分配机制。按法国物流专家沙卫教授的观点，戴尔电脑制造商要想与其供应商建立良好的战略合作伙伴关系，就应该在多方面照顾供应商的利益，支持供应商的发展。

首先，在利润上，戴尔除了要补偿供应商的全部物流成本(包括运输、仓储、包装等费用)外，还要让其享受供货总额 3%～5%的利润，这样供应商才能有发展机会。

其次，在业务运作上，还要避免因零库存导致的采购成本上升。制造商一般都要向供应商承诺长期合作，即一年内保证预定的采购额。然而，一旦采购预测失误，制造商就应该把消化不了的采购额转移到全球别的工厂，以尽可能减轻供应商的压力，保证其利益。

再次，戴尔制造商应调动供应链上各个企业的积极性，变供应商被动“挨宰”的地位为主动参与，充分发挥整个供应链的能量。比如，让各地区的供应商同时作为该地区销售代理商之一，这样供应商又可以从中得到另外一部分利润。这种由单纯的供应商身份向供货及销售代理商双重身份的转变，使物品采购供应—生产制造—产品销售各环节更加紧密结合，也真正实现了企业由商务合作向战略合作伙伴关系的转变，真正实现了风险共担、利润共享的双赢目标。

事实上，戴尔公司就是采用了这种战略，使得戴尔每年用于产品创新的支出不到 5 亿美元，平均占公司销售额的 1.5%，而其主要的竞争对手惠普公司每年用于产品创新的支出高达 40 亿美元，平均占到公司销售额的 6.3%。但是，惠普的 PC 和服务器部门去年一年的亏损为 14.4 亿美元，而戴尔公司去年却获利 19.8 亿美元，这说明戴尔公司的战略是正确的。

沙卫教授认为，这种战略联盟关系能达到以下目的：

有利于制造商新产品的研发。因为供货商最能掌握自己熟悉的采购供货领域中电脑用电子元器件新产品的面市情况，在了解其性能价格比之后，及时反馈给制造商，让他们选用，有利于完善产品的性能。

有利于把握客户的需求变化动态，促进生产商调整适宜的生产经营战略。

2.案例评析

本案例中，戴尔公司让各地区的供应商同时作为该地区销售代理商之一，使供应商由单纯的供应商身份转变为供货及销售代理商双重身份，这样，具有供货及销售双重身份的供应商就全面地参与了戴尔公司的供应链生产经营活动，戴尔公司的物品采购供应—生产制造—产品销售各环节更加紧密结合，企业由商务合作向战略合作伙伴关系转变，真正实现了风险共担、利润共享的双赢目标。通过这种方式，戴尔公司把存货的库存水平大大地降低了，既节约了采购资金，又降低了存货管理中的风险。

（资料来源：阙祖平. 物流案例分析[M]. 北京：人民交通出版社，2005.）

思考练习题

1.存货业务内部控制有哪些业务环节？主要内容是什么？

2.存货业务应设置哪些岗位？不相容岗位包括哪些？

3.办理存货业务的人员应具备什么业务素质和职业道德？

4.存货业务授权批准制度的内容有哪些？

5.存货的确认条件是什么？

6.简述存货管理部门对存货的入库控制。

7.经济采购批量应如何计算？

8.存货 ABC 分类管理法的基本步骤是怎样的？

9.CVA 分类法将存货分为哪几类？

10.定期盘存法与永续盘存法各有哪些优缺点？

11.存货全面清查的条件是什么？

12.存货可变现净值的确定要考虑哪些因素？

13.单位如何对领用与发出的存货进行管理？

14.存货业务内部控制监督检查包括哪些内容？

拓展阅读

1.闫培金，等. 企业物流内控精要[M]. 北京：中国经济出版社，2001.

2.代国义. 存货岗位会计[M]. 广州：广东经济出版社，2015.

3.国际劳工组织. 改善你的企业：存货管理[M]. 北京：中国劳动社会保障出版社，2005.

第七章 成本费用控制

成本费用控制在企业管理中是财务工作的一项重要内容。尽管成本费用控制会涉及企业经营活动中的很多单位和部门，但是，成本费用控制的牵头抓总者，通常是企业的财务部门。在我国颁布的《企业内部控制应用指引》中虽然没有将成本费用予以单独列示，但是这并不意味着这项工作不重要，或者说，不是财务部门的工作。事实上，成本费用控制成功与否，直接影响到企业的经营效益，而且自始至终是财务部门的核心工作之一。

第一节 成本费用控制概述

一、成本费用控制的依据

（一）成本费用控制的重要性

成本费用控制是企业管理的重要内容之一。在影响企业经营效果的诸多要素中，大体上可以分为两种性质的要素：收入性质的要素或者是与经济效益呈现正方向变化的要素；成本费用要素或者是与经济效益呈现反方向变化的要素。这就决定了，要想提高企业的经济效益，必须两手都要抓，两手都要硬，一手抓增加收入，一手抓成本费用的降低。否则，企业的经济效益就不可能得到真正的提升。在现实中，不少企业产销两旺，一派繁荣，销售收入增加很多，可是到期末会计核算结果一出来还是亏损。其原因就在于没有做好成本费用的控制工作，销售收入虽然实现了增长，但是成本费用却增加得更多，最终收不抵支，无法实现盈利。

（二）成本费用控制的依据

企业成本费用的控制，需要根据企业自身的生产经营特点和成本费用的发生规律来进行，同时还要遵守有关成本费用控制方面的法律和法规。这些法律和法规主要是《中华人民共和国会计法》、《企业内部控制基本规范》、《企业内部控制第 7 号——资产管理》等。

单位在控制成本费用时，应该根据上述有关法律法规的要求和精神，制定本单位的费用开支办法、费用报销规定等，并作为在日常业务中控制各项开支、费用的依据和标准。

二、成本费用控制的责任部门

按照《会计法》及其他相关法规和政策的规定，单位负责人对本单位的经营过程和经营目标承担责任，自然地他（她）也就是成本费用控制的最终责任人，即对成本费用内部控制的建立、健全和有效实施以及成本费用支出的真实性、合理性、合法性负责。但是在管理实践中，成本费用的控制通常由财务部门具体负责，其他部门协调配合。之所以如此安排，主要是因为财务部门通过会计核算和资金管理可以了解企业经营中的各种开支，具有其他部门无法比拟的信息资源优势。

这里必须加以强调的是，企业成本费用的发生地点遍布企业生产经营的各个角落、所有环节，因此成本费用的控制需要按照全员控制、全过程控制的原则进行，即需要单位所有人员的参与；反之，如果仅仅依靠财务部门和财务人员进行成本费用的控制，不可能取得好的控制效果。

第二节　岗位设立与工作职责

一、岗位分工控制

在成本费用业务循环中，成本费用预算、支出、核算与内部报告等业务活动涉及面广、政策性强。单位应当建立成本费用业务的岗位责任制，明确相关部门和岗位的职责、权限，确保办理成本费用业务的不相容岗位相互分离、制约和监督，以保证对成本费用业务的有效控制。

1.职务分离控制

按照《企业内部控制基本规范》及有关规定的精神要求，成本费用支出不相容岗位至少包括以下方面。

（1）单位成本费用预算的编制与审批职务分离；

（2）单位成本费用支出的审批与执行职务分离；

（3）单位成本费用支出的执行与相关会计记录职务分离；

（4）单位成本费用考核评价与执行职务分离。

2.岗位要求控制

单位应当配备合格的人员办理成本费用业务。办理成本费用业务的人员应当具备良好的业务素质和职业道德。

二、授权批准控制

成本费用业务的发生直接影响企业产品成本的高低和经济效益的好坏。在成本费用控制中，必须严把授权批准关，以控制不合法、不合理的成本费用业务的发生。因此，必须把握以下控制要点：

1.建立成本费用业务的授权批准制度

单位应当对成本费用业务建立严格的授权批准制度，明确审批人对成本费用的授权方式、权限、程序、责任和相关控制措施，规定经办人办理成本费用业务的职责范围和工作要求。

2.严格执行成本费用的授权批准制度

审批人应当根据成本费用业务授权批准制度的规定，在授权范围内进行审批，不得超越审批权限。

经办人应当在职责范围内，按照审批人的批准意见办理成本费用业务，不得办理未经审批的任何成本费用业务；对于审批人超越授权范围审批的成本费用业务，经办人应当拒绝办理，并及时向审批人的上级授权部门或主管报告。

第三节　成本费用支出控制

一、成本费用支出控制的基本要求

（1）建立成本费用预算制度。根据成本费用预算内容，分解成本费用指标，落实成本费用责任主体，考核成本费用指标完成情况，制定奖惩措施，实行成本费用责任追究制度。需追加的成本费用预算，应重新办理审批手续。

（2）结合单位经营管理实际，选择恰当的成本控制方法，提高成本管理效率。从事生产经营活动的单位应当采用标准成本、定额成本或作业成本等成本控制方法，利用现代信息技术，结合生产工艺特点，实施对成本的控制与管理。

（3）加强对材料采购和耗用的成本控制，将材料成本控制在预算范围内。单位应当采用经济批量等方法确定材料采购批量，控制材料的采购成本和储存成本；根据生产计划或耗用定额，确定材料物资耗用的品种和数量，控制材料耗用成本。

（4）建立人工成本控制制度，合理设置工作岗位，以岗定责，以岗定员，以岗定酬，通过实施严格的绩效考评与激励机制控制人工成本。

（5）明确制造费用支出范围和标准，采用弹性预算等方法，加强对制造费用的控制。

（6）制定其他费用的开支范围、标准和费用支出的申请、审核、审批、支付程序，严格控制费用开支。

（7）正确进行成本费用的计算和分配。

二、成本费用支出控制的内容

从现代管理意义上来说，成本费用的内部控制是一个多维的、立体的控制系统，它关注从产品的设计、生产、销售到消费的所有环节，关注全面质量管理，关注产品寿命周期，关注价值链的形成，关注企业各种作业活动。

成本费用内部控制需要在建立健全各项基础工作的基础上，实施事前、事中、事后的控制，见图 7-1。

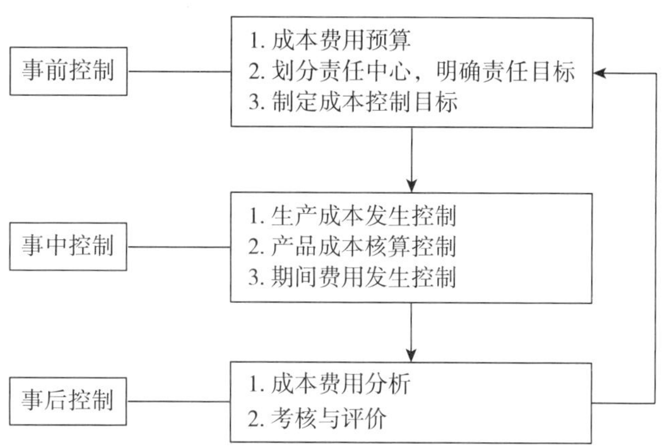

图 7-1　成本费用内部控制的内容

(一)事前成本费用控制

事前成本费用控制是指在产品投产前对影响成本的生产经营活动所进行的事前预测、规划、审核和监督。比如，用测定产品目标成本来控制产品设计成本；从成本上对各种工艺方案进行比较，从中选择最优方案；事先制定劳动工时定额、物资消耗定额、费用开支预算和各种产品、零件的成本目标，作为衡量生产费用实际支出超支或节约的依据；建立健全成本责任制，实行成本归口分级管理；等等。

1.成本费用预算

成本费用预算以销售预算为基础，由成本费用消耗部门根据成本费用预测结果进行编制。而成本费用预算中的核心就是成本费用的预测。成本费用预测是指根据单位的经营总目标和预测期可能发生的各个影响因素，采用定量和定性的分析方法，确定目标成本和费用、预计成本和费用水平和变动趋势的一种管理活动。

成本费用预测的步骤包括：(1)根据企业的经营总目标，提出初选的目标成本；(2)初步预测在当前生产经营条件下成本可能达到的水平；(3)提出各种降低成本方案，对比、分析各种成本方案的经济效果；(4)选择成本最优方案并确定正式目标成本。

2.划分责任中心，明确责任目标

责任中心是单位内部可在一定范围内控制成本发生、收益实现和资金使用的组织单位，是全面预算的执行主体。按责任和控制范围的大小，这些责任单位可以分为成本中心、利润中心和投资中心。单位必须划分若干既相互区别又相互联系的责任中心，并明确其权责范围。

责任中心划定后，还应明确各个责任中心的目标。责任目标是有关责任中心在其权责范围内，预定应当完成的生产经营任务和财务指标。它把单位全面预算所确定的成本费用目标和任务进行分解，为每个责任中心确定相应的责任预算，以使各责任中心了解其所应完成的具体任务。通过确定责任预算和考核标准，各责任中心有了明确的奋斗目标和行为标准。

3.制定成本费用的控制目标

单位应当根据预定的目标在生产前预先制定成本费用控制标准。预计成本与目标管理方法的结合是有效进行成本比较的手段，也是评价考核单位及责任中心成本业绩的标准尺度。

成本控制标准规定了在一定生产条件下，材料、工资和其他成本的实际耗费所应遵守的数量界限。成本控制标准主要包括直接材料用量标准、直接人工消耗标准、材料价格标准、直接工资的分配率标准和制定费用的开支限额及其分配率等。

制定成本标准的方法有固定预算法和弹性预算法。

固定预算法是根据实际消耗情况，参考单位历史上的先进水平、外单位的先进水平和国际先进水平，经过技术经济分析，综合各方面的资料，求得平均先进的消耗定额，作为直接材料、直接人工耗用量标准。固定预算一般用于各种直接成本的预算。

弹性预算法是指企业在不能准确预测业务量的情况下，根据本量利之间有规律的数量关系，按照一系列业务量水平编制的有伸缩性的预算。只要这些数量关系不变，弹性预算可以持续使用较长时期，不必每月重复编制。弹性预算主要用于各种间接费用预算。

为了有效进行成本控制，有些成本控制标准还必须依据分级归口管理原则，按成本形成的责任单位逐级分解成小指标，落实到各部门、各单位、班组和个人，作为其成本控制标准，以保证单位成本计划的实现。

由于期间费用和产品生产不是直接相关，其控制标准可参照费用开支范围、费用额度手册，以及上期实际发生的费用来制定。

(二)事中成本费用控制

事中成本费用控制是指在成本发生期间或成本发生的过程中，为保证成本控制制度的落实，降低成本费用，确保成本记录真实，及时提供全面、可靠的成本费用耗用资料，为单位改进成本控制方法，提高成本控制管理水平而采取的一系列措施。

1.生产成本发生控制

单位应建立相应的生产成本控制制度，加强对生产成本的控制，降低生产成本；同时，应保证生产成本信息的准确可靠，为单位改进成本控制方法，进行成本控制决策提供信息。生产成本业务主要由生产部门负责，同时，还涉及计划、劳资及会计等部门。生产过程中发生的生产成本就经济性质看，主要包括外购材料、外购燃料及动力、工资和福利费及折旧支出等。业务流程一般经历以下一些环节：

(1)单位技术部门会同生产成本发生部门制定材料、动力等费用的消耗定额与开支标准，作为对各项生产成本控制的依据。计划和会计部门根据生产成本消耗定额及其开支标准，编制生产成本计划，并将费用指标分解落实到生产成本具体发生部门，以便对之进行有效的控制。

(2)用料部门根据生产计划和消耗定额填制领料单，经部门主管人员审核签字后，据以领料；各个部门考核人员做出考勤和产量记录，经由各个部门负责人员审核签字后，送交会计部门，作为计算工资、提取福利费及分配工资费用的依据；车间核算人员记录动力消耗情况，经过主管人员审核签字后作为分配动力消耗费用的依据。

(3)会计部门根据各部门经审核签字后的各项费用开支凭证，结合各部门、费用限额办理各项费用的结算业务，同时汇集各项生产成本的原始记录进行审核汇总，并按照生产成本经济用途计入有关账簿。

为保证单位生产成本业务会计核算资料准确可靠，保证生产成本业务合法合规，保证生产成本支出经济合理，保证生产成本计价正确真实，单位应根据生产成本业务的特点以及对生产成本管理的要求，采取相应的控制措施。

2.产品成本核算控制

产品成本的核算制度，通常是指一定期间的生产费用，按各种产品进行归集，并在产成品和在产品之间进行分配，以求得各种产成品总成本和单位成本的制度。一般包括成本计算对象的确定、成本核算项目的设置、成本计算方法的确定、生产费用的分配以及完工产品和在产品成本的划分等。

(1)确定成本计算对象。成本计算对象是指为了归集和分配生产费用进行成本计算而确定的生产费用的承担者。确定成本计算对象时，应考虑生产类型的特点和成本管理要求。生产类型的特点包括工艺过程和组织方式。一般来说，不同生产类型的成本计算如表7-1所示。

表7-1　不同生产类型的成本计算

生产类型		成本计算对象	成本计算方法
生产工艺	生产组织		
简单生产	大量生产	产品品种	品种法
复杂生产(连续式)	大量生产	产品加工步骤	分步法
复杂生产(装配式)	大量生产	产品加工步骤	分步法
复杂生产(装配式)	成批生产	生产加工步骤或产品批别	分步法或分批法
复杂生产(装配式)	单件生产	产品批别	分批法

(2)设置成本核算项目。成本核算项目一般包括直接材料、直接人工和制造费用。单位也可根据自身情况做一些调整，增减一些项目。

(3)确定成本计算方法。成本计算方法要根据成本计算对象、成本计算期间和生产费用在完工和在产品之间分配的特点加以选择。常用的成本计算方法主要有品种法、分批法和分步法。

必须指出的是，一个单位采取的成本计算方法不是唯一的，因为单位在从事生产产品过程中，由于生产特点不同，管理要求不同，采取的成本计算方法也不完全相同。

(4)确定生产费用的分配标准。生产费用归集后要进行分配，合理分配生产费用是正确计算产成品成本的必要条件。生产费用分配的基本方法是比率法，即分配对象统一分配标准，计算出分配率；然后以某种产品的分配标准数乘以分配率，即可求得该种产品应分配的费用数额。

为保证生产成本业务会计核算资料准确可靠，保证在产品安全完整，保证生产成本业务合规、合法,生产成本计算准确,生产成本计算和成本报表的编制及时,单位应根据生产成本业务的特点以及经营管理对生产成本业务的要求,在生产成本核算业务处理过程中设置一些必要的控制点,并采取相应的控制措施。

3.期间费用控制

期间费用包括管理费用、营业费用和财务费用等开支。单位的管理体制不同,可以采取的期间费用控制方法也可以不同,控制方法主要有预算控制法、定额控制法、审批控制法和归口分级管理法。

(1)预算控制法

期间费用的预算控制是依据单位成本费用的计划要求而编制的期间费用支出的预算,并据以控制日常期间费用开支。期间费用预算主要根据期间费用项目的特点和各项期间费用过去年度的资料,并考虑计划期可能发生的变化而分项目编制。

预算控制的关键是各部门、各单位必须严格按照预算执行,不得突破预算标准。单位年终应根据预算进行考核,并予以相应奖惩。

(2)定额控制法

定额控制法是为了控制费用开支,事先依照一定条件或经济环境,为生产某种产品或零部件或为完成某项业务而需要耗费的人力、物力、财力的数量标准,确定一个额度,作为费用开支的标准。

定额控制的关键是凡在定额以内可予以报销的,其节约的还可以给予一定的奖励,超过定额的部分就不能予以报销。定额标准一旦确定,就要严格执行,不能随意更改。但定额标准应随着技术条件和经济环境的变化定期修改,使之适应新的环境和条件。

(3)审批控制法

单位应当建立严格的费用审批制度,各项费用的发生,必须按照有计划、有审批的原则进行控制管理。费用审批制度应当明确审批的人员及其权限。通过分层审批,可以有效监督期间费用预算的执行,减少期间费用超额度、超标准、乱开口子和造假贪污等不正常现象的发生。审批控制操作时,一般由费用发生部门业务人员提出申请,经有关领导审批后在额度内开支;费用开支后,由有关人员将有关单据填写报销单,按费用审批控制制度规定,经有关领导审批后方可予以报销。

(4)归口分级管理法

归口分级主要内容包括:①归口管理。即按照管理权限和管理责任相结合的原则,合理安排单位内部各部门、各单位在期间费用上的权责,调动各部门、各单位管理好相关费用的积极性。②分级管理。各管理部门应当根据各项费用的具体情况,将费用控制责任层层分解,层层落实,让归口管理部门的所属单位和个人都对相关费用控制和管理负有责任,从而加强对期间费用的控制。③财务部门对期间费用实行统一管理。财务部门作为综合管理部门,所有期间费用开支都由财务部门统一办理借款报销手续。财务部门按照单位有关费用开支范围和开支标准,严格执行单位制定的费用预算、费用定额和费用审批制度,对每一笔期间费用支出认真进行审核,凡是符合规定的予以报销,违反规定的不予报销。

以上这几种方法在实际运用中不是孤立的,常常结合起来应用。

(三)事后成本费用控制

事后成本费用控制是指在产品成本形成之后的综合分析和考核。主要是对实际成本脱离目标(计划)成本的原因进行深入分析,查明成本差异形成的主客观原因,确定责任归属,据以评定和考核责任单位业绩,并为下一个成本循环提出积极有效措施,消除不利差异,发展有利的差异,修正原定的成本控制标准,以促使成本不断降低。

1.成本费用分析

单位会计部门按照成本费用归口、分级管理的原则,运用专门的方法,进行成本费用分析,通过分析,及时掌握成本费用升降的原因。

单位经过成本分析,找出差异原因,据此采取纠正措施,或修订成本费用标准,以推动今后的成本费用内部控制工作可以更好地进行。

单位对各项成本费用及其升降情况的分析应包括以下内容:成本、费用计划完成情况的分析;成本、费用降低情况的分析;单位成本的分析;营运支出项目的分析。在成本分析中应注意以下几个方面:

(1)成本分析应当结合成本标准和成本控制目标,联系实际情况,分析其深层次的原因。

(2)通过分析,要找出差距,提出改进措施。

2.考核评价

为了使成本费用控制系统发挥积极作用,维持系统长期有效运行,单位必须建立一套完善的成本费用考核评价制度。即单位应当定期比较成本费用实际执行情况与成本费用标准,从而对目标成本的实现情况和成本计划指标的完成结果进行全面的审核和评价。然后把考核评价结果同奖惩相结合,利用奖惩机制来激发成本中心完成目标的积极性。

三、成本费用支出控制

(一)成本费用控制规范

做好成本费用管理的各项基础工作,制定成本费用标准,分解成本费用指标。控制成本费用差异,考核成本费用指标的完成情况,落实奖罚措施,降低成本费用,提高经济效益。

(二)成本费用控制要点与监控方法

1.生产循环中的各种职务实行必要的分离控制

(1)审批发料人员不能同时担任仓库保管员。

(2)生产计划的编制者应同其复核和审批人员适当分离。

(3)产成品的验收部门应同产品制造部门相互独立,产成品的验收、保管、记账职务应当分离等。

(4)生产用物资的保管职务应与记录职务相分离,仓储部门的职责主要是记录各种入库材料、商品的种类、数量以及实物的保管,不能同时负责有关账户的会计记录。

(5)存货盘点不能只由负责保管、使用或记账中的任何一人单独进行,而由他们共同进行。

2.产品计划管理和控制

企业应对产品进行市场预测，然后根据市场预测的结果，以及企业的经济资源、生产能力，确立生产任务，编制生产计划，以此指导企业的生产经营活动。企业的每一种产品投产，应编制成本计划，并经批准后，将成本指标分解到各个部门予以实施和考核。

3.生产进度控制

生产进度控制是指对原材料投入生产到产品入库为止的全过程所进行的控制。生产进度控制包括的主要内容有：投入进度控制、产出进度控制、在制品管理控制和工序进度控制。投入进度控制是指控制产品投入生产的日期和数量。产出进度控制是指控制产品产出的日期和数量。在制品管理控制是指对企业正在加工的在制品或半成品进行管理和控制，保证各生产环节之间的衔接协调，使生产能够有节奏地、均衡地和成套地进行，尽量减少在制品占用量，避免在制品积压，加速资金周转。工序进度控制是指控制产品每个加工工序的进度。

4.产品质量控制

产品质量就是产品的使用价值，是产品适合一定用途，满足消费者需要所具备的特性。它既包括产品结构、性能、可靠性、物理化学成分等内在质量特性，又包括形状、造型、色彩等外观质量特性。产品质量是企业各个方面工作质量的集中反映，企业设计技术部门、生产部门以及技术服务部门的工作质量均会影响企业产品质量。设计技术部门的质量管理控制，是以保证产品设计质量为目标的质量管理控制；而生产部门的质量管理控制，则是以保证达到设计的产品质量标准为目标。生产过程的质量管理控制，主要是通过对操作人员、机器设备、材料和工艺方法等影响质量的因素进行控制。产品质量的控制指标是合格品率或等级率。

5.产品成本控制

产品成本控制是指在生产过程中将原材料、人工等各项费用支出限制在规定的标准范围之内，保证企业达到降低成本的目标。

产品成本控制工作包括以下三个方面的步骤：(1)制定各项消耗定额和费用开支标准，并将这些定额和指标层层分解，落实到各个生产部门、车间、班组和个人，使各级都有明确的控制标准和责任；(2)监督生产费用的实际开支，建立严格的审核制度，其中包括限额领料和费用开支的审批等；(3)分析成本超支的原因，采取降低成本的措施。

6.期间费用控制

(1)所发生的费用要集中通过书面核准，费用的分配集中办理。

(2)费用单据应连续编号，集中保管。

(3)费用单据上的价格、数量、供应商均经过核准。

(4)供应商发票及其支付经过适当的核准，在付款核准前，发票及有关凭证要经过有关授权人员签字批准。发票不能由非处理现金、无权核准费用的人员处理。

(5)会计部门应核对并核准供应商发票。

四、成本费用支出控制的方法

在成本费用支出控制阶段，对产品生产成本应当采用标准成本、定额成本或作业成本等成本控制方法，利用现代信息技术，结合生产工艺特点，实施对成本的控制与管理；对期间费用则应采用与之相适应的方法进行管理与控制，从而揭示成本费用脱离预算或定额的差异，落实成本费用脱离预算与定额的责任。

下面仅对作业成本法进行简单介绍。

传统成本计算方法是以“产品”为中心，进行成本计算，就成本论成本。在高新技术环境下，由于制造费用在生产成本中的比重日益提高，成本的相关性逐渐减弱，因而，产品成本计算的重点应放在制造费用的分配上。传统的成本计算方法采用单一标准分配制造费用，由此导致产品产量大、技术含量较高的产品的成本偏低，形成不同产品之间成本的严重扭曲，由此导致生产经营的失误。

作业成本计算法是将间接成本和辅助资源更准确地分配到作业、生产过程、产品、服务及顾客中的一种成本计算方法。在作业成本计算法下，许多组织资源的使用并非用于构成产品的实物形态，而是用于为各种辅助作业活动提供一个宽泛合理的安排，以便能够为各类顾客提供不同的产品和服务。作业成本计算法的目的不是将共同成本分配到产品，而是对用于各种作业的资源进行计量和定价，这些作业主要是指辅助生产、交货及顾客服务。

作业成本计算法与传统成本计算法的不同之处，主要在于采用多元化的制造费用分配标准。它建立在作业消耗资源、产品消耗作业的前提之上，其基本原理为：依据不同的成本动因分别设置成本库，再分别以各种产品所耗费的作业量分摊其在该成本库中的作业成本，然后分别汇总各种产品的作业成本，计算各种产品的总成本和单位成本。

所谓成本动因，是引发成本的推动力或驱动因素，即引起成本发生或变动的原因。根据 ABC 原理可将成本动因分为资源动因和作业动因两类。前者是衡量资源消耗的起因，是将资源费用归集到作业的依据；后者指作业发生的原因，是将作业成本库中的成本分配到成本标的的依据，也是将资源消耗与最终产出沟通的中介。

可见，作业成本计算法将着眼点放在作业上，以作业为核算对象，依据作业对资源的消耗情况将资源的成本分配到作业，再依据成本动因追踪到产品成本的形成和积累过程，由此得出最终产品成本。如图 7-2 所示。

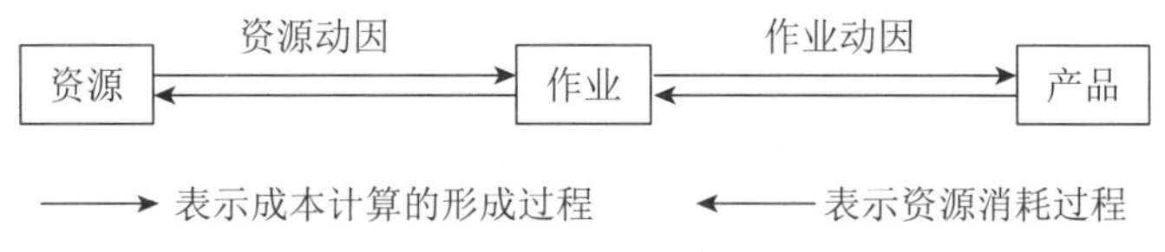

图 7-2　作业成本计算原理示意图

因而，利用作业成本原理进行成本费用控制时，应依据作业对资源的消耗情况，对成本费用进行分解，使各个作业环节既是产品作业者，又是资源消耗者，同时成为资源消耗

(成本费用)的控制者。

五、成本费用支出控制流程

(一)生产计划与成本预算控制

(1)企业需根据生产工艺、技术组织特点制订内部成本核算流程和账户处理程序,并考虑物资供应、劳动工资、资金筹措等因素制订成本计划。

在上述计划制订完成后,应由专人对相关计划及控制环节、控制措施进行审核,根据情况做出相应调整。具体实施时,如有必要,可及时对原计划进行修订。

(2)成本预算编制应由生产部门、销售部门、采购部门和仓储部门共同参与。对形成的预算要层层分解,力求个人和小组均有相应指标控制。定期分析实际与预算的差异,及时调整预算。

(3)企业应由最高管理当局直接或授权具体部门或人员批准计划的制订和修订。如具体部门有计划批准权,则应界定其权限的范围。

(4)生产指令一般由生产计划部门批准,但重大生产调整或重大指令修正应由企业最高管理当局另行授权或批准。

(二)成本核算控制

企业应根据自身生产工艺特点及经营模式制定内部成本核算流程和账务处理程序,并考虑建立以下内部控制制度:

(1)依据成本计算方法设置成本计算单,明确成本计算责任主体。建立起一个成本会计系统,以成本中心或产品为对象归集成本。

(2)根据需要制定生产进度控制、产品质量控制和成本控制措施,也可选择采用制定成本项目定额的方法实施控制。

(3)企业应将原材料入库、领料、加工、成本核算、产成品入库、产品发出等各环节的相关责任具体落实到个人。应由专人定期对领料单据、成品入库凭证、制造费用发生及分摊情况、人工费用记录等进行稽核,并对成本核算的方法和结果进行复核与审查。

(4)企业应事先对入库通知凭证、生产指令、领发料凭证、产量和工时记录、发货通知单据等自制原始凭证顺序编号,并对编号后的凭证顺序领用,对未编号的凭证不得使用。

(5)在成本核算时,应获取经相关部门确认的原始资料,如材料耗用、制造费用汇总、工费统计、完工产量等。计算成本常用资料有:供货商发票及相应的应付账款账户资料;应收账款销售记录;原材料、存货记录;工程人工日常记录;产品盘点资料等。以上资料应及时审批和处理。

(6)定期检查存货成本、制造费用、工资和福利费分配率,保证生产成本资料的准确性。

(7)审核企业的各项工资支出是否符合国家关于工资总额组成的规定,正确地核算工资费用、计提和使用职工福利费,以降低产品成本和经营管理费用。

(8)在产品应根据有关转移证明,定期到相应部门盘点,计算其成本。

(9)企业应严格限制成本构成资料、工艺流程资料、机密配方、技术诀窍资料、核心软件编程等内部文件的有意或无意泄露，与知情人员签订保密协议，避免不相关人员对有关资料的接触。

(三)存货保管控制

(1)保管部门对入库存货的数量应及时记入登记簿，并标明他们的存放地点、仓号和仓位。收入的存货应分类编制，以便同类物品集中存放和保管。

(2)存货由专人保管，只有授权批准的人才能进入仓库，应严格限制接触存货。

(3)存货保管部门应经常对存放的货物进行盘点，查看有无变质、损坏情况，检查结果应予记录。如发现有损坏，变质，应及时填制专门的报告单，说明数量及原因，经有关人员批准后，由保管部门和财会部门分别调整数量和金额记录。

(4)仓储部门应建立最低库存量预警系统，由计算机适时分析预测材料需要，确定实际需要材料采购的日期和数量，向采购部门申请。

(5)废品应当与其他存货分开存放、保管。

(四)存货发放控制

(1)生产管理部门应根据经批准的生产指令安排生产，并制定生产过程中投料、加工、检验、交付等不同环节之间的信息流、物资流及凭证流的传递方式和内部控制结点。

(2)存货发出时要有经审核批准的凭证为依据，并确保与之完全相符。发货人应根据有关单据及时登记存货收发登记簿，并填制存货出库单或者将一式多联的材料领用单及时送交财会部门作有关会计处理。

(五)存货盘点控制

(1)在永续盘存制下，会计及仓储部门的账簿设置很重要，实行数量和金额双重控制，且两部门账目应经常核对。

(2)采用永续盘存制时，还应对货物进行定期或不定期盘点，由生产部门、会计部门、保管人员共同进行。

(3)进行盘点前，应适当传达盘点的指导原则，同时对有关人员进行培训。

(4)盘点期间，运输等业务应当停止，并预备事先编号的标签和盘点表记录盘点结果。

(5)盘点结束后，有关文档应整理成册交财会部门，并作相应调整。

(6)在抽样盘点下，应提供有关样本大小、样本层次的文件。

(六)工薪和人事的内部控制

(1)对工薪人事业务实行职务分离控制。一般来说，劳动人事部门负责工薪人事计划与决策、人员聘用；车间科室部门负责编制考勤记录；财会部门负责编制工资单，记录和分配工资费用。

(2)工薪人事决策与计划控制。劳动人事部门应当根据企业的短期和长期发展规划，制定出短期和长期的工薪人事计划，匡算出各级各类人员的需要量，做出聘用合格人员的决策。为达到这一控制，应保护相应的工薪人事计划、面试和雇用记录等资料。各个业务部门应在劳动人事方面受工薪人事计划和决策的制约。

(3)人事管理制度控制。劳动人事部门应当建立和健全人事管理制度，包括与新进员工签订劳动合同，对工资定级及变动进行授权，保管人事记录，防止未经授权接近这些记录，同时对员工的能力和诚信进行调查、考核。

(4)考勤记录控制。考勤记录是计算应发工资的基础,为对工时记录进行适当控制,应健全原始记录,严格考勤措施。

(5)工资单审核控制。劳动人事部门应当审核工资单的计算和汇总,指定专人审核工资单的交叉合计数是否正确,核对每一员工的考勤记录和工资率是否正确。如果采用计算机编制工资,则应打印出工资表,将其同人事文件中授权的工资率加以比较,或采用机内审核程序加以比较,打印出例外报告。

(6)工资发放控制。工资单和工资汇总表经审核后才能发放。签发支票要经过授权批准。

(7)记录和分配工资费用控制。按照审核过的工资汇总表登记有关应付工资、应付福利费等账户,按照审核过的工资分配汇总表分配工资费用。

(8)劳动力利用效率控制。劳动人事部门应当规定劳动力利用效率的计划指标,定期或不定期地与实际劳动力利用效率进行分析,以掌握劳动生产率的增减变动,促进改善工薪人事计划和决策,改善人事管理制度。

六、成本费用控制的几个认识误区

在单位成本费用控制中,经常会出现一些认识上和理解上的误区,直接影响到有关人员控制成本费用的积极性和主动性,降低成本费用控制的效果。这些认识上的误区主要有:

(一)降低成本费用主要是财务部门的工作责任

在单位中,成本费用的主要责任部门是财务部门。这是因为财务部门进行会计核算,比较了解各种成本费用的发生情况,而且所有的成本费用最终都要通过资金进行支付,财务部门作为资金管理的职能部门也比较容易进行掌控。但是,如果以此认为成本费用控制就是财务部门的事情,与其他部门和人员没有关系,就是一种认识上的错误。实际上,成本费用的控制主要是依靠成本费用的发生部门,即谁发生成本费用就由谁来控制成本费用。这种成本费用的发生主体与成本费用的控制主体相互统一的最大优点是,可以最大限度地降低成本费用。因为只有成本费用的发生部门才最了解成本费用的具体用向、发生的数额等,也只有依靠他们才能找出降低成本费用的有效方法。

(二)降低产品成本会影响产品的质量

从产品成本与产品质量的相互关系看,这两者有时确实存在着反向的关系。比如,单位要提高产品质量,就需要增加质量检测设备、增加质量检验人员、增加质量检验的各种试剂、采用高品质的原材料等等,而这些都会增加成本费用的数额。但是如果以此而认为降低产品成本会影响产品的质量,则是片面和错误的。因为成本费用与产品质量除了上述相互矛盾的一面外,还存在着相互兼容和一致性的一面。比如,产品质量的提高可以减少废品损失,并相应地降低产品成本。所以,问题的关键是要找出成本费用与产品质量的结合点,在保证产品质量稳定和提高产品质量的前提下,降低成本费用。反之,如果为了降低成本而偷工减料,降低产品的质量品质,那么无异于自取灭亡。

(三)降低成本费用会影响员工的工作积极性

不可否认,成本费用的降低,肯定会限制各种开支、降低一些开支标准,员工可能会觉得办事方面不太方便。对此,单位有关部门应向全体员工做细致的思想工作,要把道理讲透、讲彻底。员工降低成本费用,自觉地减少各种支出,控制各种消耗,一方面可减少能源消耗,为社会经济的可持续发展做出了贡献;另一方面,单位通过成本费用的降低可实现盈利或增加利润,也增强了发展实力;最后,员工自己也能够从单位的利润分配或奖金中得到自己的利益。可以说,成本费用的控制于宏观上的社会经济可持续发展、微观上的企业发展及员工的自身利益都有益,是一举三赢的事情。

(四)降低成本费用就是要裁减员工

理论上讲,降低工资费用有三条路:裁减员工、减少薪水和提高工效。现实中各国的情况不同,所采用的方式也不完全一样。比如在国外,这三种方式都可以使用,但在中国,裁减员工会受到更多的限制,特别是对国有企业来说更是如此。而且裁减员工有时还需要支付相当数量的补偿费用,反而会增加单位的成本费用,加剧资金紧张状况。因此,单位在成本费用控制中要谨慎对待和使用"减员增效",不能一味地裁员。裁员有时并不能增效,而且把大量员工推向社会也会增加社会的负担,加剧社会矛盾。单位成本费用的降低,更多地应该在提高劳动效率、减少浪费上下功夫。

(五)本企业的成本费用已经很低了,没有降低空间了

这种观点和认识在现实中很普遍。相当多的企业认为自己的成本已经比较低了,没有多少降低空间了,不愿意在成本费用控制方面做更多的事情。其实这是一种认识上的错误。成本费用控制在经济生活中是一个永恒的主题。不管大企业还是小企业,也不管是国外的还是国内的企业,成本费用控制都是经济管理的重要内容之一,只是成本费用降低的起点不同而已。因此,企业在进行成本费用控制时应该首先克服这种认识上的障碍,从内部管理和内涵上要效益,通过成本费用的降低提高管理效益和经济效果。

七、成本控制报告

成本控制报告是成本控制的重要内容之一,也称为业绩报告。其目的是将责任中心的实际成本与限额比较,以判断成本控制业绩,一方面有利于调动责任人的工作积极性,另一方面为改进今后工作提供必要的信息。

成本控制报告的内容应包括:

(1)实际成本。实际成本资料可以通过账簿系统提供,也可以在责任中心设置兼职核算员,在账簿系统之外搜集加工。

(2)控制目标。控制目标可以是目标成本,也可以是标准成本,一般都要按实际业务量进行调整。

(3)两者之间的差异和原因。通过对实际成本与控制目标的比较,揭示其差异,同时,还必须对重大差异予以定量分析和定性分析。定量分析旨在确定差异的发生程度,定性分析旨在分析差异产生的原因,并根据这些原因提出改进建议。

成本控制报告应做到:(1)报告的内容应与其责任范围一致;(2)报告的信息要适合使

用人的需要；(3)报告的时间要符合控制的要求；(4)报告的列示要简明、清晰、实用。

第四节 监督与检查

成本费用内部控制制度的监督检查，是实施成本费用内部控制的保证。单位必须加强成本费用内部控制监督检查的组织，明确监督检查的内容、程序和方法。

单位应当建立对成本费用业务的监督检查制度，明确监督检查人员的职责权限，定期和不定期地进行检查。

一、成本费用内部控制监督检查的内容

成本费用内部控制制度的监督检查主要包括以下几方面的内容：

(1)成本费用业务相关岗位及人员的设置情况。重点检查是否存在成本费用业务不相容职务混岗的现象。

(2)成本费用业务授权批准制度的执行情况。重点检查成本费用业务的授权批准手续是否健全，是否存在越权审批的行为。

(3)成本费用预算制度的执行情况。重点检查成本费用支出的真实性、合理性、合法性和是否超出预算范围。

(4)成本费用核算制度的执行情况。重点检查成本费用的记录、报告的真实性和完整性。

二、成本费用内部控制监督检查的程序和方法

成本费用监督检查机构或人员应通过一定的形式，采取实施符合性测试和实质性测试的方法，检查单位的成本费用预测、支出、核算与报告等各个业务环节的内部控制制度是否健全，各项规定是否得到有效执行。

(1)成本费用内部控制制度是否建立健全与规范。主要检查单位是否建立与健全成本费用业务的岗位责任制、授权批准制度、成本费用的预算制度、成本费用责任追究制度、人工成本控制制度、费用的开支范围与标准、成本费用核算制度、成本费用内部报告制度，以及成本费用内部控制的监督检查制度等，了解单位成本费用内部控制制度建立的完整性。

(2)成本费用内部控制制度是否适应，执行是否有效。通过观察单位实际的成本费用管理业务流程，了解从成本费用的预算、支出、核算与报告等，到会计处理的整个流程，对比单位成本费用内部控制制度及控制标准，检查成本费用内部控制制度的适应性，以及内部控制制度执行的有效性。

(3)成本费用环节的各种税金的计量及账务处理，是否符合会计制度与税法的规定。

(4)对监督检查过程中发现成本费用内部控制中的薄弱环节，单位应当采取措施，及

时加以纠正和完善。

案例分析题1

大型超市成本控制调查报告

——好又多超市成本控制的优劣势研究及解决思路①

好又多百货商业广场有限公司是一家大型的流通业量贩型台资企业，隶属于台湾诚达集团，自1997年8月开设首家店——广州天河店以来，又陆续在全国各地开设四十几家新店，至今在广州、番禺、深圳、成都、昆明、绵阳、西安、武汉、福州、厦门、宁波、温州、绍兴、杭州、上海等城市均已开设分店，并以成倍的数量在增长，预计至2005年底将达60多家分店。

1.好又多超市成本控制的优势研究

超市成为一种业态得以产生、存在和发展，根本原因是其所具有的核心优势。判断零售业态的优势和劣势，关键是看其与其他业态相比较所具备的能满足消费者需求的特征。研究表明，消费者在选择零售商店时所考虑的主要经济因素，即对零售商的需求主要有8个：价格、便利性、选择性、产品质量、售中服务、商誉及公正性、附加服务（包括送货、信用、退货等）、利益奉献。

显然，在上述8个指标中，超市的主要优势一是价格较低，二是品类较多、选择性较强，同时，超市的便利性也较好。其中，价格是超市的核心优势，这一优势的获得主要是基于超市对成本的掌控力。因此，本次调查的切入点就选在成本控制。在调查中主要采取了资料研究、不同层面的超市管理者访谈和顾客访谈以及实地考察等形式对好又多进行了研究，并对其在成本控制方面的优势归纳如下：

（1）采购的议价能力。好又多超市的特点就是薄利多销，毛利率一般控制在3%～8%之间，因此采购成本一般占超市商品成本比重的90%以上，居最突出的位置。

（2）现金流控制节约成本。好又多对现金流的控制非常严格，经常检讨在现金流控制方面存在的问题。它的现金流控制主要体现在采购商品的款项结算控制严格，以及内部经营成本、费用控制严格两个方面。第一方面好又多的结款政策一般为60天结款，并且不是根据到货时间而是根据产品销售时间来定，因此从产品进货到款项结回一般要超过90天，在此期间好又多可以无偿占用该笔资金。以好又多单店月平均销售额1000万元计，占用三个月资金的财务费用可节约150万元。同时对具备结款的条件控制很紧，比如年度的进场费、节日活动费等各种费用没有交清之前不得结款，各种手续和凭证必须与好又多的要求完全相符，否则必须重新开具。第二方面为成本、费用控制，举几个简单的例子就可以说明。第一，好又多每年举行的“尾牙”活动所需的各种奖品都是从供应商中要求赞助获得的，奖品总价值在5万以上；第二，好又多所列的几大节日促销活动（元旦、五一、中秋、国庆、春节、店周年庆等）所需费用基本上都是由供应商来承担，包括活动的海

① 王敏俊.大型超市成本控制调查报告——好又多超市成本控制的优劣势研究及解决思路[J].商场现代化，2005，12(上)(451)(本文此处有删减).

报、卖场布置、对外宣传以及促销商品的优惠等一篮子费用都是由供应商来提供;第三,在实际运营过程中小到办公用纸及包装袋全部由厂商赞助。因此,公司现金流控制比较牢,营运成本比较低廉。

(3)物流控制降低成本。好又多在物流管理方面具有自己独特的方式,仓库面积小,但周转速度快。对库存基本上属于分权管理模式,权限下放到课一级,由课长自行决定采购活动。物流控制的成本优势体现在以下几个方面:①及时订货,仓库面积小,周转快,仓储成本低廉;②货物运输费用大部分是由供应商自行承担,好又多自己没有独立的物流管理中心来运作物流这一块,好又多对物流的核心理念是注重信息流的管理,物流实行"拿来主义",这样通过专业化的分工合作来降低物流成本,保证供应链畅通;③每个月的21日左右,好又多各个门店进行库存盘点,要求各课的库存资金占有量不能超过一定的限额,因此,各课一般经常会对库存进行主动的清理,对滞销及订货量过大的商品进行退货或平行调度处理,保证库存控制在一定范围内。并且好又多对盘点的损耗规定不能超过一定的金额(根据课别以及业绩量的不同而不同),要求课长在盘点完毕的几天之内必须把超额损耗补足,补损耗的一般做法为让供应商买单而不提货或直接提供现金赞助,因此好又多又把损耗的责任转嫁给了供应商。

(4)内部管理控制。好又多管理属于日本式的管理的范畴,对各项管理都非常严格,照章办事,决不含糊。它的管理非常清晰,内部各种管理表格的设置都是标准化的格式,比如卖场专柜促销员的进场要经过四道审核手续:第一道,门店营运课长签署意见,主要针对是否属于需进促销员的供应商;第二道,营运处经理签署审批意见;第三道,财务签署意见,核对押金、促销员的工卡等费用是否交齐;第四道,人事签署意见,核对促销人员与供应商的法律关系。需特别说明的是第四道程序,好又多要求供应商必须按国家的有关规定与促销员签订合同,办理各种保险,承担各种义务,实际上促销员的管理统一是由好又多进行,是卖场销售的生力军,从排面的补齐、整理,库存的盘点等工作都由他们来进行,这支庞大的队伍完全是由好又多免费使用的,按人均工资10 000元来计算,每年单店可省人工成本500万以上。又比如超市中有些专柜的费用主要由以下几块组成:①按销售额的20%由超市提成,5 000元销售额保底;②进场费及节假费4 000元/年;③促销员管理费1 200元/月/两人。

好又多正是通过规范采购管理降低采购成本,严控现金流降低财务成本,优化库存和物流管理减少储运成本,完善内控程序降低总体营运成本等几个方面,切切实实把成本控制落到实处,突出体现超市竞争的价格优势,值得国内企业的深入学习和借鉴。

2.好又多超市成本控制的不足之处

(1)好又多对供应链的控制能力在减弱。超市竞争激烈使得各好又多超市对市场或渠道的控制力在减弱,导致超市在各方面的议价能力相对减弱,对上游供应的控制力也在削弱,供应链管理风险加大。

杭州市2000年只有几家大型超市,并且都是国内的为主,当时好又多在黄龙体育中心开业的超市,是杭城单店营业面积较大的一家,并且销售情况非常好,在杭州超市业态中处于寡头垄断地位,因此供应商都千方百计地想进入,好又多能获得非常优惠的条件,议价能力很强,有些供应商甚至不惜亏本销售。但是到了2005年,杭城超市可以说已进入完全竞争阶段，3 公里的圈子有可能直接被突破，各超市进入了残酷的肉搏战，光大卖场就有麦德龙、乐购、易初莲花、华润万佳、欧尚、好又多黄龙店、上乘店、家友、万家福等 9 家。好又多在杭城超市中的地位明显下降，议价能力减弱，缺乏持续整合供应链的能力。

(2)人员流动频繁、人员目标约束监督机制欠健全。根据此次的调查，好又多的员工一是工作时间普遍比较长，特别是有些科级干部，从早上 8 点 30 分一直工作到晚上 10 点才能忙完；二是大陆干部薪酬待遇竞争力一般；三是晋升存在玻璃顶，大陆干部极少能升到处经理这个级别，处经理及以上干部都由台籍干部担任，因此一有新的外资大超市进来，就会发生大规模的初中级管理人员跳槽现象，人事动荡比较大，内部管理协作成本比较高，形象地被称为“培训基地”。

由于负责采购的科级干部手中具有一定的权限，但在晋升中又存在障碍，因此，有些干部特别是有些资深采购干部对采购条件的争取力度不够，在有些厂商糖衣炮弹的攻击下，反而成为供应商的说客，帮助供应商争取优惠的政策，导致采购成本的升高。

(3)内部管理机制有待进一步完善。好又多的经营哲学是“顾客永远至上，服务永远第一，保证满意”。但是让我们来看一看原来黄龙店办理会员卡的流程就知道了实际情况还存在怎样的差距：领表处并未提供书写表格的桌椅设备，这样让顾客楼上楼下地跑，绝不能体现顾客永远至上的经营理念。实际上办理会员卡只要有一个专人负责就可以了，直接在总台全部办理完毕(目前已改正)。窥一斑可见全豹，好又多需重新对业务流程进行再造，把自己的经营哲学融入实际的流程中来。

3.解决方案及建议

针对以上存在的问题，要从系统论的角度来研究，并对症下药地采取一些可行措施来改善，为此提出以下建议：

(1)加强与供应商的合作，建立多赢的模式。超市对供应商正常利润的攫取，使得供应商无力积累，必将迫使一些供应商不得不以降低质量为代价降低成本，这最终将损害超市的利益；另一方面当超市慢慢变成一个靠收取“各种通道费”的“吸血鬼”时，也无法真正为消费者提供优质服务，这是博弈中的非均衡状态。因此，超市和供应商应从竞争走向合作，进行供应链革命性重组，达到一种有利于双方的均衡状态。双方都着眼于共同的利益——消费者的利益，工作重心转移到客户身上，超市的重点不再是销售，而是怎样满足消费者的要求，使超市成为一个消费者重要的生活基地。加强和供应商的合作，实现共赢。可以考虑定期与供应商沟通，加深双方的友好度，更重要的是占住对方和其他超市交流的时间，减少供应商和自己的竞争对手达成交易的机会；每个供应商一般同时和好几个超市打交道，超市在和供应商谈判前，若能事先替对方设计一个有吸引力的采购计划或者商品布局方案，必然会取得事半功倍的效果。还可以考虑和供应商共同合理设计促销计划，尽量避免同一产品在不同的超市在同一时间采取相同的促销计划，这样对超市没有太大的利益，对供应商也没有直接的利益。而如果可以设计不同的计划，吸引、刺激消费者的消费欲望，就可以达到共赢的目的。

(2)提高薪酬竞争力和改善职业生涯规划。商业系统的服务水平一直是传统商业经营的一个问题。连锁商业迅速膨胀，而人员流动率过大必将导致服务质量的不稳定。解决这个问题的关键在于建立与企业发展战略一致的人力资源战略。其中两个基本手段：

一是职业生涯规划,重点是突破玻璃顶效应,让广大干部员工看到更广阔的发展空间;二是提高薪酬方面的竞争力,让员工跳槽的机会成本增加,只有先有满意的员工,才会有满意的顾客,才能真正实施以顾客满意为目标的企业长远发展战略。

(3)要精耕细作搞管理,领先一步用技术,并把企业文化物化到具体的流程中去,实现企业管理系统的全面升级。有效收集、加工、利用、控制信息资源是零售企业制胜的基础,企业必须随时注意提高自己在信息、通讯、情报处理方面的技术。最主要有:①管理信息系统(MIS),包括 POS(销售时点系统,保持对商品实时购、销、存状态的记录,及时、正确监控业务并做出最佳采购和库存决策)、EDI(电子数据交易供方管理库存系统,通过计算机网络传递商务信息,加快信息传递,减少交易成本)、EOS(电子订货系统,对分店从总部进货、分店盘点、总部从供应商进货实施高效管理);②物流系统机电一体化技术,配送中心要有现代化的分检技术、传输技术、堆码技术,形成高效率的现代化配送技术组合;③商业智能分析系统(BI)。BI 是一种运用了数据仓库、在线分析和数据挖掘技术来处理和分析数据的崭新技术。它不仅可以用于商品关联关系的分析上,还能够用于门店的销售分析、顾客的分析,以及供应商和门店员工管理的分析,使门店的管理更具实效性和可执行性。

国际上,美国西尔斯百货(SEARS)1993 年 300 多家门店停业,亏损裁员 5 万,1994 年引入 BI,当年和次年营业额上升 20%以上,库存减少 60%。BI 是零售企业信息化管理的前沿。

具备了现代化的技术,还需以经营哲学的物化为指导,具体体现在对业务流程进行系统再造的过程中要始终以顾客至上的眼光来审视,并通过业绩持续改造来创造价值。

(4)开发自有品牌。和供应商合作共同推出品牌商品,供应商可考虑给超市供应高质量但没有品牌的产品,超市利用自己的销售渠道推销产品,这样可以形成品牌优势,最终供应商、超市可以共同获取利益,同时由于品质的保证,消费者也可以得到最终的利益。通过这种方式不仅可以降低成本,而且可以延伸超市的品牌,走供应链整合的捷径。

案例分析题2

百安居——节俭的精细化哲学[①]

节俭从来就不是个大问题,但却需要大本领才能做得彻底,做得不留遗憾。特别是对于当今零售行业来说,利润微薄的同时还要快速扩张,不实行低成本运营就难以生存,可谓成本决定存亡。

百安居(B&Q)隶属于世界 500 强企业之一、拥有 30 多年历史的大型国际装饰建材零售集团——英国翠丰集团,从 1999 年进入中国内地,至今已开设了 23 家分店。中国公司 2004 年的营业额约为 32 亿人民币,利润达7 000万人民币。如此财大气粗的公司却将节俭发展为一种生存哲学,在日常的运营中阐释着什么叫“细者为王”。

---

① www.chinacbr.com

1.客户不会为你的奢侈买单

北京四季青桥百安居一楼卖场，偏僻的西南角摆了张小桌子，来访者在有些破旧的登记簿上签字后，通过狭窄的楼道，华北区的百安居总部就借居在此，与明亮宽敞的卖场相比，办公区显得寒碜。

华北区总经理办公室照样简陋，一张能容 6 人的会议桌，毫无档次可言的普通灰白色文件柜。没有老板桌，总经理文东坐的椅子(用“凳子”这个词也可以)和普通员工一样，连扶手都没有，就这几件物品，办公室已不宽裕。

总经理手中的签字笔只要 1.5 元，由行政部门按不高于公司的指导价去统一采购——这听上去有些令人惊叹。而他们选用廉价笔的理由是：既然都能写字，为什么要用贵的呢？

这就是百安居的节俭哲学：企业的所有支出，都是建立在可以给客户提供更多价值的基础之上。换句话说，企业所有的投入都应该为客户服务，以提供给客户更多的让渡价值为本。于是有没有老板桌不成为问题，选择廉价笔也理所当然！对于那些对客户没有直接价值的支持部门进行照明控制，以及对空调温度的控制同样如此。因为客户不会为你的奢侈买单！

正是这种节约的意识，百安居的营运费用占销售额的百分比远低于同行。以百安居北京金四季店为例，京城另一家营业面积同样为 2 万平方米的建材超市，销售额只有金四季的 1/2，营运费用却比金四季店多出一倍。

2.价值分析的全球坐标

价值分析的要义就是从客户的角度评估企业的所有支出，百安居的数据库不会让客户多花一分冤枉钱，这就是最好的选择。

通过多年来在全球范围内的经营活动，百安居随时注意收集各地数据，并据此形成各种费用在不同情况下的不同标准，它包括核心城市、二类城市，单层店、二层店等不同参考体系。而且在已有的控制体系中，当标准同实际实施情况比较时，任何有助于降低成本的差异都能够被用来作为及时更正的依据。

以百安居营运成本中的人事成本为例，他们对人事的成本控制，控制的是总量，特别是员工数量，而对员工的个人收入不加限制，简单来说，人力配置项目与人均利润息息相关。

2 万多平方米的卖场，只有 230 多名员工，平均 100 平方米配置 1 名。顾客所看到的店员由三部分人组成：固定员工、供应商派过来的促销员、配送和收银中的部分小时工，在衣着的颜色和标识上会有区别。

此外，临时工占员工总数的 20％～30％，目前主要只在部分配送和收银工作中使用。人员配置的调整，主要依据部门、全店、全国人力效率(每小时的销售额)的对比，其次再考虑商店的具体情况(如卖场形状、面积、现货比例等)。人员的配置主要包括与销售相关的部门以及支持部门。

在此后的运营过程中，会根据实际情况继续对人员配置进行调整，如对销售相关的部门员工配置，他们会设置以各部门为纵向坐标，“标准配置、实际配置、建议配置、销售达成、员工效率”等项为横向坐标的表格进行分析汇总(商店部门员工效率＝部门销售实际/

部门人时；前后台部门员工效率＝商店销售实际/部门人时）。而对防损、物业、行政、团购等支持部门，主要采取定岗编制，调整原因则以事实描述为主。

3.精细化管理的立体行动

有了价值分析，有了全球数据库对比，有了标准，唯一难的就是如何确保实施。一个人节俭比较容易，而要让超过6 000名员工，在超过300 000平方米的营业区内将节俭发展成一种组织行为，则难上难。但百安居办到了！

没有数字衡量，就无从谈及节俭和控制。

对于一些直接的、显性的成本项目，“每一项费用都有年度预算和月度计划，财务预算是一项制度，每一笔支出都要有据可依，执行情况会与考核挂钩。”卫哲说。

“员工工资、电费、电工安全鞋、推车修理费，神秘顾客购物……”5 月份的营运报表上记录着 137 类费用单项。其中，可控费用（人事、水电、包装、耗材等）84 项，不可控费用（固定资产折旧、店租金、利息、开办费摊销）53 项。尽管单店日销售额曾突破千万元，营运费用仍被细化到几乎不能再细化的地步，有的甚至单月费用不及 100 元。

每个月、每个季度、每一年都会由财务汇总后发到管理者的手中，超支和异常的数据会用红色特别标识，管理者会对报告中的红色部分相当留意，在会议中，相关部门需要对超支的部分做出解释。

预算只能对金额可以量化的部分进行明确的控制，但是如何实施，以及那些难以金额化的部分怎么降低成本呢？百安居的标准操作规范（SOP），将节俭用制度固化下来取得了良好的效果。

一套成型的操作流程和控制手册在百安居被使用，该手册从电能、水、印刷用品、劳保用品、电话、办公用品、设备和商店易耗品八个方面提出控制成本的方法。比如将用电的节俭规定到了以分钟为单位，如用电时间控制点从 7:00 到 23:30，依据营业、配送、春夏秋冬季和当地的日照情况划分为 18 个时间段，相隔最长的 7 个小时，相隔最短的仅有 2 分钟。

“我们希望所有员工不要混淆‘抠门’与‘成本控制’的关系，原则上，‘要花该花的钱，少花甚至不花不该花的钱’，我们要讲究花钱的效益。”《营运控制手册》的前言部分如此写道。而且“降低损耗，人人有责”的口号随处可见。这种文化的灌输从新员工入职培训时就已经开始，并且常常在每天晨会中不断灌输、强化。

案例分析题3

作业成本控制具体运用案例

日本京瓷公司是从事电子工业用陶瓷材料生产的跨国大集团公司。正像京瓷公司本身一样，它所实行的“变形虫经营方式”在日本也是十分有名的。所谓“变形虫经营方式”，简言之，是以不固定的组织单位为作业中心（责任中心），并作为一个独立“核算”单位，进行业绩考评的方法。其实质是作业系统的成本控制，即将作业成本会计与责任成本核算体系相结合，建立业绩考评体系，对产品成本形成进行全面控制。我国近年来对成本控制的研究十分广泛，理论上比较丰富，但在应用中，成功实例却不多。本文拟结合日本京瓷公司"变形虫经营方式"的实际，阐述作业成本控制的内涵、作用及其现实意义。

1.作业成本控制的内涵

作业会计(Activity-Based Accounting)，最早提出的时间是20世纪30—40年代。最初作业成本会计是作为一种正确分配制造费用、准确计算产品成本的方法提出来的，其理论核心是企业各种作业消耗企业资源，而企业产品则消耗各种作业。作业成本核算系统(Activity-Based Costing System，简称ABC系统)，是成本管理会计的热门话题之一，是管理会计针对传统成本核算系统中产品成本被扭曲，以至于导致错误的管理和决策而做出的相应反应。20世纪80年代中后期以来，随着作业成本计算法在先进制造企业的成功应用，ABC开发的结果逐渐偏离了解决成本扭曲的本意，人们发现ABC给企业成本管理提供了很好的基础。于是，利用ABC提供的成本信息进行成本控制、预算管理、生产管理等的作业成本管理理论及实务纷纷涌现。以作业为中心进行核算、控制、分析和管理，是作业成本控制的基本特征。

2.作业成本控制的内容

(1)建立作业中心

首先，应该认识和了解企业实际存在的各种本来意义上的作业。这些作业的确定需要全面了解企业生产经营布局和程序，分析企业的有关流程图等。具体作业的划分根据企业的规模和条件可粗可细，比如小型企业可将整个购进过程作为一项作业，而大型企业则可进一步将其区分为请购申请、评估报价、签订合同等多项作业。作业划分越细，越有利于成本管理，核算结果越准确，但核算过程也越复杂。

在确认了企业的作业后，要进一步分析成本动因，进而组成一系列作业中心。所谓成本动因又称作业成本驱动因素，是指决定成本发生的那些作业，可作为分配成本的标准。作业中心是成本归集和分配的基本单位，它可由一项作业或一组作业所组成。其组成应根据重要性原则和相关性原则。

在京瓷公司的实践中，"变形虫"就是生产过程中的一个作业中心，它是工厂、车间中的最小基层组织，也就是最小的生产单位，相当于一个生产小组。比如说某个车间的一道工序，至少需要10个人来干，就由这10个人组成1个小组，这就形成了一个变形虫。

变形虫有几个原则：一个是相对于一个工作量，以最少的必要人数来组成；再一个就是单纯化，把一个工程尽量分成一个个最单纯的工序，然后针对每一个工序，形成一个变形虫。而最重要的一点，就是其大小、组合可以随时变化。比如说一道工序的工作量今天增多了，变形虫的人数就随之而增加，到明天工作量减少了，变形虫也随之缩小。而如果产品的种类、工序发生了变化，变形虫就随之重新去排列组合。也就是说，随时根据生产的需要，伸缩自在，变化自如。所以这种生产小组，就叫做"变形虫"。

在京瓷，基层单位中没有固定的组织，只有一个个随时变化的变形虫。当然也就没有班长、组长一类的固定职位。每个变形虫的负责人，就由对这个变形虫所承担的工作最为熟练、最有技术的职工来担任。而变形虫的组合变了，负责人也就换了。

京瓷公司"变形虫"组织的建立要点有：第一，作为能够独立核算的单位，该部门应该理清收入和经费；第二，作为独立事业应有足够的完整性；第三，必须是能够贯彻执行公司目标的最小单位。这样一种变形虫的经营方式，既有效率，又好管理。其大小随着工作量不断变化，就避免了工作量减少时容易发生的“窝工”、人员浪费。而每一个变形虫的规模尽量缩小，又是承担最为单纯化的工作，所以负责人也便于管理，而生产中的各种漏洞、问题，也就可以随时地发现、纠正。

(2)以作业中心作为责任中心，建立责任成本核算体系

规划好作业中心之后，便可以作业中心为基础进行各项成本的归集。建立ABC系统的程序一般是先根据成本驱动因素建立作业中心，然后，将成本费用分类汇集于不同的作业中心，再将各作业中心汇集起来的费用分配到成本中心的各种产品上去。

利用上述作业成本计算方法并将其应用于成本控制，还必须建立以作业为中心的责任成本核算体系。在作业成本核算体系中，汇集各类不同水平作业的作业中心便可作为责任成本中心。这样，就把成本责任与应完成某种作业的作业中心相结合，并与服务、管理等部门紧密结合，有效地根据各部门的责任作业控制成本，进行分析与考核。在实践中，还经常可以设置内部银行制度，各作业中心(责任中心)之间以内部转移价格转移产品，核算各中心“利润”。

变形虫经营方式的最大特色和妙处，就在于将作业系统与责任成本核算体系相结合，以作业中心——变形虫作为责任中心。每一个变形虫，是一个独立“核算”单位。也就是说，以变形虫为单位进行独立的“成本”和“利润”核算。

作为一个独立“核算”单位，变形虫并不是简单地从上一个工序接手多少半成品，而是按单价(即内部转移价格)来计算作为这个变形虫成本的一部分。然后，再加上这个变形虫在完成本工序的加工任务中所需耗费的材料、能源、人工等费用，就成为这个变形虫的“总成本”。于是，在它把自己所完成的半成品交给下一个工序的时候，也就不是单纯的“转交”，而是“卖”，按照内部转移价格计算，形成变形虫的“产品销售额”。而从其产品销售额中减去其总成本，就形成了这个变形虫的“利润”。

(3)建立业绩考评体系

为进行经济责任完成情况的考核，应建立业绩考评体系。传统的考核计量指标均以货币形式出现，是很不完善的。在新体系中，考核计量指标要结合企业管理需要引入多种非货币形式的考核指标，以便与作业成本控制的推行有机配合。

在京瓷公司的实践中，看一个变形虫成绩的标准，不是看它“完成了多少生产任务”，而是可以直接看它“赚”了多少钱，获取了多少利润。每天只要整个工序在运转，这种变形虫之间的“买”、“卖”在进行，每个变形虫的成本和利润就一目了然。每个变形虫的成绩，最终就落实到每一个人每小时创造的利润，也就是“用每人每小时的附加价值”来加以衡量。这样一来，每一个变形虫，变形虫中的每一个成员，就不是单单在规定时间内完成生产任务就了事，而必须每日每时都得考虑怎样去降低成本、增加利润，怎样提高每人每小时的产值。于是，在变形虫中，为了压低成本，一支铅笔一个螺丝钉都要成为节约的对象。为了节省时间，提高效率，许多人工作时连厕所都尽量少上，走起路来都是一溜小跑。成本意识、经济利益的意识，就这样渗透到了公司的每一个基层单位，渗透到了每一个职工心中。

也就是说，变形虫经营方式在很大程度上是公司内部各个生产小组之间进行的一种“劳动竞赛”。

这种竞赛带来了一种荣誉。每一个变形虫的“利润额”，也就是每人每小时所创造的附加价值的多少，都要换算成一定的点数，每个月在公司内公布出来，看看谁的点数高，谁为公司做出的贡献大。

思考练习题

1.成本费用控制的意义是什么？

2.成本费用支出不相容岗位有哪些？

3.成本费用支出控制的基本要求有哪些？

4.简述成本费用支出控制的主要内容。

5.期间费用的主要内容是什么？常用的期间费用控制方法有哪些？

6.成本费用内部控制监督检查的主要内容是什么？

7.阐述成本费用内部控制监督检查的程序和方法。

拓展阅读

1.中国注册会计师协会. 财务成本管理[M]. 北京：中国财政经济出版社，2017.

2.李践. 砍掉成本[M]. 北京：机械工业出版社，2009.

3.陈胜群. 企业成本管理战略[M]. 上海：立信会计出版社，2000.

第八章 预算控制

预算控制是一种方法，而不是一项独立的控制内容和单一业务。在企业经营过程中，无论是采购、销售、生产，还是人员招用，都需要编制相应的预算，并通过预算的编制、执行、考核等实现控制的目的。

第一节 岗位设立与工作职责

预算是单位战略管理的重要组成部分，是实施单位战略目标，提高单位管理水平与经济效益的重要措施。实施预算控制，应当首先建立预算工作岗位责任制，明确相关部门和岗位的职责、权限，确保办理预算工作的不相容职务相互分离、制约和监督，保证单位预算的有效执行。

一、岗位分工控制

(一)预算工作组织

为了保障预算的有效性，要加强对企业预算工作的组织领导。预算工作组织，通常由预算管理委员会、预算执行与控制部门和各责任中心构成。预算管理委员会是预算管理的中枢，预算执行与控制部门是公司预算管理委员会的执行机构，各责任中心是预算管理的实施主体。

1.预算管理委员会

预算管理委员会一般由企业的董事长或总经理担任主任委员，吸纳企业内各相关部门的主管(如主管销售的副总经理、主管生产的副总经理、主管财务的副总经理以及各责任单位的主管等人员)为成员。对预算管理来说，预算管理委员会是最高管理机构。

预算管理委员会的主要职责是:组织有关人员对目标进行预测，审查、研究、协调各种预算事项。预算管理委员会主持召开的预算会议，由各部门主管参加，是确定预算目标，对预算进行调整的主要形式。

2.预算管理职能部门

预算管理组织，除预算管理委员会之外，还应当设置一个预算管理职能部门作为专门办事机构，以处理与预算相关的日常事务。由于预算管理委员会的成员大部分是由企业内部各责任单位的主管兼任，预算草案由各相关部门分别提供，因此获准付诸执行的预算方案是企业的一个全面性生产经营计划，预算管理委员会在预算会议上所确定的预算方案绝不是各相关部门预算草案的简单汇总。这就需要在确定、提交通过之前对各部门提供的草案进行必要的初步审查、协调与综合平衡，因此，必须设立一个专门机构来具体负责预算的汇总编制，并处理日常事务。为避免出现部门满意但对企业整体来说不是最优的预算执行结果，预算的执行控制、差异分析、业绩考评等环节不能由责任单位或预算管理委员会单独完成。

建立科学、合理的组织体系是实施全面预算管理的基础和保证，严谨的授权管理体系有利于管理部门责、权、利的统一，可以发挥全面预算管理的作用，同时防范经营风险。

(二)预算控制机构及职责

按照《企业内部控制应用指引第 15 号——全面预算》有关“权责分明、相互制约、相互监督”的精神规定，单位实施预算控制，应当建立或明确预算审批机构、预算制订机构和预算管理部门，并按照岗位分工控制的原则，赋予上述机构及有关部门在预算控制中的相应职责和权限。

1.预算审批机构

单位年度预算方案应当由单位最高权力机构负责审批。由于单位的组织形式和组织结构的不同，其最高权力机构各异。在股份有限(有限责任)公司，股东大会(股东会)为最高权力机构；在国有和国有资产占控股地位或者主导地位的企事业单位，职工代表大会为最高权力机构；在其他单位，类似于股东大会(股东会)或职工代表大会的机构为最高权力机构。

2.预算制订机构

按照有关规定，单位决策机构为年度预算方案的制订机构。单位决策机构通常是指单位董事会、厂长(经理)办公会或类似的组织机构。

3.预算管理部门

大中型企事业单位，应当专门设立预算委员会、预算领导小组等预算管理部门，具体组织本单位预算管理工作，为预算控制提供组织保证。

为了增强预算管理部门的权威性和代表性，提高预算管理部门的工作效率，预算管理部门应当由能够控制单位及各部门生产经营与业务活动的单位负责人、总会计师、总经济师、总工程师和各职能部门主要负责人组成，其组成人数应当与单位规模相匹配。

预算管理部门在单位负责人的领导下开展工作，总会计师应当协助单位负责人加强对预算管理部门的领导。

在规模较小、不具备条件设立专门机构的单位，可以指定财务部门等负责预算管理工作。

预算管理部门主要承担以下职责：(1)拟订预算目标和预算政策；(2)制定预算管理的具体措施和办法；(3)组织编制、审议、平衡预算草案并报单位最高权力机构审批；(4)组织下达预算；(5)协调、解决预算编制和执行中的问题；(6)考核预算执行情况，督促完成预算目标。

4.单位内部各职能部门预算控制的职责

预算工作涉及单位的方方面面，预算控制需要单位的生产、经营、财务、管理等各个职能部门参与，并承担相应的职责。各职能部门的基本职责是：(1)各相关职能部门的主要负责人应当参与单位预算管理工作；(2)各职能部门具体负责本部门业务预算的编制、执行、控制、分析等工作；(3)配合预算管理部门做好单位总预算的综合平衡、控制、分析、考核等工作；(4)各职能部门相互之间加强沟通和联系，确保相关业务预算的执行情况能够相互印证、相互监督。

5.所属单位预算控制的职责

所属基层单位，包括存在控制与被控制关系的下属单位，在上级单位预算管理部门的指导下，负责本单位预算的编制、执行、控制和分析工作，并接受上级单位的检查和考核。所属基层单位负责人对本单位预算的执行结果负责。

6.单位财务部门的职责

财务部门按照有关要求进行会计核算，实施会计监督，跟踪、反馈预算执行情况，为预算的编制、调整、分析和考核等提供会计信息。

(三)岗位分离控制

岗位分离控制，既是内部控制的一项基本原则，同时又是保证预算控制顺利有效实施的重要措施。为确保办理预算工作的不相容岗位相互分离、制约和监督，预算工作的职务分离控制主要包括以下内容：

1.预算编制(包括预算调整)与预算审批岗位应当分离；

2.预算审批与预算执行岗位应当分离；

3.预算执行与预算考核岗位应当分离。

(四)预算控制岗位要求

预算控制岗位的工作，应由具备良好的业务素质和职业道德，熟悉国家有关法律法规和本单位的经营业务、管理要求和工作程序，并具有一定协调能力的人员办理。

二、授权批准控制

(一)预算授权控制的主要内容

单位应当建立一个完善的授权批准体系，明确授权批准的范围，把单位各项活动都纳入到范围之中。根据各项活动的重要性和金额大小确定授权批准的层次，规定每一项业务的审批程序，按程序办理，还要明确授权批准人员所承担的责任。要做好授权控制，应做到以下几点：一是所有人员不经合法授权，不能行使相应权力；二是未经合法授权不得执行审批手续；三是不得越权授权；四是所有业务未经授权不得执行。

责任不明，必然导致结果的混乱，争抢功劳，推卸责任；权力不明，必然导致管理不力，争权夺利，拈轻怕重；有责无权，责任无法落实；有权无责，就会滥用职权。建立和完善预算管理授权制度，就是要以制度的形式，详细规定公司董事会、预算管理委员会、公司总经理及各部门的管理权限，确立公司授权结构和管理授权规则，实现“预算管理、内部控制、会计核算”三位一体的管理模式，确保责、权、利的统一。

(二)预算授权控制的基本要求

1.建立预算授权批准制度。预算工作授权批准制度应当明确审批人的授权批准方式、权限、程序、责任和相关控制措施，规定经办人的职责范围和工作要求。

2.严格执行预算授权批准制度。预算工作授权审批制度一旦建立，单位所有人员都必须严格执行，以维护预算授权批准制度的严肃性，保证预算控制及有关制度的认真贯彻执行。

3.制订预算管理业务流程，明确预算编制、预算执行、预算调整、预算分析与考核等各环节的控制要求，并在各个环节设置相关的记录或填制相应的凭证，确保预算工作全过程得到有效控制。

第二节　预算编制控制

预算编制是预算控制的首要环节。加强和做好预算编制控制环节的工作，对于发挥预算控制的作用至关重要。预算编制控制的要点主要包括：明确预算编制的基本要求，确定编制预算的基本程序，合理选择编制预算的方法。

一、预算编制的基本要求

预算是单位未来时期从事生产经营与业务活动的指南。单位应当根据自身业务特点和工作重心等编制相应的经营预算，并在此基础上编制年度预算方案。预算方案应当符合本单位发展战略、经营目标、投资计划、筹资计划和其他重大决议。各类预算的编制应当符合如下要求：

1.编制经营预算，应当将上一年度生产经营的实际状况作为基础，综合考虑预算期内经济政策变动、市场竞争状况、产品竞争能力等因素对销售、生产、采购等业务可能造成的影响，严格控制经营风险。编制经营预算的目的是：适应复杂多变的外部环境；协调企业内部的关系；明确企业的生产经营目标和奖惩标准。

2.编制投资预算，应当符合成本效益原则和风险控制要求，在对投资项目进行可行性研究、论证和集体决策的基础上，合理安排投资结构和资金投放量，严格控制投资风险。由于投资预算涉及的一般都是比较大的投资项目或者大额固定资产的购买，对企业的当期财务状况和未来期间的经营收益都有比较大的影响，同时存在很大的风险，所以投资预算的编制目的就是对这些项目进行事前、事中和事后的评价与控制。

3.编制筹资预算，应当以筹资计划和资金需求决策为基础，合理安排筹资规模和筹资结构，审慎选择筹资方式，保持最佳资本结构，严格控制财务风险。筹资预算的目的就在于事前规划，其目标在于不因预算提前安排而形成资本闲置浪费，或者因安排滞后而延误工期。

4.单位应当编制预算大纲或预算手册，为编制预算提供指引。单位预算大纲或预算手册应当做到内容完整，指标统一，要求明确，权责明晰。一般来说，单位预算大纲或预算手册的内容应当包括：(1)总纲；(2)上一年度预算完成情况；(3)宏观经济形势、行业市场状况及单位内部环境分析；(4)单位产业调整计划、价格政策及经营目标；(5)主导预算指标目标值及辅助预算指标的编制要求;(6)预算编制的格式及内容体系;(7)预算编制的时间进度安排;(8)预算编制质量要求及相关责任等内容。

二、编制预算的基本程序

单位编制年度预算,一般应按照"上下结合、分级编制、逐级汇总"的程序进行。

1.下达目标

单位决策机构根据单位发展战略,在对预算期经济形势做出初步预测和决策的基础上,一般于每年 9 月底以前提出下一年度单位预算目标,包括销售目标、成本费用目标、利润目标和现金流量目标等,并确定预算编制政策,由预算管理部门下达各预算执行单位。

2.编制上报

所属各预算执行单位,按照单位预算管理部门下达的预算目标和政策,结合自身特点以及预测的执行条件,提出本单位预算的具体方案,经本单位负责人签章确认后,于 10 月底以前上报单位预算管理部门。

单位预算管理部门在预算编制各个环节中,应当加强对单位内部预算执行单位的指导、监督和服务,对预算编制不及时或编制质量不高的执行单位,应当及时向预算决策机构报告,采取相应的措施,以免影响单位预算汇总时间和编制质量。

3.审查平衡

单位预算管理部门对各预算执行单位上报的预算方案进行审查、汇总,提出综合平衡的建议。在审查、平衡过程中,单位预算管理部门应进行充分协调,对发现的问题提出初步调整的意见,并反馈给有关预算执行单位予以修正。

4.审议批准

单位预算管理部门在有关预算执行单位修正调整的基础上,编制出单位年度预算初步方案,经过进一步修订、调整后,正式编制年度预算草案,提交单位决策机构审议,最终形成年度预算方案,并报单位最高权力机构批准。

单位本年度预算方案,一般应在上年度 12 月 31 日之前审批完毕。

5.下达执行

单位年度预算经过批准后,由预算管理部门组织逐级下达各预算执行单位执行。

三、编制预算的基本方法

单位应当根据自身经济业务特点和经济活动规律,区别不同预算项目的性质,确定相应的预算编制方法。

(一)固定预算与弹性预算

预算编制方法,按其业务量基础的数量特征不同,可分为固定预算与弹性预算。

1.固定预算

固定预算,又称静态预算。此种方法是以预算期内正常的、可实现的某一业务量(如生产量、销售量)水平作为唯一的基础,以上期实际业绩为依据,以单一的会计年度为预算期，确定各项预算指标数据的方法。这是一种传统的预算编制方法，也是目前我国多数单位采用的一种方法。

固定预算的缺点是：(1)适应性差。由于编制预算的业务量基础是事先假定的某个业务量，因而过于机械呆板。这种方法下，无论预算内业务量水平可能发生哪些变动，都只能按事先假定的业务量水平作为编制预算的基础。(2)可比性差。在固定预算下，当实际的业务量与编制预算所根据的业务量发生较大差异时，有关预算指标的实际数与预算数就会因业务量基础不同而失去可比性。因此，按照固定预算方法编制的预算不利于正确地控制、考核和评价单位预算执行业绩。

固定预算的方法适用于那些业务量水平较为稳定的企业或非营利组织，或固定费用及数额比较稳定的预算项目。

2.弹性预算

弹性预算是指为克服固定预算方法的缺点而设计的，以业务量、成本和利润之间的依存关系为依据，以预算期可预见的各种业务量水平为基础，编制能够适应多种情况预算的一种方法。

这种方法的优点在于：(1)预算范围宽。弹性预算是以一系列业务量水平为基础编制的，扩大了预算的适用范围，便于预算指标的调整与任务的落实。(2)可比性强。当预算期实际业务量与计划业务量不一致时，可以将实际指标与实际业务量相应的预算额进行对比，从而使预算执行情况的评价与考核建立在现实可比的基础上，便于区分责任，发挥预算的控制作用。

弹性预算是以未来业务量的变动影响成本、费用、利润各个因素为特征的一种预算编制方法。从理论上讲，此法适用于编制总预算中所有与业务量有关的各种预算。但从实用角度上讲，主要适用于编制与业务量有关的弹性成本费用预算和弹性利润预算。

(二)增量预算与零基预算

预算编制方法按其出发点的特征不同，可分为增量预算与零基预算。

1.增量预算

增量预算是指以基期各项指标的实际水平为基础，结合预算期业务量水平及有关增产节约措施，通过调整有关原有指标水平而编制预算的一种方法。

此种方法的建立以下列假设为基础：(1)现有的业务活动是单位必需的；(2)原有的各项开支都是合理的；(3)增加预算指标是应该的。

由于增量预算是以过去的经验为基础，实际上是承认过去所发生的一切都是合理的，主张不需在预算内容上做较大改进，而是因循沿袭以前的预算项目。主要缺点：(1)受原有指标项目的限制，可能导致落后；(2)滋长预算中的“平均主义”和“简单化”；(3)不利于单位的未来发展。

2.零基预算

零基预算是指为克服增量预算方法的不足而设计的，对于任何一个预算期或预算项日，都不以现有的预算数为基数，而是从零卄始，完全按照有关部门的职责范围和经营需要来安排有关项目的预算数额的方法。零基预算的基本特点是完全排除前期有关因素对编制本期预算的影响，只从现实考虑业务量、费用开支及收益的必要性和规模，对单位的每一项独立的生产经营与业务活动进行客观的描述。

零基预算的优点在于：(1)不受现有费用项目限制，促使单位合理有效地进行资源分配，将有限的资源用在刀刃上；(2)能够调动各方面降低费用的积极性、主动性和创造性，促使各预算部门精打细算，量力而行，合理使用资金，提高资金使用效益；(3)有助于单位未来发展，由于这种方法是以零为基础，对一切费用一视同仁，有利于单位面向未来发展考虑预算问题。

由于零基预算一切从零开始，所以在编制预算时需要完成大量的历史资料分析、市场状况分析、资金使用分析和投入产出分析等基础工作，因而工作量较大，预算编制需要较长时间。

在实际工作中，为了克服零基预算的缺点，减轻编制预算的工作量，不需要每年都按零基预算的方法编制预算，而是每隔几年才按此方法编制一次预算；也可以在部分项目的预算，如编制对外投资、对外捐赠等预算时采用这种方法。

(三)定期预算与滚动预算

预算编制方法按其预算期的特征不同，可分为定期预算与滚动预算。

1.定期预算

定期预算是指在编制预算时以不变的会计期间(如日历年度)作为预算期的一种编制预算的方法。

定期预算的优点，是能够使预算期间与会计年度相配合，便于考核和评价预算执行业绩。其缺点在于：(1)盲目性。由于定期预算往往是在年初甚至上年第四季度编制的，对于整个预算年度的生产经营与业务活动很难做出准确的预计，尤其是对预算后期的预算只能笼统地估算，数据含糊，缺乏远期指导作用，给预算的执行带来诸多困难，不利于对生产经营与业务活动进行客观的考核和评价。(2)滞后性。由于定期预算不能随情况的变化及时调整，当预算中所规划的各种生产经营与业务活动在预算期内发生重大变化时(如预算期内临时调整业务活动)，就会导致预算滞后过时，成为一纸空文。(3)间断性。由于受预算期间的影响，致使管理当局的决策视野局限于本期规划的生产经营与业务活动，通常不考虑下期。

2.滚动预算

滚动预算又称永续预算。它是指预算随着时间推移而自动递补，使其始终保持一定期限(通常为1年)的一种预算编制方法。以月份为单位进行滚动编制预算的方式，称为逐月滚动预算；以季度为单位进行滚动编制预算的方式，称为逐季滚动预算。

滚动预算的优点在于：(1)透明度高。由于滚动预算不再是预算年度开始之前几个月的事情，而是实现了与日常管理的紧密衔接，使管理人员始终能够从动态的角度把握单位近期的规划目标和远期的战略布局，使预算具有较高的透明度。(2)及时性强。由于滚动预算能根据前期预算的执行情况，结合各种因素的变动影响，及时调整和修订近期预算，从而使预算更加切实可行，能够充分发挥预算对生产经营与业务活动的指导与控制作用。(3)连续性、完整性和稳定性强。由于滚动预算在时间上不再受日历年度的限制，连续不断地规划未来的生产经营与业务活动，不会造成预算的人为间断，同时可以使单位管理人员了解未来12个月内单位的总体规划与近期预算目标，能够确保单位管理工作的完整性与稳定性。

由于滚动预算法编制预算的工作量较大，因而一般适用于季度预算的编制。

第三节　预算执行控制

预算执行控制包括预算指标分解控制、预算执行制度控制和现金收支业务预算控制等关键控制点。

一、预算指标分解控制

企业预算一经批复下达，各预算执行单位就必须认真组织实施，将预算指标层层分解，从横向和纵向落实到内部各部门、各单位、各环节和各岗位，形成全方位的预算执行责任体系。为了保证预算的有效执行，应实行单位负责人统一领导与分级负责、归口管理相结合，实行年度制定与分季分月落实相结合。对各项指标首先按照责任归属逐层归口分级分解，并按照时间段逐季逐月细分，从空间和时间上进行责任划分落实。

（一）预算指标的归口分级

预算指标的统一领导与归口分级管理，就是要合理安排单位内部各单位预算控制的权责关系。要以单位总部（公司总部、厂部等）为中心，将总部、分部（分公司、车间、班组）等各级管理部门组织起来，以预算管理部门为主管部门，把财务、供销、生产、技术、人力资源、行政事务等职能部门的管理结合起来。因此，单位预算一经批复下达，各预算执行单位应将预算指标层层分解，从横向和纵向落实到内部各部门、各单位、各环节和各岗位，形成全方位的预算执行责任体系。

（二）预算指标的时段分解

预算指标的时段分解，即预算指标的年度制定与分季分月落实，就是要合理安排预算期内各项预算指标在各个季度和各个月份的平衡与实施。要以总预算为依据，以财务预算为中心，将各项分预算按季度和月份进行分解，把预算的年度制定与季度月份实施结合起来。因此，单位应当将年度预算作为预算期内组织、协调各项生产经营活动和管理活动的基本依据，将年度预算细分为季度预算和月度预算，通过分期预算控制实现年度预算目标。

二、预算执行制度控制

预算指标分解到各个部门和个人之后，为了配合预算指标的执行控制，保证预算指标如期落实，还必须建立一套完善的预算执行制度，并采取相应的措施。

1.完善管理制度，健全凭证记录，严格执行生产经营月度计划和成本费用的定额、定率标准，并加强监控。管理制度、凭证记录是保证生产计划、费用定额以及定率标准能认真执行的基础工作。单位尤其是企业单位，一定要按照有关规定，结合企业自身的特点，设计和制定出一套适应管理需要的管理制度和凭证记录。单位办理实物资产、对外投资、工程项目、采购与付款、销售活动与收款、成本费用等业务,应当严格执行预算标准。

2.建立预算执行情况的内部报告制度,要求各预算执行单位定期报告财务预算的执行情况,及时掌握预算执行动态及结果。对于预算执行中发生的新情况、新问题及出现偏差较大的重大项目,预算管理部门应当责成有关预算执行单位查找原因,提出改进经营管理的措施和建议。内部报告制度应当规定报告的种类、形式、格式、内容,以及报送的时间和部门。

需要注意的是,在单位的不同管理层次上,内部报告的侧重点应有所不同。最低层次的报告,应当最为详细;随着层次的升高,报告内容应以概括的形式来表现。内部控制报告应能突出产生差异的重要影响因素。为此,应遵循"例外管理"原则,突出重点,使报告的使用者能将注意力集中到少数严重脱离预算的因素或项目上来。

3.单位预算管理部门应当运用财务会计报告和其他会计资料监控预算执行情况,及时向单位决策机构和各预算执行单位报告或反馈预算执行进度、执行差异及其对单位预算目标的影响,促进单位完成预算目标。

单位应当创造条件,逐步推进预算的信息化管理进程,通过现代电子信息技术手段监控和推动预算执行。

4.建立预算执行情况预警机制,通过科学选择预警指标,合理确定预警范围,及时发出预警信号,积极采取应对措施。预警指标的选择及预警范围的确定,应当根据单位的生产经营与业务特点、规模大小而定。如企业单位,可以设计或选择反映偿债能力状况、资产营运状况的指标作为预警指标,并根据本单位历史经验、同行业水平或国际惯例,确定相应的预警范围。

5.建立预算执行结果质询制度,要求预算执行单位对预算指标与实际结果之间的重大差异进行解释和答辩。

三、现金收支业务预算控制

预算的重点在于维持企业现金的收支能力。现金的流转和现金的支付能力一直是关系到企业能否继续经营甚至存亡的关键因素,因此细化和落实现金流量(收支)预算是预算执行控制的关键。从预算体系中我们看到,几乎所有各分预算都同现金预算发生直接的关系,可见现金预算既起到在各部分预算之间进行协调的作用,也起到约束和控制的作用。现金预算控制的目标是既要保证其他预算所需现金的要求,又不能有过多的现金结余。

企业应当强化现金流量的预算管理,按时组织预算资金的收入,严格控制预算资金的支付,调节资金收付平衡,控制支付风险。对于预算内的资金拨付,按照授权审批程序执行;对于预算外的项目支出,应当按预算管理制度规范支付程序;对于无合同、无凭证、无手续的项目支出,不予支付。

在成功实行现金流量(收支)预算管理的企业实务中,下面几点是值得重视的:

1.应该编制滚动性现金流量预算

根据公司年度预算制定各部门的动态现金流量(收支)预算,按季、月、周对各部门的现金流量制定分时段的预算,据以对其日常现金流量进行动态控制。

2.必须坚持收支两条线

只有坚持收支两条线,现金流量(收支)预算才能对各企业现金收支发挥控制作用。如果各单位可以截留和坐支现金,企业编制的现金流量(收支)预算基本上形同虚设。

3.提倡实行“现金流量监控卡”和“费用监控卡”制度

为了加大对现金流量和费用的日常控制,合理控制现金流向和流量,可以通过实行“现金流量监控卡”和“费用监控卡”制度,即按经营活动的采购环节、付款环节、收款环节、费用开支和财务投融资业务,确定资金现金流动中的主要控制环节和关键控制点,通过现金流量实施控制,做到现金流到哪里就控制到哪里,绝不走偏。

现金流量监控卡的具体形式可因企业而异,但它应包括几个基本构成要件:本期预算额度;累计已使用(完成)额度;本次收付款额;原因及对象;相应授权人的审批;等等。

4.严格资金管理的授权、审批制

资金管理的授权和审批制度是现金流量管理中有效的前馈控制。

第四节　预算调整控制

预算作为企业的行为依据,应该具有严肃性和刚性,既不应出现“正偏差”,又不应发生“负偏差”。然而,预算毕竟是一种预先的规划,是在对未来各种内外环境的预期基础上确定的。而在当今复杂多变的经济社会中,企业内外经济环境又客观地存在着易变的特点。当内外环境发生了较大变化时,原有预算便失去了存在的基础。如果片面强调预算的刚性,预算就会变得呆板僵化,反而会妨碍企业的有效运作。为了更好地发挥预算的规划、指导和约束作用,也为了客观地评价预算的执行情况,根据环境变化适时调整预算便是明智之举。预算控制的一个普遍性问题就是预算指标的刚性原则把握问题。

预算调整是指当企业内外环境发生变化,预算出现较大偏差,原有预算不再适宜时所进行的预算修改。由于企业外部经营环境和内部资源条件的变化,预算调整是预算实施过程中的必然问题和基本环节。问题是如何使预算调整制度化,包括预算调整的条件、审批主体与程序等。预算调整规则,就是为了解决“何时需要或能够调整预算,预算调整的申报、审批程序”等问题所做的制度规范,它包括预算调整条件、预算调整程序和审批权限规定等。

一、预算调整的条件

为了规范预算调整行为,各企业应该结合自身的特定状况,对预算调整的条件进行具体规定。通常,只有下列情况发生,致使预算编制的基础不成立或者将导致预算执行结果产生重大偏差的时候,方能对已制定的预算指标进行调整。

(一)市场需求发生变化,应该相应调整预算

全面预算内容体系通常是以销售预算为起点,即各预算首先是以建立在销售预测基础上的销售预算为依据编制的。但在执行过程中经常遇到市场需求变化的情况,这时应当及时根据市场要求改变产品的数量、品种等,调整生产经营预算。

(二)企业内部资源发生变化,应该相应调整生产经营预算

除了市场需求的变化外,生产经营条件的变化也时有发生。由于预算同时也是与企业内部资源、条件相对接的结果,因此,若企业内部资源、生产经营条件发生较大变化,如设备出现非人力意外故障、原料或燃料供应困难、自然环境骤然恶化、组织结构的调整等,必定影响原来预算,因而需要对预算进行相应调整。至于是否调整预算目标责任,则应视变动的幅度大小和对结果影响的严重程度而定。

(三)增补临时预算

当事先计划不周或发生临时变化时,常会增补临时预算。如为避免短缺而要求增加原料或燃料库存,为加快生产经营进度而要求临时用工,为扩大销售而要求增加产品运送,等等。

(四)外部市场环境发生重大变化时,应该调整预算,同时相应调整目标责任

当外部市场环境变化较大或影响长久时,如国家法规政策等发生重大变化,或出现不可抗力重大自然灾害、公共紧急事件等,也应从实际出发适当调整责任单位的预算责任,以保护责任单位的积极性。如果在责任单位确实无力消化突发的外界不利因素时,一味坚持原定预算,会损伤责任单位的工作热情,从而对企业长期发展和更有效的管理产生负面影响。

在此,不同行业的企业、不同规模的企业均会对“重大”有不同的理解。所以各企业还应该对“重大”进行具体的量的界定。

除此之外,企业还应当建立内部的弹性预算机制,对于不影响预算目标的经营计划、资本预算、筹资预算之间的调整,企业可以按照内部授权批准制度执行,鼓励预算执行单位及时采取有效的经营管理对策,保证财务预算目标的实现。

二、预算调整程序

为了维护预算的严肃性并有利于预算控制,对预算的调整必须具有一定的程序。一般情况下,预算调整需要经过申请、审议和批准这三个主要程序。

(一)申请

如果需要修改调整预算,首先应由预算执行人或编制人提出申请。调整申请应说明调整的理由(内、外环境发生了怎样的变化,执行原预算遇到怎样不可克服的困难或损失,等等)、调整的初步方案(具体的调整点和调整方法)、调整前后的预算指标对比(调整后的预算指标测算、指标前后对比的差异和相应的补偿措施,等等),以及调整后预算的负责人、执行人等情况。

(二)审议

预算执行或编制人提出调整申请后,应经由一定的审议,并提出审议意见。担任审议的部门通常是预算委员会。由预算委员会担任审议人，也应要求申请人的上级部门首先对申请做出意见。审议意见应说明审议参与人和过程，对申请同意、反对或补充修改的意见（修改意见应征得申请人同意）。为了使审议意见切合实际和有理有据，审议人有必要对申请调整事项做深入的调查研究和论证，不可随意做出同意或否定的意见。审议人应对审议意见负责。进行审议决策时，一般应当遵循以下原则：(1)预算调整事项不能偏离企业发展战略和年度财务预算目标；(2)预算调整方案应当在经济上能够实现最优化；(3)预算调整重点应当放在预算执行中出现的重要的、非正常的、不符合常规的关键性差异方面。

（三）批准

经过审议后的预算调整申请及方案，即可提交单位决策机构审批。审批机构应在审阅有关资料后，提出肯定或否定的书面意见。只有经过批准后的预算调整方案，才能下达执行。

上述程序如图 8-1 所示。

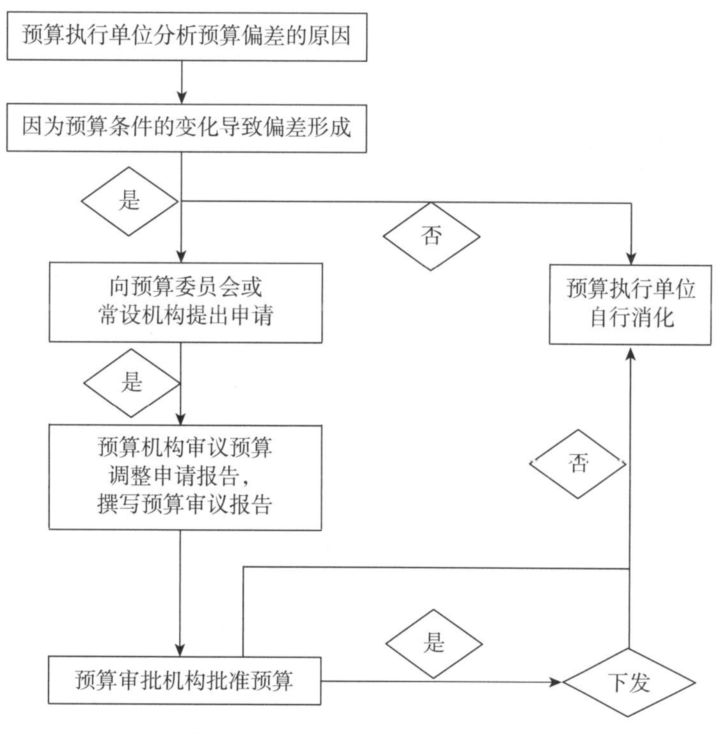

图 8-1 预算调整程序示意图

三、预算调整的审批权限规定

由于预算调整属于非正常事项，而且其牵扯面广，对其他相关部门也会产生影响，并且可能引起一系列的变化，所以需要从严把握。鉴于此，预算调整的审批权限应该高度集中。

必须注意的是，在建立了法人治理结构的现代企业中，有关经营权的界定还必须符合现代企业制度的要求。

《公司法》规定：股东大会是企业的最高权力机构，审议批准公司年度财务预算、决算方案，决定投资计划的权力在股东大会，所以企业的年度预算及预算执行情况应由董事会向股东大会报告并得到它的批准，而且，涉及经营战略的预算调整事项，如重大资本投资、企业联营、经营方向的改变等，也应由董事会、股东会讨论批准。董事会是向股东会负责的企业权力执行机构，制定公司的预算、决算方案的权力在董事会。通常，预算的编制及重大调整均应在董事会的领导下进行。公司经理的职权是组织实施公司预算等工作，但董事会可以授权公司经理层，如预算委员会或总经理办公会，具体办理预算编制与调整的事宜，并可授权其在一定范围内批准预算调整事项，如补充临时预算，增加急需资金，调整销售方式和产品结构等。

总之，正式下达执行的预算一般不予调整。特殊情况需要调整的，应由预算执行单位逐级提出书面报告，并经单位决策机构批准。即：

1.单位正式下达执行的预算，一般不予调整。单位内部预算执行单位在执行过程中由于市场环境、经营条件、国家法规政策等发生重大变化，或出现不可抗力重大自然灾害、公共紧急事件等致使预算的编制基础不成立，或者将导致预算执行结果产生重大差异的，经单位决策机构批准，可以调整预算。

2.单位调整预算，应当由预算执行单位逐级向单位决策机构提出书面报告，阐述预算执行的具体情况、客观因素变化情况及其对预算执行造成的影响程度，提出预算的调整幅度。

3.单位预算管理部门应当对预算执行单位提交的预算调整报告进行审核分析，集中编制单位年度预算调整方案，提交单位决策机构审议批准，然后下达执行。

4.单位审批预算调整方案应当符合以下要求：

(1)预算调整事项应当符合单位发展战略和年度生产经营目标；

(2)预算调整方案应当客观、可行；

(3)预算调整重点应当放在预算执行中出现的重要的、非正常的、不符合常规的关键性差异方面。

对于不符合上述要求的预算调整报告和调整方案，单位预算管理部门和单位决策机构应当予以否决。

第五节　预算分析与考核

一、预算分析控制

预算分析控制就是对预算执行情况所进行的控制。企业应当建立预算分析制度，定期开展预算执行分析。针对预算的执行偏差，企业预算管理部门及各预算执行单位应当充分、客观地分析产生的原因，提出相应的解决措施或建议，提交预算管理委员会研究决定。企业预算管理委员会应当定期组织预算审计，纠正预算执行中存在的问题，充分发挥内部审计的监督作用。

(一)建立预算执行情况分析制度

单位应当建立预算执行情况分析制度。预算分析制度应当包括以下基本内容：

1.建立定期会议分析制度。预算分析会议制度应当明确分析的时间、内容、方法及参加人员等内容。

预算管理部门及各预算执行单位应当定期召开预算执行分析会议，全面掌握预算执行情况，研究、解决预算执行中存在的问题，提出改进措施。

全单位性的预算分析会议一般应每月召开 1 次，至少应每季度召开 1 次；各预算执行单位的分析会议，应每旬或每周召开 1 次。参加分析会议的人员，应根据会议层次、分析内容的重要程度而定。全单位性的分析会议，除预算管理部门组成人员参加外，各预算执行单位的负责人应当参加；各预算执行单位的分析会议，除管理层人员参加外，应当吸收不同岗位的员工代表参加。

2.单位预算管理部门和各预算执行单位应当充分收集有关财务、业务、市场、技术、政策、法律等方面的信息资料，根据不同情况分别采用比较分析、比率分析、因素分析、差额分析、平衡分析等方法，从定量与定性两个层面充分反映预算执行单位的现状、发展趋势及其存在的潜力。

3.对于预算执行差异，应当客观分析产生的原因，提出解决措施或建议，提交单位决策机构研究决定。

4.建立预算执行情况审计制度，通过定期或不定期地实施审计监督及时发现和纠正预算执行中存在的问题，维护预算的严肃性。

(二)差异分析的重点对象

长期以来，差异分析一直是广泛使用的财务控制工具。差异分析是将收入或成本的目标水平与实际水平相比较，并计算差异的过程。差异表明用以制定预算的某些假定没有实现。对重要的差异进行调查和分析，可以发现为什么预期目标没有实现，应采取什么行动。

对预算执行情况进行差异分析，即通过比较实际与预算(目标)，确定其差异额及其差异原因。差异分析是一个工具，它能提醒管理者问题的存在，并能帮助分析问题的来源。它能指导管理者把稀缺的时间用在最需要的地方。若管理人员控制的区域并没有明显的差异存在，并不意味着没有问题，不需要进一步的检查。若时间允许，所有的区域都应有选择地检查，以保证没有问题发生。但是，若时间不足，管理人员就应把时间用在那些有重大差异发生的领域。这种使用差异分析的方式通常称作“按例外原则管理”。

按例外原则管理是指管理者只把注意力放到不正常的、不符合常规的关键性差异上的一种管理方法。实务中一般考查的重点有：

1.差异规模

差异的绝对规模是一个重要的因素。较之小额差异，管理人员更可能追踪大额差异，但差异的相对规模甚至更为重要。一般情况下应将绝对规模与相对规模结合起来进行比较。

2.反复发生的差异

虽然绝对规模与相对规模都不大，但其违反了一贯性原则，应当引起管理人员的足够重视，进行必要的调查分析。

3.发展趋势

可能差异规模不大，但呈单向的上升或下降的趋势，管理人员也应当在其超出控制范围之前，予以调查分析，找出差异的原因。

4.可控性

决定何时调查一项差异原因的另一重要因素是管理人员如何看待该成本项目的可控性。较之不可控成本，管理人员更关注的是可控成本。管理人员应只对其所负责的业务领域承担责任。这就要求采用责任会计，并且区分可控成本和不可控成本。

5.重要的有利差异与不利差异

重要的有利差异与重要的不利差异对于成本控制同样重要。例如，直接人工有利差异可能显示员工已研究出一种完成生产任务的更有效方法。通过调查该差异，管理当局能知悉改进的方法，或许可将类似方法用于本组织的其他部门。

6.调查的成本与收益

决定是否调查某一成本差异是一项成本收益决策。调查成本包括：负责调查的管理人员与调查部门的员工花费的时间，以及其他潜在成本，如进行调查时生产过程中断和消除差异的成本。调查收益包括：若消除了不利差异的诱因，则能降低未来的生产成本；若能找到有利差异的诱因，则能降低成本标准，从而节约成本的潜在收益。从总体上讲，只有预期收益大于预期成本时才有必要进行调查。当然，评估差异调查的成本和效益并不是一件简单的事。许多企业采取只有在差异超出可接受范围时才进行差异调查的原则。

(三)预算执行情况的分析方法

预算差异分析的基本方法是在搜集整理各种数据资料，评价预算执行和完成情况，分析差异原因的过程中使用的方法。差异分析方法的种类很多，主要有性质分析法和数量分析法两大类。

性质分析法通过实地观察、座谈调查、因素评分等形式，达到收集资料、了解情况、查询问题、判断原因的目的。

数量分析法通过数据对比、因素替换等方法，达到找出差异、发现问题、分析原因的目的。

在实际的分析工作中，需要根据分析的目的和要求灵活选择并结合运用不同的分析方法。由于数量分析法应用范围广，便于理解运用，所以下面主要介绍几种常见的数量分析法。

1.比较分析法

比较分析法是一种最基本的差异分析方法，通过指标对比，从数量上确定差异，主要作用是揭示客观上存在的差距。在预算执行中，一般是通过实际与预算之间的比较来揭示实际与预算之间的数量关系和差异，分析预算执行过程中存在的问题和差距，为进一步分析原因指明方向。

比较分析法主要指的是绝对额的比较，即对实际情况和预算目标进行数量、金额的比较，揭示二者之间绝对数额的差异，如实际产量与预算产量的比较、实际利润额与预算利润额的比较等。

应用比较分析法时要注意所比较的指标必须具有同质性，比较指标的计算口径必须一致。

2.因素分析法

因素分析法是一种分析影响因素，计算各种因素影响程度的分析方法。在预算执行中，造成实际业绩与预算标准之间差异的因素很多，有的是主要因素，有的是次要因素。为了对各种因素的影响程度进行度量，就要采用因素分析法。

因素分析法根据计算方法和程序的不同，主要有以下几种：

(1)差额分析法。这种方法是对实际值和预算值之间的差异进行分析，找出原因。例如生产成本中折旧费用增加的原因分析，可以分解为计提折旧的固定资产数量增加和单台固定资产计提折旧额增加两部分，考察两部分对总折旧差额的不同影响以及总影响。

(2)指标分解法。这种方法要求将一个综合指标细分为几个具体指标，以方便分析和查找原因。典型的如杜邦财务分析体系将权益净利率分解为销售净利率、资产周转率和权益乘数等指标的乘积，将企业总的经营情况向下追溯，以针对不同指标的影响采取不同措施。

(3)连环替代法。这种方法是用来计算几个相互联系的因素对预算差异影响程度的一种分析方法。在计算中，先以预算数作为计算基础，然后按照公式中所列因素的同一顺序，依次以实际值替代预算值，测定各因素对相关预算指标的影响。

实际工作中，以上方法往往是结合运用的。

3.比率分析法

比率分析法是一种通过计算和对比经济指标的比率来进行数量分析，确定经济活动变动程度的方法。采用比率分析法，先要把对比的数值变成相对数，然后再进行对比分析。比率分析法的具体形式有：

(1)相关指标比率分析。相关指标比率分析是将两个性质不同但又相关的数据对比求出比率，然后再以实际数与预算数进行对比分析，以便从经济活动的客观联系中更深入地认识企业的生产经营状况。例如，将反映企业财务状况的净资产额同反映经营成果的净利润额对比，得出净资产利润率，再通过对比实际和预算的净资产利润率了解企业当期的预算完成情况。

(2)构成比率分析。构成比率是指某项经济指标的各个组成部分占总体的比重。例如将构成产品成本的各个费用项目同产品成本总额相比，计算其占总成本的比重，确定成本的构成比率，然后将实际的构成比率和预算构成比率对比，通过观察成本构成的变化，掌握企业实际生产经营的情况，找出超标成本和节约成本，并分析原因。

(3)动态比率分析。动态比率分析是将不同时期同类指标的数值对比求出比率，进行动态比较，据以分析该项指标的增减变动和变动趋势，从而发现企业在实际经营中的成功或不足。

4.平衡分析法

这种方法实质上也是一种比较分析法，是用来查明具有平衡关系的各经济因素之间的依存关系，将实际平衡关系与计划平衡关系对比，以测定各经济因素变动对经济指标变动影响程度的一种方法。

在实际工作中，常用的平衡分析法有余额平衡法、全额平衡法和增长速度平衡法等。

余额平衡法主要用于资产负债表的分析。资产负债表中的平衡关系主要有："资产＝负债＋所有者权益"、"资产—负债＝净资产"等。

全额平衡法主要用于经济指标体系中存在平衡关系的各因素之间的分析。如制造业的产品生产、产品销售与产品结存之间，流通业的商品购进、商品销售与商品库存之间，就存在下面平衡关系式：

期初结存量＋本期生产(购进)量＝本期销售量＋期末结存量

增长速度平衡法可用于考察经济指标之间的增减变化和适应程度，如制造业的资金(设备、材料、劳动力)与产品产量之间存在平衡关系，因而，资金(设备、材料、劳动力)的增长速度应该与生产增长速度相适应。利用这一原理，检查它们之间的增减变化的适应程度，可以了解资金(设备、材料、劳动力)的合理利用情况。

(四)预算差异分析的步骤

虽然不同行业、不同企业以及不同的预算，基于不同的目的和不同的分析人员，都会分别采用不同的分析方法和步骤，没有一套固定的通用程序，但是由于总体而言都是预算差异的分析，所以还是有共同之处的。当然实践中，不必苛求一致。

1.明确分析的目的

预算管理中数据繁多，所以差异分析是一个系统性的复杂工作，有必要在分析之前明确某次或某项预算差异分析的目的。这样，在差异分析的时候才能有所侧重，而不会在浩大的数据库中迷失方向。

差异分析中的各种运算并不是目的，不能为了分析而分析。从企业总体来看，应该将预算差异分析与整个企业的生产经营目标乃至发展战略联系起来；从各部门来看，不同部门的差异分析也有各自的具体目标，应该和各部门的生产或业务目标相结合。

2.收集有关的信息

信息收集是一个长期而连续的过程。在预算管理中，整个企业就是一个信息库，随时有更新和变化。进行预算差异分析时需要的信息并不是信息库中所有的内容，而是有所取舍选择的，一般来说，只需要预算编制的结果，以及与这些结果对应的实际数据。

3.对比实际业绩和预算目标找出差异

在预算执行中，需要随时记录预算完成情况，并定期编制预算控制报告，将这些报告中的企业业务实际完成情况与预算目标进行对比，就可以发现对应的项目、数据之间的差异。这时可以用到比较分析、比率分析和因素分析等。

4.分析出现差异的原因

差异被发现并不是目的，寻找差异的目的是为了找出企业实际工作中存在的问题，以便采取合理的行动纠正偏差，促进企业业务的良好发展。

预算执行中的差异是必然存在的，而且还可能会产生各种各样的差异。面对大量差异，不可能对所有的差异都深入细致分析，而应该有针对性。所以，在调查差异发生的原因时，应该着重考察原因不明确的差异和重大差异。这时需要特别注意的是，并非所有低于预算目标的结果都是不利的，也并非所有超过预算目标的结果都是有利的。在分析差异时，要结合当时的具体环境，动态地看待问题，具体问题具体分析。

5.提出恰当的应对措施

差异确定并分析出原因之后，就要分别采取相应的处理措施，解决发现的问题，杜绝再次发生的可能，使企业生产经营顺利进行。

影响企业预算的外部因素主要有社会和经济形势的变化、经济政策和宏观经济调控措施、行业发展速度和状态、突发事件和偶然情况等。对外部因素，应区分对企业的有利影响和不利影响，以便制定适应外部因素变化的措施，扩大有利因素，限制不利因素的影响。

影响企业预算的内部因素则与具体的预算密切相关。能确定责任部门和人员的差异，应按责权利对等原则给予相应的奖惩；不能确定责任归属的差异，应由相关部门或人员按照受益比例划分责任，作为奖惩的依据。

二、预算考核控制

（一）业绩管理体系与业绩评价

业绩是经营或管理行为的结果与表现。业绩管理是依据组织体系，通过总部与责任中心、责任中心与员工间达成的业绩合同或协议的履行，双向互动沟通及评价而进行的管理。其中，业绩合同主要指预算业绩合同或预算计划，协议主要指责任中心职责描述与员工工作职责、工作业绩衡量办法等。

业绩管理是一个体系（如图 8-2 所示），它不同于会计上的“盈余管理”概念。具体包括：（1）业绩计划；（2）业绩沟通；（3）数据分析；（4）业绩考核（业绩考核是最重要的环节）；（5）薪酬管理；（6）人事决策与调整等。

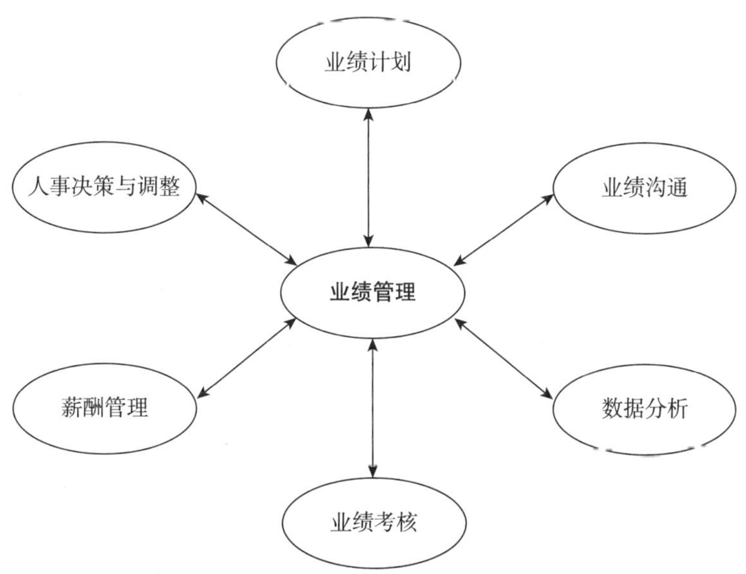

图 8-2　业绩管理体系

业绩管理是事前计划、事中管理、事后考核三位一体的管理体系。在业绩管理体系中，业绩考核是其核心内容之一。它一方面为业绩计划、业绩沟通提供依据；另一方面也为薪酬计划制订与实施、人事决策与调整等一系列管理行为提供支持。业绩考核是否全面客观，对企业未来发展和管理科学化具有重要影响。

（二）预算考核的内容、目的与方式

预算考核是预算管理的重要环节，它通常是以预算的各项指标为依据，对预算的执行情况进行系统的记录和计量，并定期编制预算反馈报告，将实际完成情况与预算相比较，借以评价与考核各个责任中心的工作成果，并根据效绩考评结果进行经济和其他方式的奖惩，以促使各责任中心积极纠正行为偏差，完成自己所负的责任。

预算考核的具体目的主要有三点：

1.沟通。所谓沟通就是人与人传达思想和交换情报的过程。规范化的预算考评，可使上级了解下属的能力和对企业的贡献，改变凭印象和档案用人的旧习，使人事管理科学化。

2.激励。所谓“激励”就是创设满足企业员工各种需要的条件，激发员工的动机，使之产生实现组织目标的特定行为过程。通过预算考评，使被考评人看到差距，明确今后的目标，调动其积极性、主动性和创造性。

3.控制。使被考评人明确改进工作的方向，有利于推动企业总目标的实现。

预算考核并不是纯粹为了对责任单位或个人的效绩进行评估，它更深层的目的是为了有效地推动责任单位和个人的行为表现，引导企业全体员工从个人开始，至个别部门或事业部，共同朝着企业整体预算目标迈进。

（三）预算考核指标的设计

企业预算管理的主要目的就是通过预算控制来掌握整个企业的发展方向，为此，就必须设法诱导各责任单位与企业总的战略目标相吻合。要做到这一点，企业就必须有一套有效的衡量和评价各责任单位效绩的制度与方法。不同的企业由于企业规模、企业文化、企业战略的不同，因此在考评指标的设计上也不完全相同，但从企业整体角度来看，选择评价各责任单位效绩的指标应注意符合下述基本要求：(1)既要考虑顾客（零售商）的价值，又要关注供应商的利益；(2)预算考评指标体系必须反映预算目标指标体系的状况；(3)所选择的评价指标应能促使各责任单位的行为紧紧围绕企业的最高利益开展，亦即要能激励各责任单位在搞好产品的生产和销售的同时，积极地提出各种有利于企业发展的建议或方案，并符合企业战略目标要求；(4)要适应本企业文化，不要简单照搬其他企业的经验；(5)所选择的指标必须既简单、明确，又切实可行；(6)效绩评价不仅要考虑反映当期财务成果的指标，而且也应考虑反映预期财务成果的指标。

财政部等五部委于 2002 年 2 月颁布的《企业效绩评价操作细则（修订）》从四个方面，分 28 项具体指标，构建了企业的效绩评价指标体系，对企业效绩进行考评定级，并作为对经营者奖惩的参考依据。它作为政府对企业的一种导向，无疑将成为企业的努力方向。

（四）建立预算考核制度

预算考核制度是预算激励机制和约束机制的具体体现。预算管理体系本身是一种人类行为方式，在预算管理体系中的各当事人都是受个人利益的驱使而行为，个人利益既是预算管理体系运行的原动力，又是预算管理体系成败的重要影响因素。一个有效的预算管理体系就在于抑恶扬善。为了扬善，必须建立以预算为基础的激励制度；为了抑恶，必须构建与预算配套的严格的奖惩制度。这是保证全面预算管理顺利实施的基本条件。

预算考核制度应当明确预算考核执行机构、考核原则、考核程序、考核标准和依据，以及考核方法与时间等内容。预算考核既是预算控制的重要环节，又是单位绩效评价的重要内容。严格的预算考核与认真的奖惩兑现，有利于总结预算编制与预算执行成绩，为编制下期预算积累经验。

1.预算考核执行机构。预算考核通常由预算管理部门负责。预算管理部门应当定期向单位决策机构报告预算执行情况，并组织对预算执行单位进行考核。有条件的单位，也可设立专门机构负责考核工作。

2.预算考核的原则。预算执行情况考核，应当坚持公开、公平、公正的原则，并对考核结果进行完整的记录。

3.预算考核程序。预算执行情况考核，依照预算执行单位上报预算执行报告、预算管理部门审查核实、单位决策机构批准的程序进行。内部预算执行单位上报的预算执行报告，需经本部门、本单位负责人签章确认，方能有效。

4.预算考核标准和依据。单位预算执行情况考核，应以单位正式下达的预算方案为标准，以经过注册会计师或上级部门审定的年度财务会计报告信息为依据。实行中期考核的单位，应以单位中期预算为标准，以中期财务会计报告为依据。

预算执行结果的考评与其他步骤的关系如图 8-3。

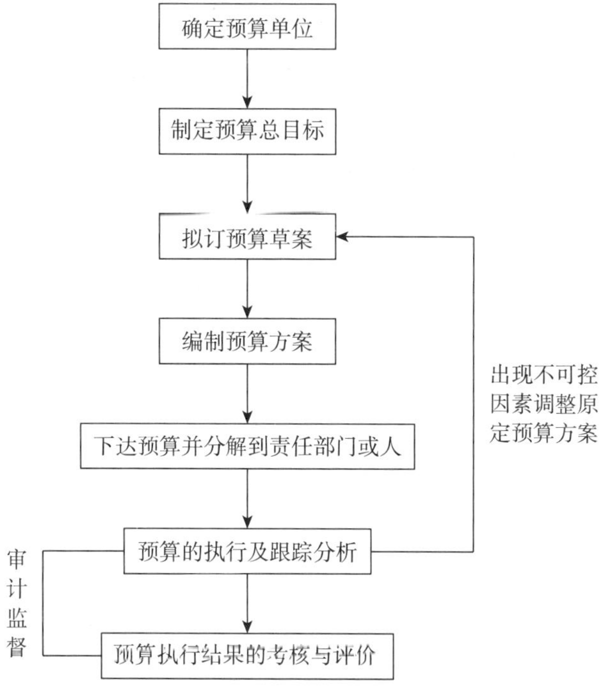

图 8-3　预算执行结果的考评与其他步骤的关系

第六节 监督与检查

预算内部控制制度的监督检查，是实施预算内部控制的重要保证。缺乏切实可行的监督检查，预算内部控制制度就不可能得到很好的贯彻执行，就可能形同虚设，难以发挥应有作用。因此，单位应当完善预算监督系统，建立对预算内部控制的监督检查制度，明确监督检查机构或人员的职责权限，定期或不定期地进行检查。对监督检查过程中发现的预算内部控制中的薄弱环节，负责监督检查的部门应当告知有关部门，有关部门应当及时查明原因，采取措施加以纠正和完善。单位监督检查部门应当向上级部门报告预算内部控制监督检查情况和有关部门的整改情况。

一、预算监督系统

预算是全公司的目标，是一种行为准则。公司每一个部门的每一项活动，对于公司目标的实现，都起着积极的影响或消极的影响。但由于预算是每个部门、每个管理者业绩的重要依据，因此，在日常的经营活动中，公司的预算管理机构（预算管理委员会、财务部）都会将经营活动同公司的预算目标相联系，并且随时根据预算目标对预算执行情况进行监督。具体内容包括预算管理机构对各部门预算、预算执行报告草案进行日常监督，并就预算、预算报告中的重大事项或有关特定问题组织调查，有关部门应如实反映情况和提供资料；预算管理机构定期向公司总经理、董事会提交预算执行情况的报告。

预算方案经公司董事会或股东大会批准后，由预算管理机构下发各单位，各单位依各自的职责组织实施。总部预算由预算管理机构组织执行；分预算由各部门组织执行，并由部门主要行政领导负责；其他预算由管理机构与项目单位共同组织执行，由项目单位负责。各单位对本部门的预算结果进行负责。预算归口部门（如财务部、会计部、投资部、经营管理部、审计部）对预算的执行过程进行监督、检查，定期向预算管理机构反馈有关预算执行的实际数据，并对其中的重要项目进行分析、说明。预算管理机构根据归口部门提交的有关预算执行情况的资料，定期（每月、半年、年）向公司提交预算执行分析报告，同时提出下期预算执行的控制方向。对预算执行过程中出现的异常情况，预算管理机构应及时指出并报公司总经理、董事会，同时提出相应的对策，供公司决策时参考。

预算控制实际上是对预期的财务经营状况的一个全面的估价，但这样的一种预期毕竟是一种静态的过程。在实际经营过程中，会发生各种各样的情况。为了能够达到控制的目的，需要对预算执行实际状况不断地同原预算进行比较，分析差异，监督预算执行情况。

二、预算控制监督检查的内容

按照《企业内部控制应用指引第 15 号——全面预算》及有关制度的规定，单位预算控制监督检查的内容主要包括以下几个方面。

(一)岗位分工和授权批准情况的检查

重点检查预算编制、审批、执行等各岗位,是否实行不相容职务的相互分离,各岗位之间的职责、权限是否明确,单位是否依照授权程序办理各项预算工作。

(二)预算编制情况的检查

重点检查预算编制的基础与前提是否成立,编制依据是否科学、合理,是否存在预算与经济实际相脱节甚至相互背离的情况;预算编制的程序和方法是否合规、正确,是否存在违反编制程序、滥用编制方法的情况。

(三)预算执行情况的检查

重点检查各预算执行单位是否建立了预算责任制,是否严格执行经过批准的预算指标,对预算执行中出现的问题是否及时进行纠正和处理。

(四)预算调整情况的检查

重点检查预算调整是否严格按照规定程序进行,预算调整理由是否充分、适当,有无盲目调整预算或借调整预算逃避责任的情况。

(五)预算分析与考核情况的检查

重点检查是否建立科学的分析考核制度和严格的审计制度,是否落实预算责任制,兑现奖惩措施。

三、预算控制监督检查的程序

(一)监督预算贯彻执行情况

1.预算是否落实。预算方案经预算管理委员会审批下达后,要采取必要的手段加以贯彻落实。预算监督的重点是:各部门是否采取了相应的落实措施,责任预算与总预算是否协调,是否有擅自改变预算的行为。如果发现没有落实预算的现象,应及时纠正。

2.预算执行是否全面。要按照预算目标全面考核、检查责任单位的各项经济活动,判断是否全面完成预算任务,如发现预算执行不够全面,应及时督促有关责任单位加以纠止。

3.预算执行是否均衡。企业各部门应合理安排采购、生产和销售的进度,均衡地完成预算各项要求。监督的重点是,按月考核各部门完成预算的均衡率,分析预算执行实绩与平均完成程度的偏离系数,判断各部门执行预算的均衡情况。如发现均衡率很差,应提醒相关方加以纠正。

(二)监督预算执行中出现的问题和解决问题的途径

企业在执行预算过程中,由于主观和客观的多方面原因,经常会出现一些矛盾和背离预算的现象。企业应及时发现问题,及时解决问题。预算监督对此首先要检查的是造成矛盾和问题的原因,分清是由于企业或部门违反预算要求、各部门间相互不够协调,或管理不善、决策失误等主观原因造成的,还是由于协作企业不履行合同、国家政策调整、市场环境发生变化、自然灾害等客观原因造成的。对于前一种情况,应追究责任,限期纠正;对于后一种情况,应督促企业采取措施加以克服。当企业对出现的问题已采取措施解决时,预算监督则重点检查解决问题的途径是否合理，一旦发现有不正当的手段，如擅自改变预算标准，以牺牲整体利益或长远利益来实现部门预算目标，则应监督相关部门予以纠正。

(三)监督预算的调整

尽管全面预算在执行中必要时可加以调整，但不能随意进行。预算监督要检查调整预算的理由是否充分，有无隐瞒、虚报、造假行为；检查调整预算的幅度是否恰当，有无故意夸大困难，缩小潜力，抬高限额预算指标的行为；还要检查调整预算的时间是否适宜，有无故意造成未完成预算指标的事实迫使企业主管部门允许在年底修改预算的行为。

(四)监督预算的完成情况

预算期结束时，监督部门要对预算完成结果进行全面考察和综合评价，全面检查预算指标的完成情况。对完成或超额完成预算的部门和个人，要予以奖励；对没有完成预算的部门或个人，则应追究责任，提出批评或给予惩罚。

在企业实施全面预算管理过程中，预算的事中监督对预算管理起着非常重要的作用，有利于保证预算方案的全面实施；有利于减少信息不对称现象，增加管理的透明度；有助于遏制滥用职权等管理腐败现象的发生，保证相关利益者的利益。需要注意的是，企业预算的事中监督应突破单一的企业财务监督，与建立贯穿企业各责任主体的激励和约束机制相配合，以科学的经济核算为手段，以加强企业全面预算管理系统的建立为基点，进行全面的经济监督。

案例分析题1

预算控制方式悖论：对不同预算控制模式的选择[①]

对预算持不同意见者认为，许多预算控制(指预算紧控制[②])模式提出的严格控制成本费用的要求使得管理人员无法自主思考，转变策略，把握新的机遇。此外，缺乏灵活性、机动性的预算造成了一种“不用就是浪费”的心态，这种心态会导致十分荒谬的情况：预算责任单位负责人可能会为了避免下一年度分配的资金、费用被削减而在一年的最后几个月里匆匆忙忙地花掉他们预算分配额度里的最后一文钱，却根本不理会这种支出是否能够带来收益或应该不应该花。

杰瑞米·霍普是超越预算圆桌会议(Beyond Budgeting Round Table，BBRT)这一国际研究协会的创始人之一。他认为，以高度集权的计划行为为特征的预算方式，确实妨碍了公司降低成本、增进与客户的关系、开发新产品以及对商业环境变化做出快速反应的能

---

① 侯龙文，等. 现代全面预算管理[M]. 北京：经济管理出版社，2005：351-352.

② 预算紧控制(tight budgetary control)是较为传统的预算控制模式。它源于成本管理的标准成本法，以控制“偏差”为基础，即监测实际作业的产出与事先确定的预算目标之间的差异，然后进行预算控制行动，以消除或减少预算偏差。它是标准成本控制思想从成本领域向预算管理领域的延伸。一般而言，预算紧控制以目标的准确性、先进性和可控性为前提，因而更适合于较为稳定的经营环境和传统的层级组织。与之相对应的是预算松控制，这时的预算主要是用作联络和计划的工具，并不被人看作是对预算责任单位的约束。近年来，学术上的趋势是倾向于预算松控制，主张把责任和权利更多地授予基层，成为预算控制权下放。

力。霍普和罗宾·弗莱泽在他们出版的《超越预算》(*Beyond Budgeting*)一书中,提出了一种新的管理模式,即鼓励管理者通过合理调配资源、物尽其用来适应短期内的需求波动,以此替代原有的年度计划和资源分配。

阿尔·奥斯波恩教授认为,超越预算运动的种种原则中,最有价值的地方在于它对财务计划连贯性、包容性的要求,以及按照需要调配资源,而不是事先分配资源。他说:"许多人花钱没有目的性,他们这么做仅仅因为在预算的规定下他们可以这样做。"

但并非所有人都接受超越预算控制的新概念和方法。奈特·麦克凯尔维就不赞同Swiss American公司和Omgeo公司采取的新策略。他是Charter Auction公司的创始人兼首席执行官。麦克凯尔维从他的企业家父亲那里承袭了"预算是任何成功事业的基石"的信念。和他父亲一样,麦克凯尔维在1999年成立Charter Auction公司的时候就把预算定为公司运营的基本方针。例如,公司的市场部经理每年都会得到固定数额的可用资金,不论他觉得合适与否,数目都不能变更。所有开支必须产生出计划预定的收入,而且在任何情况下都不能超支。麦克凯尔维说:"市场部经理可以做出决策投资创作一个新的广告,但是这笔资金一定得是来自别的什么渠道。"

麦克凯尔维认为没有理由改变这种经营方式。拥有25名员工和大约350位客户的Charter Auction公司刚刚开始盈利,该公司2001年和2002年的收入分别为120万和670万美元。2003年,公司收入达到了约1 500万美元。麦克凯尔维认为,随着公司规模的扩大以及公司业务的日益复杂,预算比以往任何时候都显得更为重要。他说:"公司刚刚起步的时候,我可以事无巨细地参与公司的任何决策。当事业规模不大的时候,不做正式的预算也能在公司内部轻松处理各种工作。但是现在我们的规模已经远远超出那个水平。"

但是,对传统预算持反对意见的人坚持认为,取消预算并不是放弃对公司的管理控制;相反,它是把这种管理控制权更多地移交到工作在第一线、最了解资源需求情况的人手中。这种对待预算的态度渗透到了Swiss American公司的各层。公司副总裁兼总经理艾德·佩恩说,在这种观念的影响下,甚至连航运部的员工们都积极主动地提出建议改进工作方式。

Swiss American公司的产品外包装原来用的材料是塑料泡沫。员工们发现这种材料与褶皱牛皮纸相比不仅价格昂贵,而且导致工作效率低下。随后公司采用了员工们提出的更换包装材料的建议。这或许算不上是最引人注目的改革举措,但是自从这一建议被采纳以来,四年间公司的包装成本下降了20%,而生产力提高了10%。如果公司采用传统的预算方式,是否也能达到同样的效果呢?或许可以。但是佩恩,这个曾经在严格奉行传统预算制度的公司里工作过的人,却不这么认为。她相信,一旦开支和盈利目标被固定下来,员工就会以为公司希望他们完全遵照预算工作,而不是向预算提出挑战,争取创造更好的业绩。佩恩说:"如果航运部有预算作为指导,员工们就可能说管理者清楚他们在做什么,因为他们连详细的预算都已经做好了。相反,如果没有预算,员工们可能会主动地提出建议改进工作,而不是墨守成规。"

案例分析题2

苏州新苏纶纺织有限公司预算管理模式分析①

为实现以成本费用为中心的预算管理模式，苏州新苏纶纺织有限公司设计了如下预算管理框架，其预算管理流程如图 8-4 所示。

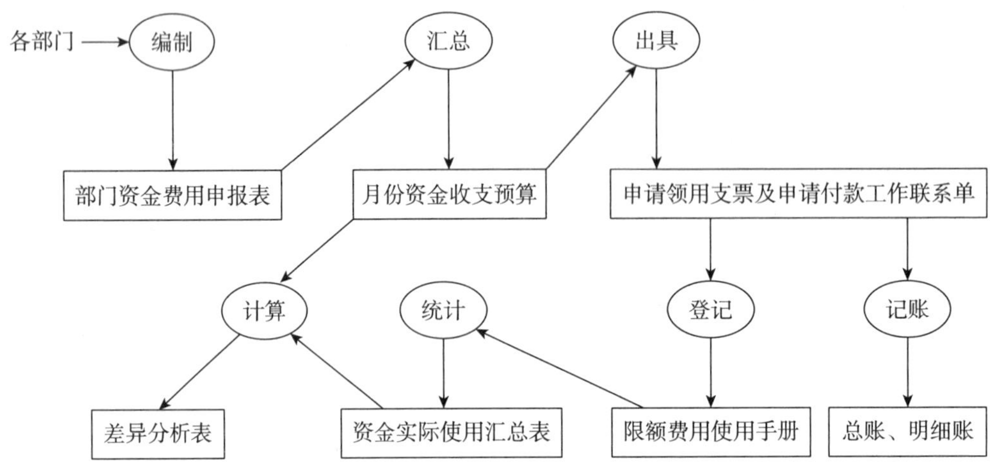

图 8-4　苏州新苏纶纺织有限公司的预算管理框架

1.预算的编制

苏州新苏纶纺织有限公司采用零基预算的方法，每月由各部门对其资金收支情况进行预算，总会计师和总经理确认预算合理以后，财务部门将全企业的预算进行汇总，形成全企业的月份资金使用总预算。各部门预算申报表如表 8-1 所示。

表 8-1　月度资金费用收支申报表

申报部门：　　　　　　　　　　　　申报日期：

收、支时间	收入项目内容及金额	支出项目内容及金额

预算是建立在对企业业务情况的一定假设基础上的，而企业的实际业务情况不一定能在假设范围内，因此各部门有时需要根据业务发展态势调整本月预算。出现这种情况时，要求追加用款的部门填写“月度用款追加计划申请表”，说明申请追加用款的理由及金额，待总经理审批通过后，方可加入预算范围内。月度用款追加计划申请表格式如表 8-2 所示。

① 张瑞君. e时代财务管理[M]. 北京：中国人民大学出版社，2004：279-281.

表 8-2　月度用款追加计划申请表

申报部门：　　　　　　　　　　　　　　　　　　　申报日期：

申请追加用款计划理由	申请追加用款金额	申请用款时间	申请人	总经理审批签字

2.预算的执行和控制

该公司对预算的执行情况采用双轨制进行记录，即对每一笔支出，需要财务人员填制凭证，在总账子系统中自动登记总账和明细账；同时，经手人都必须填写“申请领用支票及申请付款工作联系单”，并在“限额费用使用手册”上进行登记，控制成本费用的发生。限额费用使用手册类似于为预算管理所设计的责任会计账。如表 8-3 和表 8-4 所示。

表 8-3　申请领用支票及申请付款工作联系单

供货单位全称：　　　　　　　　　　供货单位开户行及账号：

申请内容	申请领用、付款日期	年　　月　　日
	申请人签字	
	申请部门负责人签字	
	公司主管副总审批	
	公司总经理审批	
计划申请金额	财务主管资金计划核实及资金调度意见	

表 8-4　限额费用使用手册

年	月	日	支出内容	支出金额	累计支出金额	支付形式	经手人

3.预算的考评

月末对限额费用使用手册进行汇总，得到资金费用使用汇总表，随后将汇总表和预算进行比较，找出二者的差异，并进一步分析差异形成的原因。如表 8-5 所示。

表 8-5　资金使用差异分析表

部门	费用项目	本月完成	本月预算	完成		本年累计完成	全年预算	完成全年预算	
				差额	百分比			差额	百分比

新苏纶对各部门的费用支出在预算的基础上进行了有效的控制，对整个企业的成本费用确实起到了非常好的监控作用。而且事后的差异分析为各部门的业绩考核提供了依据，企业的奖惩制度有了实行的基础。

案例分析题3

预算管理岗位分工与授权不当①

1.案例简介

某研究院为自收自支的国有事业单位，实行院长负责制，设院长 1 人，分管科研的副院长 1 人，分管财务等其他工作的副院长 1 人，内设 5 个科研部及财务部、人事部、行政部等机构。该研究院尚未列入国库集中支付和政府采购试点范围。现将该研究院制定的内部控制制度的有关内容摘录如下：

×××研究院的控制制度

第一章　总则（略）

第二章　预算控制

……

第八条　设立预算管理委员会，由财务部负责人担任主任，各部门负责人任委员，财务部为预算管理委员会的办事机构。

预算管理委员会负责拟定预算的目标、政策，制定预算管理的具体措施和方法，批准年度预算，组织预算的分解，下达和执行情况的检查考核，对预算管理负总责。

2.案例点评

按照《企业内部控制应用指引第 15 号——全面预算》及有关规定的要求，该研究院的预算管理制度存在岗位分工控制与授权不当的问题，具体表现如下。

(1)岗位分工控制不当。在不具备单独设立预算管理专门机构预算委员会或预算领导小组的单位，可以由财务部门负责预算管理工作，但不能由财务部门负责预算的审批。按照岗位分工控制的要求，预算制定、预算审批、预算管理职务应当分离，预算审批应该由单位最高权力机构负责。财务部门负责预算管理的同时，不得负责预算审批。

(2)授权批准控制不当。财务部门只能负责预算执行情况的检查、分析和考核等日常的事务性工作，不能对预算管理负总责。对预算管理负总责的是单位负责人。在财务部门负责预算管理工作的情况下，设有总会计师的单位，总会计师应当协助单位负责人加强对单位预算管理部门的领导。

该案例给我们的启示在于：建立预算控制制度和其他内部会计控制，一定要遵循有关规定，进行合理、适当授权；如果内部控制制度不健全，或者授权不当，就会在内部管理上留下盲点，使管理容易产生混乱，给不法分子留下可乘之机，给单位造成不必要的损失。

思考练习题

1.预算控制的重要意义是什么？

2.预算工作的职务分离控制主要包括哪些内容？

3.预算编制控制的要点主要包括哪些？

---

①　引自《2004 年度全国高级会计师资格考评综合试点考试高级会计实务试题》。此案例系一套系统资料，本节仅就与预算控制有关的问题进行介绍和分析。

4.简要阐述编制预算的基本程序。
5.预算调整需具备哪些条件?
6.预算执行控制的关键控制点是什么?
7.现金预算控制的目标是什么?
8.预算调整的主要程序是什么?
9.预算执行情况的常用分析方法有哪些?请分别予以阐述。
10.预算考核的目的是什么?
11.预算内部控制监督检查的主要内容有哪些?

拓展阅读

1.中国财政部,等. 企业内部控制应用指引第 15 号——全面预算[S]. 2010.
2.冯巧根. 全面预算管理[M]. 北京:中国人民大学出版社,2015.
3.许群. 企业预算编制实务与经典案例[M]. 北京:中国市场出版社,2012.

第九章 工程项目控制

工程项目，通常事关企业固定资产与生产能力的形成，同时又具有投资期比较长、资金流量比较大的特点，因此在企业管理中，是一个高风险的领域，特别是腐败易发领域，所以是企业内部控制最重要的项目之一。

第一节 岗位设立与工作职责

单位应当建立工程项目业务的岗位责任制，明确相关部门和岗位的职责、权限，确保办理工程项目业务的不相容岗位相互分离、制约和监督。

一、不相容职务的分离

工程项目管理中，一些业务项目或管理环节在客观上存在着相互制约和监督的关系，因此，这些管理环节上的岗位设置应该遵守不相容岗位分离的原则，即岗位设置、岗位之间的职责与权限需要相互分离以确保项目业务办理中形成相互监督与制约的关系，从而确保项目决策的合理性和项目执行的有效性，避免出现舞弊和错误等各种问题。在一般工程项目业务中，不相容的职务主要包括：项目建议；可行性研究与项目决策；概预算编制与审核；项目实施与价款支付；竣工决算与竣工审查；等等。

首先，将负责对投资机会进行选择、提出项目建议书并进行可行性研究的职位与负责项目决策的职位进行分离，这样可以在一定程度上保证项目决策的合理性，防止项目决策中出现舞弊行为。

其次，分别设置专门的职位来编制工程项目概预算和对概预算进行审核，合理确定工程项目产品的计划价格，并提高工程项目概预算编制水平。工程项目概预算是根据设计文件和国家、地区、主管部门的有关规定及颁布的定额、指标和取费标准等，计算新建、扩建、改建和重建项目工程造价的文件。从本质上来说，它是合理确定建设工程价格的工具，也是项目实施的重要参照依据，因此必须设专人负责。同样，工程项目概预算的审核是对工程项目概预算编制的合理性、合法性的监督与检查，是促使工程项目概预算编制水平提高的重要手段，因此也必须设置专门的职位，由专人负责此项工作。

再次，项目实施与价款支付职位分离。按照《企业内部控制应用指引第 11 号——工程项目》的要求，业务经办人员、货币资金支出的审批人员与货币资金支付人员这三者之间的职位应当相互分离，这样才能防止货币资金支付中的舞弊行为。而具体到工程项目循环来说，负责项目实施的人员不能同时负责价款的审核与支付；否则，很容易产生工程价款支付的紊乱，给单位造成不必要的经济损失。

最后，竣工决算与竣工审查分离。竣工决算可以综合、全面地反映项目的建设成果和财务情况，是建设单位向生产、使用单位办理交付使用资产的主要依据，也是建设单位向主管部门、计划部门报账的依据。通过竣工决算工作，可以全面考核竣工建设项目的计划、概算、预算执行情况，分析投资效益。而竣工决算的审查，则可以查明竣工决算的真实性、合规性、合法性、正确性和有效性等，促进工程及时投产或投入使用，发挥投资效益。因此，为了保障竣工决算和竣工审查各自效果的发挥，必须由不同的人员负责竣工决算与竣工的审查。

二、工程项目组成员的岗位责任

单位应当建立工程项目业务的岗位责任制，明确相关部门和岗位的职责与权限。以一个中等规模的工程项目为例，工程项目组成员除项目经理外，一般还包括项目工程师、制造工程师、现场经理、合同管理员、项目管理员和支持服务经理等职位，这些职位具有不同的职能、责任和权限。

（一）项目经理

项目经理是项目的领导人，主要负责项目的指挥和项目的执行。其主要的职责是：

1.组织工程工作。项目经理应挑选好工程班子，并明确其中关键成员的权力和责任范围，协调好班子内部以及项目班子与业主之间的关系。

2.安排工程计划。制定明确的工作范围、工程进展计划和工程费用估算，并引导参与该项工程的所有人员，按照这些目标完成各自的工作。

3.负责工程项目的控制。项目经理应制定完善的控制作业计划，对实际工程进度、工程费用和工程质量进行不断的监测，并与预期的目标相对比，以便及时发现问题，并对问题采取必要的纠正措施。

4.监督各方面工程活动的进行。例如公司职能部门是否及时提供了必要的情报资料，各专业以及各有关人员之间是否建立起有效的工作关系等。

（二）项目工程师

对于一个大型的工程项目，常常需要设置若干项目工程师，在项目经理的直接领导下分别负责一个工区内的设计、采购，以及施工方面的组织和协调工作，在其所负责的工区范围内，行使项目经理的职权。

通常情况下，项目工程师的主要职责包括：

1.积极与业主进行沟通，并配合业主确定所采用的工艺流程，取得业主对公司编制的有关技术文件的认可。

2.组织设计部门编制工艺流程图和总布置图。

3.组织制定全部的相关工艺设备技术规定。

4.向设计部门提出设计技术规定和大部分施工技术规定的编制委托,并对其成果进行审查。

5.审查设计图纸,了解工程费用的趋势。

6.与费用工程师和估算师一道对设计方案和施工方案的经济性、可行性进行优化。

7.负责提出设备订货申请和取得必要的技术资料,以便形成完整的设备采购招标文件。

8.与施工和设计部门共同研究,确定工程分包合同。

9.审查设计与采购部分就投标文件所提出的分析意见,并拟定授标建议书。

10.审查工程费用估算部门提供的编制工程估算所需的草图、图纸、有关的标准、规范等资料,并对估算结果进行审查。

11.协调设计、采购与施工部门的工作,使设计部门及时得到其所需要的设备资料,施工部门及时得到其所需要的施工图纸,并对工程进度计划进行审查。

12.负责月进度付款报告以及最终付款报告的审核。

(三)项目控制经理

项目控制经理的主要职责是在项目经理领导下,在项目进度员、项目估算员、项目费用工程师等人员的辅助下对项目的控制程序进行编制和实施。其具体职责如下:

1.监督和协调设计、采购和施工之间的关系;

2.对工程进行分解,建立工程单项,作为工程管理工作中的基本控制单元;

3.建立工程费用估算,并据以进行费用控制;

4.编制工程进度计划,并据以进行项目进度的控制;

5.结合工程实际进展情况,不断修订工程估算及进度计划;

6.综合分析进度计划、估算、费用控制以及工程会计方面的统计资料等,为编制工程管理月报提供必要的资料;

7.其他有关工程控制方面的工作。

(四)项目进度计划师

进度计划师主要负责编制工程的进度计划,并监督其执行情况。在大型工程中常设项目总进度计划师,下面再设若干进度计划师。一般情况下,进度计划师对工程控制经理负责,其主要职责是:

1.根据项目的特点,筛选适合于本工程项目的进度计划系统,并制定相应的计划准则;

2.在确定性估算的基础上,提出初步的进度计划,编制工程总进度计划;

3.根据工程估算和进度计划绘制整个工程的人力负荷曲线,并协助编制费用支付计划;

4.审查分包商提出的工时进度计划、开工和竣工日期以及进度付款计划,并将审查意见上报给项目控制经理和项目经理;

5.将经过双方同意的分包商施工进度计划纳入工程总进度计划,并据此制定现场进度控制计划;

6.根据现场控制进度计划,分别制定各项分包合同以及各工种的人力负荷曲线和实物进度计划；

7.根据设备供应商提供的设备制造及供货日期制成图表，并对主要设备的合同执行情况进行监督。

（五）费用控制工程师

费用控制工程师主要负责制定和贯彻执行费用控制体系，及时发现工程费用偏离预算的任何倾向。费用控制工程师对项目控制经理负责，其主要职责包括：

1.依据工程进度计划编制工程费用逐月支付计划；

2.协助项目工程师审查和评价分包商投标文件中的工程进度和工程费用；

3.对照合同，审查分包商提出的进度付款报告，进行编号和登记并与工程预算对比；

4.对工程费用的发展趋势进行分析，并对偏离工程预算的任何倾向提出意见；

5.负责工程费用月报表的编制。

（六）设计经理

设计经理的主要职责包括：

1.在项目工程师的协助下，与工艺、操作、采购、施工、项目管理和业主的工程师们等进行协调，组织进行设计工作；

2.负责审核和批准关键设计文件、工程设计统一规定和制造厂报价的技术评价；

3.负责设计工作的技术质量，保证设计进度与预算；

4.主持设计进展情况会议，负责对涉及多专业问题的技术审核；

5.在设计方面，协助项目经理处理好与业主之间的问题；

6.在项目施工阶段，负责为施工人员进行咨询等。

此外，设计经理还需要组织编制工艺流程图和总布置图；监督编制和印发技术规定，以作为工程分包和设备采购的技术准则；制定图纸和技术规定的审核批准程序；参与编制采购和工程分包的授标建议书；从工程设计角度，监督设备订货和材料供应质量是否满足设计要求，必要时会同采购人员到有关制造厂进行检查。

（七）采购经理

采购经理是工程项目采购环节的主要组织者和负责人。在项目经理的领导下，采购经理的主要职责包括：

1.负责编制包括订购、检验、催交和运输等内容的“采购计划”；

2.协调采购部门与各专业、项目要求的关系，保证采购部门的采购业务能够满足各专业提出的项目要求；

3.控制采购预算，并及时向估算部门提供现行价格信息，保证从询价、招标到运抵现场的进度要求；

4.负责设备、材料的催交，制造厂数据和制造厂制造材料的质量检验，以及从制造厂车间到施工现场的材料运输；

5.研究并提出在合同条款中对合同商应该提出的要求，以及投标商在财务方面应负的责任；

6.提出设备采购和施工分包合同的清单，提请业主认可，并在此基础上代业主拟定并贯彻执行设备订货合同和施工分包合同。

(八)施工经理

施工经理的主要职责包括：

1.负责进行所有必要的施工能力的审核和设备吊装的研究，并编制提交施工计划；

2.协助选择项目的主要施工人员；

3.编制施工工具和设备清单并确定需要的临时设施；

4.负责评价项目施工的进展情况，对施工现场费用进行监督，确保施工质量和安全规程的实施；

5.驻工地施工经理将负责组织施工所需人力，并现场指挥和协调所有安装活动，在各部门主管、各工种负责人、工程师和行政管理人员的协助下，负责安排组织劳力，参与并指导分包商的工作，实施质量控制、费用控制、进度测量等；

6.负责处理现场的工程、会计和材料等职能工作；

7.安排竣工验收工作，完成将竣工设施向业主的移交工作。

第二节　项目投资决策

单位应当建立工程项目决策环节的控制制度，对项目建议书和可行性研究报告的编制、项目决策程序等做出明确规定，确保项目决策的科学与合理。决策的正确与否将决定着整个工程项目的成败，因此需要从源头上强化项目投资的决策控制，避免项目投资的先天性不足以及所带来的后续不利影响。

一、工程项目投资决策的程序和内容

(一)工程项目投资决策的基本程序

工程项目的投资决策，从广义上看是投资主体(企业)对拟建项目的必要性、可行性进行技术经济评价，对不同建设方案进行比较选择，以及对拟建项目的技术经济指标做出判断和决定的过程。图 9-1 大体揭示了项目投资决策的基本流程。

1.由专门投资评审小组会同有关部门对工程项目的可行性进行初步研究，并将初步研究报告提交给投资委员会。

2.将初步研究报告交由投资、计划等部门进行项目初选认可，并把经初选认可后的初步研究报告纳入项目建议书编写环节，同时将该部分初步研究报告交由财会或资金管理部门，据此编制资本预算并报投资委员会。

3.由投资委员会组织有关专家及中介机构对项目可行性进行进一步的论证，出具可行性研究报告。

4.投资委员会汇总相关可行性研究报告、项目建议书和资本预算并上报董事会批准；如果投资项目属于重大项目，超出董事会的审批权限，那么董事会应该对经投资委员会论证后的项目报告报请股东大会审批。

单位项目投资决策中涉及的工作主要是：

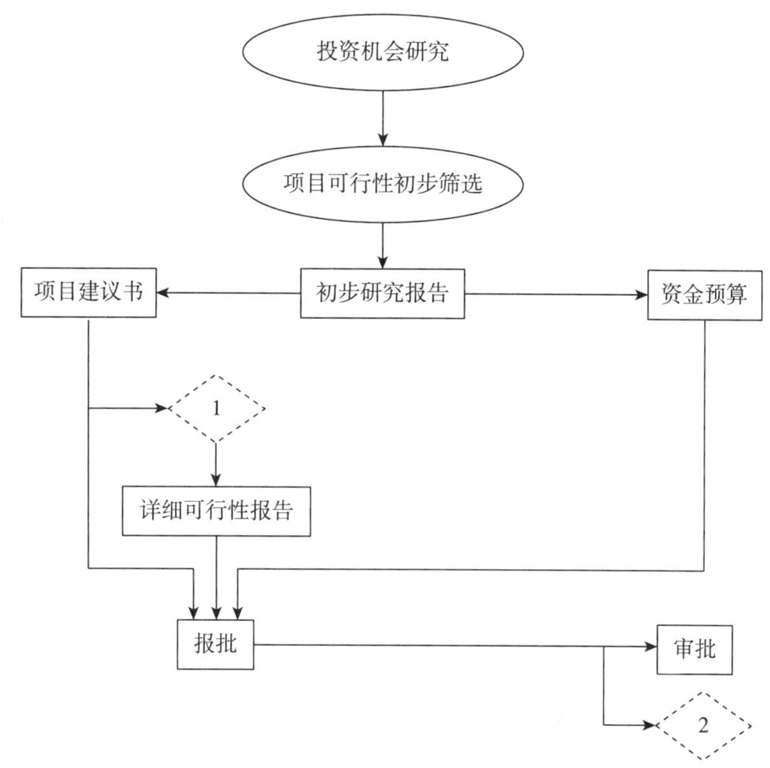

图 9-1　工程项目投资决策流程图

1.针对所明确的目标进行资料收集与分析。资料的搜集与分析，包括实地调查、技术研究和经济研究，以及确定每项研究所要包括的主要方面等。

2.建立各种可行的技术方案。目标的实现通常会产生多种可行的方法，因而必然形成多种可行的并且能够相互代替的技术方案。项目决策选择的主要核心点是从多种方案中选优，因此项目决策的关键一步就是拟订相应的实施方案。对于项目各种可行技术方案的建立，应全面而细致地考虑到所获取的调查研究结果以及所掌握的全部资料。

3.方案的全面分析与比较。主要包括对各个可行方案在技术上、经济上的优缺点进行分析；方案的各种技术经济指标的计算分析，如市场分析、方案实施的工艺流程、项目地址的选择及服务设施、劳动力及培训、组织与经营管理、现金流量及经济财务分析、投资费用、经营费用、投资收益、投资回收期、投资收益率等指标分析；方案的综合评价与选优，如敏感分析以及对各种方案的求解结果进行比较、分析和评价；最后，根据评价结果选择一个最优方案。

4.确定项目的资金筹措计划。在确定资金的筹措计划时，需要详细考查一些潜在的、在贷款者讨论可行性研究时有可能会冒出来的项目资金需要，以及项目实施中期限和条件的改变可能对资金需求及资金筹措的影响。

总体来看，项目的投资决策过程大体上可以总结为机会研究（提出项目建议书）、可行性研究（提出可行性研究报告）和项目评估三个阶段。其中，机会研究阶段根据其内容的不同又可分为投资机会研究与项目初选、项目建议书编制两个内容。以下分别对这四个方面内容进行详细的阐述。

(二)工程项目投资决策的基本内容

1.投资机会研究与项目初选

投资项目是实现投资回报的载体。只有选择了正确的投资项目,其成功才有可靠的保障。投资项目对于不同企业或同一个企业的不同时期,其机会性是不尽相同的,对于一个企业是机会的项目而对于另一企业来说却不一定是机会;同样,对企业某种状况下是机会的项目而在另一种情况下也不见得是机会。因此企业在面临各种项目选择时,必须对项目的机会性进行认真、细致的筛选与甄别。

投资机会研究或项目的初步筛选,就是将企业面临的投资项目或机会进行初步分类,并相应确定哪些进入企业的决策循环,哪些排除在决策循环之外。对于一个投资项目来说,投资机会研究与项目初选是整个项目投资循环的起点。

项目投资机会研究阶段所进行的筛选、甄别往往比较粗略,主要依靠笼统的估计而不是详细的分析,所依据的参数、资料和数据都是从现有的可比项目中取得的。它所强调的是一个可能的投资方向和领域。

对于所筛选出来的机会也可能会从经济效益的角度进行较为深入的研究,借以明确两方面的问题:一是工程项目的概貌,包括产品方案、生产规模、原料可能的来源、可供选择的技术、比较满意的厂址、建设进度安排等;二是比较精确地估算出经济指标,从而做出经济效益评价,为后续分析提供基础。

按照我国目前的项目管理程序,经项目初选后认为可行的工程项目,进入编写项目建议书环节。

2.项目建议书编制

项目建议书是指由企业或有关机构根据国民经济和社会发展的长期规划、产业政策、地区规划、经济建设方针和技术经济政策等,结合资源情况、建设布局等条件和要求,经过调查预测和分析,提出某一项目,着重论述其建设的必要性,供相关单位选择并确定是否进行下一步可行性研究的建议性文件。编制工程项目建议书的目的是提出拟建工程项目的轮廓设想,分析工程项目建设的必要性,说明技术上、市场上、工程上和经济上的可能性。

项目建议书编制的内容通常应该涵盖以下几个方面:

(1)项目的名称、承办单位、项目负责人;

(2)项目提出的目的、必要性和依据;

(3)项目的产品方案、市场需求、拟建生产规模、建设地点的初步设想;

(4)资源情况、建设条件、协作关系和引进技术的可能性及引进方式;

(5)投资估算和资金筹措方案及偿还能力预计;

(6)项目建设进度的初步安排计划;

(7)项目投资的经济效益和社会效益的初步估计。

项目建议书经批准,称为"立项",项目即可纳入项目建设的前期工作计划。列入前期工作计划的项目可开展详细的可行性研究。

3.项目详细可行性研究

由之前环节初步确定的工程项目是否有生命力，还需通过可行性研究进一步去判断。可行性研究是指投资建设项目最终决策前，对投资建设项目从工程、技术、经济、财务、生产、销售、环境、法律等各方面进行调查、研究、分析，对各种可能的建设方案和技术方案进行比较论证，并对项目建成后的成本和收益进行预测和评价的一种科学分析方法。一般情况下，通过可行性研究，可以确定项目在技术上的先进性和可靠性，经济上的盈利性和合理性，建设上的可能性和可行性，从而为投资建设项目的最终决策提供科学依据。

详细可行性研究是投资项目建设前期研究工作的关键环节。宏观上，此项工作可以控制投资的规模和方向，改进项目管理；微观上，则可以减少投资决策失误，提高投资的经济效果。

一个投资建设项目无论其规模大小、复杂程度如何，通过可行性研究后都应该能够对以下问题做出明确的回答：

(1)项目是否符合国家的发展目标和优先顺序；

(2)项目的产品是否有充分的市场需求，资源供应是否能保证；

(3)项目所采取的工艺技术有什么特点，是否采用了先进适用的技术方案；

(4)项目的建设时间多长，是否筹集到了所需要的全部资金；

(5)项目在经济上是否合理，财务上是否可行；

(6)项目的建厂地点在哪里最佳；

(7)项目的环境如何；

(8)项目的管理是否切实可行。

4.工程项目的评估与决策

上述工程项目建议书和可行性报告必须提交给企业最高决策机构，由聘请的专家或委托有资格的咨询公司进行评估。工程项目评估是投资前期对工程项目进行的最后一项研究工作，也是建设项目必不可少的程序之一。

项目评估与可行性研究有着密切的联系，二者在理论基础、内容和要求等方面存在一致性，同时，两者之间还存在着内在的因果关系：没有项目的可行性研究，就不会有项目评估；不经项目评估，项目的可行性研究也就不能最后成立。本质上讲，项目评估是对最终可行性研究的审查和研究。可行性研究是从宏观到微观逐步深入研究的过程，而项目评估则是将微观问题再拿到宏观中去权衡的过程，因此，项目评估是可行性研究的延伸，是比可行性研究更高级的阶段。

项目评估的内容通常由评估要求来决定，不同的评估部门对评估内容可能有不同的要求。从我国目前项目评估工作的实践来看，生产性建设项目的评估，其基本内容包括以下几个方面：

(1)建设必要性。构成项目建设必要性的因素很多，主要包括市场、资源和技术三个方面，并涵盖项目是否符合产业政策和规划的要求、项目是否适应市场需求、建设项目在国民经济和社会发展中的作用，以及拟建项目是否符合经济规模的要求等四项具体内容。

(2)建设条件。拟建项目的建设条件，包括原材料、能源、动力和建设资金等投入物的供需平衡，厂址选择和协作配套项目等因素。建设条件上，不同行业具有不同的特点，一般应重点把握以下几点:①资源是否落实,工程地质、水文地质是否清楚;②原材料、燃料、动力等供应是否有可靠来源,是否有供货合同;③建设资金是否有可靠的来源;④交通运输是否有保证,厂址选择是否合理;⑤是否有环境保护问题的解决方案;⑥相关配套项目是否有同步建设方案。

(3)技术评估。技术评估就是对工程项目所采用的技术工艺和设备的先进性、经济合理性和适用性进行综合性分析。技术评估在内容上一般包括:①工程项目采用的工艺、技术、设备在经济合理条件下是否先进、适用,是否符合国家的技术发展政策,是否注意节约原材料和能源以获得最大效益;②引进技术和设备是否符合我国国情,是否经过多方案比较,是否配套以及引进技术后有无消化吸收的能力;③工程项目所采用的新工艺、新技术、新设备是否安全可靠,是否经过试验和鉴定;④产品方案和资源利用是否合理;⑤技术方案的综合评价。

(4)财务评估。财务评估是按照现行财会税收制度和有关财务规定,对项目的费用、效益进行的计算和分析,据以确定财务盈利的可能性。一般应从以下方面进行:①建设投资估算;②产品成本估算;③销售收入及税金估算;④利润预测;⑤贷款偿还估算。

(5)国民经济评估。项目的国民经济评估,是从国家整体利益出发,对项目的直接效益和间接效益、内部效益和外部效益、可度量价值的效益和不可度量价值的效益进行充分考虑,论证分析项目给国民经济带来的净增量效益,借以实现资源的最优利用和配置。主要内容有:①投资的新增国民收入分析;②国民收入现值分析;③投资税利率的分析;④投资回收期的分析;⑤相关投资分析;⑥社会效益分析;⑦外汇效益分析;⑧环保评价。

(6)投资方案的比较分析。投资方案的比较分析是实现合理、科学的投资决策的主要手段,也是项目评估工作的重要组成部分。项目评估计程中,应根据项目的特点,对可行性研究报告中阐述的多个方案的各项主要经济技术指标进行对比、论证和筛选,鉴定所选方案是否为最优。现实中,投资方案的比较分析,一般是在财务评估中进行的。

(7)总评估。在上述各单项评估的基础上,对项目进行综合分析,并就项目建设的必要性、相关条件的具备性、项目技术、设备的先进性、项目建设的适宜规模、项目实施的效益,及对环境、生态、区域经济等的影响等提出结论性的意见和建议。

二、工程项目投资的决策控制

(一)工程项目投资决策控制的原则

决策作为一个过程,主要包括问题的提出、制定目标、拟订方案、分析评价,直至最后才从众多可行的方案中选出一种最佳的或相对理想的方案。体现决策是否科学的标志是决策的结果能否导致经济的稳步健康发展,同时也保证经济增长既有速度又有质量,从而最终使广大人民群众从经济增长中得到真正的实惠。为正确处理好各方面的关系,保证项目论证与决策的科学性、有效性,在工程项目的投资决策控制中,通常应该遵循以下原则:

1.系统控制原则

项目决策本身是一项系统工程,需要经历项目投资机会研究与项目初选、项目建议书的编制、工程项目可行性研究，以及项目评估与决策等一系列过程。按照系统论的观点，每一个环节出现问题，都会影响整个项目系统的有效运行。因此，对于项目投资的决策控制不仅应在最后的决策行为环节加强控制，而且对于项目的筛选、建议书编制，以及可行性研究等环节也应严加控制。

2.相互牵制原则

监督与控制的基本原理就是相互牵制，即将一项完整的业务分配给具有互相制约关系的两个或两个以上的职位分别来完成。投资项目的决策是单位的一项重要决策活动，其控制过程中理所当然地也应该体现牵制原则的基本精神，在横向关系上，决策事项至少需要两个或以上彼此独立的部门或人员办理，以使一部门或人员的工作接受另一个部门或人员的检查和制约；在纵向关系上，至少要经过互不隶属的两个或两个以上的岗位和环节，以使下级受上级监督，上级受到下级的牵制。

3.关键点控制原则

所谓关键控制点是指在项目投资决策过程中发挥作用较大，影响范围较广，对于保证整个决策活动的控制目标具有至关重要的影响，甚至决定全局成效的控制节点。项目投资决策涉及众多单位和部门以及许多经手人员，就特定主体而言，由于时间与精力的限制，在决策控制中要做到面面俱到往往不太可能，因此，控制时必须根据投资决策的具体特点，找出每一个环节的关键控制点，针对关键点设计相应的控制措施，进而有效地实施内部控制。

4.技术与经济相结合的原则

只懂管理、不懂技术，做不好内部控制；反之亦然。因此，在项目投资决策控制中，项目决策控制人员不仅要掌握内部控制的知识，而且要熟悉工程项目的基本业务流程。除此之外，有关人员还应熟悉有关法律对工程项目的规定。这些相关的法律包括《土地管理法》、《建筑法》、《房地产法》、《环境保护法》、《合同法》、《招标投标法》等。

5.微观经济效果与宏观经济效果相结合的原则

微观经济效果与宏观经济效果相结合的实质，就是要处理好局部利益与整体利益的关系。一般而言，微观经济效果是宏观经济效果的基础，而宏观经济效果则是衡量微观经济效果的最终标准。通常情况下两者是相互一致的，但在某些情况下也可能会发生矛盾。主要表现为这种效果有时从一个企业或一个部门的角度来看是有利的，但从整个国民经济的角度来看却是不利的；或者从整个国民经济的角度来看是有利的，而从一个企业或一个部门的角度来看则经济效果不大。在这种情况下，企业或部门的利益就要服从国民经济的整体利益，要在计算由于占用劳动力、资金、资源而引起的其他国民经济部门劳动耗费和效益发生相应变化的基础上，选择宏观经济效果最佳的技术方案。

6.近期经济效果与远期经济效果相结合的原则

近期经济效果与远期经济效果相结合，实质上就是如何正确处理当前利益与长远利益之间的关系。而通常只有把当前利益与长远利益结合起来，才能确保国民经济的稳定、持续、健康发展。因此，我们在评价技术方案时，不仅要看近期的经济效果，更要考察长远的潜在的经济效果。

7.定性分析与定量分析相结合的原则

定性分析的决策方法，是一种在占有一定资料的基础上，根据决策人员的经验、直觉、学识、洞察力和逻辑推理能力来进行的决策方法。目前随着应用数学和计算机科学的发展，在经济决策中引入了更多的定量分析方法。定量分析方法的引入改变了决策以感觉为基础的做法，因此，采取以定量分析为基础进行决策，决策将更具有科学化的色彩。但是，在采用定量分析的决策方法时并不排斥定性分析，甚至可以说，定性分析方法仍是必不可少的。当然，这就需要将定量分析与定性分析结合起来，同时还要加强调查研究，提高定性分析的客观性，克服少数人说了算的不正确做法。

(二)项目投资决策控制的工作基础

1.严格项目投资决策的授权批准制度

相关单位应当对工程项目相关业务建立起严格的授权批准制度，明确审批人的授权批准方式、权限、程序、责任及相关控制措施，规定经办人的职责范围和工作要求。审批人应当根据工程项目相关业务授权批准制度的规定，在授权范围内进行审批，不得超越审批权限。经办人应当在职责范围内，按照审批人的批准意见办理工程项目业务。对于审批人超越授权范围审批的工程项目业务，经办人有权拒绝办理，并及时向审批人的上级授权部门报告。严禁未经授权的机构或人员办理工程项目业务。与权利相对应，有关单位应当建立工程项目投资决策及实施的责任制度，将责任明确落实到部门甚至个人，并对责任制的执行情况进行定期、不定期的检查和考核。

2.明确工程项目决策环节的控制标准

对项目建议书和可行性研究报告的编制、项目决策程序等做出明确规定，确保项目决策的科学、合理。单位应当组织工程、技术、财会等部门的相关专业人员对项目建议书和可行性研究报告的完整性、客观性进行技术经济分析和评审，并出具评审意见。单位应当建立工程项目的集体决策制度，决策过程应有完整的书面记录。严禁任何个人单独决策工程项目或者擅自改变集体决策的意见。单位应当建立工程项目决策及实施的责任制度，明确相关部门及人员的责任，定期或不定期地进行检查。

(三)项目投资决策控制的要点

1.投资机会研究与项目初选控制的要点

就项目投资机会的筛选、甄别而言，其重点通常在财务与经营方面，目的是在初步调查研究结果的基础上探讨该项目投资的必要性与可能性，最终形成工程项目建议书。筛选活动必须充分考虑以下几个方面的内容：

(1)拟建项目产品的用途及其在一定市场范围乃至国民经济和人民生活中的作用；

(2)市场需求(包括当前需求和潜在需求)的初步调查结论；

(3)涉及制造该种产品的生产要素条件等诸种经济因素及现有情况的调查；

(4)其他地区或厂家在类似情况下从事类似活动的相关经验；

(5)拟建项目与其他产业部门的关系，主要是关于原料来源或在未来出口时在国际市场中可能的地位；

(6)产品更新换代、多样化方向延伸的机会及潜在问题；

(7)一般经济分析；

(8)投资倾向和保护政策的要求。

2.项目可行性研究环节控制的要点

由于可行性研究工作是项目投资决策中极其重要、决定项目命运的关键环节,因此应该强化对项目的可行性研究工作的监督与控制。具体来说:

(1)严格对咨询公司的选择。要选择技术先进、经验丰富、信誉好的咨询公司来承担可行性研究工作,以保证可行性研究的准确度,为项目决策者提供公正、客观和科学的依据。

(2)应该强化可行性研究的工作程序。严格按照可行性研究的工作程序开展可行性研究工作。国际上目前通行的工作程序为:①明确研究范围、研究界限以及投资者的目标;②对每项研究从项目的主要方面进行实地调查和技术经济研究;③将项目的各个不同方面设计成可供选择的方案,进行优选;④对选出的方案详细地编制资本预算,并做出项目的经济分析和评价;⑤编制可行性研究报告。

(3)强化对可行性研究报告内容的控制。确保可行性研究内容的完整和有一定的深度与准确性。完整的可行性报告在内容上必须具备以下 12 项内容:

①总论。它由四个部分组成:第一,项目提出的背景和依据,说明项目实施的目的及项目设立依据的相关文件,以考察项目是否符合规定的投资决策程序;第二,投资者经营及拟建项目方面的建设管理经验,借以考察投资者是否具备实施拟建项目的经济技术实力;第三,项目概况,包括项目的名称、性质、相关规划、投资和收益等方面的情况,以便于有关部门对项目有一个充分的了解;第四,可行性研究报告编制依据和研究要素,包括可行性研究的要素与方法、技术标准与投资估算方法等方面的相关规定,投资者已经进行的前期工作和办理的各种手续,以及从市场、资源、技术、经济和社会五个方面进行的分析等内容。

②项目建设的必要性。一般包括宏观和微观两个方面。宏观必要性,包括项目建设是否符合国民经济平衡发展和结构调整的需要;项目建设是否符合国家的产业政策。微观必要性,包括项目产品是否符合市场的要求;项目建设是否符合地区或部门的发展规划;项目建设是否符合单位战略发展的要求,能否给单位带来效益。

③产品市场分析与结论。通过科学的方法,预测项目产品在一定时期的供给和需求量,并对其关系进行定性和定量的分析,最后得出结论,即项目产品是否有市场需求。

④确定生产规模。通行的做法是首先分析、决定拟建项目生产规模的因素,然后依据这些因素,用科学的方法确定项目的生产规模,并分析拟建项目的规模经济性。

⑤分析建设条件并形成结论。项目的建设条件分析上,主要包括物质资源条件、交通运输条件、工程和水文地质条件、厂址条件和环境保护条件等。在分析中重点应关注资源条件的可靠性,原材料供应的稳定性,燃料动力供应和交通运输条件的保证性,厂址选择的合理性和环境保护的可行性。在结论中也应重点说明资源分配合理性、资源利用的充分和有效性、原材料来源渠道及供应的及时稳定性、价格的合理性、原料节约的可能性、同步建设投资的保障性、环境治理的同步性等内容。

⑥技术条件分析和结论。在技术条件分析方面,主要涉及技术的来源、水平,工艺过程及其可行性和可靠性,设备的询价、先进程度和可靠性,并就所用技术、设备的先进、成

熟性，国外引进的必要性，工艺的科学合理性及改进的可能性做出结论。

⑦财务数据估算。在现行的财税制度下，用现行价格对投资成本、产品成本费用、销售收入、销售税金及附加、利润及利润分配等进行估算。投资成本估算包括投资估算与资金筹措方案等；产品成本费用估算包括产品的生产成本估算和期间费用估算；销售收入估算和销售税金及附加估算包括项目产品的销售收入、增值税、营业税、城建税、资源税和教育费附加的估算；利润及利润分配估算包括所得税的计算及税后利润的分配比例和程序安排等。

⑧财务效益分析。根据财务数据估算的资料，编制一系列表格，计算一系列经济技术指标，借以对拟建项目的财务效益进行分析和评价。评价通常从项目盈利能力和清偿能力两个方面进行，相关指标包括反映项目盈利能力的指标，包括动态指标和静态指标。动态指标包括财务内部收益率、财务净现值、动态回收期等；静态指标包括静态投资回收期、投资利润率、投资利税率、资本金利润率和资本金净利润率等。反映项目清偿能力的指标，包括借款偿还期、资产负债率、流动比率和速动比率等。

对于财务效益的分析，可以根据全部指标计算分析，也可以就其中一部分指标进行分析，但一般情况下应该包含财务内部收益率、投资回收期、借款偿还期等指标。如果拟建项目属于出口或替代进口性质的项目，则在财务效益分析时，通常还应进行外汇效果的分析以反映项目的财务外汇效益。同时，在财务效益分析中所计算出的评价指标，还应与有关规定、标准或历史数据、经验数据等进行比较，以判断项目的盈利能力和清偿能力，确定项目财务角度的可行性。

⑨不确定性分析。不确定性分析，主要用来判断拟建项目风险的大小或考察拟建项目抗风险能力。进行可行性研究，一般需要进行盈亏平衡分析和敏感性分析，有时也会用到概率分析。盈亏平衡分析是一种静态分析方法，主要是通过计算盈亏平衡时的产量和生产能力利用率来考察拟建项目适应市场变化的能力和抗风险能力。敏感性分析则通过对拟建项目经济效益影响比较大的因素的变化给评价指标所带来的变化分析，考察哪些因素对拟建项目的经济效益和拟建项目的抗风险能力影响最大。

⑩国民经济效益分析。国民经济效益分析是站在整个国民经济整体角度来考察和分析拟建项目的可行性。一般来说，凡是影响到国民经济宏观布局、产业政策实施，或者生产有关国计民生的产品的大中型投资项目，都要求进行国民经济效益分析。国民经济效益分析的关键，一是外部效应的鉴别和计量，二是对不合理的产出物和投入物的现行价格进行调整。

⑪社会效益分析。社会效益是比国民经济效益分析更进一步的分析。它不仅考虑经济增长因素，而且还考虑收入公平分配因素，其特点是站在整个社会的角度分析、评价投资项目对实现社会目标的贡献。社会效益分析的关键是价格调整，即把效率影子价格调整为社会影子价格。社会影子价格包括效率影子价格和收入分配影响，其价格确定的关键在于分配权数的估算。分配权数包括累计和消费分配权数，地区之间的分配权数。一般的拟建项目不要求进行社会效益分析，只有那些对社会公平分配影响很大的大型投资项目才要求进行社会效益分析。

⑫结论与建议。结论与建议由两部分组成：一是拟建项目是否可行或选定投资方案

的结论性意见；二是问题和建议。主要是在前述分析、评价的基础上，针对项目所遇到的问题，提出一些建设性意见和建议。如果这些问题不予以解决，项目是不可行的。拟建项目的问题可分为两大类：一类是在实施过程中无法解决的；另一类是在实施过程中通过努力可以解决的。这里的问题指的是后一类，建议也是针对这一类问题提出的。项目的问题和建议既包括政策和体制方面的问题和建议，也包括项目本身的问题和解决措施等。

(4)要保证可行性研究的期限和费用。可行性研究在所限时间内通常要考虑项目的复杂性，对项目的了解程度，项目是创新的还是重复的等因素。一般最短需要三个月的时间，最长则要花两年或两年以上时间。可行性研究的费用也会因项目的复杂程度而不同。将项目投资的一部分费用用于可行性研究是值得的，它可以避免投资的更大损失。

3.工程项目评估与决策环节的控制要点

工程项目评估，不仅有利于投资决策者正确确定投资建设的工程项目，还为合理配置社会资源创造了条件。由于资金和资源的有限性，在一定时期内能够投资建设的工程项目是有限的。依据项目评估，可以在不同部门之间、同一部门的不同项目之间排出优先次序，把资源合理地分配在各个部门和各个项目上，使社会资源得到合理利用，投资建设项目生产力得到优化配置。

正是由于工程项目评估在工程项目投资建设决策中的重要作用，因此提高工程项目评估的质量就成为提高项目决策成功率的一个重要方面。为此，要提高工程项目评估的质量，就必须做好以下几方面的工作：

(1)要建立和健全信息网络。评估质量的高低在很大程度上取决于对基础数据的掌握、运算以及对经济信息的掌握与分析。因此，应在全国乃至世界范围内分行业或产品建立投资信息网络，使工程项目评估能获得大量有用的信息资料而节省调查时间，加快评估速度。同时，还要努力在信息收集的广度和深度上下功夫，提高信息传递速度，加强工程项目投资信息的开发和利用。对信息收集要注意时效性，只有有价值的信息才能在工程项目评估和投资决策中真正发挥作用。

(2)进一步规范可行性研究和工程项目评估的办法。工程项目评估是对可行性研究的再研究、再评审和再论证。因此，对可行性报告应进行科学的再评估，检查可行性研究报告的准确度，克服可行性研究报告可能存在的片面性，为决策者提供全面客观的参考依据。如果可行性研究报告只提供一个备选方案，项目评估也是对该方案再论证，没有机会成本的概念，缺乏比较和鉴别，极易受可行性研究结论的左右，则达不到择优的目的。因此，要在可行性研究中提供两个或两个以上的备选方案。评估人员在不受可行性研究结论影响的前提下，重新计算、论证、评审有关备选方案，从中选出最优方案，实现真正意义上的评估。同时，还应建立项目评估的责任制，对于因评估质量而导致决策失误的要追究评估人员的责任。项目评估中要不断改进与完善项目评估方法，运用现代管理手段来提高项目评估的效率，积极进行项目评估软件的开发和利用，这是提高工程项目评估质量的重要手段。

(3)要提高工程项目评估队伍的素质。工程项目评估是一项涉及多专业、多学科的复杂的技术经济工作，没有技术经济全面的评估队伍，就不能形成科学有效的决策中心。提高评估队伍的素质可从两方面人手：一是提高项目评估人员的素质，通过各种途径对评估人员进行业务培训、政治教育、法律知识教育和职业道德教育；二是在项目评估中对于一些技术性较强的项目，直接聘请有关技术专家参与评估，从而提高技术评估的质量。

第三节　概预算控制

单位应当建立工程项目概预算环节的控制制度，对项目的概预算的编制、审核等做出明确规定，确保概预算编制科学、合理。

一、工程项目概预算的内涵及作用

（一）工程项目概算的内涵及作用

我国预算制度规定，初步设计阶段必须编制设计概算。设计概算是设计文件的重要组成部分，是在投资估算的控制下由设计单位根据初步设计（或扩大初步设计）图纸、概算定额（或概算指标）、费用定额、建设地区设备及材料预算价格等资料编制的建设项目从筹建到竣工交付使用所需全部费用的文件。

设计概算，通常包括以编制期价格、费率、汇率等为依据确定的静态投资概算和综合考虑编制期到竣工验收前工程和价格变化等多种因素确定的动态投资概算。其中，前者主要用来考核工程设计和施工图预算，后者主要用来作为筹措、供应和控制资金使用的依据。

设计概算，在内容和层级上包括单位工程概算、单项工程综合概算和建设项目总概算三级。其中，单位工程概算是确定各单位工程概算造价的文件，包括建筑工程概算和设备及安装工程概算两大类，它构成单项工程综合概算的依据；单项工程综合概算是确定一个单项工程概算造价的文件，由各单位工程概算汇总编制而成，是建设项目总概算的组成部分；建设项目总概算是确定整个建设项目从筹建到竣工验收所需全部费用的文件，由各单项工程综合概算、工程建设其他费用概算、预备费、建设期贷款利息等汇总编制而成。

设计概算的主要作用表现在：

（1）设计概算对于建设项目投资计划的编制以及确定和控制建设项目的投资具有重要作用。我国制度规定，固定资产投资计划的编制和总额的确定必须以经批准的初步设计概算为依据，否则，工程项目不得列入年度固定资产投资计划。同时，经批准的项目设计总概算投资额构成该工程建设投资的最高限额。在工程建设中，未经按规定的程序批准，相关投资（如年度固定资产投资计划安排、银行拨款和贷款、施工图设计及其预算、竣工决算）都不能突破这一限额。

（2）设计概算为施工图设计、预算的控制提供了依据。设计概算确定施工图预算的控制投资数，这就需要设计人员必须按照初步设计的工程范围和标准进行施工图设计。另外，设计概算还确定了单位工程的分部、分项工程的实物量与相应的工作量，使施工单位对施工任务的工程规模和费用有一定的了解，因此，施工单位可据此与项目建设主体签订施工合同或协议书。

(3)设计概算对方案的比选和方案技术经济合理性的衡量也具有重要作用。设计概算是设计方案技术经济合理性的综合反映，通过对不同方案设计概算的比较，可以在一定程度上了解其技术与经济性，从而做出最佳的选择。

(4)设计概算可以考核建设项目的投资效果。通过设计概算与竣工决算的对比，可以分析和考核投资效果的好坏，同时还可以验证设计概算的准确性，有利于加强设计概算管理和建设项目的造价管理工作。

(二)施工图预算的内涵与作用

施工图预算是由设计单位在施工图设计完成后，根据施工图纸、现行预算定额、费用定额以及地区设备、材料预算价格编制和确定的建筑安装工程造价的文件，是拟建工程设计概算的具体化文件，也是单项工程综合概算的基础文件。施工图预算的编制对象为单位工程，因此也称单位工程预算。施工图预算，通常分为建筑工程施工图预算和设备安装工程施工图预算两大类。

一般说来，实施施工图预算可以起到以下几个方面的作用：

(1)施工图预算作为设计阶段控制工程造价的重要环节，可以在很大程度上保证施工图设计预算不突破设计概算；

(2)施工图预算构成年度固定资产投资计划编制或调整的基础；

(3)施工图预算还是招标工程标的编制的依据，同时也是承包企业投标报价的基础；

(4)施工图预算是签订施工合同、确定合同价款和办理竣工结算的依据；

(5)施工图预算是加强施工企业实行经济核算的依据；

因此，工程项目的概预算是工程项目内部控制中最重要的部分，单位应当组织工程、技术、财会等部门的相关专业人员对编制的概预算进行审核、控制。

二、工程概预算控制的内容和方法

(一)工程概算控制的内容和方法

加强设计概算控制，有利于合理分配投资资金，加强投资计划管理，促进概预算编制单位严格执行国家有关概算的编制规定和费用标准，防止任意扩大投资规模或出现漏项，从而减少投资缺口，打足投资，避免故意压低概算投资，搞钓鱼项目，最后导致实际造价大幅度地突破概算的现象。因此，建设单位应当建立合理的概算审核制度，实现对工程项目造价的源头控制。

1.概算控制的主要内容

(1)控制、审核设计概算的依据，确保其在可靠性、时效性以及范围上符合有关规定的要求。其中：

①对于设计依据的可靠性，应重点审核其编制依据。概算所采用的各类编制依据，必须经过国家和授权部门的批准，符合国家的编制规定。

②对于时效的审核，主要应审核其编制的依据是否按照最新规定。通常概算编制的各种依据如定额、指标、预算价格、取费标准等，应根据国家和有关部门的现行规定执行，并及时根据新的规定或调整进行调整。

③对于范围的审核，主要考察定额及资费标准的适应范围。设计概算的编制依据，都具有规定的适用范围，不同范围的资费标准差异很大（如各主管部门规定的各种专业定额及其取费标准，只适用于该部门的专业工程；各地区规定的各种定额及其取费标准，只适用于该地区范围内，特别是地区的材料预算价格区域性更强），因此，概算在编制时必须根据本地区、本部门、本行业的相关标准进行编制。

(2)控制和审查概算的编制深度，包括：

①审查概算编制说明。通过对编制说明的审查，可以检查编制方法、编制深度及依据等比较原则性的问题，并在一定程度上了解概算的可靠性。如果编制说明存在差错，则具体概算必然存在差错。

②审查概算编制的深度。一般大中型项目，应包含完整的概算编制说明和总概算表、单项工程综合概算表和单位工程概算表这三个级次的概算（即"三级"概算），并按有关规定的深度进行编制，不能随意简化为"二级"概算，甚至"一级"概算。

③审查概算的编制范围。审查概算的具体编制内容是否与主管部门批准的建设项目范围和具体工程内容一致，是否重复计算或漏算，审查其他费用项目是否符合规定，各个项目是否分列清楚。

(3)审查工程概算的具体内容，具体包括：

①审查建设规模、建设标准、配套工程、设计定员等是否符合原批准的可行性研究报告或立项批文的标准。对总概算超出批准的投资，应进一步审查超投资的原因，超过批准投资估算10%以上的，应查明原因后重新上报审批。

②审查工程量是否正确。工程量的计算是否根据初步设计图纸、概算定额、工程量计算规则和施工组织设计要求进行，有无多算、重算和漏算的现象。尤其对工程量大、造价高的项目要重点审查。

③审查材料用量和价格。审查主要材料（钢材、木材、水泥、砖）的用量是否正确，材料预算价格是否符合工程所在地的价格水平，材料价差调整是否符合现行规定，及其计算是否正确等。

④审查设备规格、数量和配置是否符合设计要求，是否与设备清单相一致，设备预算价格是否真实，设备原价和运杂费的计算是否正确。

⑤审查工程建设其他各项费用。这部分费用内容多、弹性大，约占项目总投资的25%以上，要按国家和地区规定逐项审查，有无随意列项、有无多列、交叉计列和漏项等。

⑥审查总概算文件的组成内容，是否完整地包括了建设项目从筹建到竣工投产为止的全部费用组成。

⑦审查工业项目的"三废"治理。拟建项目必须同时安排"三废"（废水、废气、废渣）的治理方案和投资，对于未作安排或漏项、多算的项目，要按国家有关规定核实投资，以满足"三废"排放达到国家规定的环保标准。

⑧审查技术经济指标。技术经济指标计算方法和程序是否正确，各项指标与同类型工程指标相比，是偏高还是偏低，其原因是什么并予以纠正。

2.概算审核控制的方法

概算的审核控制方法，包括对比分析、查询核实、分类整理和联合会审四种方法。对于一些资料比较齐全、标准比较明确的项目，在审核控制时通常可以通过将建设规模、标准与立项批文进行对比，将工程数量与设计图纸进行对比，将各项资费与规定标准进行对比，将材料、人工单价与统一信息进行对比，将引进投资与报价要求进行对比，将技术经济指标与同类工程进行对比等一系列相关指标之间的比较和对比，以发现设计概算的主要问题和偏差。但对于一些关键设备和设施、重要装置，引进工程图纸不全、难以核实的投资，则需要采取多方查询核对，逐项落实的方法确定概算的问题或差异。通常主要设备的市场价可以向设备供应部门或招标公司查询核实，重要生产装置、设施可以向同类企业工程查询了解，引进设备价格及有关费税可以向进出口公司调查落实，复杂的建安工程可以向同类工程的建设、承包、施工单位征求意见，深度不够或不清楚的问题可直接向原概算编制人员、设计者询问清楚。对审查中发现的问题和误差，则应对照单项、单位工程顺序，按设备费、安装费、建筑工程费和建设工程其他费用分类整理，汇总该增、该减的项目及其投资额，并按照原总概算表汇总增减项目逐一列出，相应调整所属项目投资合计，依次汇总审核后的总投资及增减投资额。最后，对于设计概算还需采取多种形式的联合会审，包括设计单位自审，主管、建设、承包单位初审，工程造价咨询公司评审，邀请同行专家预审，审批部门复审等，经层层审查把关后，由有关单位和专家进行会审。

(二)施工图预算控制的内容和方法

1.施工图预算控制的内容

施工图的预算控制，在内客上主要包括施工预算与总投资预算控制和具体图纸审查两个方面。

(1)施工预算和总投资预算控制。在施工预算和总投资预算控制方面，建设单位应重点对预算编制是否符合预算编制要求，工程量计算是否正确，定额标准是否合理，各项收费是否符合规定，汇率计算、银行贷款利息、通货膨胀等各项因素是否齐全，总预算是否在总概算控制范围之内等进行审查。其中，对分项工程项目应通过对照图纸和预算定额重点控制项目的错漏和重复；对工程量则应审查取定的尺寸与图纸是否相符，执行的计算规则是否正确，使用的计算方法是否正确，计算结果是否准确；对定额标准应重点审查所套用单位估价表中相应单价内容是否与分项工程项目一致相符，进行的定额调整换算是否正确，采用的补充定额的编制是否符合编制原则、单位估计表计算是否正确、是否与相应的分项工程相符；对于费用项目的计算应重点审核其他直接费、现场经费及间接费、利润、税金的计取是否符合规定，材差计算是否合理，是否只作为利润和税金的计费基础，消除高估、冒算以及不正当提高工程预算造价等现象，堵塞预算中的漏洞。

(2)具体图纸审查。重点在于：施工图是否符合现行规范、规程、标准、规定的要求；是否符合现场和施工的实际条件；其深度是否能够满足施工和安装的要求，是否达到工程质量的标准。同时需要对选型、选材、造型、尺寸、关系、节点等图纸自身的质量要求进行控制与审查。为了进一步提高质量，使施工单位熟悉图纸、了解工程特点和设计意图、关键部位的质量要求，发现图纸错误并进行改正，通常，在图纸审查时还需要进行施工图的设计交底和图纸会审。具体程序如下：

①建设单位组织施工单位和设计单位进行图纸会审；

②由设计单位向施工单位进行技术交底，即由设计单位介绍工程概况、特点、设计意

图、施工要求、技术措施等有关注意事项；

③施工单位提出图纸中存在的问题和需要解决的技术难题。

通过三方协商，拟订解决方案，写出会议纪要。

2.施工图预算控制的方法

建筑工程施工图预算审查的方法较多，比较常用的方法有全面审查法、重点审查法、分解对比审查法等几种。

(1)全面审查法。又叫逐项审查法，是按照施工图、预算定额、施工组织设计、工程合同(或协议)以及各种计费文件的规定，对照已经完成的预算书逐项进行审查的方法。此方法的优点是全面细致，质量较高；缺点是工作量大。其具体计算方法与编制施工图预算基本相同。

(2)重点审查法。即对已完预算中的重点分部分项工程进行审核的方法。一般情况下，选择那些工程量大且对造价有较大影响的项目作为重点进行审查。如，一般土建工程，混凝土及钢筋混凝土工程、基础工程、砌体工程是其重点，因此审查时便应重点抓住这些工程，就其工程量的计算及套用的定额、单价及各项费用的计取等进行审查。此外，补充定额单价和取费也应作为重点审查。这种方法的优点是重点突出、时间短、效果好；缺点是不够全面、细致。

(3)分解对比审查法。即将一个单位工程中的直接费、间接费与其他各项费用进行分解，然后，再把直接费中的人工费、材料费、机械费以及主要建筑材料消耗量等进行分解，或者按定额分部工程进行分解，最后，分别与该地区经审定的同类建筑工程的标准预算进行对比分析，审核所编预算是否正确合理的方法。

分解对比审查法的实施，通常包括如下步骤：

首先，编制和确定标准预算，将其分解为直接费、间接费和其他费用，并在此基础上进一步把直接费分解为人工费、材料费、机械费或各分部工程预算，分别计算出它们的单方造价，以此作为审查其他类似工程预算的基础。

其次，将拟审工程预算与同类型标准预算单方造价对比，再按分部分项工程费或人工费、材料费、机械费进行分解，找出其中的差异并对差异较大者进行审查。先是审查重点的分部工程，再对比其余各个分部工程，如发现某一分部工程预算价格相差较大，则应进一步对比各分项工程或工程项目。在对比时，先检查所列工程项目是否正确，是否有漏项和重复列项，预算价格是否一致，发现相差较大者，再进一步审查所套预算单价，最后审查该工程项目的工程量。

第四节　价款支付控制

为保证工程质量、进度和施工安全，并使投资金额控制在概算范围之内，单位应当建立和加强工程进度价款支付环节的控制制度，对价款支付的条件、方式以及会计核算程序做出明确规定，确保价款支付及时、正确。

一、价款支付的条件控制

工程价款的支付是确保工程项目得以顺利展开并使工程质量达到设计要求的一个重要环节，为保证工程质量并避免不合理的超支，在工程价款支付时必须严格价款支付的条件并对这些条件进行控制。

(1)质量合格是工程支付的必要条件。通常，工程价款的支付以工程计量为基础。不过，并非对承包商全部已完工程进行支付，而只是支付其中质量合格的部分，对于工程质量不合格的部分一律不予支付。

(2)价款的支付必须具有完备的手续并符合合同条件。一切支付均需要符合合同约定的要求且提供相应的凭证。单位财会人员应对工程合同约定的价款支付方式、有关部门提交的价款支付申请及凭证、审批人的批准意见等进行审查和复核。复核无误后方可办理价款支付手续。单位财会人员在办理价款支付业务过程中发现拟支付的价款与合同约定的价款支付方式及金额不符，或与工程实际完工情况不符等异常情况时，应当及时报告。

(3)单位因工程变更等原因造成价款支付方式及金额发生变动的，应提供完整的书面文件和其他相关资料。变更项目必须有工程师的变更通知，没有工程师的指示，承包商不得作任何变更；否则，其无理由就此类变更的费用要求补偿。单位财会人员在办理款项支付时，应对该项价款变更支付业务进行必要的审核。

(4)支付金额必须大于期中支付证书规定的最小限额。不予支付的金额将按月结转，直到达到或超过最低限额时才予以支付。

(5)单位办理工程项目价款支付业务，应当符合《企业内部控制应用指引第 6 号——资金活动》的有关规定。单位办理工程项目采购业务，应当符合《企业内部控制应用指引第 8 号——资产管理》的有关规定。

二、价款支付的计划控制

单位应依据承包人投标报价的工程量清单与合同规定的各种费用的支付和扣还，按照审定的施工进度计划进行资金分配，统计各时段需要支付的资金，再参照承包人现金流量工程变更、索赔和物价浮动调价的预测，以及自身风险等，制定工程合同投资控制规划和资金使用计划。

依据此计划，单位可制定相应的年、季、月资金投入计划，指导和控制承包人年、季和月度价款的支付；同时，通过对工程合同时间与资金的计划累积曲线和实际支付费用的累计曲线的比较，可以有效地对项目进度及资金支付和使用情况进行控制。

在计划控制下，应特别加强对预付款支付与扣还的控制。

( )工程预付款的支付与扣还

工程预付款是动员预付款和设备预付款的总称，通常是发包人与承包人签订合同之后，发包人按合同价一定百分比的款额预先支付给承包人，以便其支付人员进场的差旅费、购置部分材料和机具、采购施工设备等开支。工程预付款的额度一般是合同价的10%～20%。其取值与工程规模的大小、是否单列通用费等有关。一般工程规模大采用低值，反之则采用高值；已经单列通用费(包括进、退场费和大型临时设施费等)的采用低值；否则，采用高值。

按照国际惯例，工程预付款一般情况下是在合同已经签订、承包人已按合同规定的额度提供履约保函(银行)并经工程师证明之后由发包人按合同规定的额度进行支付，支付的形式可以是一次性支付也可以是分次支付。由于预付款在性质上是预支性质，因此在工程推进过程中，随着工程所需主要材料储备的逐步减少，应在相应价款支付中将这部分预付款及时以抵充工程价款的方式扣还。预付款可以通过以下两种方式进行扣还：

1.按照国际上通行同时也是建设部《招标文件范本》中所运用的方法扣还

当承包人完成合同价格的10%～30%时，开始从月进度支付中逐月扣还，按月等值扣至竣工前3个月。当支付给承包人的余额少于规定扣回的金额时，其差额作为下次支付的债务。这种扣还方式的不足之处在于，当工程建设高峰已过，月进度支付额逐月降低，而工程预付款按月等值扣还，可能造成承包人后期财务上的困难。

2.公式法工程预付款的扣还

即在每期进度付款时，计算累计扣还的金额：

$$R=\frac{A}{(F_2-F_1)S}(C-F_1S)$$

其中：

R—— 每月进度付款中累计扣还的金额；

A—— 工程预付款总金额；

S—— 合同价格；

C—— 合同累积完成金额；

F_1—— 开始扣还款时合同累计完成金额达到合同价格的百分比；

F_2 ——全部扣还款时合同累计完成金额达到合同价格的百分比。

上述合同累计完成金额，均指与合同价格相对应的项目的累计完成金额，而且是未进行价格调整前和扣保留金的金额。其中，F_1一般选为20%，F_2一般选为90%。

三、工程进度付款控制

按照国际咨询工程师协会(FIDIC)编制的施工合同条件和我国的规定，以及土木建筑工程合同管理的惯例，工程承包合同的各期价款单位应按照月进度支付、竣工结算和最终结清等形式向承包人进行支付，因此对于工程价款支付的控制也应根据这些形式相应进行控制。

(一)月进度支付控制

月进度支付也称临时性每期进度支付，是按事先确定的计量标准核定的工程实际完成工作量进行的按月支付。对于月进度支付的控制，通常包含以下几个方面：

1.当月完成工程量收方、计量与列项的控制

依据我国统计惯例，工程量的收方、计量确定以25号为界，上月25日开始至当月25日止作为一个统计月，因此在收方、计量工程量时应仔细核对当月工程量的起止日期是否在范围之内，有否冒算。

2.复核和审查月进度付款申请单

一份完整的申请单，通常应该包含以下8个方面的内容：

(1)承包人对要求支付总额及需要解决的问题的相关说明；(2)累计已完工程汇总和明细表(与工程量清单一致)；(3)各个工程部位已完工程量汇总和计量依据，包括计算底稿和量测图纸等；(4)经过工程师批准的额外和附加工程，以及计日工明细表；(5)物价波动的价格调整(需要说明选用的现行价格指数、来源，选用替代指数的理由和依据，计算过程和成果，调整额度等)；(6)预付款要求支付和扣还申请与计算结果，包括合同依据和具备支付的条件；(7)扣除或退还保留金。保留金扣除或退还申请与计算结果，包括已完工程费用，以及经工程师或发包人签发的合同工程接收证书，或者合同工程缺陷通知期限期满出具支付剩余保留金的付款证书；(8)合同变更和索赔费用的计算成果和申请汇总。包括经批准的文件编号、变更和索赔项目名称、内容、费用和本月汇总金额。

单位在收到承包人的月度付款申请单之后，应对申请表进行全面审核。审查各项目完成的工程量和工作量，同时对各项目提出质量评定。审查时应重点关注：

(1)项目当月完成量或累计完成量是否准确，计量标准是否符合合同规定，是否与联合收方或经双方讨论的结果一致相符。

(2)付款申请列项是否正确，与工程量清单中承包人投标时所报单价是否相一致。

(3)额外工程和附加工作、计日工是否经过发包人或工程师的批准，批准手续是否完善，批准文件是否齐全，统计报表记录是否一致，有关额外工程和附加工作的费率和价格的处理是否合理。

(4)审查各项目的实际工程质量状况，对于不符合质量要求的项目应该不予结算。对于付款申请中错误或意见不一致的地方，应事先协商争取一致。经协商一致后，再根据承包人据此重新填制的月进度付款申请办理款项的支付。如果不能取得一致，可以移至下月继续协商再结算，或者提请争端裁决委员会或仲裁机构决定，并根据决定结果办理支付。

(二)竣工结算和最终结清控制

竣工结算和最终结清控制的内容主要包括：

(1)核对合同条款。主要针对工程竣工是否验收合格，竣工内容是否符合合同要求，套用定额、计费标准、主要材料调差是否按约定实施进行审查控制。

(2)审查隐蔽资料和有关签证等是否符合规定要求。

(3)审查设计变更通知是否符合手续程序，有否加盖公章。

(4)对工程量进行核实。

(5)审核各项费用计算是否准确，主要从费率、计算基础、价差调整、系数计算、计费程序等方面严加控制。

四、工程保留金(尾留款或保修金)控制

按照有关规定,工程项目总造价中应预留出一定比例的尾留款作为质量保修费用即保修金(又称保留金或尾留款),待工程项目保修期结束后最后拨付。有关保留金应如何扣除,一般有两种做法:

(1)保留金的扣除可以从发包方向承包方第一次支付的工程进度款开始,按月扣留,扣留的比例一般为月产值的某一百分比(合同约定),一般为10%,累计扣留至合同价格的某一百分比(投标书附录中规定金额),一般为合同价的5%为止。

(2)从承包商的竣工结算款中一次性扣除合同价的5%,这是目前国内最常用的方式。

工程施工期间,不论工期长短,结算款一般不应超过工程合同价值的95%,合同双方可以在合同价款5%的幅度内协商具体的保留金比例,并在工程施工合同中注明。当承包商已向业主出具维修期保函或其他保证的,可以不扣保留金。

保留金的返还:发包人在质量保修期后14天内,将剩余保留金和利息返还承包商。

第五节 竣工决算控制

为保证竣工决算的准确、及时、有效,节约和控制工程成本,单位应当建立竣工决算环节的控制制度,对竣工清理、竣工验收、竣工决算、竣工审计等做出明确规定,确保竣工决算真实、完整、及时。通常对于竣工决算环节的控制,可以从工程项目竣工验收、工程项目竣工决算和工程项目的后评价这三个关键控制点着手进行。

一、工程项目竣工验收控制

工程项目竣工验收就是由建设单位、承包人和项目验收委员会,以批准项目的设计任务书和设计文件,以及国家(或部门)颁发的施工验收规范和质量检验标准为依据,按照一定的程序和手续,在项目建成并试生产合格后,对工程项目的总体进行检验和认证(综合评价,鉴定)的活动。为保证竣工验收的有效进行,必须明确竣工验收的标准,加强竣工验收的工作组织,规范验收的程序。

1.明确竣工验收标准

竣工验收准备工作全部完成以后,即可按竣工验收标准和合同规定正式办理竣工验收手续,验收标准包括:

(1)生产性工程和辅助公用设施已按设计要求建完并能满足生产要求;

(2)主要工艺设备已安装配套,经试生产合格,构成生产线,形成生产能力,能够生产出设计文件中所规定的产品;

(3)职工宿舍和其他必要的生活福利设施能适应投产初期的需要;

(4)竣工决算已完成；

(5)工程技术档案资料(包括竣工图)等已经准备齐全。

2.加强竣工验收工作的组织领导

单位一般应在竣工前，根据项目性质、大小，成立竣工验收领导小组或验收委员会，来负责竣工验收工作。

3.规范竣工验收的程序

竣工验收一般经过两个阶段。第一阶段针对单项工程进行验收。当一个单项工程或一个车间，已按设计要求建成，能满足生产要求或具备使用条件时，即可由单位组织验收。单位应组织承包人和设计单位整理有关施工的技术资料和竣工图，据以进行验收和办理交接手续。验收后，由单位根据有关规定投入使用。第二阶段为全部验收。整个建设项目已符合竣工验收标准时，即应按规定进行全部验收。验收准备工作，以单位为主，组织设计、施工等单位或聘请外部专门机构进行验收。在整个项目进行全部验收时，对已验收过的单项工程，不再办理验收手续。

4.工程项目竣工验收的控制重点

(1)单位会计机构或人员在工程竣工后，应及时开展各项清理工作，主要包括各类会计资料的归集整理、账务处理、财产物资的盘点核实及债权债务的清偿，做到账账、账证、账实、账表相符。

(2)单位应会同监理单位、设计单位对承包人报送的竣工材料的真实性、完整性进行审查，并依据设计与合同的要求组织竣工验收。对存在的问题，应及时要求承包人进行整改。

(3)单位对符合竣工验收条件的工程项目，应及时组织竣工验收。验收合格的工程项目，会计机构或人员应建立交付使用财产明细表，并转增固定资产。未经验收或验收不合格的工程不得交付使用。对于竣工验收后留有收尾工程的项目，建设单位应按照验收中审定的收尾工程要素、数量、投资和完成期限组织扫尾。

二、工程项目竣工决算的控制

为保证竣工决算的准确、及时、有效，单位应当组织有关部门及人员对竣工决算进行审核，重点审查决算依据是否完备，相关文件资料是否齐全，竣工清理是否完成，决算编制是否正确。单位应当建立竣工决算审计制度，及时组织竣工决算审计。未实施竣工决算审计的工程项目，不得办理竣工验收手续。

(一)竣工决算的内容控制

竣工决算是全部工程完工并经有关部门验收后，由建设单位编制的综合反映该工程从筹建到竣工投产全过程中各项资金的实际运用情况、建设成果及全部建设费用的总结性经济文件。建设单位应按照国家有关规定及时编制竣工决算，如实反映工程项目的实际造价和投资效果。

1.竣工决算的内容

竣工决算在内容上包含文字说明和决算报表两个组成部分。文字说明主要包括：工程概况、设计概算和基建计划的执行情况，各项技术经济指标完成情况，各项投资资金使用情况，建设成本的投资效益分析，以及建设过程中的主要经验、存在问题和解决意见等。决算表格分大、中型项目和小型项目两种。大、中型项目竣工决算表包括：竣工工程概况表、竣工财务决算表、交付使用财产总表、交付使用财产明细表。小型项目竣工决算表按上述内容合并简化为小型项目竣工决算总表和交付使用财产明细表。

2.竣工决算的编制控制

为确保工程决算报告的质量，单位须对决算报告的前期准备进行严格的控制，确保准备工作完整、到位。为此应该：

(1)完善组织准备。对于大中型工程竣工项目，应参照财政部财基字(1998)4号文第41条规定，立即组织专门领导班子，由主管领导挂帅，设计、施工、监理等单位积极配合，各职能部门分工协作，认真做好竣工决算工作。并且在竣工决算未批准前，原机构不得撤销，有关人员不得调离。

(2)控制决算的计价依据。单位应根据批准的设计文件及概算，委托原设计单位按最后批准的修正总概算编制各单位工程的最后工程概算书，并报请上级主管部门批准后作为竣工决算中各单位工程概算的计价依据。

(3)监督项目资金的投入。对于投入的项目资本金要按实际到位数经各投资方签证认可并由会计师事务所出具验资报告。

(4)加强竣工决算的基础工作和日常资料的积累。财会部门平时要做好工程施工成本核算基础工作，按竣工决算要求对建筑工程、安装工程、在安装设备投资、无形资产、递延资产等分别设立明细账，进行总括和详细核算。

(5)加强项目的竣工清理。彻底清理各项经济合同，包括商业银行借款合同及其他投融资合同、勘察设计合同、施工承发包合同、设备订货和材料采购合同、工程监理合同等，该索赔的应索赔，该结算的要结清，留下各种质保金和罚金并清理收回各种抵押金及应收款项。

(6)核实已竣工项目的建筑安装工程量，搞好各个施工单位的竣工项目工程结算书的全面审核，并由会计师事务所、政府审计部门进行审计，结清已完工程的工程价款。

(7)全面清理核实交付使用的设备清单，包括需要安装设备，不需要安装设备，备品、备件和工器具。

(8)控制库存器材的清理、超储积压物资的处理，以及盘盈、盘亏的确认。

(9)加强土地征用、青苗赔偿的文件和合同清理的控制。

(10)加强工程及设备物资招投标资料清理的控制。

(11)全面清理核对历年拨款、借款投资额，理清各投资方式及资金到位情况、逐笔到位日期，双方要有对账记录。清理债权、债务，使应收与应付款余额压缩到最低限度，对账单上要有双方的签证。核实工程基建结余资金，据此编制基建财务状况表。

(12)清理其他投资性支出，如购置的运营管理用商品房、家具、器具，无形资产，递延资产，拨付营运的铺底流动资金等。

(13)全面收集工程总结资料，如工程概预算执行情况、规模、质量、安全、投资效益、工程管理情况，为编制工程竣工决算报告提供全面资料。

(二)竣工决算的审查

1.竣工决算审查的主要依据

(1)国际金融组织及我国有关工程项目竣工决算的相关法规;

(2)经审批的工程项目可行性研究报告、初步设计及其批准的总概算;

(3)工程项目的中标书、承包合同及工程施工合同;

(4)工程竣工报告、工程验收清单和竣工结算清单;

(5)现行的概预算规定,工程定额和取费标准,以及经审批的施工图预算;

(6)重大的设计变更资料,如发包、设计单位修改或变更设计的通知单;

(7)甲乙双方会签的竣工图及隐蔽工程验收记录;

(8)银行签证单和债权债务对账签证单;

(9)各种物资、财产移交和盘点清单;

(10)有关的会计凭证账册、财务报表,送审的全套竣工决算报表及其说明书。

2.竣工决算审查的主要内容

(1)审查竣工决算编制的依据、确定其是否合规、全面。如对决算编制审查其是否有专门的组织;工程质量是否已经过验收委员会鉴定等。

(2)审查项目建设及概预算执行情况,确定是否严格按批准的概预算内容执行,重大设计变更是否有有权部门的审批手续,有无重大质量事故和经济损失。

(3)审查交付使用财产及在建工程。对交付使用财产,审查其真实性、完整性及手续的齐备性,核实其核算成本;对于在建工程,审查其投资完成情况。

(4)审查项目资金来源及实际到位情况,确定其是否存在资金的严重缺口以及由此导致的工程款设备款的拖欠。

(5)审核工程结余资金情况,核实结余资金数,其中重点是库存物资;对于工程结余,进一步审核其性质是否属于包干结余,包干结余的分配是否合理、合法。

(6)审查待摊费用内容是否合理、合法,分摊方法是否合理、合规,有无概算外开支以及利息的账务处理是否正确。

(7)核实尾工工程,根据修正总概算和工程形象进度,核实尾工工程的未完工工程量,留足资金。

(8)审查交付运营单位使用的财产是否真实、完整,移交手续是否齐全。

(9)审查工程竣工决算报表及其说明书,从账证、账实、账表的相符性几方面确定其真实性、完整性和合规性。

(10)审计工程施工管理绩效,从节省工程投资造价,到缩短工期、提高质量、增加运营能力等方面进行恰当的评价。

3.竣工决算审查的重点

(1)决算的准确性和完整性。审查竣工决算"文字说明书"和所叙述的事实,看其是否全面系统,是否符合实际情况,有无虚假不实,掩盖矛盾等情况,报表中各项指标是否准确真实。在此基础上进一步审查竣工决算各种报表是否填列齐全,有无缺报漏报,已报的决算各表的栏次、科目、项目填列是否正确完整。

(2)审查竣工决算表内的有关项目填列是否正确。单位应核对竣工财务决算表中工程项目投入款项、交付使用资产等项目的余额是否正确。

(3)工程项目支出的审查。单位应根据批准的初步设计概算,审查工程成本中有无不属于工程范围的开支,不得将应计入当期经营费用的各种支出计入建设成本;所有工程项目是否属于计划范围以内,有无搞计划外工程;增加的工程项目是否经单位管理部门批准;属于设计变更方面,要审查有没有设计部门的变更设计手续。结合财务制度审查各项费用支出是否符合规定,有无乱挤乱摊成本,扩大开支范围;有无乱立标准,铺张浪费等情况。

单位应重点审查建设成本超支或节约的原因。首先应将其实际数与概算进行总的和分项目对比,以考核建设成本全部及各项构成内容的节超情况,并计算节超额和节超率。然后,根据节超情况,进一步查找影响建设成本节超的原因。

(4)竣工时间的审查。竣工时间按计划提前或拖后,对投资效果有着直接的影响。提前竣工,不仅可提前交付使用,提前投产,还可以减少建设过程的费用支出;相反,竣工时间拖后,上述各项经济效果就会变成经济损失,造成极大浪费。

三、工程项目的后评价

工程项目后评价是指项目竣工、投产并达到设计生产能力后,通过对项目的立项决策、设计施工、竣工投产、生产运营等全过程进行系统评价,综合研究分析项目实际状况及其与前评价预测状况的偏差,分析原因,总结经验,不断改进新项目的准备、管理、监督等工作,提高决策水平和投资效益。

项目后评价是工程项目投资与固定资产管理、控制工作的一个重要内容,通过对项目从立项到建成、投产各阶段的全面分析,可以认真总结经验,吸取教训,提高投资效益,并作为以后同类型项目立项决策和建设的参考依据。

建设单位应当建立工程项目的后评价制度,建立由财会部门或人员参与的概算、预算及决算分析考评制度,在竣工决算后由会计机构或会计人员负责对投入使用的生产性项目进行成本效益分析。如果项目实际经济效益严重低于可行性研究分析,应追究相关人员的决策责任。

第六节　监督与检查

单位应组织相关人员,成立专门的机构对工程项目的内部控制制度及执行情况进行定期或不定期检查,考察工程项目内部控制制度的健全情况,监督检查相关制度规范的实际执行情况。

就工程内部控制制度的建立与健全情况而言,一项完整的内部控制制度应该至少包括岗位与人员设置制度、业务授权制度、决策控制制度、工程项目概预算制度、款项支付制度、工程竣工决算制度以及监督检查制度。通过岗位与人员设置以及业务授权明确各相关岗位及人员的职责与权限,并由决策控制、项目概预算、款项支付,以及决算控制等制度提供业务开展指南，最后通过监督检查制度发现制度制定与执行中的不足，并进一步提供改进建议。

工程项目内部控制监督检查的要点有：

1.对于业务岗位及人员的设置，重点考察是否存在不相容职务混岗的现象

具体检查内容包括：

(1)检查项目建议、可行性研究与项目决策；概预算编制与审核；项目实施与价款支付；竣工决算与竣工审查等不相容职位是否分离。

(2)检查单位是否根据工程项目的特点，配备合格的人员办理工程项目业务，办理工程项目业务的人员是否具备良好的业务素质和职业道德。

(3)检查单位是否配备专门的会计人员办理工程项目会计核算业务，办理工程项目会计业务的人员是否熟悉国家法律法规及工程项目管理方面的专业知识。

2.对于业务授权批准制度的执行情况，重点审查重要业务的授权审批手续是否健全，是否存在越权审批行为

通常在业务的立项和开支的审批上，不同部门、不同职位的权限各不相同。在开支方面，日常支出应由项目负责单位根据需要提出申请，交给资产管理部门、财务部门审核批准；如属预算内开支，资产管理部门在其职权范围内直接进行批准，如属预算外支出，应交财务部门及单位最高管理当局审批；财务部门应根据施工合同、施工计划及造价预算，审核有关购置和用工支付是否合理，对于与合同或预算内容不符的支出，应根据审批权限报经有关部门或个人批准。为了明确经济责任对于项目业务的审批，应由专人负责。因此在对项目业务授权批准制度的监督检查上，检查的具体内容通常包括：

(1)单位是否对工程项目相关业务建立有严格的授权批准制度，是否明确了审批人的授权批准方式、权限、程序、责任及相关控制措施，规定了经办人的职责范围和工作要求；

(2)审批人是否严格根据工程项目相关业务授权批准制度的规定，在授权范围内进行审批，有没有出现超越审批权限进行审批的情况；

(3)经办人是否在职责范围内，按照审批人的批准意见办理工程项目业务；

(4)是否有未经授权的机构或人员办理工程项目业务；

(5)单位是否制定了工程项目业务流程，并明确项目决策、概预算编制、价款支付、竣工决算等环节的控制要求，相关控制点的控制措施是否有效等。

3.对于决策责任制的建立及执行情况，重点对责任制度是否健全、奖惩措施是否落实到位进行检查

根据责、权、利统一的原则，单位应建立工程项目决策和实施的责任制度。重大工程项目应实行项目法人制，目的在于明确投资责任主体，使其承担投资风险责任，对项目的规划、筹资、招标、定标、实施等全过程负责。资产管理部门应随时监控工程进度及施工质量。项目决策审查的具体内容一般包括：

(1)单位是否对项目建议书的提出、可行性研究的进行和项目决策程序做出了明确的规定，单位在进行项目决策时是否严格按照规定的程序进行；

(2)单位是否专门组织人员对项目建议书和可行性研究报告的完整性、客观性进行技术经济分析和评审；

(3)工程项目的具体决策机制是否健全;

(4)单位是否建立了工程项目决策及实施的责任制度,相关部门及人员的责任是否明确。

4.对于概预算控制制度的执行情况,重点关注概预算编制的依据是否真实,是否按规定对概预算进行审核

检查重点:

(1)施工工程量核定的准确性,有否存在在一些项目上的重复计算;

(2)材料用量及价差计算是否准确、合理,材料的品种、规格、产地、质量是否符合设计标准和国家规范,材料价差是否严格按照规定计算,有否遗漏或重复;

(3)施工单位的资质和工程类别是否符合要求;

(4)工程定额的套用是否合理,有没有高估冒算;

(5)外网工程是否存在重复计数。

5.对于各类款项支付制度的执行情况应重点检查工程款、材料设备款及其他费用的支付是否符合相关法规、制度和合同的要求

通常情况下,工程领用物资,必须由专人填写领料单,经有关人员或部门审核签字后方可领用;工程物料应视同对一般物料进行管理,每年至少盘点一次,在查明盘盈、盘亏原因后,经批准后方能处理。

6.对于竣工决算制度的执行情况,应重点检查是否按规定办理决算、实施决算审计

单位应定期组织对在建工程进行清理,检实是否有已完工而未办理竣工结算的工程;是否有已投入使用的而未转作固定资产的工程;是否有实际进度大大低于计划进度的工程;是否有建造成本大大超过预算的工程。此外规模较大的工程项目完工后,财务部门应负责会同其他有关部门对工程造价进行审核。工程项目的建造等都必须依据预算,对实际支出与预算的差异,应履行特别的审批手续。

思考练习题

1.工程项目业务岗位设置及分工时应注意哪些问题?

2.项目投资决策通常需要经过哪些程序?

3.项目的投资决策通常包括哪些内容?

4.项目投资决策的控制要点有哪些?

5.什么是工程概算?工程概算控制包括哪些内容?如何进行控制?

6.什么是施工图预算?施工图预算控制包括哪些内容?如何进行控制?

7.工程价款支付的方式有哪些?应该怎样加强价款支付的控制?

8.工程项目竣工决算控制中应注意哪些问题?

9.怎样对工程项目的内控制度进行监督检查?

拓展阅读

1.财政部. 企业内部控制应用指引第 11 号——工程项目[S]. 2003.

2.韩少男. 工程项目管理[M]. 北京:北京理工大学出版社,2019.

3.高雅青,李三喜. 工程项目审计经典案例精选[M]. 北京:中国时代经济出版社,2017.

第十章 固定资产控制

为了加强对单位固定资产的内部控制，防范固定资产管理中的差错和舞弊，保护固定资产的安全、完整，提高使用效率，我国有关法律、法规及《企业内部控制应用指引第8号——资产管理》规定，各单位应在结合部门或系统的固定资产内部控制相关规定的基础上，建立适合本单位业务特点和管理要求的固定资产内部控制制度，加强固定资产的内部控制。

第一节 岗位设立与工作职责

按照《企业内部控制应用指引第8号——资产管理》等有关规定要求，单位应当建立固定资产的岗位责任制，明确相关部门与岗位的职责、权限，杜绝固定资产业务办理中出现由同一部门或个人全过程办理业务的情况。规范还要求单位在固定资产业务办理中建立授权批准制度，明确授权批准的方式、程序和相关控制措施，规定审批人的权限和职责，严禁未经授权的机构和人员办理固定资产业务，同时也要求对固定资产进行归口分级管理。

一、固定资产的归口分级管理

固定资产是单位进行生产经营的必要条件，因此有效地加强固定资产的管理，确保其安全、完整及使用效率，对单位的生产经营具有十分重要的意义。实践证明，对固定资产的有效管理必须在单位管理层统一领导下，从纵横两个方面把固定资产的各个主管部门和使用单位组成分系统、相互关联、交叉的管理网络，同时明确管理职责，确定管理工作程序和信息反馈系统，对固定资产的全过程综合运用管算结合，管用结合，价值管理与计划管理、技术管理、实物管理结合，集中管理与分级管理结合，专业管理与群众管理结合等手段，进行系统的归口分级管理。

固定资产的归口分级管理是在单位管理层统一领导下，按照固定资产的类别和用途归口到职能部门、使用单位和个人，并同岗位职责和经济责任结合起来的一种资产管理方法。通常按照固定资产的类别和用途归口到各职能部门、使用单位和个人，由他们进行管理，并赋予它们相应的岗位职责和经济责任(具体如表10-1所示)。

表 10-1　固定资产的归口分级管理

管理级次	责　任	责　任　人
1	综合管理责任	企业经理、财务、计划、技术部门等
2	归口管理责任	固定资产各归口主管部门
3	使用、保管责任	各职能处室、分部、分公司、工厂、车间
4	操作责任	操作人员

二、固定资产管理的权限设置及职责分工

(一)各部门的管理权限

1.财务部门的固定资产管理权限

财务部门对固定资产的管理主要是围绕与固定资产变化相关的资金变动进行的，主要是从价值的角度进行资产管理。通常情况下，经单位最高管理当局授权，财务部门的权限主要包括：

(1)审核预算外的资本性支出；

(2)根据预算及采购合同、付款通知支付采购款项；

(3)对固定资产及在建工程的实物资产进行控制管理；

(4)审核批准在建工程预算、审查工程决算并及时进行相应的财务处理；

(5)在报经单位最高管理当局批准后对资本性支出预算案、重大资产采购及处置合同、重大资产报废申请、大额的盘盈盘亏、重大工程造价合同、预算外的各项资本支出以及超预算的在建工程支出、各项资本性支出的预算及预算执行情况小结等事项进行管理。

2.固定资产主管部门的权限

经单位最高管理当局授权，主管部门的权限主要包括：

(1)负责资本性支出日常审核；

(2)向各工程建造单位和设备供应单位询价；

(3)编制在建工程施工预算；

(4)与供应单位签订采购合同；

(5)对固定资产及在建工程实物资产进行监督管理；

(6)审核固定资产等报废申请。

3.使用部门的权限

经单位最高管理当局授权，固定资产使用部门的权限主要包括：

(1)提出资本性支出申请；

(2)对购置和建造完工的资产进行验收；

(3)对固定资产及在建工程实物进行日常维护及管理；

(4)提出对固定资产及在建工程报废申请等。

(二)各部门的工作职责

固定资产的建造、使用和处置涉及企业管理的多个部门，这些部门在固定资产的流动

过程中分别承担着不同的管理职责。

1.财务部门的主要职责

财务部门是固定资产价值管理的综合部门，负责组织和推动单位固定资产的管理工作，进行固定资产核算和监督。其主要职责如下：

(1)配合主管部门建立、健全固定资产管理制度，并监督有关部门认真执行。

(2)健全账卡，做好固定资产管理的基础工作。财务部门要按照会计核算的要求，建立固定资产管理账卡和各种登记簿，全面、系统地反映和监督固定资产的使用状况。

(3)正确计提固定资产折旧和安排大修理基金，如实反映固定资产价值转移情况。

(4)搞好固定资产增减变动的核算。财务部门根据固定资产购建、调拨、盘点、报废等凭证，按照有关规定和计划，及时办理财务手续，进行日常的、系统的核算，维护固定资产的完整。

(5)促进企业做好固定资产的保养和维修工作。财务部门对固定资产的日常维护、保养、修理，通过核算监督，促进提高修理效率，缩短停机时间，减少修理费用。

(6)参与固定资产投资决策，分析、评价各种投资方案，不断提高固定资产投资决策水平和投资效果。

(7)会同有关部门合理核定固定资产需用量，编制固定资产的资金来源计划、折旧计划，搞好固定资产利用效果的分析。

2.主管部门的主要职责

主管部门是对企业固定资产实施技术管理和实物管理的职能部门，其主要职责如下：

(1)对分管的固定资产进行统一编号和调配，建立健全固定资产交付、转移、保管、修理、维护、封存、启用、租赁、清理报废等管理制度，并监督使用部门和有关人员认真执行。

(2)建立健全账卡、管好用好固定资产，定期组织实物盘点，保证账、卡、物相符。

(3)编制固定资产更新与修理计划，把好购建、修理完工固定资产的验收质量关，搞好固定资产的技术管理。

(4)分析固定资产的利用效果，做好固定资产需要量的核定工作。

(5)参与固定资产投资决策，会同有关部门分析论证投资方案。

(6)对重点管理的关键性和高精尖设备，要定期深入使用单位和存放地点检查有关技术指标和使用情况，确保固定资产在良好状态下正常运转。

(7)组织搞好设备的安全管理工作，进行定期检查，及时纠正违章指挥和违章操作，杜绝发生设备事故，保证设备安全。

3.使用部门的主要职责

使用部门是固定资产的使用者，直接与固定资产接触，对固定资产的变化、状况等最了解，因此在固定资产控制中应该承担更多的责任。

(1)严格执行固定资产各项管理制度，建立固定资产的账、卡，保证固定资产的安全完整。

(2)按时编报固定资产启用、封存、转移、报废、盘点等报表，及时办理有关手续，确保固定资产实物与卡片、明细账相符。

(3)做好固定资产送修、承修的管理与核算工作，尽量节约修理费用，缩短修理时间。

(4)按照财务部门的要求,及时对本单位的固定资产折旧费、修理费及固定资产的其他相关税费进行核算和解交。

(5)落实本单位内部固定资产管理与使用的技术经济责任,坚持考核与奖惩。

(6)及时反映固定资产管理与使用中存在的问题,分析原因,提出改进措施。

4.操作者的主要职责

这里操作者是指生产工人和设备的使用人员。他们的主要责任有:

(1)严格遵守各项固定资产管理制度和操作规程,管好用好设备;

(2)搞好设备的日常保养工作,按时加油、擦洗,自觉爱护设备;

(3)保证设备的安全完整;

(4)发现设备运行中的问题,及时向本单位及主管部门反映,共同分析原因,采取措施,排除故障,保证设备的正常运行。

第二节　固定资产使用与保管控制

固定资产的使用与保管控制是固定资产管理工作的重要环节,对促进单位管好用好固定资产、完善内部控制和经济责任制度、提高经济效益具有重要意义。

一、固定资产使用、保管控制的内容

固定资产的使用和保管制度,可能因不同的企业而不相同,尤其是规模不同的企业,其管理制度的精细程度会差别很大。对于大中型企业来说,其主要内容有:

(1)固定资产投资论证、决策和审批制度;

(2)完工、验收、交付使用制度;

(3)大中小修理及日常保养制度;

(4)固定资产使用保管制度;

(5)固定资产内部转移管理制度;

(6)固定资产出租、出借及调拨制度;

(7)固定资产清查盘点及清理报废审批制度;

(8)固定资产核算、管理制度;

(9)固定资产的工艺、技术管理制度;

(10)操作规程及违章处罚办法和经济责任制度等。

二、固定资产使用与保管控制的基础工作

对固定资产的使用与保管进行控制,必须以健全的固定资产管理基础工作为前提。按照《企业内部控制应用指引第 8 号——资产管理》的相关要求,单位应根据国家统一会计制度的要求,结合单位经营管理的特点,建立、健全固定资产账簿登记制度和固定资产

卡片管理工作，对固定资产取得与验收、日常保管、处置与转移等业务设置相应的记录或凭证，如实记载各环节业务的开展情况，完善固定资产管理的基础工作。

（一）编制固定资产目录

编制固定资产目录及统一编号，是实行固定资产归口分级管理与建立岗位责任制的重要基础工作，是编制固定资产设备台账、建立设备卡片、计划维修、统计报表及固定资产核算与管理统一编号的依据。固定资产目录，一般按每一固定资产项目进行编制。固定资产项目是指一个完整的独立物体，或者连同其必不可少的附属配套的综合体。由于工业企业固定资产品种规格繁多，在编制目录时，要注意划清两个界限：一是固定资产与低值易耗品的界限；二是生产用和非生产用固定资产的界限。

固定资产目录及统一编号通常由权威部门制订。单位在编制固定资产目录及统一编号时应注意以下事项：

(1)应遵循统一规定的编号方法；

(2)号码一经编定后不能随意变动；

(3)编号只有当发生固定资产处置，如固定资产调出、报废等情况时才能注销，并且编号一经注销通常不能补空；

(4)新增固定资产应从现有编号依次续编；

(5)每一固定资产编号确定后，实物标牌号应与账面编号一致。

（二）建立固定资产卡片

建立固定资产卡片，是固定资产核算与管理业务工作量较大的一项基础工作，是进行明细核算的基本业务建设。其格式见表 10-2。

表 10-2　固定资产卡片

（正面）

<table>
<tr><td>资产来源</td><td colspan="4"></td><td>原始价值</td></tr>
<tr><td>建造国别</td><td colspan="4">第　　　号</td><td>其中：工程费</td></tr>
<tr><td>建造单位</td><td colspan="4">资产名称</td><td>设备费</td></tr>
<tr><td>建造年份</td><td colspan="4">资产类别</td><td>安装费</td></tr>
<tr><td>型　　号</td><td colspan="4">内部编号</td><td>变动：第一次</td></tr>
<tr><td>规　　格</td><td colspan="4">主管部门</td><td>第二次</td></tr>
<tr><td>出厂编号</td><td colspan="4"></td><td>第三次</td></tr>
<tr><td>交接凭证编号</td><td colspan="4">内部调拨情况</td><td>使用年限</td></tr>
<tr><td>大修情况</td><td>日期</td><td>凭证</td><td>使用单位</td><td>存放地点</td><td>年折旧率</td></tr>
</table>

续表

<table>
<tr><td>资产来源</td><td colspan="6"></td><td>原始价值</td></tr>
<tr><td rowspan="7"></td><td></td><td colspan="2"></td><td colspan="2"></td><td></td><td>取得时已提折旧</td></tr>
<tr><td></td><td colspan="2"></td><td colspan="2"></td><td></td><td>取得时已使用年限</td></tr>
<tr><td></td><td colspan="2"></td><td colspan="2"></td><td></td><td>开始使用日期</td></tr>
<tr><td></td><td colspan="2"></td><td colspan="2"></td><td></td><td>技术改造情况</td></tr>
<tr><td colspan="6">停用记录</td><td rowspan="3"></td></tr>
<tr><td colspan="2">开始停用日期</td><td colspan="2">停用原因</td><td colspan="2">重新使用日期</td></tr>
<tr><td colspan="2"></td><td colspan="2"></td><td colspan="2"></td></tr>
</table>

表 10-2(续)　固定资产卡片

（反面）

附属设备			
名称	摘要	金额	备注

变动情况					
调出记录		清理记录		备注	
调出日期		清理日期			
凭证号		清理凭证号			
调入单位名称		原始价值			
原始价值		累计折旧额		设卡日期	
累计折旧额		清理费用		注销日期	
备注		残值收入		卡片登记人	
		备注			

固定资产卡片，一般由单位财务部门签发，通常为一式三份，财务部门、固定资产主管部门和保管使用部门各一份。固定资产卡片应按每一独立登记对象登记，一个登记对象设一张卡片。登记对象的确定方法如下：

(1)房屋:以每所房屋(连同附属建筑物及设备)作为一个独立登记对象;

(2)建筑物:以每一独立建筑物(连同附属装置)作为一个独立登记对象;

(3)动力设备:以每一动力机器(连同机座和附属设备)作为一个独立登记对象;

(4)传导设备:以在技术上能够构成一个完整的传导系统的设备作为一个独立登记对象;

(5)工作机器及设备:以每一独立的机器(连同基座、附属设备和工具、仪器等)作为一个独立登记对象;

(6)工具、仪器及生产用具:以每一具有独立用途的各种工作用具、仪器和生产用具(连同便于操纵控制的各种附具)作为一个独立登记对象;

(7)运输设备:以每一独立的运输工具(如一辆汽车、一艘船、一架飞机等)作为一个独立登记对象;

(8)管理用具:以每件管理用具作为一个独立登记对象。

在每一张卡片中,应记载该项固定资产的编号、名称、规格、技术特征、技术资料编号、附属物、使用单位、所在地点、建造年份、开始使用日期、中间停用日期、原价、使用年限、购建的资金来源、折旧率、大修理基金提存率、大修理次数和日期、转移调拨情况、报废清理情况等详细资料。固定资产卡片应根据交接凭据和有关折旧、大修理、报废清理等凭证进行登记。

(三)建立固定资产增减登记簿

为了汇总反映各类固定资产的增减变动和结存情况,使固定资产卡片适应固定资产增减变动的要求,企业财务部门应按固定资产类别建立固定资产增减登记簿(增减登记簿可以采取按固定资产保管使用单位开设账页,按固定资产的类别和明细分类设置专栏;也可采取按固定资产类别开设账页,按固定资产使用和保管单位设置专栏两种形式进行登记核算),并以固定资产调拨(增减变动)通知单作为增减登记的依据,对固定资产的增减进行序时核算,每月结出余额。

三、固定资产的使用控制

固定资产的使用控制,主要是对固定资产在业务运行中的风险进行的控制。固定资产使用的控制较为复杂,从固定资产的进入、转移到具体的使用、折旧的计提、修理等都构成固定资产使用控制的内容。

(一)固定资产增加的控制

无论是自己生产还是购入的固定资产,单位都需投入大量的资源。如果固定资产的增加不能为其带来经济效益,则会形成投资风险,因此,单位应加强对固定资产投资的预算管理,明确固定资产投资预算的编制、调整、审批、执行等环节的控制要求,严格固定资产的验收制度,严格固定资产增加的控制。对固定资产增加的控制,重点为以下几方面:

首先,对于固定资产的新增计划,应重点审查计划增加项目是否符合国家有关方针政策,可行性论证是否科学合理,经济效益是否最优,资金来源的途径如何。

其次,在购建固定资产时,应严格审查该项固定资产有无计划,设备采购合同是否有效，型号及规格是否与计划要求一致。

再次，在固定资产购建完成时应仔细审查工程决算和固定资产造价，判断其决算或造价的正确性，以及有否突破计划投资额。

最后，在固定资产验收、交付使用环节，单位固定资产管理部门应会同使用部门、财务部门，并区分固定资产取得的不同方式进行验收和交付。其中重点应审查固定资产取得的相关手续是否齐全，相关凭证是否完备无误。同时在固定资产验收交付时，相关部门和人员应深入现场，监督实物交付工作；如果发现问题，财务部门应采取停止付款和停止办理有关财务手续等措施，并向有关部门和领导反映。对不符合国家规定的项目，应及时向上汇报；对于新购建的固定资产投入使用后未获得预期经济效益的，要分析原因，必要时追究有关位的经济责任。如确属个人责任，应视其情节，给予经济处罚。

(二)授权审批控制

固定资产在使用过程中存在着损毁和丢失的风险，为明确经济责任、有效控制该风险，各部门在使用固定资产之前就有必要对其申领使用过程进行审批控制，加强固定资产使用要求的审批和授权。对于固定资产使用授权审批的控制，关键要强化以下三方面：

(1)严格加强固定资产实物和固定资产重要记录的控制，限制能够接近这些实物和记录的人数。

(2)强化仓库出入的登记责任制，规范各个部门经办人员的行为。无论何种目的，只要进出仓库，就需要进行登记，并且在进入仓库的时间内对固定资产出现的问题承担连带责任，因此在出库时需要登记离开时间。这样一旦固定资产出现问题，便能够迅速查明原因。

(3)加强固定资产使用的协议控制。固定资产使用协议是固定资产领用时由各部门经办人员签订的单位内部协议，通过协议明确各方在固定资产使用中的权利、责任。协议一般应该包括以下要素：固定资产的转移方向和起止部门；所需要固定资产的数量、规格和状态；使用部门在使用期间的责任和义务。

(三)固定资产内部转移的日常控制

由于价值较大，各个业务部门没有能力购买，因此企业的很多固定资产通常会由许多部门共同使用，并由此出现固定资产内部转移问题。固定资产内部转移，根据转移性质的不同，形成以下两种情况：一是固定资产在不同类别之间的转移；二是固定资产在不同使用单位之间的转移。

为强化固定资产的日常控制、提高固定资产的使用效率、保障固定资产的安全，单位有关部门应对固定资产的内部转移进行有效的监督与控制，重点包括：

(1)业务部门在使用固定资产之前应该向管理部门提出申请，在此基础上由资产调度人员对比固定资产使用申请和生产计划的一致性，根据资产的库存数量和使用需求情况编制使用计划。计划的编制，应力求将有限的资源分配到生产任务相对较重的部门或车间，提高资产的配置效率。

(2)确定了固定资产转移的部门之后，仓库管理人员应及时记录资产的出库情况和状态，并得到经办人员的签章，同时检查经办人员是否得到了主管部门的批准。进行固定资产管理的部门负责编制资产移送单，并在传递过程中得到各有关部门的签章证明，保证

“内部转移单”与实物转移的一致性和真实性。

(3)财会部门应根据固定资产转移的情况，按类别、使用或保管单位建立固定资产增减登记簿或台账，并及时登记。

(4)对于固定资产的紧急转移，应在转移前向最高管理层提出申请，并根据批示办理转移事项，同时在办理移送之后将有关的材料传递给各部门。

(四)固定资产计提折旧的控制

固定资产可以使用较长时间，在固定资产的长期使用中，它在物质上会受到磨损，从而在价值上发生一定的损耗。对固定资产计提折旧是企业进行扩大再生产的前提条件。折旧是对固定资产生产耗费的补偿，计提折旧是固定资产内部控制的重要因素。固定资产计提折旧的控制内容主要包括：

1.确定固定资产折旧计提的范围和时间

这是固定资产计提折旧控制的前提。我国会计规范(会计准则、会计制度)对折旧计提的范围作了明确的规定，其中计提折旧的固定资产包括：(1)房屋和建筑物；(2)在用的机器设备、仪器仪表、运输工具、工具器具；(3)季节性停用、大修理停用的固定资产；(4)融资租入和以经营租赁方式租出的固定资产。同时，制度还规定对于达到预定可使用状态应当计提折旧的固定资产，在年度内办理竣工决算手续的，按照实际成本调整原来的暂估价值，并调整已计提的折旧额，作为调整当月的成本、费用处理。如果在年度内尚未办理竣工决算的，应当按照估计价值暂估入账，并计提折旧；待办理了竣工决算手续后，再按照实际成本调整原来的暂估价值，调整原已计提的折旧额，同时调整年初留存收益各项目。

制度同时也明确指出以下固定资产不计提折旧：(1)房屋、建筑物以外的未使用、不需用固定资产；(2)以经营租赁方式租入的固定资产；(3)已提足折旧继续使用的固定资产；(4)按规定单独估价作为固定资产入账的土地。

对于固定资产折旧计提的时间，制度规定企业一般应按月提取折旧，当月增加的固定资产，当月不提折旧，从下月起计提折旧；当月减少的固定资产，当月照提折旧，从下月起不提折旧。固定资产提足折旧后，不论能否继续使用，均不再提取折旧；提前报废的固定资产，也不再补提折旧。固定资产是否提足折旧，是就该项固定资产应提的折旧总额而言的；某项固定资产应提的折旧总额，为该项固定资产的原值，减去预计残值加上预计清理费用后的净额。

2.确定计提折旧的年限与方法

相关会计制度规定，企业应当根据固定资产的性质和消耗方式，合理地确定固定资产的预计使用年限和预计净残值，并根据科技发展、环境及其他因素，选择合理的固定资产折旧方法。在固定资产的折旧计提过程中，折旧年限、折旧方法的选择和残值率的计算需要涉及职业判断。一般对于具有同类固定资产历史资料的情况，在进行选择时可以依照同类固定资产的相关历史资料并结合资产的风险进行选择。而对于新使用且没有历史资料的固定资产，企业在选择时通常应该按照同行业该固定资产的折旧计提平均水平计提折旧。固定资产的折旧计提方法、折旧年限确定之后，主管会计应该按照管理权限报财务主管审核，并经股东大会或董事会，或经理(厂长)会议或类似机构批准，作为计提折旧的依据。同时，按照法律、行政法规的规定报送有关各方备案，并备置于企业所在地，以供投资者等有关各方查阅。

固定资产折旧方法可以采用年限平均法、工作量法、年数总和法、双倍余额递减法等方法。对于这些固定资产预计使用年限和预计净残值、折旧方法等，如果企业已经确定并对外报送，或备置于企业所在地的有关部门，一般不应随意变更；如果由于种种原因确需进行变更，则在变更时仍然应当按照上述程序，经批准后报送有关各方备案。

(五)固定资产修理与维护控制

单位应当建立固定资产的维修保养制度，借以保证固定资产正常运行，控制固定资产维修保养费用，提高固定资产使用效率。同时管理规范还指出，单位应当对固定资产进行定期检查、维修和保养，及时消除安全隐患，降低资产使用的故障率和使用风险；制订固定资产的维修保养计划，并按计划规定的步骤和方式实施固定资产的日常维修与保养。

固定资产在使用中，各部分的磨损是不均衡的，为了维持固定资产的使用寿命，对磨损坏的部分，就要进行清洗、校正、拆换等。但在实际工作中，固定资产修理的范围、发生的时间，并不都能完全掌握，有的可以事先安排(预防检修)，有的则不能事先预料(临时故障或事故)。因此实际工作中固定资产修理包括大修理和日常(中、小)修理。从性质上来讲，日常修理主要是对固定资产性能进行恢复，使其维持在正常的生产水平；大修理则是一种周期性的、预防性的修理，通过大修理使固定资产的性能和使用功能得以恢复和提高。

无论是大修理还是日常的修理，固定资产的修理都会发生费用的支出，带来一定的修理风险，因此在固定资产修理时财会部门应加强有关经济活动的记录控制，生产部门要对修理的结果进行质量控制。

1.日常修理的控制

固定资产日常修理主要是对生产设备的修理和维护，由使用部门完成。对于固定资产日常修理的控制应该：

(1)在细致考察生产设备使用情况的基础上，合理安排修理和维护计划。使用固定资产的部门应该设专门岗位负责检查固定资产的使用情况，只要出现了生产效率或使用效果下降的现象就向主管部门报告，并由相关部门根据生产计划和任务情况合理地安排修理和维护计划，选择科学的修理时间，防止因为固定资产修理影响企业正常的生产经营活动。

(2)提前做好费用申请、审批工作。固定资产的日常修理费用虽然相比大修理而言并不太高，不过仍然应该提前做好费用的申请、审批工作，固定资产主管部门要对有关的资金使用、修理程序进行审批控制，防止资金管理的舞弊和不恰当修理造成的固定资产功能损失，财会部门要把好固定资产修理资金的使用关。一般生产部门和其他业务部门都拥有一定的备用金，可以用于固定资产的日常修理，对于备用金限额内的修理支出，财会部门根据有关修理费用结算单据进行报销，并且补足部门的备用金；而对于超过部门备用金限额的固定资产日常修理费用支出，财务人员要得到本部门主管和固定资产使用部门主管的批准。技术人员应该检测固定资产修理后使用的效果，如果出现问题要查明原因。

(3)对于非生产设备的日常修理与维护，各部门应该制定固定资产修理预算，预提修理资金，保证修理的计划性；确定专门的人员负责部门固定资产的修理和维护工作，以明确责任；严格管理修理预算资金，防止挪用和丢失；加强部门各项固定资产的日常维护，有效节约修理成本。

2.大修理控制

大修理是恢复固定资产功能，保持固定资产使用寿命的必要条件，因此企业应当根据固定资产的技术特征和使用条件，合理安排固定资产的大修理，使固定资产的功能恢复到设计水平，保证固定资产的正常运转。固定资产大修理控制是企业固定资产使用控制的一项重要内容。固定资产大修理在控制上通常的流程如图 10-1 所示。

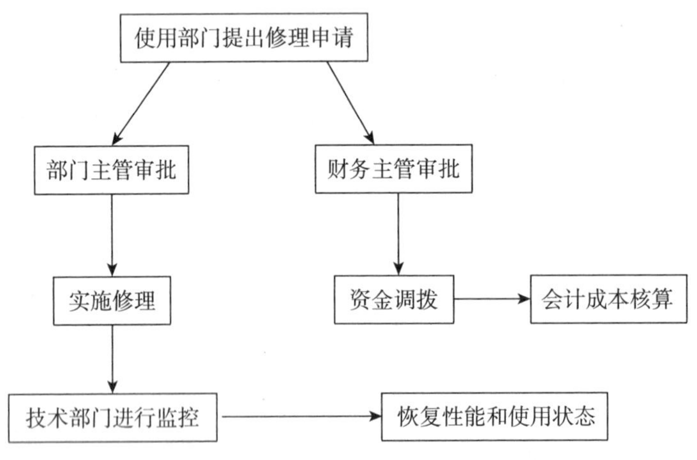

图 10-1　固定资产大修理控制流程图

从图 10-1 中可以看出固定资产大修理的控制主要包括：

(1)申请和审批控制。当固定资产进入预定大修理状态时，资产使用部门应及时就固定资产的大修理提出申请，并由本部门主管和财会部门主管分别对修理的实施和修理资金的使用进行审核与批准。固定资产大修理的审批应结合实际，讲求效益。对于已到大修理时间的机器设备，是否必须进行修理，应根据机器设备的状况进行鉴定；对于已使用较长时期的机器设备，是否适宜修理，也要进行“经济性”研究，有的机器设备磨损严重，修理所需费用较大，从经济上说，修旧不如买新，这时也可以弃旧置新。另外，使用部门还应该根据固定资产的实际情况制订大修理计划，对修理活动进行的财务预算、修理范围和修理权责的划分等进行说明。

(2)大修理的时间安排控制。大修理通常涉及较大的修理范围，如对设备进行全面拆卸、更换主要部件，对房屋建筑物进行全面翻修等，耗时都比较长，一般都会占用企业正常的生产经营时间，为此应合理地安排固定资产大修理的时间，通常以选择本企业生产的淡季为佳。

(3)固定资产的技术管理部门要监督修理的过程，防止修理人员偷工减料，修理结束后还要检测固定资产的使用，保证修理的效果。

(4)财务部门应加强固定资产修理成本的控制，划分资本性支出和收益性支出并合理地分摊至不同的会计期间。会计和出纳人员应加强资金收付、结余的监督控制，同时对大修理过程中发生的财务信息特别是成本费用和资金结算信息进行财务分析。

(六)固定资产使用过程的控制程序

固定资产的使用过程包括固定资产进入企业至退出企业的全过程,涉及固定资产折旧的计提、修理维护、在各部门使用过程的监控,以及固定资产使用中的成本控制等内容。如图 10-2 所示。

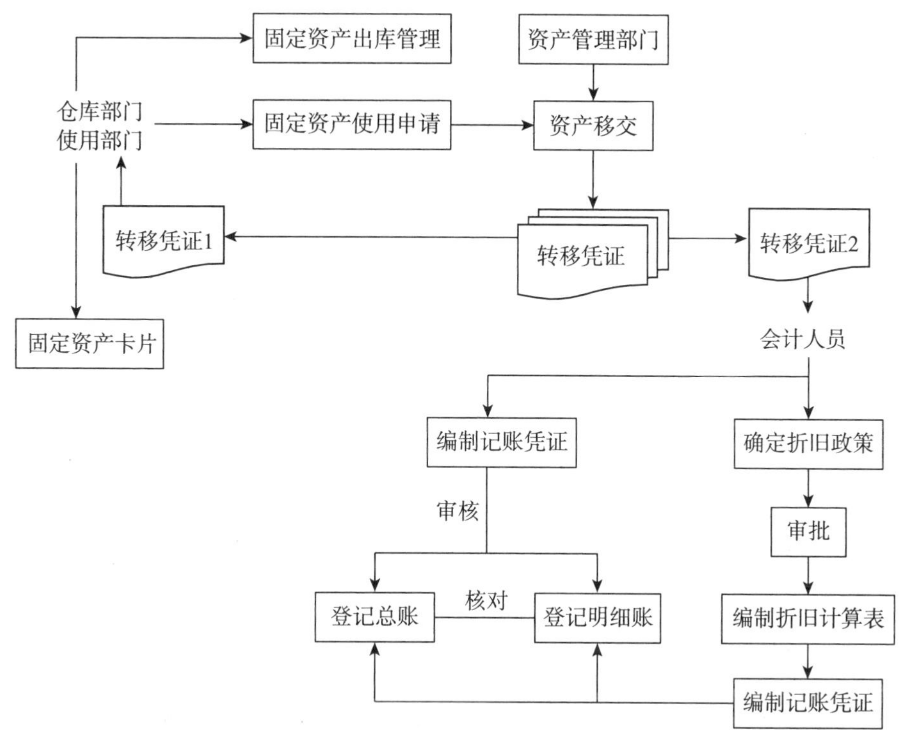

图 10-2　固定资产使用业务控制流程图

图 10-2 显示,固定资产使用过程控制程序的起点是使用部门提出固定资产使用申请,此后由仓库管理部门进行审批并执行有关的管理程序,固定资产管理部门按照审批的情况办理移交手续,并编制一式三份的固定资产转移凭证:一份自己保留以备查;一份传递给资产使用部门,编制固定资产卡片并由领用人员签章以示负责;最后一份交给财会部门,由会计人员作为原始凭证。一方面,会计人员按照转移凭证的要素编制固定资产的记账凭证,并交稽核人员复核,然后会计人员根据审核后的记账凭证登记固定资产的明细账和总账,并定期进行核对;另一方面,会计人员要根据企业的实际情况确定计提固定资产折旧的会计政策,由财会部门主管对折旧政策进行审批,主管会计人员根据审批后的会计政策对各项固定资产计提折旧并编制折旧计算单和有关折旧的记账凭证,经过规定的审核手续后,结合固定资产的账簿记录,登记折旧的总账和明细账。

四、固定资产的保管控制

企业的仓库管理部门,应该按照固定资产的类别或者使用部门进行集中保管,建立固定资产的记录索引系统，严格控制固定资产使用过程发生的出、入库。

固定资产的保管控制，首先应该建立固定资产的保管责任制，明确固定资产管理的责任和权利。为此，在对固定资产进行编号管理的基础上，还应进一步明确固定资产保管的责任主体，将资产保管和负责人挂钩，保证固定资产发生丢失、损坏等意外情况时能够很快找到线索。同时，还要制定科学的奖惩制度，规范仓库人员的行为。

其次，严格固定资产授权批准的控制，并强化固定资产的出库登记制度。在办理固定资产的转移业务时，各业务部门应该获得使用固定资产的授权材料，并向仓库管理人员提出固定资产转移申请，经批准同意之后才能办理有关固定资产的出库业务。仓库管理人员应严把核对关，即将准备出库的固定资产和审批材料中的数量、规格、使用单位等要素进行核对，防止出现错误。同时对每一项固定资产的出库业务都要登记使用部门名称、固定资产转移时间等要素，并结合有关的记录控制点进行控制。

最后，建立固定资产的综合管理制度。生产、管理部门等都是固定资产的使用者，虽然固定资产管理制度明确了责任人，但是由于固定资产的使用、转移过程较为复杂，这就需要各相关部门能够协调一致，建立以责任人、责任部门为主线的综合管理制度。该制度应至少包括以下要素：企业部门暂时使用固定资产的保管责任如何确定；固定资产保存的审批权限；保管费用的分摊与核算方法。

五、固定资产清查盘点的日常控制和监督

固定资产的清查盘点是维护国家财产安全完整的一项重要工作。财务部门应和主管部门、使用部门一起，对固定资产进行定期清查盘点，或依据具体情况进行不定期清查盘点。清查盘点后要督促有关部门认真填写固定资产盘点报表。对于盘盈的固定资产，要查清原因，经批准后，办理增加手续，建卡入账；对于实物形态与账卡记录的新旧程度严重不符的固定资产，应与有关部门一起查明原因，分清责任，进行妥善处理；对于盘亏的固定资产，要在分析原因的基础上，追究责任，如确属个人原因的丢失、毁损，应视情节轻重，由责任者赔偿或给予经济处罚。

第三节　固定资产处置控制

固定资产的处置控制是对固定资产退出企业经营活动过程的控制。我国相关法规及《企业内部控制应用指引第 8 号——资产管理》要求，单位应在固定资产处置环节建立相应的控制制度，明确固定资产处置的范围、标准、程序、审批权限，同时根据固定资产的实际使用情况和不同类别，在处置环节采取相应的控制程序和措施。

一般来说，固定资产退出的方式有两种：一是正常的退出，包括企业正常的资产出售、向其他单位投资转出、以旧换新，以及固定资产使用寿命期满而导致的正常报废；二是非正常退出，主要由于对固定资产不合理使用导致的毁损、报废、无法继续使用，以及意外丢失导致的固定资产账存实无（盘亏）。固定资产的处置关系到企业正常生产经营的顺利进

行，特别是非正常的处置很可能导致固定资产的投资成本不能得到全部弥补，因此企业的相关管理部门应加强固定资产处置的控制。

一、固定资产出售的控制

固定资产出售是指固定资产以有偿转让的方式变更所有权或占有、使用权，并收取相应收益的处置。随着资产出售处置成为一种新的理财时尚，强化固定资产出售的控制意义非常重大，因为对于生产性固定资产的不当处置将对企业的经营造成严重不利影响。对固定资产的出售应重点加强以下方面的控制：

首先，在资产出售前应由固定资产的使用部门对资产出售的必要性、可行性及原因进行说明，并在此基础上联合有关部门编制出售申请，然后，上报到最高管理层；

其次，资产清理部门应会同销售、供应部门摸清市场行情并编制销售计划，分析销售的效益性，必要时应聘请专业的评估机构对固定资产的余值进行评估；

再次，仓库管理部门应该根据销售计划及相关核准清单编制《固定资产销售明细表》，详细记录固定资产的数量、种类、存放地点和使用历史；

最后，财务部门应在审核相关授权批准文件之后，对于已销固定资产应及时取得销售发票和有关税、费的票据，记录和报告固定资产的销售情况，防止出现资产已处置而固定资产账面未注销的情形发生，同时要对固定资产的销售收入进行资金管理和监控。

二、固定资产出租的控制

固定资产的出租主要有融资租赁和经营租赁两种。由于两种租赁的性质和要素存在差异，所以对固定资产出租的控制其侧重点也有所不同。

(一)融资租赁的控制

(1)固定资产融资租赁的期限较长(一般达到租赁资产使用年限的75%以上)、风险较高，而且租出的固定资产大多不打算收回，因此固定资产的融资租出属于重大的资产处置项目，各部门在办理融资租出固定资产之前应就出租事项向相关主管部门提出申请，提交承租方的有关资料及相应的分析报告，经批准之后再办理固定资产的相关租赁业务。

(2)仓库管理人员应该取得经主管部门签章的相应批准文件，根据相应批准材料清点拟租出的固定资产，并在清点过程中同时登记、记录出租固定资产的规格、库存数量、使用情况以及出租期限，清点完毕后还应将相应资产租赁的详细情况在备查登记簿上进行登记、记录。

(3)对于出租的固定资产在租出之前应进行汇总归集，将原分散在各个部门的资产通过内部转移程序汇总集中到同一个仓库，减少相应部门的固定资产账卡记录。

(4)固定资产出库时，仓库管理人员应该按照规定的出库程序办理出库，对接近固定资产的人员进行监督，防止舞弊的发生。仓库管理人员办理固定资产出库之后，还应协同有关记录人员修改固定资产的文件资料，保证记录和实际相符。

(5)融资租赁固定资产到期后，如果承租方不购买，企业应该及时收回固定资产，履行规定的入库手续，恢复有关的记录；如果承租方决定购买，企业应该做销售处理，并注销出租固定资产的所有记录，各部门要保持一致性，防止出现虚列资产的现象。

（二）经营租赁的控制

企业用于经营租赁的固定资产多处于闲置不用或暂时不用的状态，所以其控制首先要确定租出资产的范围。

(1)出租固定资产的部门应就资产出租的可行性进行说明，并向主管部门提出申请。主要说明出租的固定资产目前不在使用中，可以短期出租。固定资产的经营出租业务必须经相关主管部门审批同意后才可进行。

(2)主管部门应严格审查监督出租、出借的固定资产有无合法合同，审核租金确定的合理性，监督出租、出借、调出固定资产的真实性。

(3)仓库管理部门和人员的控制与融资租赁固定资产的控制要素相似。固定资产经营租赁完成之后，企业仍然要负责固定资产的修理和维护，固定资产的出租部门应该结合修理和维护的控制要素进行管理。经营租出的固定资产企业基本都会收回，如果租赁合同上签订了有关的购买约定，企业应该履行合同，并注销相应的固定资产记录。

(4)财会部门在经营租赁中应积极分析固定资产经营租赁的效益性，确定合理的租赁期限，选择信誉好有能力的承租单位；准确计算经营租赁的租金收入，对租金收入的资金进行严格管理；按照配比原则对各租赁期内的租金收入和费用进行对比，并监督承租方租金支付情况；资产收回后合理确定折旧计提期和折旧率，对固定资产的价格进行调查，按照可变现净值与市价孰低的原则计提减值准备。此外，对无合法出租、出借合同的固定资产应阻止办理固定资产出租出借手续，并向有关部门反映，查明原因，及时处理。

三、固定资产意外毁损和丢失的控制

固定资产在仓库保管和使用过程中可能发生损坏或丢失，一旦出现损坏、丢失，应及时处理和补救。具体包括：建立快速反应机制，当发生固定资产的毁损、丢失时，仓库管理人员和固定资产使用部门应该及时提出书面报告，并上交给有关管理部门；仓库管理人员根据发生损坏、丢失的固定资产的实际情况修改或清除固定资产的文字记录，防止固定资产记录与实际情况不符；对于固定资产的损坏应该查明原因，如果是由于人为使用不当或保管失职，要责令直接责任者赔偿损失，如果是不可抗力造成的损失，企业应该根据固定资产的投保情况获取保险公司的赔偿；损坏或丢失固定资产的部门要及时评估对正常经营活动的影响，如果必要，应该及时向有关管理部门提出修理或购进固定资产的申请。

四、固定资产的正常报废控制

固定资产通常都具有一定的经济使用寿命，当固定资产达到使用年限，或者由于技术进步等其他原因使固定资产继续使用不再经济时，企业就应该按照一定的程序进行报废处理。由于固定资产的价值较大，报废过程较为复杂，为了保证固定资产处置工作的顺利进行，保持计划性，应该对报废过程进行控制。

固定资产的报废，首先应由固定资产使用部门或内部管理部门提出报废申请。为此，固定资产管理部门应该经常检查各部门持有的固定资产的使用情况，根据固定资产的使用寿命和经济性权衡确定应否进行报废。对于以下情况则应及时进行报废处理：

(1)严重的毁损，使固定资产失去了原有的功能并且无法恢复到可正常使用的状态；

(2)由于生产事故导致固定资产使用寿命提前结束；

(3)其他造成固定资产处于报废状态的原因。

应予报废的固定资产确定以后，固定资产使用部门或内部管理部门应将相应的报废申请材料交给企业的报废鉴定部门和分管固定资产的副总经理或相关负责人进行报废的审批。审批部门在对报废申请和报废鉴定材料进行分析的基础上，提出审批意见并签章证明。

固定资产管理部门按照审批意见开展固定资产的清理业务。如果固定资产报废后直接退出企业生产经营活动过程，不进行对外销售，则有关管理部门应该编制固定资产正常报废单，记录报废固定资产的型号、所属部门、数量等信息。同时，还应该进行必要的清理程序，评估固定资产的残值以及清理费用，防止出现残料丢失的现象。如果企业打算出售报废的固定资产，则应该首先编制报废固定资产出售单，记录报废固定资产的有关信息，以便顺利执行相应的出库和清理程序；然后获取清理和出售过程的相关发票、单据、评估材料等经济业务的凭证记录，并将这些凭证记录传递给会计部门。

会计部门应根据原始凭证的相应内容编制记账凭证，并交给稽核部门复核，收到复核后的记账凭证，主管会计还要登记固定资产总账，核销报废固定资产的账面记录；冲减报废固定资产的累计折旧总账和明细账；同时，还要核算固定资产报废清理过程中的损益。

固定资产报废过程的控制，需要企业各个部门进行合作与协调，固定资产报废清理之后，仓库、使用、财务等部门要注销报废固定资产的记录资料。仓库管理人员还要重新安排固定资产的库存结构和人员配置，保证管理效率的提高。

五、固定资产减值准备的控制

企业对固定资产计提减值准备能够真实反映资产的实际价值，企业应该按照减值准备计提的规定定期检查固定资产的实际价值，并与市场价格或重置价格进行比较，确定计提的数额。

按照《企业会计制度》的规定，企业应当定期或至少每年对固定资产实地盘点一次，并于期末逐项进行检查，对照市价，如果市价持续下跌，或技术陈旧、损坏、长期闲置等原因导致其可收回金额低于账面价值的，应当将可收回金额低于其账面价值的差额作为固定资产减值准备。此外，《企业会计制度》同时强调，如果固定资产存在下列任意一种情况，表明固定资产事实上已经发生减值，企业应当按照该项固定资产的账面价值全额计提固定资产减值准备，这些情况包括：(1)长期闲置不用，在可预见的未来不会再使用，且已无转让价值的固定资产；(2)由于技术进步等原因，已不可使用的固定资产；(3)虽然尚可使用，但使用后产生大量不合格产品的固定资产；(4)已遭毁损，以至于不再具有使用价值和转让价值的固定资产；(5)其他实质上已经不能再给企业带来经济利益的固定资产。

企业固定资产减值准备计提方法确定之后，应该由财会部门主管进行审核，财务主管要根据有关规定调整计提标准，然后签章以示批准。在固定资产的使用过程中，同样需要修正减值准备计提标准，调整减值准备的同时还要重新确定折旧的计提额或折旧率，如果以前计提减值准备的固定资产价值得以恢复，应该以原来计提的减值准备为限恢复固定资产的账面价值。

第四节　监督与检查

单位应当建立对固定资产内部控制的监督检查制度，设置内部控制的专门检查机构并配备相应的人员，明确其职责和权限，同时定期或不定期地对固定资产相关岗位设置及人员配置、业务授权批准制度的建立及执行情况、预算管理的执行情况、资产使用及维护的控制执行情况，以及处置转移制度的执行情况进行检查，将检查过程中发现的问题及内部控制中的薄弱环节及时反馈给有关部门。

一、固定资产业务相关岗位及人员设置检查

重点检查其是否存在不相容职务混岗现象。一般在固定资产业务中，以下岗位不应相互混岗：

(1)固定资产投资预算的编制与审批；

(2)固定资产的取得、验收与款项支付；

(3)固定资产投保的申请与审批；

(4)固定资产的报废与清查；

(5)固定资产处置的申请与审批、审批与执行；

(6)固定资产业务的审批、执行与相关会计记录。

二、固定资产业务授权批准制度及执行情况的检查

重点检查资产请购、审批、采购、验收、付款、处置的固定资产业务办理中是否具有健全的授权批准手续，是否存在越权审批的行为。一般单位都在上述环节建立了明确的授权批准方式、程序，规定了审批人的权限、责任，通过权限保证固定资产业务的合理性、合法性和有效性，因此审批人应当根据相关授权，在授权范围内进行审批，而不应超越审批的权限。

三、固定资产预算执行情况的检查

重点应检查相应购建的固定资产是否已经纳入预算，预算的编制、调整与审批程序是否适当。根据规定，单位应对固定资产的购置、建造或处置等实行预算控制。单位应在综

合考虑固定资产投资方向、规模、资金占用成本、预计盈利水平和风险等因素，以及单位发展战略和生产经营实际需要的基础上合理编制固定资产的投资预算。同时公司、企业和有生产经营活动的单位对于固定资产预算的编制、调整和审批应遵循相关规定。国家机关、社会团体和事业单位固定资产预算的编制、调整和审批，则应符合国家有关预算法律制度的规定。

四、固定资产的使用与维护的检查

重点应检查固定资产的归口分级管理制度和岗位责任制度的落实情况以及维修保养费用的预算执行情况。归口分级管理和岗位责任制是固定资产日常使用与保管控制的基础，也是其重要内容，它的落实及执行情况的好坏将对固定资产其他控制制度作用的发挥产生重要影响。单位应定期对固定资产进行检查、维修和保养，将由此产生的维修保养费用纳入预算管理，并在经批准的预算额度内控制费用的支出。

五、对于固定资产的处置检查

重点应检查固定资产处置审批手续的履行情况以及处置价格的合理性。对于固定资产的处置，单位应当组织相关部门或人员对固定资产的处置的依据、处置方式、处置价格等进行审核，重点审核处置依据是否充分，处置方式是否适当，处置价格是否合理。因此在对固定处置进行监督检查时也应重点评价这几个方面的履行情况及质量。

思考练习题

1.各有关部门在固定资产内部管理与控制方面职责和权限怎样？
2.固定资产使用与保管控制的基础工作有哪些？
3.固定资产增加控制的重点是什么？
4.如何加强固定资产使用过程中的授权与审批？
5.固定资产内部转移控制中应注意哪些问题？
6.固定资产折旧控制包括哪些内容？如何加强折旧的控制？
7.固定资产修理与维护控制的内容是怎样的？
8.如何加强固定资产的保管控制？
9.固定资产处置控制的内容包括哪些？
10.固定资产租赁控制的重点在哪里？
11.简述固定资产报废控制的要点。
12.如何加强固定资产减值的控制？
13.如何加强固定资产控制制度的检查？

拓展阅读

1.财政部,等. 企业内部控制应用指引第 8 号——资产管理[S]. 2010.

2.杜俊慧. 固定资产投资项目后评价方法研究:基于不确定理论的视角[M]. 北京:经济管理出版社,2012.

3.信江艳,董杰,陈代川. 企业资产管理系统(EAM)设计与实施[M]. 北京:中国铁道出版社,2005.

第十一章　对外投资控制

对外投资是企业的重要经济活动之一，尤其在目前资本市场日益发达、并购业务愈加活跃的情况下，企业对外投资包括跨国的对外投资将成为企业日常化的业务。但是，对外投资也是企业管理中最容易出现失误、潜藏风险比较大的领域。因此，加强对外投资的内部控制，对于企业发展而言至关重要。

第一节　对外投资的含义与控制依据

一、对外投资的含义与种类

投资是企业为谋求经济利益的增长而将资产让渡给其他单位所获得的另一项资产。按投资方向不同，投资可分为对内投资和对外投资两种。其中，对外投资是指企业以现金、实物、无形资产或者购买股票、债券等有价证券方式向其他企业进行的投资。对外投资通常具有以下特征：(1)对外投资的目的是通过被投资单位的收益分配来增加本企业的财富，或谋求其他经济利益；(2)对外投资的性质是将资产让渡给其他企业所获得的另一项资产。如企业以现金购买股票或债券时，随着现金货币性资产的让渡而获得了股票或债券等有价证券之类的资产。

对外投资，可以按照不同的标准进行分类。主要有：

(1)按持有目的和变现能力，可以分为短期投资和长期投资

短期投资持有期限通常不超过 1 年，以获利为投资目的，变现能力较强；长期投资持有期限通常超过 1 年，主要以控制被投资企业，扩大经营规模等为投资目的，变现能力较弱。

(2)按投资的产权属性，可以分为权益性投资、债权性投资和混合性投资

权益性投资是为了取得被投资单位的权益性资产或净资产而进行的对外投资，如购买普通股股票。债权性投资是为了取得被投资企业债权而进行的对外投资，如购买公司债券。混合性投资兼有权益性投资和债权性投资双重性质，如购买优先股股票和可转换债券等。

二、对外投资控制的主要依据

为了促进各单位的内部控制制度建设，加强内部监督，维护社会主义市场经济秩序，财政部等部委于2008年颁布的《企业内部控制基本规范》和2010年颁布的《企业内部控制应用指引第6号——资金活动》等文件，为企业实施对外投资控制提供了基本规范。这些控制规范以单位对外投资的内部会计控制为主，但同时也兼顾了与会计相关的控制。它们的颁布对于加强对外投资业务的管理，规范对外投资行为，防范对外投资风险，保证对外投资的安全，具有重要的影响。

第二节　岗位设立与工作职责

一、对外投资的主要业务环节与特点

（一）对外投资的主要业务环节

对外投资涉及的主要业务环节包括：编制对外投资建议书，对外投资可行性研究，评估对外投资可行性研究报告，对外投资项目决策，编制对外投资实施方案，签订对外投资合同，投资项目的跟踪管理，对外投资的收回、转让、核销等基本业务环节。

1.编制对外投资建议书

投资建议书是对投资某一项目的建议文件，主要是论证投资的必要性、可行性和盈利能力。投资建议书的主要内容包括：项目的必要性和依据、投资条件、投资估算、资金筹措、经济效益和社会效益估算等，并对被投资者和其他投资者的资信情况进行调查。

2.对外投资可行性研究

这是对外投资项目决策之前的一项重要工作。它通过对与项目有关的经济、社会、技术等方面的情况进行全面的调查研究，对各种投资方案进行分析，对投资后的经济效益和社会效益进行预测，重点对投资项目的目标、规模、投资方式、投资的风险与收益等做出评价。

3.评估对外投资可行性研究报告

主要是由单位相关部门和人员或委托具有相应资质的专业机构对可行性研究报告进行独立评估，并形成评估报告。

4.对外投资项目决策

根据对外投资可行性研究的结果和评估报告，对各种投资方案进行研究、比较，集体做出对外投资决策。

5.编制对外投资实施方案

这是对投资方案的具体实施做出安排和规划，主要内容有：何时进行投资，投资的金额是多少，采用何种形式进行投资，投资活动中各有关责任人员怎样进行分工，各自负责什么内容，承担何种责任等。

6.签订对外投资合同

单位有关部门或人员根据集体决策的意见，经授权部门或人员批准后，按规定的程序与被投资单位订立对外投资合同。签订合同时，可以征询法律顾问或专家的意见。

7.投资项目的跟踪管理

单位专门的部门或人员对投资项目进行跟踪管理，及时掌握被投资单位的财务状况和经营情况，定期组织对外投资质量分析，发现异常情况应及时向有关部门和人员报告，并采取相应措施。

8.对外投资的收回、转让、核销

在投资期满时，及时足额收回投资；在单位的战略目标发生转移或者转让被投资资产可以获取较大经济利益的条件下，转让对外投资；在被投资单位破产清算或因其他变故而不能收回投资时，核销单位对外的投资。

(二)对外投资业务的特点

1.决策程序复杂

企业对外投资业务涉及的业务环节多，内容复杂，参与的人员和机构也比较多，政府管制严格，尤其是市场投资机会千变万化，要实现投资目标必须有健全的投资决策体系，并能够有效组织实施，以处理投资决策过程中所遇到的各种问题。

2.资产流动性较强

短期投资在资产负债表上排在存货之前，可见其流动性较强。在证券交易所和其他有关市场上，证券持有者可以随时买卖持有的证券；即使是长期投资，持有者也可以在急需现金时售出，因此被投资的资产项目具有非常强的流动性。

3.价值波动较大

在证券市场上，有价证券的价值受各种因素影响经常变动。对外投资的价值波动性给其估价和会计控制造成了一定困难。

4.会计核算复杂

一方面，投资业务本身比较复杂，既有短期投资，又有长期投资，既有债券投资、股票投资，还有混合投资，而债券投资有面值、溢价和折价投资，股票投资有成本法、权益法核算等；另一方面，由于证券种类和发行者众多，在支付利息和股息及收益确认和分配等方面也较为麻烦，因此，对外投资会计核算复杂。

二、对外投资失控的主要原因

当前，我国企业对外投资失控的状况经常发生，原因也多种多样。

(一)对外投资失控的表现

企业对外投资失控主要表现在：投资盲目，效益差；投资证券管理欠规范，账实不符；隐匿投资，保留账外资产；截留投资收益，形成账外资金；挪用投资收益，偷逃税金；账务处理错误。

(二)对外投资失控的原因

(1)管理模式不健全。我国现行的投资管理以阶段性管理模式为主,缺乏全局管理意识,尤其缺乏健全的投资决策制度,以及投资计划、授权和审批控制的制度,造成投资盲目、效益差、风险高等后患,给企业带来了巨大损失。

(2)相关手续不规范。现行投资合同的管理还未完全规范化和法制化。有的企业不按投资合同或协议的规定将投资收益按时足额入账,而是部分甚至全部挂在投资收益账外,隐瞒收入,甚至形成“小金库”,造成公款外流。

(3)管理人员素质差。有的管理人员缺乏经济和法律知识,预控能力差,不能处理好对外投资过程中出现的问题。

(4)会计核算不规范。如有的企业对长期股权投资核算的权益法和成本法的适应条件不清楚,随意使用,导致投资及其损益会计核算错误,会计信息不真实。

为此,必须设立相关岗位,明确工作职责,对投资决策、对外投资处置进行有效控制,并实施严格的监督检查。

三、对外投资岗位的设立

(一)对外投资岗位设立与不相容岗位分离原则

企业需要设立相应的岗位办理投资业务。如有些规模较大、管理相对规范的企业和单位设有投资部,也有些企业在财务部设立投资岗位等。在设置岗位时,单位应该按照有关规定遵循不相容岗位相互分离的要求。即企业根据对外投资业务的特点和实际控制情况,明确各个岗位的职责、权限,把那些具有内在牵制关系的岗位分别由不同部门、不同人员担任,以便在办理对外投资业务时形成相互分离、相互制约和相互监督的制约机制。在贯彻不相容制度的要求时,一个基本标准是要确保投资业务在授权、执行、会计记录及资产的保全方面有明确分工,不得由一人同时负责投资业务流程中两项或两项以上的工作。具体如下:

1.对外投资项目可行性研究人员与评估人员在职责上必须分离

企业投资部门应考虑自身业务发展的规模与范围,以及对外投资的目的、时间、期望获得的投资收益等,成立投资项目评估小组,对已通过可行性研究的投资项目的经济价值进行评估。为了保证投资项目决策的真实性、合理性和公允性,防止项目决策中出现投资方与被投资方串通,擅自粉饰投资项目的可行性报告,高估投资收益,低估投资风险等情况,企业应确保可行性研究人员与评估人员在职责上相互独立和分离。

2.对外投资计划的编制人员与计划审批人员在职责上必须分离

对于通过可行性研究且评估证明可行的投资项目,企业的投资部门需要设置计划编制岗位,就该项投资的对象、原因、目的、性质、持有时间、投资金额及影响投资收益的因素等方面编制一份详细的计划,以便对投资实施有效的管理;或聘请专门的投资顾问来制订投资计划。投资计划只有经过严格的复核审批后才能执行。为了提高投资计划的有效性、合规性,促进项目投入取得预定的经济效益,防止计划编制和审核过程中的舞弊现象,要求对外投资计划的编制人员与计划的审批人员不能由同一人担任。根据重要性原则,对企业的经济影响不是很大的投资项目，可由企业财务经理审批；而对企业的经济影响很大的投资项目，必须通过董事会批准。

3.对外投资的决策人员与执行人员在职责上必须分离

如果对外投资的决策人员与执行人员是同一个人的话，可能出现决策人与被投资方串通，牺牲公司利益从中渔利。所以，对外投资的决策人员与执行人员在职责上必须分离。一般企业的重大投资决策由董事会做出，其他的投资决策则可由投资部门的经理做出，而投资项目的执行通常由主管人员负责。

4.负责证券购入或出售的人员与会计记录人员在职责上必须分离

为了提供真实、完整、全面的企业对外投资信息，必须对对外投资的购入和出售进行有效的核算与控制。如果负责证券购入或出售的人员同时又负责会计账务的处理，那么，很难排除负责证券购入或出售人员为了达到特殊目的而运用不恰当的计价方法，歪曲会计记录等挪用和转移有价证券的可能性。

5.证券的保管人员与投资交易账务处理人员在职责上必须分离

投资资产中的有价证券，其流动性仅次于现金，如果没有严格的保管内部控制制度，有价证券很容易被人冒领、挪用或转移。所以，为了保证投资资产的安全性和完整性，证券的保管人不能同时又负责投资交易活动的会计记录及披露工作。

6.参与投资交易活动的职员与有价证券的盘点人员在职责上必须分离

企业自行保管的有价证券、实物，或者其他投资合同等有关凭证，应由与投资业务无关的独立人员定期进行盘点。

7.对外投资处置的审批人员与执行人员在职责上必须分离

对外投资的处置涉及企业的战略决策以及对未来现金流量的决策，必须经过高层管理人员的审批。对外投资处置的审批与执行不能由相同的人员担任，否则，可能出现违背企业利益，滥用审批权力等问题发生。

(二)对外投资业务岗位对员工素质的基本要求

单位应当根据对外投资的业务特点，配备合格的人员办理对外投资业务。办理对外投资业务的人员应当具备良好的业务素质和职业道德。

1.对外投资业务人员应当具备的业务素质

(1)法律素质。应当了解和掌握与对外投资业务有关的法律、法规和政策，能够运用有关法律、法规解决对外投资业务中的有关问题，遵纪守法，依法办事。

(2)业务素质。熟悉对外投资的业务流程，掌握对外投资、金融、财会等方面的专业知识和专业技能。

(3)能力素质。应当具备良好的沟通能力、人际关系处理能力、应变能力、分析能力、决策能力等。

2.对外投资业务人员必须具备的职业道德

(1)敬业。即具有做好本职工作的事业心、责任感，严谨从业，不断提高业务技能，敬业爱岗。

(2)守法。即依法办事，认真学习有关政策，提高遵守法律、法规、政策的自觉性，提高正确运用、执行法律、法规、政策的能力。

(3)公正。即以公平、公正的态度和方式办理对外投资业务,实事求是,坚持原则。

(4)诚实。即诚实守信,不唯利是图;廉洁自律,注重职业操守;自觉抵制损害单位利益的行为。

单位对办理对外投资业务的人员,可以根据具体情况定期进行岗位轮换。另外,单位应当配备专门的会计人员办理对外投资业务的会计核算。办理对外投资业务会计核算的人员,应当熟悉国家法律法规和对外投资业务管理方面的专业知识,敬业爱岗,诚实守信,廉洁自律,客观公正,坚持原则,提高技能,参与管理,强化服务。

四、对外投资业务的授权批准制度

企业应当建立对外投资业务授权批准制度,明确授权批准的方式、程序和相关控制措施,规定审批人的权限、责任以及经办人的职责范围和工作要求。审批人应当根据对外投资授权审批制度的规定,在授权范围内进行审批。经办人应当在职责范围内,按照审批人的批准意见办理对外投资业务。对于审批人超越授权范围审批的对外投资业务,经办人有权拒绝办理,并及时向审批人的上级授权部门报告。严禁未经授权的部门或人员办理对外投资业务。有效的内部控制要求对外投资业务的各个环节要经过适当的授权批准。这些授权批准主要包括以下几个方面:

(一)明确规定对外投资决策的授权批准程序

一般的投资项目可由授权的相关部门或人员在职责权限范围内批准,而重大投资项目的决策应当实行集体审议联签。对于未经批准的投资项目,经办人员不得办理;对于经过批准的投资项目,经办人员应当在授权范围内,按照审批人的批准意见执行对外投资的决策,严禁任何个人擅自决定对外投资或者改变集体决策意见。

(二)明确规定对外投资决策方案变更的授权批准程序

企业制定了对外投资实施方案,明确了出资时间、金额、出资方式及责任人员等内容以后,对外投资实施方案如有变更,应当经企业最高决策机构或其授权人员审查批准。

(三)明确规定对外投资合同的签订、更改的授权批准程序

对外投资业务都应该签订投资合同。在签订合同时可以征询企业的法律顾问或相关专家的意见,并经授权部门或人员批准后签订,不得擅自更改;对于经办人超越权限,擅自更改合同内容等越位行为,应该给予相应的惩罚。而对于审批人超越授权范围审批的对外投资合同,经办人也有权拒绝签订,并及时向审批人的上级授权部门报告。未经授权的部门或人员签订的投资合同属于无效合同。

(四)加强对外投资有关权益证书的管理

企业对对外投资有关权益证书,应指定专门的部门或人员保管,并建立详细记录,未经授权批准的人员不得接触权益证书。对于审批人超越授权范围授权管理的权益证书,经办人也有权拒绝执行,并及时向审批人的上级授权部门或人员报告。

(五)对投资收回、转让、核销等的授权批准程序做出明确规定

对外投资如果出现需要提前或延迟投资、变更投资额、改变投资方式、中止投资等情况的,应当按程序报经原授权审批人或上级授权部门审批。对于企业核销的对外投资,应当取得因被投资企业破产等原因而不能收回投资的法律文书和证明文件，并且经过集体审议批准。而对于审批人违反授权批准程序做出的授权，经办人也有权拒绝，并及时向审批人的上级授权部门或人员报告。任何擅自改变集体决策意见的个人都应该受到相应的处罚。

对于转让对外投资，应当由相关机构或人员合理确定其转让价格，并报授权批准部门批准，必要时，可委托具有相应资质的专门机构进行评估。经办人应当在授权批准的范围内，按审批人批准的转让价格转让对外投资。对于经办人超越权限，擅自更改转让价格的行为，应该给予相应惩罚。而对于审批人超越授权范围审批的转让价格，经办人也有权拒绝履行，并及时向审批人的上级授权部门报告。

案例

××企业对外投资内部控制制度——授权与批准(部分)

第一条，本公司的对外投资由公司总部集中进行。

第二条，短期投资项目的批准权限依次为：投资金额在人民币100万元以下的对外投资项目由主管对外投资副总裁(副书记)审批；投资金额在人民币100万元以上500万元以下的对外投资项目由主管对外投资的副总裁(副书记)签署意见后转呈公司总裁审批；500万元以上2 000万元以下的对外投资项目由公司总裁班子成员集体审批，超过2 000万元且占最近经审计的净资产总额的20%以下比例的对外投资项目由公司董事会审批；达到或超过最近经审计的净资产总额的20%以上(含20%)比例的对外投资项目必须经过股东大会的批准。

第三条，占最近经审计的净资产总额的20%以下比例的长期对外投资项目由公司董事会批准，达到或超过最近经审计的净资产总额的20%比例的长期对外投资项目由股东大会批准。

委托贷款业务必须由董事会批准。

第四条，对外投资活动由公司总部根据具体情况指定某个部门或多个部门协作实施。

五、对外投资业务中的岗位责任制度

对于各个投资岗位，单位应当建立、健全岗位工作责任制。同时对于失职行为，还需要有严格的责任追究制度。所谓的责任追究制度就是企业建立的用以对在对外投资中出现重大决策失误、未履行集体审批程序和不按规定执行对外投资业务的部门及人员追究相应的责任的管理控制制度。一般来说，企业对外投资业务的具体岗位责任制度如下：

(一)投资管理岗位的责任制度

通常，企业的投资管理人员包括投资经理、投资管理职能部门的负责人和一般的管理人员。

1.投资经理的岗位责任制度

大部分企业的投资经理都是由企业中分管投资的副总经理来担任的，其岗位责任主要包括：

（1）在企业总经理的领导下，负责领导管理企业的对外投资工作，并定期向总经理汇报工作，对总经理负责。

（2）负责领导和组织规划企业的对外投资战略，制定企业对外投资的战略目标。安排企业的对外投资项目，制定企业的对外投资方案，决定企业对外投资的计划以及实施这些计划的具体步骤和措施。并向下面的部门分配具体的投资执行任务。

（3）负责选拔与考核投资部门的负责人，并规定部门负责人的职责与权限、工作范围、工作任务与工作要求。

（4）组织和协调企业内部其他各职能部门对对外投资业务的沟通交流和分工配合。

2.企业投资管理职能部门负责人的岗位责任制度

企业投资管理职能部门负责人，一般由投资经理选拔，经总经理批准任命。其岗位责任主要包括：

（1）在投资经理的领导下，负责企业日常的对外投资业务的管理工作，并定期向投资经理汇报工作，对投资经理负责。

（2）按照企业制定的对外投资战略和目标，制定企业的对外投资方案及对外投资的实施计划，并制定具体的投资管理规章制度以规范日常的投资活动，经总经理或投资经理批准后执行。

（3）负责投资项目的选择、咨询、调查，可行性研究，并提出投资报告，经总经理批准后，负责投资决策以及具体投资事项的执行。

（4）负责选拔与考核投资业务的一般管理人员，组织和安排投资部门内人员的岗位分工，并规定每个岗位的职责权限、工作范围，工作任务与工作要求，建立岗位责任制。

（5）负责处理企业对外投资管理工作中的重要事项，包括签订合同、制定章程和对被投资单位的管理等。

（6）负责与企业内部各个其他部门有关对外投资事宜的沟通、协调与配合，并负责与外部其他企业的联系，如联营企业、合资企业、合作企业等。

3.一般投资管理人员的岗位责任制度

企业一般投资管理人员是由投资管理职能部门的负责人选拔出来的，其岗位责任主要包括：

（1）在投资管理职能部门负责人的领导下，负责各自岗位的投资管理工作，定期向投资管理职能部门负责人报告工作，并对投资管理职能部门负责人负责。

（2）按照投资管理职能部门负责人布置的工作任务，恪尽职守，认真做好各个岗位的本职工作。比如认真做好投资项目的选择，收集各个投资对象的相关资料和信息，正确、有效地进行可行性分析研究，制定可行方案，并提出建议帮助领导决策。

（3）负责办理日常的投资事务，保证按质按量完成投资管理职能部门负责人布置的任务。

（4）严格遵守企业投资管理规定的各项规章制度和纪律，守职尽责，杜绝投资舞弊与责任事故的发生。

(二)投资执行岗位的责任制度

一般情况下,投资执行人员是指具体执行各项对外投资环节业务的员工,由一般投资管理人员选拔、分派任务,其岗位责任视具体情况而定。

负责保管投资资产的人员,必须对资产的完整、安全负责,定期对其所负责的投资资产进行盘点,并做好资产取得和处置的记录。对于投资资产的异常损失、遗失、损毁等现象,要及时向主管负责人汇报。如果是属于保管人员自身过失,如擅离职守、监守自盗而引起的损失,则要承担相应的处罚。

负责投资交易账务处理的人员,必须对投资业务的会计记录和披露的真实、完整及公允负责,并定期向其主管负责人呈报会计记录的结果,汇报企业对外投资业务的损益状况。如果负责投资交易记录的人员违背了会计人员的职业道德,滥用会计人员的职业判断,则要受到相应的处罚。

第三节　投资决策控制

一、对外投资的可行性研究与评估

单位应当加强对外投资可行性研究、评估与决策环节的控制,对投资建议的提出,可行性研究、评估、决策等做出明确规定,确保对外投资决策合法、科学、合理。具体来说,对外投资前期的内部控制制度主要包括:

(一)投资建议书制度

1.投资建议书的编制

单位应当编制对外投资建议书。投资建议书的内容,根据项目的不同情况有繁有简,但一般应包括:项目的必要性和依据、投资条件的初步分析、投资估算和资金筹措的设想、经济效益和社会效益初步估算等。

2.投资建议书的评审

单位应当由相关部门或人员对投资建议项目进行分析与论证。分析与论证的主要内容是:(1)投资的必要性和依据;(2)投资条件的可靠程度;(3)投资估算的依据是否合理,估算数额是否恰当,所需投资的筹措方式、渠道是否落实;(4)投资的经济效益和社会效益的可靠性。同时,单位应对被投资单位资信情况进行调查或实地考察。

对外投资项目如有其他投资者的,应根据情况对其他投资者的资信情况进行了解或调查。

(二)对外投资可行性研究和报告评估制度

1.对外投资可行性研究

对外投资可行性研究由单位内部相关部门或人员或委托具有相应资质的专业机构进行,是对外投资项目决策之前的一项重要工作。通过对与投资项目有关的经济、社会、技术等方面的情况进行全面的调查研究,对各种投资方案进行分析,对投资后的经济效益和社会效益进行预测,为投资决策提供依据。

可行性研究的主要范围包括:项目背景与发展概况;市场需求预测;投资条件;投资方案;投资估算和资金筹措;经济效益和社会效益评价。其中,重点是对投资项目的目标、规模、投资方式、投资的风险与收益等做出评价。

2.可行性研究报告的评估

单位应当由相关部门或人员或委托具有相应资质的专业机构对可行性研究报告进行独立评估。评估内容主要是:(1)项目背景与发展概况分析是否真实、恰当;(2)需求预测的方法、基础数据是否科学合理、真实可靠,预测结果是否完整准确;(3)投资条件是否充分具备;(4)投资方案是否恰当可行,是否符合单位的实际情况;(5)投资估算是否实事求是,资金筹措方式是否可行,渠道是否可靠,是否符合国家的有关规定;(6)经济效益和社会效益的指标体系是否科学,数字是否准确,是否符合国家的投资政策。

评估完成后,应形成评估报告。评估报告应当全面反映评估人员的意见,并由所有评估人员签章。

二、对对外投资决策的控制

在对投资项目进行可行性研究和评估的基础上,企业最高决策层可对投资部门上报的投资项目进行决策。企业对外投资应实行集体决策,决策过程应有完整的书面记录。严禁任何个人擅自决定对外投资或者改变集体决策意见。在对外投资项目进行决策控制时,要注意以下几个方面:

(一)企业高层决策层人员组成的控制

就投资者来讲,由于其经营业务性质的限制,企业负责人不可能完全具备投资交易中所要求的各种专业知识和技巧,通常要得到银行、投资咨询公司、证券经纪人、证券交易商等的帮助。因此,该决策层的人员组成不能局限于企业负责人个人或是其能左右的几个人,而应有来自企业相互牵制的不同部门和社会相关部门的投资专家,也就是说对外投资的决策应该是一个集体决策的过程。

(二)决策结果的控制

决策结果不是企业负责人个人投资偏好,而是要广泛地听取投资部门和有关评估小组专家的意见或建议,注重对外投资决策的几个关键指标,如预期现金流量、货币的时间价值、投资风险等。在充分考虑了投资风险、预计投资收益,权衡各方面利弊的基础上,选择最优投资方案。任何个人不得擅自决定对外投资或者改变集体决策意见。

(三)记录的控制

对所有的投资决策,都应当以书面文件的形式予以记录,包括投资决策层人员背景材料,投资项目预计风险、收益的计算过程等,并对这些书面文件进行编号,以便日后查询。

案例

××公司对外投资内部控制制度——可行性研究及决策(节选)

第八条,在对外投资活动中形成初步投资意向后,必须首先向有权批准投资计划的机构人员申请立项。

第九条,投资计划获准立项后,为了确保对外投资活动的合法性,必须对拟投资项目进行合法性论证,保证投资计划在国家对外投资有关的法律法规框架之内,依法进行对外投资活动,避免盲目对外投资,确保对外投资活动的效益性。此外,还必须对拟投资项目进行经济效益可行性分析,使投资项目能够获得预期的投资回报。

第十条,投资计划通过论证后应及时报送有权批准投资计划的机构审批。

第十一条,对外投资项目获得批准后,由获得授权的部门或人员具体实施对外投资计划,与被投资企业签订合同协议并获取被投资企业出具的投资证明。对外投资项目应与被投资方签订投资合同或协议,其中长期投资合同或协议必须经董事会或股东大会批准后方可对外正式签署。公司应授权具体部门和人员按长期股权投资合同(包括投资处理合同或协议规定)投入现金或实物。投入实物必须办理实物交接手续并经实物使用和管理部门同意,以实物作价投资时,实物作价低于其评估价值的,应由董事会批准;对外投资额大于被投资企业账面净资产中所享有份额的或者对被投资企业溢价投入资本的,应经董事会专门批准后方可实施。投资在签订投资合同或协议之前,不得支付投资款或办理投资资产的移交,投资完成后,应取得被投资方出具的投资证明或其他有效凭据。

第十二条,对外投资实行预算管理。投资预算在执行过程中,如实际情况变化需合理调整投资预算,必须事先报经有关机构批准。

第四节　资产投出控制

企业在做出对外投资决策后,应严格控制对外投资的执行程序,对资产投出的条件、时间以及投资收益的取得与控制做出明确规定,并对对外投资的情况进行跟踪管理,加强对外投资的会计核算。同时,有关现金资产投出的制度规定应符合《企业内部控制应用指引第 6 号——资金活动》的规定,而对外投资的会计核算也应符合《企业会计制度》中的相应规定。

一、对外投资实施方案的控制

(一)实施方案编制的控制

投资实施方案对于投资活动的成败意义重大。它是具体落实投资计划和投资合同的重要工具,以保证投资活动的有序进行。投资实施方案主要由财务部门相关人员编制,实施方案编制完毕后应报经投资管理部门审批后才能实施。

实施方案的主要内容应包括:投资项目概述、投资活动实施主体或者投资项目小组成员、投资起始时间和阶段计划、投资活动的工作内容和执行程序。

在证券市场上进行投资的企业，应开设专门的资金账户进行投资。

（二）实施方案执行的控制

实施方案执行的控制主要是在方案的执行过程之中进行的。其主要内容包括：

1.授权审批控制

对于已编制的实施方案，主管投资部门的管理人员要对其是否全面、完整，投资方式、投资额度和投资期限是否与投资合同或协议相符进行审核并批准。实施方案只有审批后，才能够付诸实施。

2.对投资活动执行的审核控制

在每次执行人员执行完毕之后，应及时取得相关凭证，并由专人将这些原始凭证与投资合同、实施方案等进行核对。对于不相符合的原始凭证，应查明原因，及时处理。

3.职责分离控制

实施方案的编制和实施方案的审批、投资的执行和投资的记录、投资凭证的取得和投资凭证的保管、投资执行与投资执行的审核，都属于不相容性质的职务，应采取相关人员相分离的制度。

另外，还应对实施方案变更进行有效控制。对证券投资业务设立风险防范制度，并进行有效控制。

二、资产投出的控制

（一）现金资产投出的控制

现金资产主要指现金、银行存款等货币性资金。现金资产的投出控制主要包括：

（1）企业负责投资业务的人员，应审核投资实施方案和投资合同中的投资额、投资时间、投资方式、投向等是否相符，然后出具付款申请单通知财务部门。

（2）财会人员应当对负责投资的部门提交的原始凭证进行审核，检查投资项目是否有相关批文，复核合同内容是否真实，手续是否齐全，以及委托指令是否经过审批，并对款项汇入的账户的合法性进行审查，然后填制付款书，付款书并经财务经理批准。

（3）出纳对上述凭证审核无误后，方可按照规定程序办理款项支付手续。

（4）在投资款项支付后，出纳应及时取得并将有关凭证及时交给会计人员记账。

（5）企业财会人员在付款的同时要及时登记有关账簿，做好各项会计记录。

（6）企业应加强投资文件和付款凭证的管理，明确各种凭证的登记、领用、传递、保管、注销等环节的程序。

对于证券投资，为了控制现金资产的投出，企业应从以下几个方面着手：

（1）严格控制企业在证券公司开户。

（2）如需追加投资额，应由财务经理审核成交通知书与投资指令是否相符，资金账户余额与企业投资明细账是否相符，以及是否有必要追加投资额。必要时应经董事会批准。

（3）企业应及时获取由经纪人填写的成交通知书，在检查证实无误后，应填制一式多份的收据交经纪人，同时作为保管和记账的依据。对于证券实物的核查，应同时有两人在场。

(二)非现金资产投出的控制

非现金资产投资是指企业运用存货、固定资产、无形资产等长期资产进行的投资。

1.存货投出控制

存货的投出主要由仓库负责。由财会人员填写存货投出单,明确发出存货的数量、型号、规格、收货企业。存货投出单经财务部门负责人审批后,再交予仓库。仓库管理人员应对存货投出单的真实性、有效性进行审查。仓库工作人员根据已审批的投出单的要求发出存货,并填制出库单。出库单上应注明摘要(使用目的)、领用的存货规格、领用数量、总金额等,一式四份,财务部门收到出库单、运输单后,将出库单、运输单与领用单校对,看是否发出了正确的存货、数量,规格,并同时予以入账。存货投出后,也应收到被投资企业验收存货的凭单。对未收到的,应查明原因。

2.固定资产投出控制

财务部门根据投资实施方案,授权项目小组人员会同固定资产管理人员办理固定资产投出的操作,最终应取得被投资企业的验收证明及会计师事务所相应的验资报告。如果投出的是房屋建筑物、汽车等需要办理产权转让手续的固定资产,则应先到工商等部门办理过户手续。财务部门人员应在对产权转让书、投资实施方案、固定资产调出通知单的真实性、合法性以及办理此业务的手续是否齐全等内容进行审核后及时入账,以避免账实不符。同时,固定资产管理使用部门也应及时在固定资产登记簿中登记。

3.无形资产投出的控制

无形资产的投出须由公司董事会审批,财务部门与有关被授权人员一同办理无形资产的转让手续。无形资产转让合同应由公司高级经理签字同意。无形资产的产权转让手续应由财务、法律部门的受权人员负责。无形资产转让手续完成之后,企业应获得验资报告及投资企业的出资凭证。会计部门应及时进行会计处理。

三、对外投资的跟踪管理与监测

对外投资的风险和投资者对投资收益的要求共同决定了企业应对对外投资进行跟踪管理和监测,以提高投资的质量,确保最终取得投资收益。跟踪管理,可以根据具体情况及时对对外投资做出适当的决策,减少投资失败的可能性。

(一)直接派驻董事、监事及其他管理人员

对于以控制为目的的投资,比较适合采用直接派驻管理人员的控制方式。这是《公司法》的要求,也是最能有效控制投资项目的手段之一。在具体实施时,需要做好人员的选择、定期报告制度、业绩考评制度的建立健全等工作。

(二)对外投资质量分析

对外投资质量分析主要是考察对外投资的投资收益情况。这项工作在投资管理中应该做到经常化、制度化,应该避免诸如等到投资质量下降时再去进行分析,或者有时间就分析,没有时间就不分析等现象的存在。

(三)其他方面

包括建立对外投资监测制度,完善对投资收益的核算等。

四、对外投资收益的控制

对外投资收益是衡量投资业务质量的关键因素之一。因为它与现金、股票等流动性资产密切相连,因此,对投资收益的控制显得尤为重要。

(一)对外投资收益计算的控制

1.需要计算投资收益的情形

(1)每个会计期末,企业应对采用权益法核算的长期股权投资,根据被投资企业的收益等情况确定对企业投资收益的影响;计提对外债券投资应收利息;进行对外投资减值的测试,以确认投资收益。

(2)处置投资时,应确认相应的投资损益。计算投资收益所依赖的财务报表应经过审计,以防计算错误。

2.投资收益计算方法的选择

采用成本法核算的长期股权投资,只有在被投资企业宣告发放股利时才计算投资收益,将当年企业获得的现金股利减去应冲减的初始投资成本即得投资收益。采用权益法核算的长期股权投资,投资收益等于被投资企业当年利润和持股比例的乘积减去长期股权投资的摊销额。

债券投资的投资收益等于票面金额与票面利率的乘积再加减溢或折价摊销额。计算投资处置时的投资收益时,应计算投资的账面价值和投资处置收入之差。正确计算收益的前提是正确计算投资的账面价值。

(二)对外投资收益取得的控制

1.对外投资收益取得的过程

企业应取得的对外投资收益,包括现金股利、现金利息收入以及处置收入等。通常情况下,被投资企业会颁布股利发放公告及利息派发公告,或将投资企业分得的投资收益存入企业银行账户,或由企业派人去领取并存入银行。会计人员根据相关凭证予以入账。对处置收入的控制将在本章第五节详述。

2.收取投资收益的关键控制点

在投资收益实际取得过程中,企业应设置以下关键控制点:

(1)对投资收益发放公告的关注。根据投资明细账,由专人关注投资收益的发放公告,此人应与投资收益实际取得人员相分离。

(2)投资收益的取得控制。企业人员持有相关收益凭证办理投资收益实现手续,取得的投资收益应存入企业账户。办理人员应经过授权,同时与记录人员相分离,并有专人复核。已完成投资收益取得的投资应在投资备查簿中登记。

(三)对外投资收益记录的控制

1.对外投资收益记录所依据的凭证

对外投资收益记录所涉及的凭证主要有表明已付讫的投资收益凭证及相应的银行对

账单、投资收益计算表、投资明细账等。

2.对外投资记录的关键控制点

(1)投资收益的核对。记录人员应根据债券票面规定的利息发放日期和股票发行公司的股利发放公告,仔细核对当期收到的利息和股息并同出纳进行核对,验证投资收益计算表,看计算方法与投资实际情况是否相符。

(2)对投资收益进行记录。投资收益的记录,应根据会计制度和财务经理相关授权批准进行。财务经理应对每一项投资的核算方法做出规定。投资收益记录人员根据上述凭证填写记账凭证并记入投资明细账。投资业务管理部门也应在投资登记簿中登记投资收益情况。

(3)专人对投资收益记录进行审核。

五、对外投资权益证书的保管

对外投资的权益证书是证明对外投资业务的有效性文件,主要包括投资合同、投资证明、股票、债券等。企业应加强对这些证书的保管以避免损失。企业可以有以下两种方式对这些权益凭证进行保管:一是委托银行、信托投资公司或证券公司等专业机构保管,对此,企业应建立限制接触制度,定期核查制度等实施控制;二是企业自行保管,对此,企业应建立自行保管制度。自行保管制度主要包括:

1.共同控制

这些投资凭证必须存放在专门的保管库内,并且应由两个或两个以上的人员共同控制。

2.授权批准控制

只有经过适当授权的职员才能接触投资凭证。这些职员应与投资业务审批人、投资业务实物记录人、现金业务处理人、投资明细分类账记录员在职责上相互分离。

3.定期盘点控制

盘点人员应与负责投资业务的人员分离。由盘点人员独立定期进行盘点,检查证券或投资协议、投资凭证实存情况。为了保护投资凭证,盘点工作一年应每月进行一次。盘点工作必须有两人以上共同进行。所有的盘点内容和结果应详细记录在盘点清单上,并将盘点记录逐一同证券登记簿和投资明细账进行校对。如发现实物数量与账面数不一致,应及时向有关负责人报告。企业要及时对这些差异进行调查分析,找出原因,追究责任,进行账务处理。

六、对外投资的会计核算与披露

企业的对外投资活动,必须按照会计制度的规定进行正确的会计核算,通过会计核算来加强对对外投资业务的控制,保证企业按照会计制度和其他财经法规的要求开展对外投资业务。主要内容包括:

1.按照会计制度的要求正确设置会计账簿，特别要注意正确设置备查账簿

（1）对于签订投资合同或协议的投资，应按照会计制度的要求设置有关账户进行总分类核算，同时还必须按被投资企业分别设置明细账进行明细核算，核算其他投资的投出及其投资收回等业务，并对投资的具体形式（如流动资产、固定资产或无形资产）、投向（即接受投资的企业）、投资计价以及投资收益等在投资登记簿中进行详细的记录。

（2）对于证券投资，除了设置有关的一级账户以及股票投资和债券投资的二级账户进行会计核算外，还应按被投资企业名称设置明细账。另外，必须按照股票或债券设置备查账簿，详细地记录股票或债券的名称、面值、证书编号、数量、取得日期、经纪人名称、购入成本、收取的股利或利息等，从而有效地对企业通过对外投资取得的股票和债券进行控制。

2.正确核算投资收益

企业必须按照会计制度的要求，正确计算和记录投资收益。企业必须及时取得股利和利息以及其他投资收益并及时入账。

3.正确核算对外投资的投资成本

企业在取得对外投资时，应正确核算对外投资的成本，这是对对外投资进行高质量管理和评价投资成效的基础。短期投资的成本是指企业为取得短期投资时实际支付的全部价款，但要扣除包含的已宣告但尚未领取的现金股利和已到付息期但尚未领取的债券利息。长期股权投资的初始投资成本是指取得长期股权投资时支付的全部价款，或放弃的非现金资产的账面价值以及支付的税金、手续费等相关费用。其中，不包括长期股权投资所发生的评估、审计、咨询费等费用，也不包括实际支付的价款中包含的已宣告但尚未领取的现金股利。投资成本记录人员事先应核实投资手续的完整性、合法性，再编制记账凭证，记账凭证应由专人审核后方可记入投资明细账等账簿。

4.正确核算对外投资的减值准备

期末投资的计价，关系到企业投资收益的核算，因此显得尤为重要。

（1）短期投资的减值准备控制。按照《企业会计制度》的规定，短期投资期末应采用成本与市价孰低法计价，对市价低于成本的应计提减值准备，确定调整短期投资账面余额时，应由独立的职员进行审核，审查其是否同当时证券市场的挂牌价格，或者在某种特殊条件下所决定的其他公允价值及有关法律文件规定的条款相一致。财务部门应定期对过去所确定的市价及由此调整有价证券价值的情况进行抽查。

（2）长期投资的减值准备控制。企业应于每年年末或定期对长期投资逐项进行检查并按照账面价值与可收回金额孰低法计量。对由于市价持续下跌、被投资企业经营状况恶化而导致其可收回金额低于其账面价值的，应当计提长期投资减值准备。企业应根据《企业会计制度》详细的规定确定长期投资减值准备的会计政策。期末由专职人员根据制定的会计政策对长期投资进行减值测试，并确定减值额。最后经财务经理进行审核之后，再予以入账，核减长期投资账面价值。

5.加强对外投资的披露

信息的充分披露是在当前经济形势下对每一个企业的基本要求，尤其是对上市公司

更为如此。企业应制定投资业务相关信息的披露制度。披露的内容应包括投资的种类、投资的成本、投资期限、当年的投资收益、投资的期末市价，并且应按投资的种类披露当年的减值损失或冲回的减值损失以及其他与投资业务相关的重大事项。这些信息披露可由投资业务记录人员完成，由财务经理审核。对不符合会计制度的内容应及时改正。

第五节　对外投资处置的控制

一、对外投资处置程序的控制

企业应当加强对外投资处置环节的控制，对投资的收回、转让、核销等的决策和授权批准程序做出明确规定。对外投资资产处置的控制程序基本上与取得的控制程序相同。

(1)任何对外投资资产(即各种有价证券)的出售必须经财务经理或董事会的批准

投资资产的处置，必须以经过财务经理或董事会审核批准的文件作为执行指令。投资企业的投资计划执行部门只有在得到该执行指令后方可进行投资资产的处置；否则，不得进行投资资产的处置。

(2)代理公司进行有价证券出售活动的经纪人，其资格应受到严格的鉴定与审定。

(3)经纪人同投资企业之间的各种通讯文件应予以记录保存，反映经纪人处置证券结果的清单应根据处理指令受到检查。

(4)如果投资资产的处置为不同证券之间的转移，则该业务应同时置于证券取得和处置的控制制度之下，并且应该检查现金流量是否达到投资协议的目的以及投资收益的回收情况；如果处置的结果涉及现金(如收回现金等)，还应结合现金收入的控制方法来对投资资产处置进行控制。

(5)在证券出售时由于市价和账面价值不同所产生的差额即投资收益或亏损，在揭示这一投资收益或亏损时，会计部门应审核经纪人的成交通知书，确定其反映的出售价格是否与当时的市场价格一致，如有差异，通常应由财务经理负责进行调查，调查结果应予以记录和保存。

二、对外投资收回的控制

经过审批并执行处置之后的对外投资入账时，企业财务部门应当认真审核与对外投资处置有关的审批文件、会议记录、资产回收清单等相关资料，并按照规定及时进行对外投资处置的会计处理，确保资产处置的真实性、合法性。对外投资的收回，即对外投资的到期收回，要根据企业负责人的授权，由财务部门负责人在对外投资到期时及时足额收取所购买的有价证券。对外投资的收回、转让与核销，应当实行集体决策，并履行相关审批手续，回收要及时足额。

（一）处置短期投资时，应确认相应的处置损益

此外，还需注意以下几个主要问题：

1.短期投资跌价准备的处理

处置短期投资时，已计提的短期投资跌价准备是否应同时结转，应视具体情况而定。如果短期投资跌价准备按单项投资计提，由于短期投资跌价准备与单项投资有着直接对应关系，处置短期投资时可以同时结转已计提的该项投资的短期投资跌价准备；如果企业在处置短期投资时未同时结转已计提的短期投资跌价准备，也可以在期末时一并调整。如果短期投资跌价准备按投资类别或总体计提，由于短期投资跌价准备是按单项投资市价涨跌相抵后的下跌净额计提的，无法将其分摊至每个单项投资，所以处置短期投资时不同时结转已计提的短期投资跌价准备，而是待期末时再予以调整。

2.处置短期投资时账面余额的结转

处置短期投资时，其成本根据不同情况进行结转：全部处置某项短期投资时，其成本为短期投资的账面余额；部分处置某项短期投资时，应按该项投资的总平均成本确定其处置部分的成本。

（二）长期债权投资收回的控制

处置长期债权投资时，按所收到的处置收入与长期债权投资账面价值和已确认但尚未收到的应收利息的差额确认为当期投资损益。由于长期投资减值准备是按单项投资计提的，因此，在处置长期债权投资时，应同时结转已计提的减值准备。部分处置某项长期债权投资时，应按该项投资的总平均成本确定其处置部分的成本，并按相应比例结转已计提的减值准备。

由于权益证券一般没有到期日的规定，因此，一般不存在到期收回的问题。

三、对外投资转让的控制

对外投资转让，即对外投资的出售，是根据企业负责人的授权抛售所购买的有价证券。抛售时，应由相关机构或人员合理确定转让价格，并报授权批准部门批准；必要时，可委托具有相应资质的专门机构进行评估。对外投资的收回、转让与核销，应当实行集体决策，并履行相关审批手续。

（一）短期投资转让的控制

企业因生产经营上的需要或出于其他方面的原因，可以随时将作为短期投资所持有的有价证券通过证券交易市场出售转让，以收回投资。有价证券出售时，出现的出售转让收入与有价证券原始成本的差额，为投资收益或损失。如果出售证券中含有已宣告发放的胜利或应计利息，应将应收股利或应计利息从证券出售收取的价款中扣除，再计算出售损益。在计算出售证券损益时，若同一种证券是以不同的成本分批购入，而现时仅出售其中的一部分，则出售时可采用个别认定计价法、加权平均法、先进先出法等方法来确定其出售成本。

(二)长期债权投资转让的控制

企业作为长期投资购入的公司债券,可在企业急需资金,或者市场利率呈持续上升趋势,或企业继续持有某种债券不能带来较高的经济利益时售出。出售有两个途径:一是通过柜台交易;二是通过证券交易所。但是,证券交易所只允许交易所的会员进入市场进行交易,企业作为投资人不能直接进场交易,因此必须委托证券交易所的会员代其在场内交易,此时,企业需支付一定的费用,如手续费等。企业在出售长期公司债券时,按实际收到的金额与该项投资的账面金额和已入账的应计未收利息之间的差额确认投资收益。

(三)长期股权投资转让的控制

企业作为长期投资而购入的股票,在企业急需资金,或者继续持有某种股票不能给企业带来经济利益时,可通过证券市场售出。转让途径与转让债券相同。处置长期股权投资,按所收到的处置收入与长期股权投资账面价值和已确认但尚未收到的应收股利的差额确认为当期投资损益,并应同时结转已计提的减值准备。部分处置某项长期股权投资时,应按该项投资的总平均成本确定其处置部分的成本,并按相应比例结转已计提的减值准备和资本公积准备项目,尚未摊销的股权投资差额也应按比例转销。

四、对外投资核销的控制

对外投资核销,一般是指长期对外投资的核销,必须由董事会或经授权的机构进行集体决策,并履行相关审批手续。对于不能收回的投资,应取得因被投资企业破产等原因不能收回投资的法律文书和证明文件。在对外投资核销的过程中,对外投资跟踪管理和监测人员提出的核销议案,要经过核查。核查内容包括对外投资的种类、名称、期限和核销的金额等,证实确实不能收回之后再上报董事会或经授权机构进行集体审批,任何个人未经授权不得擅自做出核销决议,同时保证对外投资管理人员同审批人员相分离的原则,即参与对外投资管理的人员不得参与审批,此外,还要注意保证执行核销的人员既同审批的人员相分离,又同会计纪录的人员相分离。对于核销的对外投资,会计成员在验证核销的对外投资的有关情况之后,要及时入账,并在对外投资明细账中予以注销。

第六节　监督与检查

为了使对外投资内部控制制度能有效地执行,企业应当建立对对外投资内部控制的监督检查制度,明确监督检查机构或工作人员的职责权限,进行定期或不定期的检查。对监督检查过程中发现的对外投资内部控制中的薄弱环节和问题,负责监督检查的部门应当及时报告,相关部门应当查明原因,采取措施加以纠正和完善。

一、监督与检查的内容

对外投资内部控制监督检查的主要内容包括:

1.对外投资业务的相关岗位设置及人员配备情况

重点检查岗位设置是否科学、合理,是否存在不相容职务混岗的现象,以及人员配备是否合理。

2.对外投资业务授权审批制度的执行情况

重点检查分级授权是否合理,对外投资授权批准手续是否健全,是否存在越权审批等违反规定的行为。

3.对外投资业务的决策情况

重点检查对外投资决策过程是否符合规定的程序。

4.对外投资的执行情况

重点检查各项资产是否按照投资方案投出;投资期间获得的投资收益是否及时进行会计处理,以及对外投资权益证书和有关凭证的保管与记录情况。

5.对外投资的处置情况

重点检查投资资产的处置是否经过集体决策并符合授权批准程序,资产的回收是否完整、及时,资产的作价是否合理。

6.对外投资的会计处理情况

重点检查会计记录是否真实、完整。

二、对外投资内部控制的评价及其改进

为规范对外投资业务行为,防范对外投资风险,企业除了对对外投资进行日常监督以外,还应该委托中介机构或专业人士负责内部控制执行情况的监督检查和评价,以便改进和不断完善企业的对外投资内部控制制度,确保内部控制制度的有效实施。

(一)评价的方法

对外投资内部控制的评价所采取的方法通常有制度调查法、符合性测试法和健全性测试法三种方法。制度调查法的目的是了解企业对外投资内部控制制度发挥的效果,以及为了实现特定的目标而采取的控制措施的有效性等方面的情况。在具体实施制度调查的过程中,通常采用的方法有查阅相关文件或书面资料、观察和询问对外投资内部控制制度的实施情况、调查表法等。符合性测试法是用来了解内部控制制度执行情况和结果如何的方法。该方法的目的是检查现行对外投资内部控制制度是否有效执行或者能否取得预定的结果,一般采取抽查的方式进行检查。符合性测试法包括业务测试及功能测试两种方法。健全性测试法的目的是弄清楚对外投资内部控制措施是否完全建立,已经建立的内部控制措施是否有明确的控制目标,内容是否符合国家规定等等。现今主要有对制度的描述和比较与评价两种方法来对内部控制制度进行健全性测试。以下介绍调查表法下调查表的基本格式和内容。

(二)评价的内容

对外投资内部控制评价的重点内容包括:对外投资业务的财务会计职责分工健全情况;会计工作的业务处理与记录程序是否规范,其执行是否有效;会计工作的授权、批准、

执行、记录、核对和报告等手段是否完备；对外投资内部控制制度及其措施是否规范，与该企业内部组织管理是否吻合；对外投资业务中的工作人员是否有严格的岗位责任制度和奖惩制度；是否有必要的控制措施对关键控制点进行控制，控制措施是否有效；内部控制中岗位职责分离情况是否恰当，各职权的履行是否得到有效控制；对外投资内部控制制度在执行过程中受管理当局的影响有多大。详见表 11-1。

表 11-1　对外投资内部控制制度情况调查表

调查企业：　　　　　　　　　　　　　　　　　　　　调查人员：

调查内容：对外投资内部控制制度　　　　　　　　　　调查日期：

调查内容	回答结果			被调查人签名	进一步审查意见
	是	否	不适用		
1.是否征求了投资顾问的意见再编制投资计划 2.是否依据财务可行性分析资料来编制投资计划 3.是否定期进行财务可行性研究 4.有关投资决策的书面文件是否予以编号控制 5.不同性质和金额标准的投资是否由规定的管理人员或董事会批准 6.是否严格执行联签制度 7.投资政策的书面文件是否予以编号控制 8.经纪人购置有价证券是否根据了总经理签署的投资指令 9.是否委托了独立的机构代为保管有价证券 10.有价证券是否由独立职员定期进行实物盘点 11.是否只有被授权的人员才能接触有价证券 12.投资的变现能力和可收回性的评价是否到位，投资的收益和风险分析是否充分 13.是否由财务负责人来审核经纪人成交的通知书 14.是否在有两人或以上职员在场情况下存取证券或开启保险箱 15.总分类账和证券实物登记簿是否定期与投资明细账进行核对 16.是否每年清查了对外联营长期投资 17.是否以购置成本在证券购入时进行入账 18.是否在投资证券前期末计价确定时由独立职员进行审核 19.是否合理地对长期投资进行期末计价？是否计提了减值准备？当期收入的利息、股息、各种差额，如期末市价与账面价值的差额是否均反映在当期的投资收益或损失之中					

续表

调查内容	回答结果			被调查人签名	进一步审查意见
	是	否	不适用		
20.若长期股权投资股票计价采用的是权益法，其会计核算是否与国家政策相符 21.是否合法合理地确认投资收益 22.是否对各种投资均设了明细账					
问题与评价：					

案例分析题

元兴解压俱乐部投资可行性报告

一、概况

S 市是著名的商贸中心城市，城市人口 30 多万，常住外来人口 920 多万。居民收入比较高，商务应酬频繁。在休闲娱乐方面，越来越强调时尚、格调和品位，对自然、健康的需求越来越迫切，健身、SPA、咖啡书坊正成为 S 市人民普通接受的时尚消费方式和新的社交方式。对金汇及元兴花园附近居民的调查报告表明，大部分居民愿意接受并尝试这种新的休闲方式。

二、元兴解压俱乐部实施方案

元兴解压俱乐部经营健身中心、SPA 馆、音乐咖啡书坊三个项目。健身中心由器械区、动感韵律操房，动感单车构成；SPA 馆划分为美容区、玉指沙龙、美体、水疗 SPA 区、淋浴区、太空舱，配备洗衣房、休息区、配料室等；音乐咖啡书坊由开放型咖啡区、茶艺区、贵宾区、图书区构成。

三、投资估算与财务分析

(一)投资估算与盈利预测(单位，元)

1.投资估算

装修费	1 200 000
设备	1 000 000
产品	300 000
合计	2 500 000

2.俱乐部年财务预测(达产年度)

经营收入	3 268 400

其中：

健身中心	1 000 000
SPA 馆	1 750 000
音乐咖啡书坊	518 400
费用合计	2 107 500
其中：	
房租	150 000
物业	22 500
水电	60 000
税金	60 000
薪资	780 000
日常费用	180 000
广告费	120 000
利息摊销	135 000
折旧(3 年期)	600 000
毛利	11 609 000

(二)俱乐部财务分析

1.俱乐部盈利预测

2003—2007 年盈利预测

单位：元

项 目	2003.6—12	2004	2005	2006	2007
经营收入	1 634 200	2 614 720	3 268 400	3 268 400	3 268 400
减：经管费用	1 023 750	1 638 000	2 047 500	2 014 167	2 014 167
减：税金及附加	30 000	48 000	60 000	60 000	60 000
营业利润	580 450	928 720	1 160 900	194 233	194 233
所得税	87067.50	139 308	174 135	179 134.95	179 134.95
净利润	493 382.50	789 308	986 765	1 015 098.1	1 015 098.1
净利润	30.19%	30.19%	30.19%	31.05%	31.05%

注：2003 年从 6 月 1 日为起点，2004 年营业额预计为达标的 80%，2005—2007 年为达标量，所得税暂按照 15%计算。

2.俱乐部现金流量预测

预测现金流量表

单位:元

项　目	第1年	第2年	第3年	第4年	第5年
现金流入 其中:营业收入	1 634 200 1 634 200	2 614 720 2 614 720	3 268 400 3 268 400	3 268 400 3 268 400	3 260 400 3 268 400
现金流出 投资	3 340 817 2 500 000	1 225 308	1681 635	2 053 301	2 053 301.9

四、价值分析

1.与房地产的整合价值

俱乐部与房地产相结合,可以起到相得益彰的效果。俱乐部健康自然的时尚消费理念可以促进房产的销售,与楼盘的挂钩可以为俱乐部提供稳定的客源。

2.加盟价值

良好的盈利能力将吸引更多的加盟商,可以进一步采取特许经营模式,在加盟商得到利润的同时,以最低的成本和风险获得稳定收益,扩大品牌知名度。

3.社会价值

社会越进步,人们越关注自身,对自身的健康和自然时尚的美越加关注。俱乐部就是顺应这个发展趋势,同时对大众消费倾向起到良好的引导作用,具有相当大的社会价值。

思考练习题

1.对外投资有哪些主要业务环节和特点?

2.企业为什么要加强对外投资的内部控制?

3.对外投资业务的不相容岗位主要有哪些?

4.对对外投资决策控制的主要内容有哪些?

5.对外投资资产投出控制的主要内容有哪些?

6.对外投资处置程序包括哪些内容?

7.对外投资收回、转让、核销的控制内容包括哪些?

8.对外投资监督检查的内容包括哪些?如何对监督检查结果进行有效评价?

拓展阅读

1.财政部. 企业内部控制应用指引第6号——资金活动[S]. 2010.

2.任永菊. 跨国公司与对外直接投资[M]. 北京:清华大学出版社,2019.

第十二章　筹资控制

筹资是企业财务管理的重要内容之一。对于任何一个企业来说，资金短缺是经常出现的，与此相应，筹资及其相关的内部控制就变得不可避免。做好筹资的控制工作，不仅可以保证资金能够按时到位，而且可以规避筹资中的风险，降低筹资成本，提高筹资效益。

第一节　筹资控制的目标与内容

资金是企业生存和发展的重要条件。而对外筹资则是企业资金的主要来源，任何单位的长期战略的实现都需要及时充足的资金支持，仅靠内部积累往往是难以满足战略发展需要的。因此，筹资是企业走向发展壮大的重要环节，贯穿于企业发展的整个过程，无论在企业创立之时，还是在企业成长追求规模扩张的过程中，甚至日常经营周转过程中，都需要从外部筹集一定数量的资金。

筹资主要有两种基本形式：一种是权益性资本筹资，即通过吸收直接投资、发行股票等方式筹集资金；另外一种是债务性资本筹资，即通过银行借款、发行债券、融资租赁等举债方式筹集资金。单位通过筹资活动，可以改变资本结构，增强企业的经济实力。但是，筹资活动也会给企业带来较大的财务风险，严重时甚至可能导致企业由此而走向破产或消亡。因此，加强对企业筹资环节的内部控制，对于预防财务危机和风险是非常必要的。

一、筹资内部控制的目标

筹资活动涉及企业管理的方方面面，需要相关管理部门的参与和配合，任何一个环节出现问题都有可能导致整个筹资活动的失败或者效率低下，最终影响到单位的日常经营活动和战略目标的实现。企业筹资内部控制的目标就是为了加强对单位筹资业务的内部控制，防范筹资过程中的差错与舞弊，控制筹资风险，降低筹资成本。

具体而言，筹资控制的基本目标可以概括为如下几个方面：

1.保证筹资活动符合单位的长期筹资计划，并事先得到审批。

2.保证筹资业务符合相关法律规范的要求。

3.保证筹集到的资金能够完整获得，并进行了充分恰当的记录及披露。

4.保证债券折价、溢价的合理记录，并进行恰当的摊销处理。

5.保证利息和股利的正确计提和适当支付。

二、筹资内部控制的原则与依据

(一)筹资内部控制的原则

为了实现单位筹资内部控制的目标,发挥筹资内部控制的重要作用,在建立和实施内部控制系统时应坚持切实可行的指导原则。指导原则具体可以分为两部分:一是制定和完善筹资内部控制制度应遵循的原则;二是筹资内部控制制度执行、操作和具体实施方面的指导原则。

1.制定筹资内部控制制度的指导原则

(1)合规性原则。单位在制定筹资内部控制制度时,必须遵守国家关于筹资方面的有关法律、法规,如《中华人民共和国会计法》和《企业内部控制应用指引第 6 号——资金活动》。

(2)健全性原则。即筹资内部控制制度是否规范了筹资相关的各项经济活动,覆盖了对筹资相关的人、财、物的全方位管理。筹资内部控制制度必须涵盖公司经营管理的各个环节,并普遍适用于与筹资有关的每一位职员,不得有制度上的空白或漏洞。而且筹资内部控制制度的制定应该具有前瞻性,随着公司筹资战略、方针、理念等内部环境和国家相关法律法规、政策制度等外部环境的改变而进行相应的修改或完善。

(3)适用性原则。单位筹资内部控制制度的制定取决于单位生产经营、业务管理的特点和要求,其中包括组织机构的设计和单位内部采取的相互协调的方针、措施等。

(4)可行性原则。单位在制定筹资内部控制制度时,对筹资经济业务的处理要有明确的规定,要简便易行,便于实际操作和运行。

(5)有效性原则。单位制定的筹资内部控制制度应该能够有效地防范筹资过程中的差错与舞弊,控制筹资风险,降低筹资成本。

(6)成本效益原则。即要求单位以最小的控制成本取得最大的控制效果。因此,单位在建立筹资内部控制制度时应该考虑成本效益问题,并争取使单位实行该内部控制所花费的代价不超过由此而获得的效益。

2.实施筹资内部控制制度时需要遵循的原则

(1)相互牵制原则。在筹资业务中,一项完整的筹资经济业务活动,必须分配给具有相互制约关系的两个或两个以上的职位分别完成。如筹资的授权、执行、记录、保管要求分离,筹资各个部门和岗位的设置必须权责分明、相互牵制。

(2)协调配合原则。要求筹资业务中各部门或人员必须相互配合,各岗位和环节都应协调同步,各项业务和办理手续需要紧密衔接,保证筹资活动的连续性和有效性。该项原则是对牵制原则的深化和补充,要求避免只管牵制、预防错弊而不顾办事效率的机械做法,既相互牵制又相互协调,在保证质量提高效率的前提下完成筹资业务。

(3)程式定位原则。指单位应该根据筹资业务各岗位的业务性质和人员要求,相应的赋予作业任务和职责权限,规定操作规程和处理手续,明确纪律规则和检查标准,以使职、责、权、利相互结合。岗位工作程序化,要求事事有人管,人人有专职。

(4)审慎独立性原则。单位在精简岗位和机构的基础上设立能够满足单位筹资业务的机构、部门和岗位,且各机构、部门和岗位职能上保持相对的独立性。筹资风险控制是筹资内部控制的重要内容,单位筹资内部控制要以审慎经营、防范和化解风险为出发点。

(二)筹资内部控制的依据

筹资内部控制的直接依据是《中华人民共和国会计法》、《企业内部控制基本规范》、《企业内部控制应用指引第6号——资金活动》等法律法规。筹资内部控制的间接依据还包括《公司法》、《证券法》、《合同法》等相关的法律法规。

三、筹资内部控制的作用

在既定的筹资内部控制目标下,单位按照筹资内部控制的原则来制定合理的内部控制制度时,将在以下方面发挥积极作用。

(一)协调作用

单位的经济业务包括经营活动、投资活动和筹资活动等。筹资活动又可以分解为申请、审批、执行等不同的环节。因此,如何保证单位的各项活动包括筹资活动的各项环节服务于单位的整体目标,需要进行全面的协调,以使各组成部分能够相互配合。而单位的筹资内部控制则正好可以起到这种协调作用,某种意义说,单位的筹资预算控制就是实现整体协调与最优化的一种非常有效的方法。

(二)制约预防作用

单位的筹资活动是由各部分组成的有机整体,要想达到总体的协调,必须有有效的措施使各部分按照既定的行动方案进行,也就是必须限制和制止影响筹资总目标实现的某些行为,这当中既包括对察觉到的错误或舞弊行为采取及时和有效的措施加以制止和纠正,也包括采取预防措施找出容易出现差错的薄弱之处,使差错无法产生或尽可能地降低差错的产生。

(三)反映和监督作用

筹资内部控制发挥作用的很多方面是依靠会计信息的反映和监督来完成的。及时、可靠的筹资方面的会计信息是对筹资过程的正确反映,也是对筹资控制目标完成状况和各个筹资环节的行为是否偏离筹资内部控制的要求所进行的事后检查和监督。这种反映和监督不仅可以及时回避不利行为,避免蒙受损失,更重要的是它还可以通过反馈信息,提高单位高层领导者的决策水平。

(四)降低风险作用

筹资活动内部控制的核心作用是防范和控制筹资过程中的风险,即通过对筹资决策、筹资预算、筹资结构安排、筹资方式的选择等各个环节程序的合理设计,降低筹资风险。

四、筹资内部控制的内容

单位的筹资业务内部控制是围绕着筹资活动的整个过程而展开的,主要包括以下内容:

(1)筹资业务的岗位分工与授权批准控制；

(2)筹资决策环节的内部控制，包括筹资的预算的编制和审批、筹资方案的拟订和审批；

(3)筹资决策执行的控制，包括筹资合同的订立与审核、资产的收取、债券股票的保管、资产的使用、筹资费用的计算以及相关会计记录；

(4)筹资的偿付控制，包括本金、利息、租金、股利的核对和支付以及与偿付业务有关的各种文件和凭据的管理；

(5)筹资业务内部控制的监督与检查，包括监督检查的职责、监督检查的内容、监督检查的组织程序和监督检查的反馈。

第二节　岗位分工与授权批准

单位正常的筹资活动，一般需要经过以下几个主要环节：根据单位战略目标、筹资计划及经营的实际情况，结合单位预算管理部门下达的目标，确定未来资金的需求量，编制筹资预算；根据筹资预算，考虑可承受的财务风险，在分析各种筹资渠道和方式的基础上，选择合适的筹资时机，有效降低筹资成本，选择最佳的筹资期限，最终寻求最佳的筹资结构，确定筹资方案；根据单位确定的资金需求、筹资渠道和筹资方式，选择恰当的时间签署筹资协议或者筹资合同；根据筹资合同进行筹资，取得所筹资金；取得所需资金后还要对所筹资金进行日常管理，包括债券、股票的保管、筹资的凭证保管、筹资费用的计算与支付；按照筹资合同的规定，筹资到期之后还要按期偿付本金，日常还要支付利息、租金和股利。同时，单位对筹资业务资金的取得、使用和偿付要按照我国会计制度的规定进行正确的会计核算处理。

单位应该根据实际需要结合自身的特点制订筹资业务流程，这一流程通常可以分为决策、执行、偿付以及上述各环节的记录。为了保证筹资流程得以顺利实行，保证筹资业务内部控制的正常开展，有效预防单位在筹资业务中的各种弊端，提高筹资业务的质量，保证筹资业务的合法性、合理性和经济性，单位应该按照《企业内部控制基本规范》要求进行科学的岗位分工，严格按照授权批准权限进行筹集资金的各项业务活动。

一、岗位分工

根据筹资活动的流程，单位应当建立筹资业务的岗位责任制，明确相关部门和岗位的职责、权限，确保办理筹资业务的不相容岗位相互分离、相互制约和监督。在筹资业务过程中，不相容岗位主要包括：授权批准、业务经办、会计记录、财产保管、稽核检查等职务。结合筹资业务流程及其内容，筹资岗位应该包括筹资预算的编制和审批、筹资方案的拟定、筹资方案的决策、筹资合同的签订、筹资合同的审核决策、筹资合同的执行、筹资的保管、筹资业务的会计核算、筹资业务的偿付执行、筹资业务的稽核等。按照内部控制中的不相容职务分离的要求，以下各个岗位应该相互分设。

1.筹资预算的编制和预算审批之间的分离

如果单位设置了预算管理委员会或者预算领导小组等专门机构(统称预算管理部门),则筹资预算的编制可由财会部门编制,由预算管理部门负责审批。若不具备设立专门机构条件的,由财会部门负责整个单位预算编制的,则应在财会部门中考虑预算的编制者和审批者之间的分离。

2.筹资方案的编制人与审批决策人之间分离

筹资方案编制人员与审批决策人员分离的目的在于:保证筹资方案的审批决策人从独立的立场来衡量筹资方案的优劣,尽可能地保证筹资方案的完善和可行。

3.筹资合同或者筹资协议的签订人与筹资合同的审核人之间分离

筹资合同或协议编制岗位和合同审核岗位分设的目的是保证合同的严密和有效性。合同订立一直是经济契约行为的矛盾焦点,严密有效的合同对维护合同双方的正当权益具有重要作用。

4.筹资执行岗位和筹资保管岗位分离

单位应该将筹资的执行人员,如办理股票、债券、借款的人员与筹集资金的保管人员分离。所筹集资金一般应该委托专门机构保管,但是必须制定有效的监督和控制办法,保证所筹集资金的完全、完整。

5.资金成本计算与资金成本支付岗位之间分离

单位应该将资金成本如股票的股利、债券和借款利息、租赁费用等的计算人员与实际支付人员进行分开,不能同一岗位和人员既进行计算又兼顾支付。

6.资金偿付中执行与审批岗位分离

对于债券、借款等筹集的资金来说,到期时单位需要偿付本金。在办理该项业务时,单位应该将实际执行人员与审批人员分离。尽管资金已经到期,但是只有经过批准后才能进行实际的偿付和资金的转出,严格禁止有关人员在未经批准的情况下私自将资金转出单位。

7.筹资执行与筹资记录岗位之间分离

单位的筹资业务执行部门包括筹集资金的取得、筹资的保管、筹资的偿付等,应该与筹资业务的会计记录人员分离。

除了上述不相容职务分离的基本要求之外,单位应该对筹资业务的办理配备合格的筹资业务人员。办理筹资业务的人员,应该熟悉国家的相关法律、法规、相关惯例及资本市场情况,具备良好的职业道德和业务素质。特别是随着资本市场的不断丰富和完善,筹资方式的可选择性越来越多,筹资风险也越来越大,这就要求办理筹资业务的人员充分了解资本市场的情况,运用科学的风险评估方法评价筹资过程中涉及的各种风险。由于筹资直接和资金打交道,要求所有的与筹资有关的工作人员具备良好的职业道德素质。

二、授权批准控制

筹资业务虽然在大多数单位发生的次数比较少,但是对单位的财务状况和经营状况的影响却非常大,筹资活动的成败可能会直接影响到单位的生存和发展。因此,筹资业务发生之前对其进行有效控制是一个很重要的环节。为此，单位应该明确规定审批人员对筹资业务的授权批准方式、权限、程序和相关控制措施，规定审批人的权限、责任以及经办人的职责范围和工作要求。审批人员应当根据筹资业务授权批准制度的规定，在授权范围内进行审批，不得超越审批权限。作为经办人应当在职责范围内，按照审批人的批准意见办理筹资业务，对于超越授权范围审批的筹资业务，经办人有权拒绝办理，并及时向审批人的上级授权部门报告。所有未经授权的机构或人员，严格禁止办理筹资业务。

单位在设计授权批准控制制度时，需要注意以下环节的授权和控制问题：

(1)单位应当授权一名高级管理人员，一般是财务经理，负责筹资业务，并对其所负担的责任内容予以尽可能的明确。

(2)负责筹资业务的财务经理，应在经营活动中不断分析所需资金数量，结合预算管理部门下达的预算指标编制筹资预算。如果没有设置预算管理部门的，通常由财务部门负责整个单位的预算编制，此时财务经理应授权下属部门或岗位编制筹资预算。单位筹资预算一经审定，其任何变动和调整都需要经预算管理部门或单位的管理层批准，重大的筹资预算变动和调整则必须经过单位的决策机构集体或单位的领导集体批准。

(3)负责筹资业务的财务经理，应该根据筹资预算在恰当的时候自己编制或授权其他职员如资金主管编制筹资方案，详细说明筹资的理由、数量，筹资前后企业实力的变化，筹资对企业未来收益的影响，各种筹资方式的比较以及最佳的筹资方式。如果筹资方案是由其他职员拟定的，财务经理则要负责筹资方案的审定，筹资方案编制后还要提呈给单位领导或者决策机构如董事会审批，重大的筹资方案必须经过单位领导层集体批准，任何单位和个人都无权单独做出重大的筹资决策。

一般来讲，单位通过借款来筹集资金，必须经过单位经营管理者的审批；单位发行债券，则必须经过单位董事会的授权批准；单位发行股票，必须依据国家有关法律、法规或单位的章程的规定，报经单位的最高权力机构(如董事会或股东大会)及国家有关管理部门(如国家的证券管理部门)进行批准。

(4)单位领导或者董事会在接到筹资方案后，应聘请法律顾问和财务顾问共同审核该项筹资活动使未来净收益增加的可能性及筹资方式的合理性，如认为筹资必要且筹资方案可行的话，则应授权财务经理策划具体的筹资业务细节，如拟订股票、债券、借款、租赁的合同条款，涉及上市的证券则应向证券交易委员会呈报文件，选择证券的代理发行机构等。单位领导或董事会还要对这些细节进行逐项严格的审核，并以书面形式记录筹资方案具体细节的审核结果，特别注明筹资的执行程序及各项手续，以备日后的复查和修改。

(5)筹资方案经审核批准后，单位应授权相关人员签订筹资合同或协议。单位向银行或其他金融机构借款需要签订借款合同；融资租赁需要签订融资租赁合同；发行债券需要签订债券契约及各种承销或者包销协议。对于股票筹资而言，为防止发生错误，也可设置会签制度，即已经董事会核准发行的股票发行前，必须经董事会指定两个以上的高级职员进行会签。会签人员应检查将要发行的股票是否与董事会核准的一致，各种应办理的手续和文件是否齐全，其他为熟悉股票发行所需的文件和材料，包括到签发日为止的证券市场行情的分析报告是否完整。经指定的高级职员会签后，股票才能正式发行。

第三节　筹资决策的内部控制

筹资决策环节是筹资业务流程的起点,直接关系到筹资的成功与否。筹资决策环节的内部控制,直接影响到筹资决策的执行和筹资的偿付控制,是整个筹资业务内部控制的核心部分。筹资决策环节,具体包括筹资预算的编制和审批、筹资方案的拟订和审批两个主要环节。因而筹资决策的内部控制则应包括筹资预算的编制和审批控制、筹资方案的拟订和审批控制两个部分内容。

一、筹资预算的编制和审批

筹资预算是单位在预算期内就需要新借入的长期借款,经批准发行的债券、股票和融资租赁,以及对原有借款、债券的还本付息、股票的股利支付、融资租赁的租金支付等所编制的预算,是单位财务预算的重要组成部分之一,其同单位的现金预算、资本预算是紧密联系在一起的。同时,筹资预算也是单位在编制年度预算时重点关注的部分,和单位的经营预算、投资预算共同构成了业务预算的全部。

筹资预算制度是单位筹资活动控制是否有效的一项基础工作。现实中的许多筹资失败或者失控的例子都表明,筹资预算制度的缺失或失效是筹资失败的重要原因。与此同时,筹资预算是经营预算和投资预算的起点,从某种程度上讲,筹资预算决定了经营预算和投资预算的编制,因为筹资预算将直接影响单位的经营和投资活动,如果缺乏筹资预算,那么单位的经营预算就无法顺利地编制和实施。但是,反过来,经营预算和投资预算也对筹资预算具有影响,因为经营状况的好坏和投资活动的成效将直接决定单位需要筹集多少资金,即经营活动和投资活动决定了筹资预算的规模。总之,三者之间是相辅相成的,共同影响着整个单位预算的编制。

单位筹资预算应当符合单位发展战略的要求,并以筹资计划和资金需求决策为基础。在具体编制筹资预算时,单位应该合理地安排筹资规模和筹资结构,审慎选择筹资方式,保持最佳资金成本,严格控制财务风险。除此之外,还应考虑到上一年度筹资预算的完成情况,以及对本期经营预算和投资预算编制的影响。单位在编制预算过程中,主要依据有:单位有关资金需求决策资料,单位的预算大纲或预算手册,发行债券审批文件,期初借款余额及利率,融资租赁的资料等。如果单位经批准发行股票、配股和增发股票,则应当根据股票发行计划、配股计划和增发股票计划等资料单独编制预算。

一般来讲,单位筹资预算的编制应该包括以下几个步骤:

(一)筹资规模的确定

确定筹资规模是编制年度筹资预算的基础,也是整个筹资业务的开始。因此,确定年度筹资规模的内部控制,也就是整个筹资业务流程控制的起点。单位筹资规模的确定,首先要对单位年度资金需要量进行合理的预测。应在综合考虑单位战略目标(未来对外投资、调整资金结构和生产经营的需要)、上一年度筹资预算完成情况等的基础上,确定未来发展对资金的总量需求。具体进行资金需要量预测时，一般由单位战略发展部门和财务部门会同单位各业务部门先进行业务预测，并由各部门负责人对本部门的预测进行审核监督，明确责任，以确保各专业部门的业务预测的准确性和科学性；战略部门和财务部门形成预算审议委员会，对各专业部门的预测进行汇总审核。其中战略部门的审核主要是验证各专业部门预测的可行性及其是否符合单位战略发展目标；财务部门的审核主要是验证各专业部门的预测是否符合单位的筹资计划、业务预测所需资金数量、时间及分布是否合理。年度资金需要量的预测方法，可以采用销售百分比法和线性回归分析法。

单位筹资是要付出代价的。单位在筹集资金时，需要准确地预测资金需要总量，并以此为基础确定一个合理的资金筹集规模。如果筹资规模过大，一方面可能造成资金闲置浪费，增加筹资成本，另一方面也可能导致单位负债过多，使单位无法承受，并进而发生偿债困难，增大财务风险。反之，如果筹资规模过小，又不能满足单位生产经营和发展需要，影响单位的投资计划和其他业务的正常开展。因此，单位应该根据对资金的需要、单位的自身实际条件以及筹资的难易程度和资金成本等情况，量力而行地确定单位合理的筹资规模。

实际操作中，确定筹资规模，一般可以采用经验法和财务分析法。所谓经验法是指单位在确定筹资规模时，通过资金预测量和以往年度资金需求量的比较，根据管理经验进行判断并确定最终的资金需求规模。一般情况下，如果单位的生产经营比较稳定，没有什么变化或者变动幅度不大时可以采用这种方法。财务分析法，就是指通过对单位财务报表的分析，判断单位的财务状况和经营管理状况，从而确定合理的筹资规模。由于这种方法比较复杂，需要有较高的分析技能，因此一般在筹资决策存在较多不确定因素的情况下使用。使用这种方法确定筹资规模，一般要求单位公开财务报表，以便资金供应者能根据报表确定提供给单位的资金额，而单位本身也必须通过报表分析确定可以筹集到多少资金。

(二)筹资结构的安排

合理筹资规模确定之后，应高度重视筹资结构的安排。单位筹资时应充分考虑到单位的资本结构。所谓资本结构，就是指单位的资本总额中权益资本和负债资本各自所占的比重。为了降低单位的财务风险，应该充分考虑企业的偿债能力、未来的财务状况，特别是未来现金流量的分布状况，合理确定负债比率。从财务风险的控制角度来说，单位的债务筹资比例不宜过大。否则，单位的财务状况可能潜藏着较大的风险和不稳定性。然而，由于债务筹资的利息费用具有抵税作用，相比较权益性筹资而言筹资成本较低，单位可以享受财务杠杆的利益，所以如果从财务杠杆和财务收益的角度分析，则单位应该尽量采用负债性筹资。由此可见，负债筹资具有利、弊两面性，单位在筹集资金时，常常会面临财务上的高收益和低风险之间的两难选择。

一般意义上，财务风险和财务杠杆是单位在筹措资金时要考虑的两个重要难题。通常的原则是：只有当预期负债筹资所增加的利润超过其财务风险的增加时，借债才是有利的；否则，就应采取权益性筹资。因此，单位在进行筹资决策时，应当在控制筹资风险和谋求最大收益之间寻求一种均衡，即安排最佳的筹资结构。判断资本结构优劣有两个标准：一是企业资金成本最小化；二是企业价值最大化。这是一个硬币的两面。单位可以选择单一的债务筹资结构，也可以选择单一的权益筹资结构，但是从财务风险和财务杠杆的权衡来看,单位筹资应该是债务筹资和权益筹资相互结合,即采用组合式的资金结构。这样,既考虑了财务风险的降低,保证了单位的控制权,又考虑到了财务杠杆的运用,相对而言比较合理一些。另外,在筹集资金时,还要观察投资者对贷出款项的要求、股票市场的价格波动等情况,根据财务判断,综合分析应该采用何种资金结构。

一般来说,初创期的小企业,可选择债务筹资,而已经获得较大发展、具有相当规模和实力的股份制企业,则可考虑权益性筹资。一些不符合上市条件的企业,可以考虑采用债务性筹资。

从经济效果上分析,筹资会给单位带来以下直接影响:通过筹资可以壮大单位的资本实力,增强支付能力和发展后劲,从而减少单位的竞争对手;可以通过筹资提高单位的信誉,扩大其产品的市场份额;还可以通过筹资增加单位规模和获利能力,充分利用规模经济的优势,从而提高单位在市场上的竞争力,加快单位的发展速度。但是,筹资方式的不同对提高单位竞争力所产生的实际效用是不一样的。比如,权益性筹资不仅会给单位带来巨大的资金融通,还会大大地提高知名度和商誉,使单位竞争力获得极大的提高。而选择债务筹资,则会因过高的债务利息负担而影响单位的再筹资能力,进而影响单位的竞争实力。因此,单位在筹资方式的选择上应当考虑筹资方式是否有利于提高单位的竞争力。

编制完成筹资预算后,部门负责人应签章确认,并及时上报给预算管理部门或者财务部门负责人进行审核。单位的预算管理部门或财务部门对上报的筹资预算方案需要进行审查、汇总,提出综合平衡的建议。在审查、平衡过程中,单位预算管理部门或财务部门应当同经营预算和投资预算进行充分协调,对发现的问题提出初步调整的意见,并反馈给筹资预算编制单位予以修改调整。单位筹资预算一经批准,应当严格执行。

二、筹资方案的拟订和审批

筹资方案是由单位财会部门负责拟订的。它不同于筹资预算。筹资预算一般是按年度或季度来编制的,而筹资方案一般是针对具体的资金需要,设计具体程序或者具体的工作安排与实施说明。筹资方案的拟订,最直接的依据就是筹资预算,但筹资方案比筹资预算更加详细具体,是筹资预算的具体化和细化。在拟订筹资方案时,应当符合国家有关法规、政策和单位筹资预算的要求,明确筹资规模、筹资结构和筹资方式,并对筹资时机选择、预计的筹资成本、潜在的筹资风险和具体的应对措施等做出安排和说明。

一般来讲,单位拟订筹资方案包括以下环节:

(一)明确方案的筹资规模

单位的筹资方案,首先应该明确筹资的规模,即需要筹资的总量。一方面方案所要明确的筹资规模要符合年度筹资预算确定的筹资规模,不能超过筹资预算的规模;另一方面,筹资规模主要是由用资项目决定的,必须明确所筹集资金是用于生产经营的需要还是用于对外投资或者是调整资金结构的需要。相对而言,生产经营需要的资金一般变动不是很大,而且规模数量较小,可以根据历史数据比较容易确定筹资规模。但是,如果是用于调整资金结构的,一般属于长期筹资计划和年度筹资预算考虑的内容,因此,筹资方案中的筹资规模基本上就是对筹资预算的一种具体执行。如果单位筹资用于投资项目,则在确定筹资规模时应该重点考虑该投资项目的财务可行性，然后根据投资项目所预计的资本投入来确定筹资的规模。

（二）明确方案的筹资方式

确定筹资方案的筹资方式是拟订筹资方案的重点。筹资方式的确定，应该由用资项目决定，在既定的加权综合资本成本最低的筹资方案前提下，选择筹资个别成本最低的筹资方式，同时还需要综合考虑筹资规模、筹资时机、筹资期限以及单位对筹资风险的偏好。如果单位筹资的用途是流动资产投资，则根据流动资产具有周期较快、易于变现、经营中所需补充数额较小及占用时间短等特点，宜选择短期筹资方式，如短期借款。但是，如果单位筹资用于长期投资或者购置固定资产，则由于这类用途要求资金数额大、占用时间长，因而适宜选择各种中长期筹资方式，如长期借款、融资租赁、发行债券和股票等。从筹资规模来看，单位筹资规模大，需要的资金多，则宜选择发行股票和发行债券筹资；如果需筹资的规模较小，则宜选择短期借款的筹资方式。从风险偏好角度来看，单位需要在中庸型、激进型和稳健型三种筹资风险的不同偏好中选择适合本单位的筹资方式。

（三）选择合适筹资时机

所谓筹资时机，就是指由有利于单位筹资的一系列因素所构成的有利的筹资环境和时机。单位选择筹资时机的过程，就是单位寻求与单位内部条件相适应的外部环境的过程，因此要对单位筹资所涉及的各种可能影响因素作综合具体分析。一般来所，应充分考虑到以下几个方面：

（1）单位本身对筹资环境的影响相对于单位外部环境而言是非常有限的，只能适应外部筹资环境而无法左右外部筹资环境，这就要求单位必须充分发挥主动性，积极寻求并把握各种有利时机，确保筹资获得成功。

（2）由于外部筹资环境的复杂多变，单位筹资决策要具有超前预见性，能够及时掌握国内外的利率、汇率等金融市场的各种信息，了解国内外的宏观经济形式、国家货币及财政政策以及国内外的政治环境等各种外部环境，合理分析预测影响单位筹资的各种有利和不利条件，以及可能出现的各种变化趋势，寻求最佳的筹资时机。

（3）单位在分析筹资时机时，必须考虑到具体筹资方式的特点，结合本单位的实际情况，适时制定出合理的筹资决策。比如，单位可能在某一特定的环境下，不适合发行股票筹资，却可能适合银行贷款筹资；单位可能在某一地区不适合发行债券筹资，但可能在另一地区却相当适合；单位可能在某一时间需要设备，不适合先通过其他筹资方式筹资再购进设备，而适合直接通过融资租赁方式获得设备。另外单位还应该根据单位所处的成立、积累、发展、成熟的各个不同时期，选择适合单位的筹资方式。成立初期，单位的资金来源主要是注册资金，主要通过吸收直接投资；成长阶段，可能会向银行借款，债务性资金增加；快速发展阶段和成熟阶段，产品在市场上占有一定的比例，且比较稳定时，可以选择股票筹资。

（四）选择筹资对象

单位明确筹资规模、筹资结构、筹资方式后，应该按照公开、公平、公正的原则慎重选择筹资对象。筹资对象的选择，必须置于透明的市场环境之中，便于公众的监控与选择，这样才能保证筹资的科学决策，尽最大可能，选择筹资成本较低的筹资对象。同时，还要考虑资金来源的安全性和可靠性，对相关风险给予足够的关注，这个职责应该由信用部门或财务部门中的特定职员履行。如吸收直接投资时，应该让专门的信用机构或专业评估机构对投资方的信用情况评估认定；如果筹资涉及中介机构的，应对中介机构的资信状况和资质条件进行充分调查和了解。一般来讲，银行借款的筹资方式的筹资对象比较容易确定，银行金融机构的信用及资金实力，单位比较容易了解，但是债券和股票筹资的金额比较大，发行时间也比较长，同时推销债券和股票还需要有专门的技巧和经验。对于债券，单位应委托有一定地位的资本雄厚的银行、信托投资公司、证券交易商来代理发行，包销或代销发行公司的全部或大部分债券，这样有利于发行单位的内部控制。发行股票，要求公司委托证券公司等来进行。我国《公司法》规定股份有限公司公开发行股票，必须由依法设立的证券经营机构承销。我国《证券法》还规定："拟公开发行股票的面值总额超过人民币三千万元或者预期销售额总金额超过人民币五千万元的，应该由承销团承销。承销团由二个以上的承销机构组成。主承销商由发行人按照公平竞争的原则，通过竞标或者协商的方式确定。"对有关股票发行或股份转让过户过程中的业务均需证券公司协助完成(例如，核准取得准发全部股份的文件；登记股份证书；设置包括每位股东姓名、地址、持有股份数的股东名册；设置全部股份发行、注销的记录；核定股份所有权转移；收回旧股证书和发行新股证书等)。由独立机构负责股票发行和过户等交易事宜，可使单位的职责分离的内部控制延伸到公司外部。

(五)预计筹资成本

筹资成本是指单位筹措资金而支出的一切费用。它主要包括筹资费用和使用费用两个部分。筹资费用指单位在资金筹集过程中发生的各种费用，如委托金融机构代理发行股票、债券而支付的承销费、注册费、中介机构的评估费和评审费等；向银行借款时支付的手续费等。它通常在筹集资金时一次性支付，在用资过程中不再发生。资金使用费是指单位在生产经营、投资过程中因使用资本而付出的费用。这种费用有两个特征：一是与单位的生产经营活动紧密相关；二是费用多少取决于使用时间的长短。例如，向股东支付的股利、向债券持有人支付的利息、向出租方支付的租金等都属于资金使用费用。通常情况下，长期资金的使用费因单位筹资数量的多少和需要使用时间的长短而不同。筹资金额大、使用时间长的资金，其资金使用成本也比较高，反之，则资金使用成本相对较低些。

筹资成本是决定筹资效率的决定性因素。单位筹资决策的首要原则，就是筹资的总收益要大于筹资的总成本，如果单位筹集资金所产生的收益不能弥补筹资成本，就应该做出取消筹资的决策。筹资成本的计算往往涉及多种因素，单位在筹资方案中对预计的筹资成本计算应该考虑到各种因素的影响，尽量精确地预计筹资成本，为单位的决策机构决策提供合理的依据。

(六)筹资风险的预计和应对措施

筹资方案中的筹资风险，应该从两个大的方面来考虑：首先是筹资失败的风险。对于这种风险，单位需要预计筹资方案实施过程中可能遇到的各种各样的问题；这些问题对筹资方案实施可能带来的不利影响和结果，特别是导致股权筹资和债券筹资发行失败的可能性或风险。规避这种风险的办法，就是事前对筹资的可行性进行科学的预测，详细审核是否满足筹资条件，比如，是否能够发行债券筹资，是否能够发行股票等。适当情况下，单位可以在拟订筹资方案时拟订备选方案，一旦首选方案不能实施时就启动备选方案，从而保证单位资金的正常供给。

其次，资金筹集之后使用过程中的风险。单位通过多种渠道筹资后，债务性筹资下的利息刚性（利息的定期、定额偿还）及权益性筹资下高分红派息与单位资产收益的不确定性会导致单位在资金使用和经营过程中产生较大的风险。对于通过发行股票或吸收直接投资的筹资方式来讲，单位虽然不存在归还本金的问题，但是需要支付能够令投资者或股东满意的股利（利润）；如若不然，股东或投资者将行使股权控制权，或者在单位内部行使“用手投票”的权利，更换单位的经理人员，或者在单位外部行使“用脚投票”的权利，卖出单位的股票，导致单位股票价格下跌，导致单位市场形象变差，对单位的后续生产经营造成非常不利的影响。对于向债权人筹资的单位来说，不仅要按照事先的约定偿还本金，还要支付利息，或者支付租金，如若不然，债权人将行使债权控制权，对单位的财产提出要求权，此时单位将面临诉讼甚至破产的威胁。此外，借款筹资方式还可能遇到利率变动的风险，如果国家调整利息率，单位的筹资成本和经营结果的不确定性就会大大提高。

单位的筹资风险，主要有两种形式：一是支付风险，即资金到期后不能按期偿还的风险。这种风险主要是针对负债性融资而言的。因为相比之下，单位因支付能力不足而不能向债权人还本付息所带来的不利影响要比不能向股东支付使其满意的股利所带来的不利影响要大得多。因此，支付风险主要是指单位因支付能力不足而不能按时足额的向债权人还本付息所带来的不利影响的可能性。基于风险控制的考虑，单位应在筹集资金之初对这种风险有充分的预计，为了保障债权人的利益，同时也为了确保单位债券到期日时有足够的偿债能力，债券发行单位应在债券到期之前，按期建立偿债基金。通过偿债基金的方式，可以防止财务风险的爆发，保持单位债券的信誉。

筹资风险的第二种表现形式就是财务杠杆风险。这种风险主要是指企业筹集到资金后不能有效地使用而给单位的生产经营结果和财务状况所造成的不利影响，如盈利能力降低，甚至导致亏损等。在多数情况下，这种风险也是针对负债性筹资而言的。因为按照有关规定，单位的负债成本是可以作为一项固定的财务费用在税前列支的。所以，如果资产收益率高于单位的负债利率时，债务性筹资会给单位带来额外的负债净收益，从而增加股东的每股收益；但是，当资产收益率下降到低于负债的利率时，或者说不足于弥补资金成本时，债务性筹资也会给单位带来负债净损失，从而减少每股收益。这种由于债务性筹资而给单位股东每股收益带来的不利影响的可能性就是财务杠杆风险。一般情况下，单位的债务性筹资越多、资产负债比率越大，则单位的偿债能力就越弱，财务杠杆风险就越大；反之就越小。因此，单位应该事先进行筹资风险论证，论证时所采用的主要指标有资产负债率、流动比率和速动比率，此外，还可测算利息保障指数、产权比率等指标综合评价等。

除了上述风险之外，单位在筹资方案中还需要对筹资的其他风险进行充分的关注。这些风险主要包括：利率变动风险、外汇变动风险、政策变动风险和收购失败的风险等。对于利率风险，单位可采取降低筹资利率，尽量争取政策性贷款进行筹资，另外，也可以采用浮动利率的方法加以规避这种风险。必要时，还可以运用远期利率协议、利率合约、利率期货、利率期权和利率互换等衍生金融工具进行利率保值。但是这些都需要以对利率变化的准确预测为提前。对于外汇风险，单位应该重视计价或计值货币的选择，开展外汇交易，进行外汇交易，进行外汇保值等防范风险的措施。

单位控制筹资风险除了以上技术性手段外，还可以从以下两个方面着手降低财务风险：其一，增加筹资期限与生产经营周期的时间一致性。也就是说，使资金的到位时间、资金筹资期限与生产经营的需要时点和单位的生产经营周期完全一致。这样可以减少资金的闲置时间，提高资金的利用时效。其二，加强筹资决策的集体决策制度。单位的筹资方案拟订完成后，必须进行审核和批准。审核批准时，要注意方案的拟订人和审核人之间的职务分离。一般来讲，筹资单位应当建立筹资方案的集体决策制度。常规性的筹资方案，如短期的资金筹资、小额的资金筹资等可以由授权的相关部门或人员在职责权限范围内批准；但是，重大的筹资方案必须实行集体审议的联签制。例如，单位增发新股筹资，必须经过股东大会决策通过。单位筹资决策过程应有完整的书面记录。与此同时，单位还应当建立筹资决策责任追究制度，明确相关部门及人员的责任，定期或者不定期地进行检查。

第四节　筹资决策执行的控制

筹资决策执行环节是筹资业务的核心，直接决定了筹资业务的成败。单位合理的筹资预算和详细的筹资方案如果不能很好地予以执行的话，只能成为一纸空文。筹资决策执行环节的内部控制，受筹资决策环节的内部控制的影响，也可以说是筹资决策环节的内部控制的必然延续和发展。筹资决策执行环节，具体包括：筹资合同或协议的订立与审核、筹集资金的收取及相关会计记录、债券和股票的保管、筹集资产的使用以及相关会计记录。具体的内部控制内容也包括这几个方面的内容。

一、筹资合同的订立与审核

单位财会部门在拟订了筹资方案后，就应该严格按照确定的筹资方案办理筹资业务，及时根据经过批准的筹资方案，按照规定的程序与落实好的筹资对象、中介机构订立筹资合同或筹资协议。单位向银行或其他金融机构借款，必须与银行或其他金融机构签订银行借款合同；单位发行债券，则需要和委托好的证券公司签订债券承销或包销协议，同时还要和债券持有人签订债券契约，明确双方的权利和义务。如果属于融资租赁合同的，有时还会涉及出租方、承租方和供货方，并由两个或两个以上的合同构成。出租方根据承租方的需求和选择，与供货方订立购买合同，与承租方订立租赁合同。在签订合同时，筹资合同或协议的订立，应当符合《中华人民共和国合同法》以及其他相关法律的规定。因为合同或者协议的订立对外代表的是单位，合同订立一直又是经济契约行为的矛盾焦点，严密有效的合同对维护合同双方的正当权益，减少不必要的法律纠纷具有重要作用。

单位对于筹资合同的订立需要有规范的程序和管理制度，严格执行责任追究制度，明确相关部门及人员的责任；筹资合同或协议的订立必须经单位或者有关授权人员的批准，涉及重大筹资合同或协议的订立，还应征询法律顾问或专家的意见。筹资合同或者协议的订立中，应该重点关注筹资的费用、筹资的期限、筹资的偿付以及筹集资金的使用是否存在限制条件等内容。

筹资合同订立后，单位应该组织相关部门或人员对筹资合同的或者协议的合法性、合理性、完整性进行审核。审核部门或人员需要同筹资合同或者协议的订立者之间保持分离，即筹资合同或协议的订立和审核不能由同一部门或人员来完成，而且审核后，具体的审核情况和审核意见应该有完整的书面记录，以备日后复查或者责任的追究。

对于单位的筹资合同或者协议的变更，应该按照筹资合同原授权审批程序进行，同时应该做好完整的书面记录。

二、筹集资金的收取控制

通常情况下，单位在筹资合同或协议中对资产的取得时间和地点都有约定，单位应该按照这些约定及时地取得相关的资产。筹资的收取直接关系到具体资金到位的有效性、及时性，对整个筹资业务至关重要。单位取得的资产如果是货币资金的，应按照货币资金的实有数额及时入账；如果为非货币资金的，需要对该资产进行验资、评估，然后按照规定在验资、评估后合理确定其实际价值并进行相应的会计记录，办理有关产权转移、工商变更登记的手续等。

对于资产取得的控制，要求从两个方面着手：首先是岗位的分工，即不相容职务分离性控制。由于筹资过程中取得的资金多数情况下是货币资金，容易发生挪用或盗窃等舞弊行为，因此单位在岗位设置上必须将执行筹资业务、办理资产取得的人员和记录该项业务的会计人员相互分离；另外，还要将办理资产取得的人员同该项资产的保管人员进行分离。

其次，是会计记录的控制。会计记录反映着经济业务的发生、处理和结果，健全良好的会计记录有助于正确反映企业的财务状况和经营成果，有助于保护财产的安全和完整。对于所筹集资产的取得，单位首先应该按照会计制度的要求，正确设置有关会计账户，进行会计核算；除了设置总账之外，还应该重点加强对有关备查账簿的控制。为了有效地控制发行在外的债券，发行记名债券的公司应该在债券存根簿（应付债券的备查账簿）上详细记载债券持有人的姓名或者名称、住所、债券持有人取得债券的日期，以及债券的编号、债券总额、债券的票面金额；发行无记名债券的公司，应该在公司的债券存根簿上记载债券总额、利率、偿还期限和方式、发行日期和债券的编号等。为了有效地控制发行在外的股票，公司应当设置股东明细账及股东登记簿，发行记名股票的公司应当在股东登记簿详细记载股东的名称及住所、各股东所持股份的数量、各股东所持股票的编号、各股东取得股票的日期等；发行无记名股票的公司，应当在股东登记簿上详细记载股票的数量、股票的编号及发行日期。同时单位应该将股本总账与股东明细账、应付债券的总账与应付债券的备查账簿进行核对，确保会计记录的准确无误。然后，单位筹资经办人员取得筹资后，将协议合同的副本送存会计部门，会计部门根据相应的凭证及时准确的入账，并核对筹资协议的副本，以便及时发现差错并上报和纠正。为了确保取得的资产价值的真实性，保证资产的完整，对于非货币资产，单位应该聘请专业的中介评估机构对资产进行评估，以确保资产价值能够以恰当的公允价格在企业会计记录中进行反映。

三、债券和股票的保管控制

由于债券或股票在法律上代表了债权人或股东对单位资产拥有的权利，同时由于它们和其他有价证券一样，具有相当强的流通性，因此，单位应该对已核准但尚未对外发行的有价证券进行妥善保管，或者委托专门机构代为保管。任何单位都应当建立完善、严密的保管制度，明确保管责任，定期或不定期进行检查。同时，有价证券的保管人应该和证券的发行人与会计记录人员分离。

对于已经核准且已经印刷好但尚未发行的有价证券，单位可以委托独立的机构代为保管。这样不仅可以避免单位内部人员接触有价证券，防范舞弊行为，而且独立的银行或信托投资公司也有专门的比较完善的保管设备和接触控制程序，有价证券的保管比较安全。负责有价证券签发的人员在有价证券实际签发后，应会同银行或信托公司指派的人员一起亲自监督对有价证券的加封，并由保管人员、监督人员共同在交接单上签字，以示负责。单位应设置有价证券的登记簿，按照交接单上载明的有价证券名称、数量、编号、每张有价证券的面值、交接日期和人员记录，以及存放银行或信托公司的有价证券予以记录；单位应当定期根据有价证券登记簿的记录同银行或信托投资公司进行核对，保证有价证券的完整和安全。

四、筹资费用的支付控制

单位筹资过程中会发生各种各样的筹资费用，如委托金融机构代理发行股票、债券而支付的承销费、注册费、中介机构的评估费和评审费，向银行借款时支付的手续费等。它通常在筹集资金时一次性支付，在用资过程中不再发生。资产取得时，单位应该加强对筹资费用的计算、核对工作，确保筹资费用的计算符合筹资合同或协议的有关规定。单位支付筹资费用时，应当符合有关规定。一方面单位筹资费用的计算、核对和支付工作应该由不同的工作人员来完成；另外一方面，单位应该对筹资费用的支付按照会计制度进行及时、完整的会计记录。

为了避免筹资费用计算和支付中的错误与舞弊，所有资金费用的支付都必须经过有关部门和人员的复核与批准，从控制的意义上讲，严格禁止在没有批准的情况下将单位的资金支付出去，即使是应该支付的资金费用也是如此。

五、筹集资产的使用控制

单位应该按照筹资方案所规定的用途使用筹集到的资金。例如，发行公司债券筹集的资金，必须用于审批机关批准的用途，不得用于弥补亏损和非生产性支出；单位发行股票筹资的资金，必须严格按照招股说明书的要求使用。如果由于市场环境、产业经济政策、企业发展战略改变等原因导致单位需要改变资金使用方向的，一定要经过必需的审批和决策程序；属于上市公司的，还需要进行相应的信息披露。

有时双方签订的合同或者协议中会对筹集资金的用途做出明确、详细的规定，此时单位应该按照合同或协议规定使用资金，以避免不必要的违约责任发生。同样如果由于市场环境变化等特殊情况导致确需改变资金用途的，也应当履行审批手续，并对审批过程进行完整的书面记录。

总之，在筹集资金使用上，要求单位要按照筹资预算和投资方案的要求执行，严格授权手续同时作好会计记录工作。

第五节　筹资偿付的控制

筹资偿付是某次筹资业务的终点，但同时往往也是下次筹资的起点。正确、及时地偿付，不仅直接影响单位的信誉，而且有利于下一轮或新的筹资业务的顺利进行。因此，对筹集资金的偿付控制非常重要。单位筹资偿付环节的内容，主要包括：债务性筹资的利息、租金，以及权益性股票筹资的股利或者利润的计算、核对、支付，债务性筹资本金的偿还等。单位应当对筹资偿付环节的控制制度做出明确规定，确保各项款项的偿付符合合同或协议的规定。

一、债务性筹资的偿付控制

债务性筹资中，银行借款和发行债券筹资除了按照要求偿还本金之外，还要按照合同或协议规定的本金、利率及币种计算并支付利息。一般来讲，银行借款或债券的偿付方式包括：到期日一次偿还、定期偿还相等金额、分批偿还等。单位应该根据筹集资金的未来使用状况，按照合同或者协议的要求，选择比较适宜的还款方式。而融资租赁筹资方式主要是按照融资租赁合同的规定，定期计算并支付租金。通常情况下，租赁期满后，只要承租单位支付租赁合同的留购价款，就可以获得租赁设备，租赁合同结束，租赁业务终结。

1.利息支付的控制

为了保证按时偿还利息，单位应当安排专门人员负责利息的计算工作，并在不同借款、债券的利息支付日期分别在利息支付备忘录上予以记载，防止可能发生的违约事件。负责利息支出的人员，应该根据协议或合同约定的借款本金或票面面值、利率、时间等计算应付的利息，在得到其他人员的复核确认，并与债权人进行核对确认无误后，最后再履行审批手续，实际支付利息。但是，对于发行债券筹资来说，由于债券的受息人比较多，单位很难按照债权人逐个计算和支付利息，此时单位可以委托代理机构对外偿付利息，即将到期应支付的利息总额开出一张支票，委托独立的代理机构代为发放。这样，可以防止有人超发或贪污债券利息，从而达到有效控制利息支付的目的。最后，单位根据代理机构交来的利息支付清单作为记账依据进行会计核算。利息支付清单应记载持票人的姓名、利息支付金额等要素，而且要求定期或不定期地清点核对。若利息支付清单与划拨的支票有差额，大多为债券持有人未领利息，或代理机构支付利息后因某种原因被退回，代理机构应将该差额退回发行公司，发行公司应监督该差额的退回。

2.租金支付控制

从起租日开始，承租单位就应该按照租赁合同的有关规定，向租赁公司定期支付租金。对于融资租赁来说，其租金的计算相对于债券或借款的利息计算而言更加复杂。由于签订合同时，有些费用无法预先确定，因此合同中的租金是按照估算成本计算出来的，当实际成本与估算成本有出入时，租金必然需要进行调整，此时租赁公司通常将租金变动情况连同成本书交给承租单位，承租单位按照租赁条件变更通知书的规定交付租金。为了保证租金的及时足额支付，单位应当安排专门人员负责计算租金的工作，而且随时同租赁公司就租金变动情况和成本书进行核对。无论何种情况，租金的支付或变更都必须经过单位有关部门和人员的审核和批准，只有经过审核批准后租金才能实际支付出去。

3.还款控制

对债务本金的偿还，单位应建立偿债基金制度，按借款合同中规定的还款方式，结合单位的经营状况、财务状况、市场变动情况，做好还款计划与还款准备。建立偿债基金制度，可以保证单位届时按期如数地还款。尤其是发行债券的企业，为了保障债券持有人的利益，遵守债券发行时公司承诺的条款，确保债券再到期日有足够的偿还能力，债券发行公司应该在债券到期之前，按期提存一定数额的偿债基金。偿债基金通常由银行或信托投资公司债券发行的受托人保管。具体实施时，首先，由指定的专门职员根据债券发行的信托合同，逐期计算应提存的偿债基金，并填制付款凭证，交财务经理审核签字。然后，由付款部门的职员根据付款凭证，填制支票并交财务经理签字后，存入银行或信托投资公司的专门账号。最后，要由偿债基金计算和支票编制人以外的职员，定期核对银行或信托投资公司偿债基金的对账单和公司偿债基金的余额。

4.应急措施

借款单位如果因暂时出现支付困难，需要延期偿还贷款时，应向借款银行事先提交延期还款计划，经银行审查同意后，续签合同，办理延期业务。由于通常要加收利息，单位事前应该衡量延期还款的成本收益，以便做出最有利的决策。在实际中，有些单位在筹资业务中采用银行综合授信业务(包括信贷、汇票、保函等)，用银行信贷额度和循环贷款替代原有的固定贷款模式。这样带来的好处是：一方面可以节约利息开支；另一方面，可以根据银行贷款的授信额度，自主安排还款档期，从而避免信用危机的发生。

二、权益性筹资股利(利润)发放的控制

单位发放的股利(利润)是未分配利润，它的发放与否主要取决于单位本年度净收益的结果、以前年度的留存收益数、现金的余额以及公司对未来经营发展的规划。单位对股利(利润)的发放，应当按照股利(利润)分配方案进行，股利(利润)分配方案需要经过单位最高权力机构的审议和批准。以股份公司为例，股利的发放必须由董事会提出并最终由股东大会投票决定。公司董事会作为一个主要决策机构，应根据法律的规定、公司章程、公司当年净收益和公司未来的发展战略等情况，确定是否进行利润分配，并就利润分配时

所采用的分配方式、分配时间和分配金额提交给股东大会最终表决确定。

股利(利润)的支付,有公司自行办理和委托代理机构办理两种形式。从控制的有效性来讲,选择后一种方式更为合理,它可以减少单位发放股利(利润)时发生欺诈舞弊或错误的可能性。因为单位除了向代理机构签发一张应付股利(利润)总额的支票之外,单位不再接触大量的向每位股东签发的支票。公司可以核对代理机构支付股利(利润)所编制的详细支付清单,并在会计核算上进行控制。

单位如果采用自行办理的方式支付股利(利润),则首先应该根据宣布的每股收益或者利润,确定应发股利(利润)的总额。其次,根据股东明细账上记载的每位股东股份持有数和每股收益,计算每位股东应得的股利(利润),并开列股利(利润)支付清单。计算的结果应经复核人、财务负责人复核并经总经理审批。再次,财务负责人进行核查,核对无误后,交财务人员转账支付。

单位财会部门在办理筹资业务款项的偿付过程中,如果发现已审批、拟偿付的各种款项的支付方式、金额或币种等与有关合同或协议不符的,应当及时向有关部门报告,有关部门应当查明原因,做出处理。

单位应当加强对与筹资业务有关的各种文件和凭据的管理,应当建立筹资决策、审批过程的书面记录制度,以及有关合同或协议、收款凭证、验收证明、入库凭证、支付凭证等的存档、保管和调用制度,并对有关文件和凭证进行定期核对和检查。

第六节 监督与检查

如前所述,单位筹资业务的内部控制系统具有多个控制环节,包括比较多的控制内容。这些有关筹资的决策环节、执行环节以及偿付环节等的控制成效如何,将直接影响到单位的筹资效率和财务状况。因此,确保筹资业务的内部控制切实有效,是单位内部控制的重要目标之一,也是对筹资控制进行检查、监督的根本目的之所在。

单位筹资业务的内部控制的监督和检查,主要由单位的内部审计机构进行。如果没有独立设置内部审计的话,单位可以委托中介组织来进行。但是,无论采用什么方式,这种监督和检查都是必不可少的。

一、筹资控制的监督部门的主要职责

(1)对筹资内部控制的执行情况进行检查和评价。

(2)写出检查报告,对筹资业务的岗位设立、业务流程、控制措施等存在的现实和潜在的缺陷提出改进建议。

(3)对执行筹资内部控制时成效显著的部门和人员提出表彰建议,对违反筹资内部控制制度的部门和人员提出批评和处理意见。

二、筹资业务监督检查的主要内容

(1)筹资业务相关岗位及人员的设置情况。重点检查是否存在不相容职务混岗的现象。

(2)筹资业务授权批准制度的执行情况。重点检查筹资业务的授权批准手续是否健全,是否存在越权审批的行为。

(3)筹资决策制度的执行情况。重点检查筹资决策是否按照规定程序进行,决策责任制度是否落实到位。

(4)决策执行及资产的收取情况。重点检查是否严格按照经批准的筹资方案、有关合同或协议办理筹资业务,以及是否及时、足额收取资产。

(5)各项款项的支付情况。重点检查筹资费用、本金、利息、租金、股利(利润)等的支付是否符合合同或协议的规定,是否履行审批手续。

(6)会计处理和信息披露情况。重点检查会计处理是否真实、正确,信息披露是否及时、完整。

三、筹资业务监督检查的组织、程序和方法

监督检查是一种随着时间的推移而评估企业内部控制执行情况和质量的过程。监督可以通过日常的、持续的监督检查活动来完成,也可以通过个别的、单独的评估来实现,或者两者相结合。但是,从总的方面来讲,对于单位的内部控制的检查和评价,可以从内部检查、外部监督、注册会计师的评价三个方面来进行。筹资业务内部控制的监督检查,也可以分为筹资控制的内部检查、筹资控制的外部监督和注册会计师关于筹资内部控制的评价三种形式。

(一)筹资业务控制的内部检查

对于一个单位的筹资内部控制的评价,首先来自于单位的内部。单位筹资控制的内部检查有两项职能发挥着重要作用:筹资业务的内部审计、筹资业务内部控制的自我评估。

内部审计是组织内部为检查和评价其活动的有效性、合法性等而进行的一种独立评价活动。它主要提供有关检查活动的分析、评价、建议、咨询意见和信息,以协助本单位有关部门有效的履行其职责,提高工作成效。内部审计的主要职能有检查、鉴证、评价和建设。内部审计,既是单位内部控制的一个部分,也是监督内部控制其他环节的主要力量。针对筹资控制的内部审计,主要是指由单位内部独立于筹资业务的决策、执行和偿还等环节的审计机构对单位筹资业务各个环节所进行的监督与检查,目的是发现其中可能存在的缺陷,并提出相应的改进建议。

筹资控制的自我评估,是指每个部门定期或者不定期地对自己的筹资内部控制系统进行评估与自我检查,评估筹资内部控制的有效性及其实施的效率效果,以期能更好地达成筹资内部控制的目标。筹资控制的自我评估所具有的基本特征是:关注业务的过程和

控制的成效;由单位的管理部门和筹资业务的职员共同进行;用结构化的办法开展评估活动。筹资控制的自我评估,基本目的和出发点是进行自我监督和检查,毕竟自己对情况更加熟悉,更容易发现问题,也更容易提出具有可行性的建议和措施。这要比坐等内部审计人员来检查更加主动,效果更加好。

(二)筹资控制的外部监督

筹资控制的外部监督,相对于内部监督检查而言独立性要强,其主要是指独立于单位的各利益相关者的监督,包括政府有关部门、债权人、股东等与单位筹资有关的外部管理机构或者筹资对象,对筹资单位的内部控制制度的建立和执行情况所进行的监督。与筹资控制的自我评价不同,筹资控制的外部监督更多情况下是根据法律、法规、制度的规定进行的,或者是双方在筹资协议或合同中所要求的,并不完全是单位的一种自发行为。比如说,按照有关要求,国务院财政部门和县级以上地方各级人民政府财政部门应当根据《会计法》和本规范,对本行政区域内各单位内部控制的建立和执行情况进行监督检查。单位如果通过银行借款进行筹资,银行为了降低资金风险,也可能在双方的借款合同中要求对单位的内部控制制度的建立和执行情况进行监督与检查;如果单位通过发行债券或者发行股票筹资,则证券监督管理部门也会对筹资控制的监督与检查做出相应的规定。就监督效果来说,筹资控制的外部监督因具有较高的独立性、权威性,往往更容易发现筹资业务内部控制中所存在的薄弱环节。这一点是内部审计和自我评价所不具备的,正因为如此,筹资控制的外部监督具有不可替代性。

(三)注册会计师对筹资业务内部控制的评价

注册会计师是相对独立的第三方,是具有较高专业水平的一个群体,其可以站在相对独立的角度,对单位的内部控制发表意见。在现实中,很多单位聘请中介机构或相关专业人员对本单位的筹资内部控制的建立健全及有效性进行评价,并以此为基础不断推动单位内部控制逐步趋于完善。从性质上讲,注册会计师的评价也是一种外部监督形式,所不同的是注册会计师的审核和评价不仅具有独立性,而且有较高的专业性,因此,评价结论更加权威和可信。但是,这种评价需要支付一定的费用,会加重单位的经济负担,因此单位可以根据自身的经济实力和管理要求,确定是否聘请注册会计师对自己的筹资内部控制系统进行专门的审查与评价。

案例分析题 1

1.资料:①1999 年 6 月,审计署驻南京特派员办事处审计组在对工行无锡分行某办事处的审计中,发现其贷款大户－无锡市某计算机厂(信誉良好,贷款均为正常类及关注类贷款)有一笔 150 万元的贷款列为损失类,并有 42.86 万元的表外欠息。银行信贷部门反映该计算机厂不承认此笔贷款,因而贷款本金和利息均无法收回。

审计人员发现,此笔贷款先汇至该厂设的临时账户,除支付银行首期利息 13 万元外,其余资金分别汇至海南某房地产公司及其业务员马某户头上,此后,该临时性账户再无资

① 朱荣恩.内部控制案例[M].上海:复旦大学出版社,2005:103.

金进出。审计人员通过反复审查,后查明原无锡市电子工业局副局长潘某在担任该计算机厂厂长期间,利用职务之便假借计算机厂名义骗取、挪用工行贷款 150 万元,并先后挪用公款 270 万元给马某进行经营活动和使用,目前尚有 150 万元未归还。2000 年 5 月 25 日,无锡市人民法院以挪用公款罪判处潘某有期徒刑 6 年。

2.分析与启示

(1)该案例说明该计算机厂的货币资金业务的内部控制存在严重缺陷,银行账户开设与管理比较混乱,对临时性账户的监管不严格。

(2)该案例同时也反映出该单位的筹资内部控制存在缺陷。银行借款的决策和执行不透明,控制不严密,存在以单位名义私自借款和使用的舞弊行为。

案例分析题2

1.资料:①2000 年元月,林某——山东省东明县王店乡高集村人,在深圳通过中介公司在香港正式注册了"欧亚集团(香港)国际投资有限公司"。打着国际投资公司的招牌,林某纠集了另外 13 位农民,以投资合作为借口,诈骗了全国 20 多个省份的 100 多家企业,涉案合同金额 100 多亿元,骗走现金超过 500 万元。

其中,2000 年 6 月至 8 月河南省某大公司的总经理陈某,为了开发一个很有前途的项目,经过几番波折,与该公司签订了筹资合同,约定对方投资金额 5 000 万元,年回报利息 7%,45 天内资金到位。很快一个月过去了,资金却始终没有到位,等到陈某意识到受骗时,已经被骗了 57 万多元。

2.要求:结合筹资内部控制的内容,指出该案例中陈某在筹资环节内部控制中存在的问题。

思考练习题

1.筹资业务包括哪些环节?各环节具体包括哪些内容?

2.筹资决策环节的内部控制包含哪些内容?

3.筹资决策执行环节的内部控制包含哪些内容?

4.筹资预算和筹资方案有什么区别和联系?

拓展阅读

1.中国财政部.企业内部控制应用指引第 6 号——资金活动[S].2010.

2.杨行翀,等.企业筹资学[M].上海:上海财经大学出版社,2014.

3.刘俊彦.筹资管理学[M].北京:中国人民大学出版社,2003.

---

① 朱荣恩.内部控制案例[M].上海:复旦大学出版社,2005:113.

第十三章 担保控制

在市场经济条件下，相互之间提供担保是经常发生的一种经济业务。这既是融资的需要，有时候也是保持相互经济关系和合作所必需的。但是，担保也是潜藏风险比较高的一种业务。企业稍有不慎，就可能被拖累至深渊。在我国因担保失误而承担责任，甚至于破产的案例时有发生。因此，加强对外担保的业务控制，对于企业规避风险至关重要。

第一节 岗位设立与工作职责

一、担保控制的内容

担保一般是指为了保证合同债权的实现，由当事人双方依照法律的规定，经过协商而设定的法律措施。债权人需要以担保保障其债权实现的，可以采用保证、抵押、留置和定金等方式进行担保。

（一）保证

保证是指第三方为债务人的债务履行做出保证，在债务人不能按时履行债务时由第三方即保证人代为履行还债义务。这也是通常意义上所说的担保的含义。

（二）抵押

抵押是指债务人或者第三方将其资产作为对债权人履行债务的保证，在债务偿还之前不转移其对确定财产的占有。

（三）质押

质押包括动产质押和权利质押两种。

动产质押是指债务人或者第三方将其动产移交给债权人占有，并将该动产作为债权的担保。当债务人不能履行债务时，债权人有权利按照法律的规定，以该动产折价或者以拍卖、变卖的价款优先受偿。此时该动产又称为质押物。

权利质押是指以汇票、支票、债券、存款单、股票，依法可以转让的商标权、专利权、著作权及其他权利作为质押标的的担保。

（四）留置

留置是指债权人按照合同约定占有债务人的动产，债务人不能按照合同约定的期限履行债务的，债权人有权留置该财产，以该财产的折价或者变卖、拍卖该财产的价款优先受偿债权。

按照《中华人民共和国担保法》的规定，留置担保的范围包括主债权及利息、违约金、损害赔偿、留置物保管费和实现留置权的费用。

(五)定金

定金是指合同当事人约定一方向另一方支付一定数额的货币作为债权的保证。债务人履行债务后，定金抵作价款或退还。如果给付定金的一方不能履行约定的债务，则无权要求返还定金；如果收受定金的一方不能履行约定的债务的，则要双倍返还定金。

二、担保风险的特点

单位对外提供担保，实质上是出借自己信用的一种经济行为。与出借资金一样，担保也具有风险性，只是这种风险有不同的表现形式而已。一般情况下，单位对外出借资金时，所承担的是因债务人破产而致使债权不能收回的风险。这种风险主要表现在流出的资金无法回收上，因此可称之为“资金无法回收风险”。而对外提供担保时，通常在担保成立之日并无实际的资金流出，只是做出代为偿债的保证性承诺。只有当被担保方违约或因破产而不能按时还债时，单位才承担连带责任，替被担保方还债并发生相应的资金流出或其他形式的经济利益的损失。对于这种风险，可称之为“额外支出风险”。上述两种风险虽然存在形态不同，但最终结果是一样的，即都会导致单位资金流出或其他形式经济利益总量的减少。然而，在管理实务中，人们往往比较重视前一种风险，对资金出借行为也相当谨慎，但是对担保风险却认识不足，总以为，所谓的债务担保只是一纸承诺而已，单位的钱财物并无减少，即使有风险也是建立在被担保方违约、破产等诸多不确定性假设基础上的，未来可能性不一定很高，并不足虑。可以说，正是由于存在这种认识误区，使得一些单位在担保事项的管理上具有相当大的随意性，甚至个别单位把债务担保看作是信手拈来的一桩小事。这是导致一些单位担保过多、失控的主要原因。

一般情况下，与资金借贷风险、投资风险相比，担保风险具有如下特点：

(1)隐蔽性。单位对外借出资金或投资时，通常在业务成立之日即发生资金或其他形式的经济利益的流出或减少，会计账簿和报表系统对此有所记录和反映。因此，这种经济活动的风险是一种显性风险。而对外提供担保时，在担保之日并无资金或其他形式的经济利益的变化，单位此时所负担的只是一种连带的、或有性质的责任，会计系统对此并无正式的记录与反映，所以是一种隐性风险。担保风险正是由于这种特性，使其具有很大的欺骗性，也容易成为风险管理中的盲点。其实，从信用管理的角度讲，单位在提供担保之日已借出了自己的信用，其信用资产已经减少了，只是现有的会计记录系统不反映这种信用资产的变化而已。

(2)突发性。担保风险主要表现为一种潜在的、或有性质的支出。由于会计记录中无正式地反映，因此，其经常游离于单位风险管理的视野之外。而一旦因被担保方未能按时还债，担保单位被追诉承担连带责任时，这种风险就转化为现实的确定性的支出。这时，对担保方来说往往感到非常突然，同时会由于缺乏预见性和应对措施而使其资金运用一夜之间陷入困境，严重时甚至有可能导致企业破产清算。而且目前我国的会计制度中也不允许对这种或有损失计提准备金，这在一定程度上更增加了这种突发性风险的打击性和破坏力。

(3)放大性。担保风险的放大效应主要表现在两个方面：其一，担保金额可能超过单位的自有资金总量。通常，资金借贷风险和投资风险受资金规模的限制，单位在借出资金或对外投资时，一般是根据可动用的资金总量安排的，不会超出特定的资金规模。但是，担保风险不完全受单位资金总量的限制，因为单位可以像一女多嫁一样进行反复担保，担保金额可能远远超过单位的自有资金总量。比如，中科健公司的担保金额为其净资产的178.4%就充分地说明了这一问题。其二，担保风险具有连环性。目前担保大多是多家互保，这样就事实上形成了一个或有负债链条。一旦某一个环节出问题，就可能出现一家遭殃、多家连坐的情况，其风险会不断地向后传递并且连环性地逐步放大。其结果可能导致一批企业乃至整个社会经济出现大的波动与震荡。

三、担保控制的依据

单位需要加强对担保业务的控制，特别是对外提供债务保证的控制，防范潜在的风险。单位进行担保控制所依据的主要法律规范有《中华人民共和国会计法》、《中华人民共和国担保法》、《企业内部控制基本规范》、《企业内部控制应用指引第 12 号——担保业务》等。

各个单位应当按照国家有关法律法规和内部控制规范的规定，结合本单位、部门或系统的主要业务特点和经济活动内容，建立适合本单位业务特点和管理要求的担保内部控制制度，并组织实施。

四、岗位设立与工作职责

(一)岗位设立

按照《企业内部控制基本规范》的规定，单位负责人对本单位担保业务内部控制的建立健全及有效实施负责。但是在实际管理中，单位负责人不可能亲自管理和经手所有的担保业务，因此单位必须设立相应的工作岗位来办理各种担保业务并对担保风险进行控制。通常情况下，需要设立的岗位有：担保业务的评估岗位、审批岗位、执行(办理)岗位、记录岗位、监督检查岗位等。在很多单位，这些岗位经常是设立在财务部门或其他管理部门的，由这些部门的有关人员兼任上述担保业务的工作岗位。由于担保业务并不是经常发生的，因此独立设置担保岗位是没有必要的。

(二)不相容岗位的分离

单位应当对担保业务建立严格的岗位责任制，明确相关部门和岗位的职责、权限，确保办理担保业务的不相容岗位相互分离、制约和监督。通常情况下，担保业务不相容岗位至少包括：

1.担保业务的评估与审批；

2.担保业务的审批、执行与监督；

3.相关财产的保管与担保业务记录。

按照内部控制的基本原理，上述岗位不能相互合并或兼职，而要相互独立；另外，无论任何情况下，单位都不得由同一部门或个人办理担保业务的全过程。

单位应当配备合格的人员办理担保业务。办理担保业务的人员应当具备良好的职业道德和业务素质，熟悉国家有关法律法规及专业知识。

（三）授权制度

单位应当对担保业务建立严格的授权批准制度，明确审批人对担保业务的授权批准方式、权限、程序、责任和相关控制措施，规定经办人办理担保业务的职责范围和工作要求。

审批人应当根据担保业务授权批准制度的规定，在授权范围内进行审批，不得超越权限审批。

经办人应当在职责范围内，按照审批人的批准意见办理担保业务。对于审批人超越权限审批的担保业务，经办人员有权拒绝办理。

严禁未经授权的机构或人员办理担保业务。

单位应当制定担保政策，明确担保的对象、范围和禁止担保的事项。

单位应当制定科学规范的担保业务操作程序。审批人和经办人应严格按照规定程序办理担保业务。

第二节　担保评估与审批控制

一、担保业务的评估

1.单位应当建立严格的担保业务评估制度，采用适当的评估方法，对担保业务进行评估，确保担保业务符合担保政策。原则上，单位不能为与自己无任何经济来往和联系的单位提供担保；提供的担保金额不能太大；在提供担保时应该要求对方提供反担保。

2.单位对外单位的担保业务，应当组织相关人员对申请担保单位主体的资格，申请担保项目的合法性，申请担保单位的资产质量、财务状况、经营情况、行业前景和信用状况，申请担保单位反担保和第三方担保的不动产、动产和权利归属等进行全面评估，形成评估报告。

在对外提供担保时，为了对担保事项进行准确的评估，需要对方提供如下资料：

（1）担保申请书；

（2）被担保方的营业执照；

（3）项目可行性研究报告；

（4）向银行借款的合同或意向书；

（5）当期的资产负债表、利润表和现金流量表等财务报表；

(6)其他需要提供的资料。

单位收到上述资料后,需要进行认真的分析,对被担保方的财务状况、项目的可行性以及担保可能引起的潜在风险等做出准确的评价,并以此为基础决定是否需要向对方提供担保。

在进行评估时,有两个问题需要引起注意:第一,被担保方的诚信记录。如果被担保方的信用记录比较差,不应向其提供担保,否则将冒比较大的风险。第二,在进行评价时,需要参考法律人士的意见,或者请法律代表共同审核担保资料。

3.单位对自身的担保业务,申请与评估应当分离。按照不相容职务相互分离的控制原则,申请和审批属于不相容的性质,两者需要严格分离。否则,极容易发生担保业务中的舞弊,出现担保风险。

4.被担保项目发生变更时,单位应重新组织进行评估。

二、担保业务的审批

1.担保业务的审批。单位应当对担保业务严格审批。对于重要的担保业务即金额比较大的担保,应该实行集体决策审批。在审批中,需要有明确的责任,防止所谓的审批流于形式,对于重要的担保审批失误而引起单位重大经济损失的,应该追究相关审批人员的责任。

由于单位的性质不同,现实中审批担保业务的机构和部门也有很大差异。在非经济组织中,担保事项的审批通常由行政首长审批;而在股份公司中,担保事项一般是由董事会审批,重大金额的担保还需要经过股东大会决定;如果是上市公司的话,对外担保还需要请独立董事审核并发表自己的独立意见

2.订立担保合同。一旦担保事项经过审批之后,有关部门和人员应当根据评估报告和审批意见,按规定权限和程序订立担保合同。在合同中需要对双方的权利业务等做出尽可能的详细规定。合同的订立应符合《中华人民共和国合同法》和《中华人民共和国担保法》的规定。重要担保业务合同的订立,应当征询法律顾问或专家的意见。

3.对担保合同的审核。单位应当组织相关人员对担保合同的合法性、完整性等有关内容进行详细的审核。在进行具体审核时,要特别注意如下方面:

(1)合同的订立是否符合国家的相关法律;

(2)合同的有关条款是否完备;

(3)合同中有关术语的表达是否有歧义;

(4)其他需要关注的事项。

以下列示担保合同样本,供参考。

案例1

××银行保证合同[①]

编号:(　　)年(　　)字(　　)号
保证人:上海×××有限公司(以下简称为"甲方"),住所:××××
邮政编码:
电话:　　传真:
法定代表:
开户银行:
债权人:中国××银行(以下简称为"乙方"),住所:××××
邮政编码:
法定代表人:
电话:　　　　传真:

为了确保债务人　　(下称主合同债务人)与乙方所签订的编号为(　)年(　)字(　)的《　》(以下简称为主合同)的履行,甲方愿意为主合同项下的全部债权提供保证。

乙方经审查,同意接受甲方所提供的保证。为了明确甲、乙双方的权利义务,根据《中华人民共和国担保法》及其他有关法律规定,特签订本合同。

第一章　被保证的主债权种类和金额

第1条　甲方所担保的主债权的种类和金额为主合同项下的主债权和金额,其种类为　,数额为　元(大写),币种为　　　　。

第二章　债务人履行债务的期限

第2条　甲方所担保的主债权的期限为自20××年　月　日至20××年　月　日。

第三章　担保方式

第3条　本合同的担保方式为连带责任保证。

第四章　保证担保的范围

第4条　本合同保证的范围为:主合同约定的主债权及其利息、逾期利息、复利、违约金、损害赔偿金、实现债权的费用(包括但不限于诉讼费、律师费、差旅费等)和所有其他应付费用。

除非本合同另有约定,对于甲方为履行保证责任而向乙方支付的任何款项,按下列顺序清偿:(1)乙方实现主债权之费用;(2)损害赔偿金;(3)违约金;(4)主债权之复利;(5)主债权之逾期利息;(6)主债权之利息;(7)主债权之本金。

第五章　保证期间

第5条　本合同项下的保证期间为:自主合同约定的债务人履行债务期限届满之日起2年。

前述债务人履行债务期限包括甲方分期清偿债务的情形下每一笔债务之清偿期限。

① 李敏.内部会计控制规范与监控技术[M].上海:上海财经大学出版社,2011:309.

第六章　双方的权利与义务

第 6 条　双方的权利和义务

6.1　甲方保证其是根据中华人民共和国法律合法存在的中国法人或其他组织，具有签订和履行本合同所必需的民事权利能力和民事行为能力，能独立承担民事责任。

6.2　甲方知悉并同意主合同的全部条款，自愿为主合同债务人提供保证，其在主合同项下的全部意思表达真实。

6.3　甲方所提供的保证为独立保证，如有第三人亦为主合同债务人履行主合同提供保证，甲方仍然提供全部责任。

6.4　若主合同债务人如期清偿主合同下的全部债务，则甲方不再承担本合同下的保证责任。

6.5　保证期间，若乙方将主债权转让给第三人的，无须经过甲方同意，甲方在原保证担保的范围内继续承担保证义务。

6.6　主合同债务人与乙方协议变更合同的，在不增加甲方所担保的主债权数额的前提下，不必取得甲方同意，甲方不能因此变更而免除连带保证责任。

6.7　甲方保证其向乙方提供的有关其资信情况的说明、财务报表和其他资料真实有效。

6.8　主合同债务人未依约清偿债务(包括主合同约定的提前到期的情况)，乙方要求甲方承担保证责任的，甲方在接收乙方书面通知之日起立即代为清偿主合同项的债权。

6.9　除非本合同另有约定，对于甲方为履行保证责任而向乙方支付的任何款项(包括乙方行使本合同第 6.10 条款下的权利所取得的款项)，按下列顺序清偿：(1)乙方实现主债权的费用；(2)损害赔偿金；(3)违约金；(4)主债之复利；(5)主债之逾期利息；(6)主债之利息；(7)主债之本金。

6.10　若甲方未按上款约定履行责任时，甲方授权乙方：(1)直接从甲方在乙方系统内所有营业账户开设的账户内扣款；(2)对合法占有和管理的甲方财产或财产权利行使处分权利以清偿债权。

6.11　在主合同履行期间，若甲方变更地址、名称，须提前 30 日通知乙方，若甲方变更法定代表人，应在变更后 7 个法定工作日内通知乙方。

第七章　违约责任

第 7 条　本合同生效后，甲、乙双方均应该履行本合同约定的义务，任何一方不履行或不完全履行本合同所规定义务的，应当承担相应的违约责任，并赔偿对方由此造成的损失。

第八章　合同的生效、变更与解除

第 8 条　本合同经甲、乙双方的法定代表人或其委托代理人签字并加盖公章后生效。

第 9 条　本合同独立于主合同，不因主合同的无效而失效。

第 10 条　本合同生效后，甲、乙任何一方不能擅自变更或提前解除本合同。需要变更或解除时，应经双方协商一致，并达成书面协议。

第九章　争议的解决

第 11 条　甲、乙双方在行合同中如发生争议，由甲、乙双方协商解决。如双方协商不成须诉讼的，由乙方所在地法院管辖。

第十章　附则

第12条　本合同约定的通知，采用电报、传真方式的，一经发出即为已经送达；采用邮寄方式的，在投寄3天后即视为已经送达。

第13条　双方约定的其他事项：

第14条　本合同正本一式　份，甲、乙及　　各一份，其法律效力相同。

第15条　本合同于　　年　月　日由甲、乙双方于　签订。

甲方：（盖章）　　　　乙方：（盖章）

法定代表人：　　　　法定代表人：

年　　月　日　　　　年　月　日

第三节　担保业务的控制

一、对外担保的控制

1.明确担保权限

担保权限设定是控制担保业务的首要环节。对企业而言，由于对外担保的高度风险性，因此担保权限的设定非常重要。担保权限通常只设定在总部，分部组织不设担保权限，换言之，分部不具有对外担保的权利。这种担保权的集中使用对集团公司来说非常必要，可以避免由于分部对外担保而引起的混乱和失控。

2.限定担保额度

限定单位最高提供担保的额度，既是测度单位承担担保风险的尺度，也是控制担保风险的有力工具。理论上讲，单位对外担保额加上负债额之和应该小于净资产额，换言之，最高担保金额应等于单位净资产额与负债之差。如果从控制风险的角度讲，单位对外担保越少越好，不到不得已，单位不应该轻易对外提供担保。

3.慎重选择被担保对象

担保对象到期能否偿还债务是单位是否承担担保风险的关键。只有被担保单位到期按时足额地偿还债务，单位才能解除担保的连带责任。因此，对担保对象的选择就变得很重要。通常选择担保对象时，需要考虑如下几个方面：

(1)主营业务是否正常，财务状况是否良好。需要分析的财务指标有：主营业务增长率；利息保障倍数是否大于1；资产负债率是否小于50%；流动比率和速动比率是否大于行业平均数；现金净流量是否大于零。如果这些指标都是肯定的回答，那么该单位的状况就是良好的，单位为之担保一般不会出现大的风险。

(2)信用记录是否良好。经济实力是担保对象履约的前提，但是经济实力并不一定就意味着担保对象能够按时履约，除经济实力外，良好的信用也是单位履约的必要条件。在我国目前信用状况比较差的情况下，对担保对象信用记录的考察是很必要的。在考察时通常要关注担保对象偿还债务的历史记录，是否存在因债务纠纷而引起的诉讼等。

(3)担保单位的借款用途，是否有良好的投资前景。如果担保对象的借款用途不明确，或者拟投资的项目与国家的宏观经济政策和产业发展不一致，那么为这些单位提供担保将会冒比较大的风险。

(4)担保对象的管理能力。这种管理能力的高低，可以通过单位的管理队伍、过去的管理业绩等间接地反映出来。如果担保对象的管理队伍素质较低，则通常情况下其管理能力是比较欠缺的，单位经营的稳定性和增长性会受到影响。

4.建立对被担保方的监控制度

单位对外提供担保之后，就承担了相应的连带责任。如果被担保方生产经营或管理层发生重大变故，往往会影响其偿还债务的能力，并进而将担保方也拖下水。因此，担保生效之后，担保方应当建立担保业务的检测报告制度，重点加强对被担保单位、被担保项目资金流向的日常监测，定期了解被担保单位的经营管理情况，形成报告。对异常情况应及时要求被担保单位采取有效措施化解风险。

5.对被担保方实施监测的主要方式

单位应当采取适当的监测方式，对被担保单位、被担保项目进行监测。单位可以根据实际情况采取以下方式：

(1)参加被担保单位与被担保项目有关的会议、会谈和会晤；

(2)对被担保工程项目的施工进度和财务进行审核；

(3)担保单位认为必要时，可派员进驻被担保单位工作，被担保单位应提供方便和支持。

如果被担保方是上市公司，还应该密切关注被担保单位的财务报表和其他公开信息，随时了解其生产经营情况和重要的经营事项，以便采取相应措施回避担保风险。

6.建立反担保措施

反担保是控制担保风险的事后措施，是控制担保风险、降低担保损失的最后一道屏障，因此建立反担保是预防和控制担保风险的必要环节。所谓反担保是指单位在为被担保方提供担保的同时，要求被担保方以自己的资产、有价证券等为自己提供保证，或者同时签订以担保方为对象的担保合同。

二、抵押控制

单位以自己的财产作为抵押担保通常源于单位自身的筹资活动。因为除了少数的信用贷款外，绝大部分的银行借款要求单位必须提供以财产物资做抵押的担保。单位为了筹资需要而以自己的财产物资作为抵押时，应该做好如下控制工作：

1.对抵押财产的控制

按照我国法律的规定，单位只能以法律规定可以抵押的财产提供担保，法律规定不可以抵押的财产，单位不能用于担保。根据我国《担保法》的规定，可以用于抵押担保的财产主要有：

(1)单位所有的建筑物和其他地面上的定着物；

(2)单位所有的机器、交通运输工具和其他财产；

(3)单位依法有权处置的国有的土地使用权、房屋和其他地上定着物；

(4)单位依法有权处置的国有的机器、运输工具和其他财产；

(5)依法可以抵押的其他财产。

同时《担保法》规定，以下财产不能用于抵押担保：

(1)土地所有权；

(2)耕地、宅基地、自留地等属于集体所有的土地使用权；

(3)学校、医院等以社会公益为目的的教育设施、医疗设施和其他社会公益设施；

(4)所有权或使用权不明或有争议的财产；

(5)依法被查封、扣押、监管的财产；

(6)依法不能用于抵押的其他财产。

上述财产一旦被抵押，单位就不能随便处置这些资产，如果需要进行变卖、转让等处置的话，必须首先征得抵押权人的同意。

2.抵押合同的控制

单位(抵押人)和债权人(抵押权人)应该签订抵押合同，并就如下事项在合同中进行明确约定：

(1)被担保的主债权的种类和金额；

(2)债务人履行债务的期限；

(3)抵押物的名称、数量、质量、状况、所在地、所有权权属；

(4)抵押担保的范围；

(5)其他需要在合同中约定的事项。

3.抵押权实现的控制

单位在债务履行期满如果不能及时清偿债务的话，则抵押权人就可能要求将抵押物折价或变卖、拍卖等以清偿自己的债权。此时，单位需要做的工作是：(1)与抵押权人进行协商，争取延期清偿债权，避免抵押物的变卖、折价等；(2)如果协商不成的话，应该争取最有利的折价、变卖和拍卖条件，避免抵押物被低价出售；(3)对于抵押物变卖收入超过债权金额的部分，应该收归本单位所有。

三、质押控制

1.质押合同的控制

按照有关法律规定，单位持有的汇票、债券、支票、存款单、提货单等可以进行质押担保；如果用依法可以转让的股票、专利权、商标权、著作权等进行质押的，则需要向有关部门办理出质登记。

在质押业务中，出质人和质权人应该订立书面的质押合同，并就如下事项进行明确的约定：

(1)被担保的债权种类和金额；

(2)债务人履行债务的期限；

(3)质押物的名称、数量、状况；

(4)质押物移交的时间；

(5)其他需要约定的事项。

质押合同生效后，对被质押的质押物，单位不能随意处置，如果需要处置的，一定需要首先征得质权人的同意。

2.质押物处置的控制

债务期限届满时，如果单位不能及时地清偿债务，则质权人就可能要求将质押物折价、变卖、拍卖等以实现自己的债权。此时，单位所需要做的工作是，尽量争取最有利的折价、变卖或拍卖条件，并将清偿债权后剩余的款项收归本单位所有。

质权与其所担保的债权同时存在。如果单位提前清偿债务或按时清偿债务的，则质权人应返还质押物。

四、担保事项的记录控制

单位应当建立担保业务的记录制度。这种记录工作通常由单位财务部门在会计账簿之外进行独立的登记，对担保的对象、金额、期限和用于抵押、质押的物品、权利及其他有关事项进行全面的记录。通常这种记录一方面可以了解抵押、质押或保证的情况，另一方面也可以为防范担保风险提供必要的信息。

第四节　监督与检查

一、担保控制中常见的失控现象

在经济现实生活中，单位的担保失控主要表现在如下几个方面：

1.对外担保业务一人说了算，缺乏透明性，甚至存在着严重的人情担保问题。

2.担保业务没有经过审批，缺乏控制过程，暗箱操作严重。

3.担保手续不齐全，合同不规范，法律责任不清楚。

4.缺乏完善的担保风险监控机制和评估程序。

5.担保业务中不相容岗位相互混岗，没有制约机制。

6.重复担保，多头担保。

7.担保资产被封存或被起诉。

8.担保金额过大，远远超出单位的净资产。

9.担保事项在会计报表附注中没有进行充分披露。

二、对担保控制的监督与检查

1.单位应当建立和健全对担保控制的监督检查制度，明确监督检查机构和人员的职责权限，定期或不定期地进行检查。在经济现实中，这种监督检查工作经常是由单位的内部审计机构进行的，如果没有内部审计机构，则可以委托外部的专业审计机构如注册会计师等来进行。

2.单位监督检查机构和人员应采用符合性测试或其他方法检查担保业务内部控制制度是否健全，各项规定是否得到有效执行。

3.担保业务控制监督检查的内容主要包括：

(1)担保业务相关岗位及人员的设置情况。重点检查是否存在担保业务不相容职务混岗的现象。

(2)担保业务授权批准制度的执行情况。重点检查担保对象是否符合规定，担保业务评估是否科学合理，担保业务的审批手续是否符合规定，是否存在越权审批的行为。

(3)担保业务检测报告制度的落实情况。重点检查是否对被担保单位、被担保项目资金流向进行日常监测，是否定期了解被担保单位的经营管理情况并形成报告。

(4)担保财产保管和担保业务记录制度落实情况。重点检查有关财产和权利证明是否得到妥善的保管，担保业务的记录和档案文件是否完整。

4.对监督检查过程中发现的担保内部控制中的薄弱环节，单位应当及时采取措施，加以纠正和完善。

案例分析题 1

1.案情

1995 年 3 月 27 日，A 公司(系甲、丙和丁三人合伙开办的企业)与 B 银行签订了一份《借款合同》，约定：由 B 银行借款 50 万元人民币给 A 公司，借款期限 9 个月，即从 1995 年 3 月 27 日起至 1995 年 12 月 26 日止。同日，B 银行又分别与甲、乙两个人签订了《贷款抵押协议》，约定以甲自有的房屋和乙自有的房屋分别为该借款的一部分作抵押，并办理了抵押登记手续。借款合同签订当日，B 银行即将 50 万元划入 A 公司账户。借款期限届满后，A 公司未偿还借款本金，仅于 1996 年 7 月 5 日偿还部分利息。1997 年 5 月 1 日，A 公司在 B 银行发出的催收通知书上盖章签收。但此后 A 公司一直未能偿还借款，B 银行也未主张权利。1998 年 A 公司被工商部门依法注销。1999 年 5 月 24 日，B 银行向法院提起诉讼，请求判令 A 公司的开办人甲(也是抵押人)、丙、丁和抵押人乙等共同偿还借款 50 万元及利息。

本案终审法院审理后认为：由于 B 银行未能举证证明其在 1997 年 5 月 24 日后的两年期间内曾向 A 公司主张过权利，因此，B 银行于 1999 年 5 月 24 日向原审法院起诉要求 A 公司的开办人丙、丁偿还借款 50 万元及利息的诉讼请求超过了法律规定的两年诉讼时效，已丧失胜诉权，依法不予保护。但甲、乙二人提供其各自的房屋为借款作抵押，并办理了抵押登记，该抵押合同合法有效。虽然B银行在本案中的主债权已超过法律规定的两年诉讼时效，但由于B银行是在主债权的诉讼时效结束后的二年内起诉请求抵押人甲、乙承担抵押责任的，因此，根据最高人民法院《关于认真学习贯彻票据法、担保法的通知》（以下简称《通知》）第三条的规定“对在《票据法》、《担保法》施行以前发生的票据行为、担保行为，应当适用该行为发生时的有关规定；如果行为发生时没有规定的，可参照《票据法》、《担保法》的规定”以及最高人民法院《关于适用担保法若干问题的解释》（以下简称《解释》）第十二条第二款“担保物权所担保的债权的诉讼时效结束后二年内行使担保物权的，人民法院应予支持”的规定，支持B银行关于甲、乙应承担抵押责任的请求，判决甲、乙应当在其抵押范围内分别承担部分借款的清偿责任，B银行对甲、乙已提供抵押的房屋具有拍卖后的优先受偿权。

甲、乙不服上述判决，以二审判决适用法律错误为由向检察院申请抗诉。

2.分歧意见

检察机关审查后，有两种意见。

第一种意见认为，《担保法》于1995年10月1日施行，本案的担保行为发生在1995年3月27日，即在《担保法》实施前，明显不能适用《担保法》及其解释。终审判决适用《解释》第十二条第二款的规定来审理本案，是适用法律错误，应当抗诉。

第二种意见认为，对于抵押期限问题，《担保法》实施之前的法律法规没有规定。那么根据民法原理，除非主债权得到实现、抵押物灭失、债权人放弃抵押权，抵押人均应承担担保责任，也就是说抵押权排除诉讼时效的适用。终审法院根据最高人民法院《通知》第三条的规定而适用《担保法》及其司法解释，适用法律正确，不应抗诉。

3.综合分析，对此案不应抗诉

第一，该案争议的焦点是物权（包括担保物权）是否受诉讼时效制度的约束，是一个法律适用问题。对这个问题，理论界存在几种观点：A.诉讼时效仅约束债权，物权不受其影响；B.物上请求权属于请求权，应受诉讼时效的影响；C.物权中与债权相同的请求权受诉讼时效的影响；D.民事权利是民法通则规定的诉讼时效的客体，因此包括担保物权在内的所有民事权利都要受诉讼时效的限制。《解释》实施之前的法律法规及司法解释对上述几种观点均未予以认可或否定，因此，法院判决此类案件，准确地说是依据民法理论。

第二，《解释》颁布实施之后，由于该《解释》第十二条对担保物权的法律保护期限做出了明确的规定，终止了司法界在处理实际案件时无法可依的状况。但从理论上讲，笔者认为这一规定远非完善。法律设定担保物权的目的就是为了保护债权人的主债权得到实现，抵押人愿意用自己的财产进行抵押，也表明他自愿承担这一担保责任。另一方面，物权和债权的最大区别就在于物权具有绝对性，所以物权又被称为绝对权、对世权，而债权则具有相对性、期限性。如果对物权设定与债权一样的期限，那么法律设定物权担保就失去了它的一个重要意义，债权担保（保证）完全可以以其简便的形式（在保证协议上签字盖章即可，不用去专门的登记部门进行登记）取代它。但是，为什么《解释》第十二条对担保物权的存续期间作了4年的规定呢？那是因为在社会经济交往中，出现了主债权人在债权期限届满后，长期怠于行使其债权和抵押权的情况，这种情况与一般出现的情况相反，抵押人想尽快履行其义务，但抵押权人则因各种原因不去行使其权利，影响了抵押人正常的生产工作安排。因此最高人民法院在对担保法进行解释时做出了第十二条这一规定。

第三,《解释》第十二条第二款虽然存在缺陷,但它仍具有法律效力,是处理具体案件的依据。对本案的处理,笔者认为:终审判决参照适用该款规定,对申诉人是有利的。因为,依据《解释》第十二条,申诉人的抵押只用承担四年时间的担保责任,否则,根据当时的判决依据——民法学理,则应当承担永久(直至主债权实现)的担保责任。因此,按照最高人民检察院《民事行政抗诉案件办案规则》的规定,本案不宜抗诉。

——摘自:《检察日报》,2005 年 6 月 25 日,杨金顺。

案例分析题2

职能部门为他人提供担保应否承担责任?

1.案情介绍

甲公司的市场部分别为 A 公司的 10 万元债务和 B 公司的 20 万元债务提供了连带责任保证,但 A 公司的债权人乙知道保证人是甲公司的职能部门,B 公司的债权人丙不知道保证人是甲公司的职能部门且无过错。后 A、B 两公司均不能履行债务,两公司的债权人乙、丙均要求甲公司承担保证责任。

2.审理中的意见分歧

第一种意见认为:甲公司的市场部只是企业法人的一个职能部门,不具有独立承担民事责任的能力,其未经授权擅自为其他企业提供担保,保证合同无效,甲公司不应承担责任。

第二种意见认为:甲公司的市场部提供的担保虽然无效,但是 B 公司的债权人丙并不知道担保人为职能部门且无过错,甲公司对丙的损失应承担过错责任。A 公司的债权人乙因为明知保证人为甲公司的职能部门而与其订立保证合同,其损失应自行承担。

3.综合分析与评析

支持第二种意见。理由是:

依据我国有关法律、司法解释的规定,企业法人的职能部门提供保证的,保证合同无效。债权人知道或应当知道保证人是企业法人的职能部门的,因此造成的损失由债权人自行承担。债权人不知道保证人为企业法人的职能部门的,因此造成的损失,企业法人承担过错责任。在本案中,甲公司的市场部与 A 公司的债权人乙和 B 公司的债权人丙订立的保证合同均无效。A 公司的债权人乙明知甲公司的市场部为甲公司的职能部门,仍与之订立保证合同,因此对于由此而造成的损失,由 A 公司的债权人乙自己承担。B 公司的债权人丙要求甲公司承担保证责任的请求,因保证合同无效,不予支持。但是 B 公司的债权人丙可以变更诉讼请求,要求甲公司赔偿因其过错导致保证合同无效而造成的全部损失,包括直接损失和间接损失两部分。直接损失是缔约费用、准备接受保证人承担保证责任所支出的合理费用以及因支出上述两项费用而失去的利息,间接损失是丧失合格保证人的机会所遭受的损失。而且由于甲公司的市场部与 B 公司的债权人丙订立的是连带保证责任合同,其对于内因丧失合格保证人的机会所遭受的损失的赔偿,不以主合同经过审判或仲裁并就 B 公司的财产强制执行未果为前提。

——摘自:找法网,作者刘武波。

案例分析题3

两元钱甩卖公司控制权，揭开托普担保黑洞

1.案例介绍

(1)事情起因

今年3月19日，托普集团董事长宋如华通过公司公告宣布，以2元钱将价值以千万元计的股权和托普软件(000583.SZ)、托普科技(HK.8135)等两家上市公司的控制权拱手送人，创下了国内资本市场的一个奇谈。

自从7月21日证监会进驻托普软件，对其担保借款黑洞展开调查以来，这个昔日在资本市场上呼风唤雨的"托普系"再次成为市场关注的焦点。

这时，人们似乎才有了一个疑问："托普系"凭什么在不到十年的时间里，资产由5 000万元上升到100亿元，膨胀200倍；由一个公司衍生出遍布全国近150家控股子公司。

求解"托普系"打造资本帝国的魔方，目前只有向正在调查此事的监管部门才能了解到。证监局一位人士表示，由于托普软件证券违法案件涉及面广，情况复杂，办案周期可能要半年以上。目前稽查小组已进入全封闭工作状态，不可能对外公布任何消息。也许，只能从"托普系"三家上市公司公开的财务报表中，从与"托普系"资本链条密切关联的银行等方面进入，才能初步洞察其营造资本帝国的步履。

(2)2元钱甩卖公司控制权，百亿资产集团半数企业瘫痪

到上周的最后一个交易日，"托普系"的上市公司ST托普(000583.SZ)股价已从曾经最高的46元下跌至2元左右。而另一家上市公司ST炎黄(000805.SZ)股价也已从最高价33元跌至目前的5元。"托普系"上市公司股价的猛烈下行，反映了公司严峻的经营形势，也凸现出"托普系"面临的危机。

托普软件公告称，公司董事长宋如华先生因病不宜再参与公司的相关工作，宋如华先生本着公司持续发展的需要，决定牺牲个人利益，以吸引人才进入公司管理层。宋如华先生将其所持有的托普发展1 800万股股权(占该公司股权总数的19.05%)，分别以1元的价格转让给虞新友先生900万股、夏育新先生900万股。转让后，宋如华先生将不再持有托普发展公司股权。托普发展公司董事会选举虞新友先生为公司董事长，相关的工商变更已完成。而后有传闻，宋如华目前在美国不愿回来。

近来，一位当地的知情人士表示，目前托普科学城内的整个园区十多座小楼空空荡荡，只有托普软件少数几名工作人员留守。据她了解，从2月到现在，至少有1 000多人从托普离开，走了大概一半的人。在此之前，也陆续有人离开。而在2004年之前，托普集团在全国的员工还有近3 000名。

据了解，接踵而来的诉讼纠纷以及人员的大量离职使得托普集团的业务体系迅速陷入濒临崩溃的境地。目前托普系下的上百家公司已经有一半以上的企业完全瘫痪，所有业务全部停止。而剩下半数公司中，经营也相当艰难，基本就是半瘫痪状态。

面对"托普系"今日的惨状，自然让人想起它昔日誉满资本市场的"造系"历程。一位分析人士感叹："真让人看不懂，品牌的知名度在软件业远不如用友、金蝶，但资本扩张的气势无人能出其右。从软件到传媒，到金融，再到IT制造业，宋如华的每一次染指，都成

为资本运作的热门话题。娴熟的技法令人眼花缭乱，宋本人的资产也随之一再放大。”

1962 年出生于浙江绍兴的宋如华，1983 年毕业于成都电子科技大学应用物理系。1989 年获理学硕士学位，之后留校任教七年。1992 年 7 月，宋如华率领两名青年教师以 5 000元资金创办托普公司。随后，宋如华进入最令人惊心动魄的资本运作。

1998 年托普集团斥资收购川长征 A，将旗下软件企业借壳上市，随后更名“托普软件”。整个过程，托普只动用了3 000万元现金。2000年 5 月，托普软件以28.91元高价增发3 380万股 A 股，共募集资金9.54亿元。

2000 年，托普旗下的东普科技发展公司收购了深陷亏损的金狮股份，一举成为其第一大股东，并将其更名为“炎黄在线”，从而成为沪深股市第一家以.COM 命名的上市公司，后再度更名为“炎黄物流”。2003 年拟 10 配 6 股，但尚未实施。2001 年，托普成功分拆托普科技，以 H 股登陆香港创业板，一举融资 1.2 亿元港币。

2002 年托普跃上巅峰：拥有三家上市公司和 140 多家控股子公司，集团共有软件集成增值服务、托普品牌电器生产、柯尔物流、教育培训、金融保险、生态园林等六大产业群，2001 年实现产值 55 亿元，创利税 6 亿元，企业总资产近 100 亿元。而宋如华本人的知名度更是如日中天、名利双收。2000 年，福布斯中国内地前 50 名富豪中列 45 位；2002 年，列 77 位，个人资产超过 7 亿元。

(3)100 余家子公司缔结担保网，用银行资金急剧扩张

上海一家证券研究机构的有关人士表示：“托普系”迅速垒起巨额资产的奥秘，就在于进行了两个步骤，第一步是成立包括三家上市公司在内的 100 多家子公司；第二步就是利用这些子公司为母公司频繁担保贷款，套取银行资金。

据了解，其中托普软件、炎黄物流、托普科技三家子公司功不可没，因为它们有“上市公司”的信誉，母公司就更多地把它们推上前台取得银行资金。

通过托普集团旗下三家上市公司的报表可以发现，自从 2003 年开始，“托普系”上市公司披露的对外担保、银行借款诉讼案件等成了年报和季报的主要内容。特别引人注目的是托普软件今年上半年报，创下了1 000多家上市公司中的三项之最：一是控股子公司最多，达到 46 家；二是对外担保次数最多，达 63 笔；三是银行借款诉讼案件最多，达 58 件。

截至 2004 年 6 月 30 日，托普软件连带责任担保余额 15.6 亿元，其中为托普集团等关联单位担保 12.2 亿元，对外担保 3.4 亿元；公司为控股子公司担保余额为 1.8 亿元。担保中已判决由本公司承担连带责任 1.13 亿元，已起诉正在审理之中 9.37 亿元。公司本期预计担保损失 5.28 亿元，本期末本公司预计负债余额为 6.57 亿元。

据成都一家银行的人士告知，托普软件“钟情”担保只是近几年的事，也就是原实际控制人宋如华入主之后。而真正把担保业务“做大做强”，还是在 2003 年。2003 年托普软件披露的担保事项多达 100 余笔，累计发生额逾 20 亿元；担保事项，在年报摘要中占据近一半篇幅。报表显示，在托普软件发生的巨额担保中，有 88 笔近 14 亿元是在 2003 年发生的，占担保总额的七成左右。一个极端的例子，托普软件在 2003 年 6 月 27 日这一天当中，同时为两家关联方公司——托普集团科技发展有限责任公司和成都西部软件园股份公司提供 15 笔、金额近 1.5 亿元的违规担保。

再看“托普系”的另一家上市公司炎黄物流(由炎黄在线改名),公司 2004 年上半年报显示,在 2002 年 11 月至 2004 年 1 月期间存在重大违规担保事项,截止到报告日,公司为托普集团成员企业提供银行借款担保近 3 亿元,担保总额占公司净资产的比例 327.44%。担保金额巨大,远超过“不超过净资产 50%”的规定。担保事项没有经过董事会审批和决定,没有履行正常的审议和决策程序,也未按规定履行信息披露义务。

据一位成都银行界知情人士透露,托普的主要贷款行是四川省内的四大国有银行,尤其是四川省内的农业银行和工商银行。成都与“托普系”有业务关系的工商银行成都滨江支行的有关人士告知了一些详情,银行的一份资料显示了托普集团内部担保贷款三种基本方式。

一是上市公司为母公司贷款提供保证担保。据了解,2002 年 10 月至 2003 年 3 月,工商银行成都滨江支行与托普集团签订了金额为12 350万元的 6 份《流动资金借款合同》。同时,该行与托普软件签订了对应的 6 份《保证合同》,约定托普软件为托普集团上述借款提供连带责任的保证担保。

二是上市公司为母公司贷款提供抵押。2003 年 11 月,工行成都滨江支行与托普软件签订《最高限额借款抵押担保合同》,约定托普软件名下的44 913.77平方米房屋所有权作为托普集团向该行借款的抵押物。

三是其他子公司为母公司担保。工行成都滨江支行与托普集团于 2003 年签订了总金额为8 840万元的 8 份《流动资金借款合同》。同时该行与成都西部软件园股份有限公司签订了与借款合同对应的 8 份《保证合同》,约定西部软件园对托普集团的借款提供连带担保责任的保证担保。

从公开的数据也似乎可以看出,“托普系”资产的迅速膨胀与上市公司为关联企业频繁担保贷款有直接关系。托普集团往往利用上市公司可以在股市上融资的信誉,为集团的其他子公司向银行贷款进行担保。从 2002 年到 2004 年有关报表的初步统计来看,三家上市公司为托普集团成员企业提供银行借款担保累计达到 36 亿元,几乎占到“托普系”总资产的 40%。而托普集团其他成员企业之间又相互担保向银行贷款,据有关人士的统计,这部分贷款资金可能占到托普集团总资产的 10%。

从银行贷进的数十亿元资金最终流向了哪里?托普集团对外称,贷款的目的是发展各地的软件园和各子公司的业务。一位证券分析师表示,巨额银行资金一部分是进了“托普系”的有关企业,但由于投资失误损失巨大;另一部分资金只是在有关企业“过一下”,便被取出。他说,“托普系”100 亿元资产只是账面上的表示,实际资产肯定要小得多。因为对 100 亿元资产产生巨大作用的银行资金实际上很大一部分已流在了“托普系”的体外。

有关统计数据也似乎印证了以上的推测。半年报显示,托普软件今年上半年包含公司高层和员工酬薪的管理费高达7 600万元。炎黄物流也称,2004 年公司的经营环境十分严峻,诸多不利因素严重影响公司的正常经营和持续发展,主营业务收入与上年同期相比下降巨大,但期间费用却增加了1 131万元。

(4)担保拖垮上市公司,新任董事长忙于善后

“托普系”的上市公司是不幸的。“托普系”的企业众多,他们利用三家上市公司这个平台,或提供担保,或直接借款,不断蚕食。前后对照三家上市公司 2002 年到 2004 年上

半年的有关报表，可以发现上市公司在“托普系”中被拖垮的三个原因。而上市公司危机的出现，也带来了“托普系”资金链的断裂。

一是母公司利用上市公司担保，频繁为自己和其他子公司向银行贷款，使上市公司无法正常经营，同时陷入无休止的担保纠纷。上半年，公司作为被告人被起诉的案件累计有58件，涉及金额18亿元，为净资产的179.79%。其中因担保被起诉的有14件，涉及金额9亿元，因欠银行贷款及其他欠付款等被起诉的有44件，涉及金额8.8亿元，本期已预计诉讼损失2921万元。

二是受母公司的影响，上市公司往往不能独立决策，经常根据母公司的意思改变投资方向。2003年8月，托普软件临时股东大会决定变更原定募集资金投向，以总计2.7亿元的价格收购成都托普教育投资管理有限公司9 000万股股权。相对于每股净资产为1元的托普教育，托普软件3元的买价，极大地损害了上市公司的利益。2003年年报显示，托普软件将从股市中融来的9亿多元全部花光用完。

三是由于频繁的担保，市场对其股价充满了风险预期，使其在证券市场再融资平添了困难。由于托普软件业绩一落千丈，股价从最高的48元跌到现在的6元左右，虽然中间曾经10股送9股，但众多的流通股股东仍然被深套其中。

由于以上原因，上市公司经营和财务状况不断恶化。托普软件2004年半年报显示，公司上半年亏损6.34亿元，每股收益为－2.74元。同时预计2004年1月至9月公司经营业绩仍将出现亏损。半年报称公司存在的主要问题是借款和担保引起的债务纠纷，以及关联方对公司资金占用所引起的资金紧张，进而影响到公司正常的生产经营。另外，2003年报显示，托普软件已经全部花完了2000年募集的9.55亿元资金。

同时，从托普科技(HK.8135)2004财年第一财季财报中可以发现，截至3月31日第一财季托普科技营业额为376.1万元，与去年同期相比，52.7%，直接亏损达458.3万元。从财报显示来看，托普科技目前为多家子公司提供担保以获取发展的资金，虽然托普科技财报中声明没有必要为众多担保承担责任，但是就在随后的四月就遭到了福建兴业银行和中信实业的起诉。也正是上述违反创业板规定的行为导致了托普科技在4月19日被停牌。

6月21日，托普软件遭到深交所公开谴责。公告称，公司向关联方共提供资金，公司对外提供担保均高出净资产的100%，超过了“50%”的上限。上述行为均未及时履行信息披露义务，也未履行必要的审批程序。炎黄物流也同样遭到深交所公开谴责。据悉，该公司重大信息披露违规行为主要表现在：对重大担保事项未及时履行信息披露义务。炎黄物流为关联企业托普集团下属6家企业提供银行借款担保，涉及金额净资产的280%。

7月21日，中国证监会成都证监局开始对托普软件涉嫌违反证券法规进行立案调查。托普软件公司也开始为巨额担保付出代价：一方面，因担保而引起的诉讼逐渐增多，公司财产将难免被法院冻结；另一方面，银行已普遍收紧信贷政策，个别银行甚至要求提前还贷，而公司6月末账面资金只有2 600多万元，生产经营已步入难以为继的危局。

据统计，“托普系”所有企业对内对外发生贷款担保180笔，涉诉担保近100项。在银行借款纠纷诉讼里，包括中信实业银行成都分行诉托普集团、托普软件、成都托普科技、ST炎黄，工行自贡市分行诉托普软件、托普集团，交通银行自贡分行诉托普软件、托普集团。此外,对公司提起诉讼的银行还有建设银行、华夏银行等等。

据了解,托普软件的新任董事长夏育新一直在为解决公司的问题而奔忙。公司证券事务部的有关人士表示,目前公司管理层正在通过自查公司存在的问题,针对逾期债务、对外担保承担连带责任、关联方资金占用等重大问题也采取了相应的四方面应对措施。积极与债权银行协商沟通获得理解和支持,探讨多种解决债务的途径和方法。严格控制对外担保,坚决杜绝新的违规担保。对关联公司占用上市公司资金作为清收重点,以确保上市公司资产的安全性和完整性为宗旨。公司在投资策略上收缩战线,积极处置投资效益不好的软件园区资产。经营方面整合公司在全国的技术资源和产品资源,突出重点,集中精力发展核心业务的思路。

——摘自:中国会计网,发表日期:2006-03-28。

2.要求:研读该案例,总结担保业务中应该吸取的经验教训。

思考练习题

1.什么是担保? 其有哪几种形式?

2.什么是担保风险? 其主要特征是什么?

3.如何评估和选择担保对象?

4.对外保证的控制要点有哪些?

5.质押控制的要点有哪些?

6.抵押控制的要点有哪些?

7.担保失控的主要表现是什么?

8.如何对担保控制进行监督检查?

拓展阅读

1.中华人民共和国担保法

2.中国财政部,等. 企业内部控制应用指引第 12 号——担保业务[S]. 2010.

3.江克清,胡胜. 担保纠纷案例与实务[M]. 北京:清华大学出版社,2017.

第十四章　对子公司的控制

对子公司的控制，不同于单一主体下的采购业务控制或者销售业务控制等，它是一级组织对另一级组织进行的控制，反映其中的不仅有业务关系，还有组织结构和公司治理结构的设计问题，因此具有特殊性。目前但凡规模稍大的企业多数都采用集团化的经营管理模式，都会面临着对于子公司的监管问题，所以，研究和介绍对于子公司的控制问题是有现实和应用意义的，尽管我国的内部控制规范体系中并未单独列示其相关的内容。

第一节　企业集团与子公司类型

企业集团可以进行多种分类，这里从内部控制的角度进行分类研究。[①] 这种分类和后面集团公司的管理体制、内部控制体系设计，在逻辑上是相互一致的。

一、资本型企业集团

(一)组织结构

资本型企业集团中，集团公司(或称为母公司、总公司)对子公司主要体现出资功能，即对子公司实行对外投资，监督投资的使用，调整对外投资结构，实现资本收益的最大化。其投资层次一般为集团公司对下一级子公司进行控股，形成多个二级控股主体，同时这些二级控股公司或主体又可以向更下一级进行控股形成三级控股公司或者主体。如此，理论上讲，可以一直延伸至无穷。这样一来，在集团内部就沿着资本投资关系或者产权关系形成了一条资本业绩股权控制链。其关系形同家族中的“母公司→子公司→孙公司”的关系。如图 14-1 所示。

资本型母子公司的主要目的是用少量的资本控制大量的社会资本，实现资本的聚集和集中。这种企业集团中，集团公司对于子公司的控制主要体现在股权控制方面。由于集团公司通常只是纯粹的控股公司，没有具体的产品生产与销售的业务内容，因此，在业务层面上，通常和子公司没有诸如协调生产、协调销售、协调材料等具体的联系。集团公司在组织结构设置时，通常也没有负责产品生产、销售以及原材料采购的部门，机构设置

① 也有人把企业集团分成财团型企业集团和母子公司型企业集团两种。

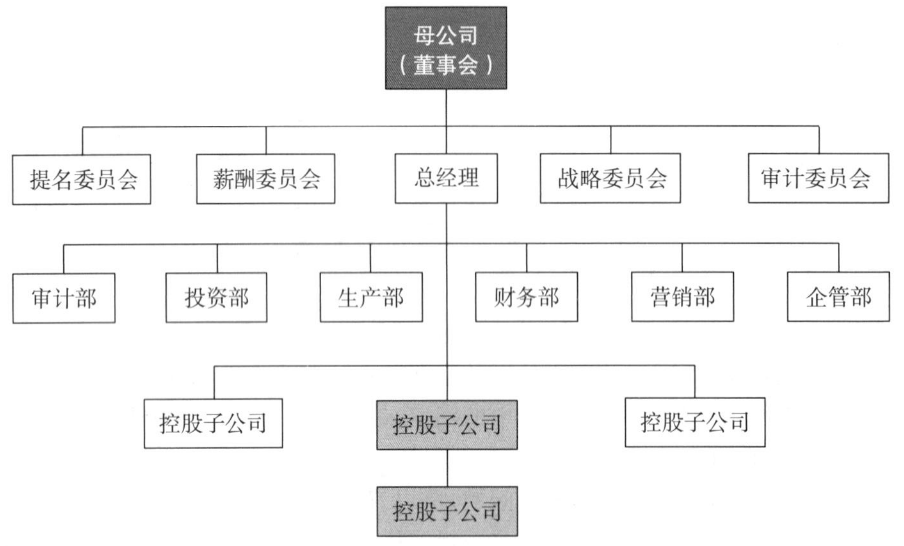

图 14-1 资本型企业集团组织结构

比较简单，呈现出“资本大而人员少”的集团化的特征。

(二)资本型企业集团的优点

1.可以用较少资本控制较大资源，并保持对附属子公司的控制权。而且，随着母公司对子公司的控制链的延伸，集团公司控制的资源就越多。

2.资本控制的收益比较高。其通常的做法是，首先在并购市场上获得子公司的控制权，然后交给职业经理人进行整合和重组，使得子公司获利，并提升其市场价值。在适当的时候，把重组之后价值已经提升的子公司出售，以此获得差价收入。当然，除此之外，集团公司还可以从获利的子公司中得到投资利润的回报。

3.风险相对独立性。母公司下属的子公司或者孙公司都是独立的法人实体，不会因某一个子公司或者孙公司的经营损失和倒闭而影响到其他独立的子公司和母公司。这种法人相互独立，等于在集团公司各个成员之间建立起了一道风险隔绝墙，把母公司的风险仅仅限制在资本投资额之内。但是，如果集团成员之间有相互的担保或者借贷，那么情况就不一样了。这时候，负债的关联性虽然能够增强企业集团的对外融资能力，但是也扩大了财务风险波及其他成员企业的可能性。

(三)资本型企业集团的缺点

税收减免有限。也就是说，这种形式的企业集团不利于税收的筹划和减免，空间比较小。其主要由于两个原因：一个是控股公司的收益来源于子公司的税后利润，存在着控股公司和子公司双重缴税的问题；二是由于各个子公司分别独立缴税，不能因为一方的亏损而抵减其他成员的纳税。因此，企业集团的整体税负会比较高。

(四)控股形式

在资本型企业集团中，根据控股公司对子公司的投资控股比例，相应地可以把子公司分为几类：

1.全资子公司。指母公司持有该公司的100％的股份。在有些国家和地区，全资子公司不具有法人资格，只能作为分公司存在。我国的《公司法》规定，除国家授权机构或者部门外，公司不得设立具有独立法人资格的全资子公司。

2.优势控股子公司。指母公司持股比例高达51％～99％的子公司。

3.质量控股子公司。指母公司持股比较在25％～50％的子公司。

4.任意参股子公司。指母公司持股比例在25％以下的子公司。这些子公司通常都是母公司基于技术合作、业务联系等才参股的。因此，一般情况下，不具有控制权，而是更接近于所说的“关联企业”。

二、混合型企业集团

混合型企业集团是指以产业发展为主的企业集团。这些企业集团中的母公司除了出资功能外，还具有统一采购、销售、研发等功能。也就是说，这时候的母公司不仅在资本上行使控股权来控制子公司，而且还借助于原材料采购、产品销售、核心产品研发等控制子公司的原材料市场、销售渠道和研发能力，所以，对于子公司的控制是双重性的。即资本控制加业务控制。

这种企业集团中，母公司的组织结构通常设有采购部、营销部、研发中心、生产部等机构。这些机构一方面进行母公司本身的原材料采购、产品销售、新产品研发，以及产品生产，同时又负责协调各个子公司的材料采购、产品销售和技术改进等工作。因此，在集团公司的机构设置上，混合型企业集团要比资本性企业集团复杂一些。

混合型集团公司下的子公司，也可以按照前述母公司占子公司股权的比例分为全资子公司、优势控股公司、质量控股公司、任意参股公司等。

第二节　对子公司控制的特点

不管是资本型企业集团，还是混合型企业集团，站在集团公司即母公司的角度讲，其内部控制都包括两部分内容：一是母公司本身的内部控制，主要是针对母公司内部的各个机构、岗位和业务进行的；二是母公司对于子公司的控制。

一、对子公司控制的经济含义

对子公司的内部控制，是指母公司为了加强对其子公司的管理，保证母公司投资的安全、完整，确保企业集团合并财务报表的真实可靠，根据国家有关法律法规而对子公司所进行的控制。这里有如下几层含义：

第一，母公司对子公司的控制并不针对所有的子公司，而只是对被控制的子公司进行的。这里的“控制”是指一个公司能够决定另一个公司的财务政策和经营政策。这是判别是否形成“控制关系”的唯一标准。其中，控制者是母公司或者集团公司，被控制者则是子公司。这里必须说明，控制和控股是有不同经济含义的，现实中两者所包括的范围也差别很大。所谓控股，是指以资本或者股权而取得的控制权。也就是说，在通过这种手段取得控制的子公司中，母公司所占的股份一定要具有相对意义上的优势或者多数。前面所讲的全资子公司和优势控股公司都属于这种范畴。而“控制”的含义则比较广泛，它除了股权控制外，还包括通过其他手段而获得的控制。这些手段有：(1)通过章程或者协议拥有子公司的财务政策和经营政策的决定权；(2)有权向子公司的董事会派遣多数成员；(3)有权向子公司派遣总经理或者财务总监等高层管理人员；(4)有权任免子公司董事会的多数成员；(5)采用委托经营、承包经营、租赁经营等方式而拥有另一公司的财务和经营政策的决策权。

第二，母公司对子公司的控制，如果站在母公司本身的角度来讲，是一个公司对另一个公司的控制，属于外部控制的范畴。但是，如果站在整个企业集团来讲，由于母公司和子公司都是集团公司的组成成员，大家的利益和风险是一致的，因此又属于“内部控制”的范畴。本书所讲的内部控制的含义，正是建立在这后一种含义基础之上的。

二、对子公司控制的特点

母公司本身的内部控制，和一般企业没有什么区别。如果说有区别的话，也只是母公司的资本规模比较大而已，但业务活动并不一定复杂。有些母公司，特别是单纯进行资本运作的控股公司，由于没有自己独立的供应、生产和销售系统，业务上反而比一般企业要简单。所以，一般意义上的内部控制的管理手段和方法，完全可以适用于这一部分的管理工作。换言之，完全可以把一个非集团化企业的内部控制系统，拷贝或者移植到母公司本身的内部控制这一部分工作之中。但是，母公司对于子公司所进行的内部控制，则不然，其要复杂得多。一般情况下，单一主体的内部控制系统也没有办法直接应用到母公司对于子公司的控制之中。因为，母公司和子公司分属于两个不同的企业主体。母公司对子公司的控制，一定程度上讲是一个企业对另一个企业的控制，而不是企业内部的一个部门对另一个部门的控制。正因如此，使得母公司对于子公司的内部控制，具有不同于单一主体的内部控制系统的一些特殊属性。这些特性可以概括为：

(一)控制主体的多重性

母公司对于子公司的控制，至少涉及母公司和子公司两个独立的法人实体。如果子公司不是一个而是多个，还可能涉及三个、四个独立的法人实体。在这里，控制主体的多重性具有两层含义：一是指经济主体的个数有多个；二是指这些经济主体之间，或者说是控制者和被控制者之间不是平行的关系，而是母子之间的纵向意义的关系。

(二)公司治理与内部控制相互衔接性

公司治理和内部控制是两个不同的控制系统。一般来说，公司治理解决的是出资人和代理人之间的委托代理关系问题，涉及的控制主体是股东、董事会、监事会、总经理等。控制的目标是保证经济活动的公平性和效率。控制的手段是权、责、利在股东大会、董事会、监事会和总经理之间如何进行配置。而这一问题在很多国家都是通过公司法来加以规范的。因此，公司治理结构一般不涉及货币资金、销售业务、成本费用等具体业务的控制问题。而内部控制则不同,它主要针对的是业务系统,在企业则表现为业务部门和执行系统的控制问题,通常会涉及财务部、生产部、营销部,以及各个岗位;所解决的是企业的业务效率、资产安全和会计信息的真实性等问题。一般不会涉及权力如何在股东大会、董事会、监事会和总经理的分配问题。

对单一主体的内部控制系统来说,公司治理结构是作为一个已知的环境要素而存在的,或者说,假定公司已经有一个完善的治理结构,董事会、监事会和总经理的权力、能力和品质等都不存在任何问题,是完全可以信赖的。所以,在现实中,任何单一主体的内部控制制度的设计都不会涉及董事会、监事会和总经理的权力分配问题,不会考虑如何控制董事会和总经理等问题,否则,内部控制就变得无边无际了。但是,集团公司对于子公司的控制则有所不同。它不仅要考虑如何在业务层面上保证母公司和子公司怎样实现战略、资金系统、销售系统的协调和控制问题;更要关注如何对子公司的董事会人员构成、董事长人选、总经理人选、财务总监等重要岗位的人选问题,以便控制子公司的最高决策层,来更好地实现自己的控制目的。这样一来,就自然地涉及子公司的治理结构的设计问题。所以,母公司对子公司进行控制时,必须将子公司的治理结构和内部控制两个控制系统有机地连接在一起。也就是说,既要管子公司的一些事权,也要管子公司高层管理者的人权。如果两者脱节,比如,母公司和子公司之间的内部控制系统衔接得很好,但是子公司的治理结构不理想,董事长不是母公司派的,工作上不和母公司进行积极配合,或者反过来,子公司的董事长是母公司的自己人,但是,母公司和子公司在业务控制系统上衔接得不好,那么在这两种情况下,集团公司都很难真正地控制子公司。

(三)控制的间接性

单一主体的内部控制是直接针对具体业务、具体岗位和个人的,所采用的是一种直接控制的思想。所以,企业的内部控制制度很多时候本身就是岗位工作制度。而母公司对于子公司的控制,更多的是一种间接性的控制。这种控制,一般是通过干预子公司的政策,或者在整个集团成员中采用一体化的管理政策来实现的,并不直接涉及子公司的具体业务、具体岗位和个人。假如母公司对于子公司的控制直接涉及具体业务、具体岗位和个人的话,在很大程度上,这可以理解为母公司接管了子公司。如果不是接管,那么这实质上就是对子公司经营权相对独立性的一种侵害。

(四)控制手段的不同

单一主体的控制手段主要有组织规划控制、授权批准控制、全面预算控制、实物保护控制、职工素质控制、风险防范控制、内部报告控制、电算化控制、内部审计控制、会计系统控制等。但是,对于母公司对子公司这种横跨两个经济主体的控制来说,只有授权批准控制、全面预算控制、内部报告控制、内部审计控制等一部分控制手段用得上。其他的控制手段,比如,实物保护控制则根本无法使用。因为在母公司对子公司控制的情况下,无论是实物控制中的实地盘存方法,还是账面盘存方法,都无用武之地。换言之,母公司对子公司就是控制得再怎么细致,也不可能亲自到子公司去清点货物,进行账实的相互核对工作。其控制目的,只能通过干预子公司的政策来实现。至于政策的执行者,必定仍然是子公司的工作人员。

(五)控制重点的不同

单一主体的内部控制涉及企业生产经营的所有业务和管理活动。以我国颁布的《企业内部控制应用指引》为例,其控制项目包括资金活动、采购业务、工程项目、销售业务、担保业务、合同管理等,而母公司对子公司的控制事项,显然不可能这样多、这么细,而只能是有选择地对子公司的重要项目,即对母公司的利益有直接影响的重大项目进行控制,比如,对于子公司的对外投资、对外担保等进行控制。至于其他的一些非重要项目,对于母公司来说就没有必要进行控制,而且即使能够实施有效的控制,在经济上也未必核算。这就是说,母公司对于子公司的控制是有选择性的,而不是全面的。

第三节 对子公司控制的方法

内部控制在实现其控制目的的过程中,可以采用的具体方法多种多样。但是,这些方法有些并非适用于集团公司对子公司的控制。对于集团公司对子公司的控制来说,使用到的控制方法主要有面向子公司治理层的控制方法和面向子公司业务层的控制方法这两大类。

一、对子公司治理层的控制方法

子公司作为一个经济组织,存在着两个运行系统:一个是决策和指挥系统;一个是执行系统。其中,决策和指挥系统主要取决于公司的治理结构,也就是董事会、监事会和总经理这三者之间的决策权、监督权和执行权的三权分立。在目前以董事会为中心的时代,起主要作用的是董事会。因为它是公司的主要决策机构。而执行系统主要是总经理以下的各个职能部门和岗位。因此,集团公司要想对子公司进行控制,首先也是最重要的就是控制子公司的决策和指挥系统,也就是建立一个“亲”母公司的决策指挥机构。可以采用的控制方法有:

(一)人员控制

人员控制是指集团公司通过向子公司的特定机构和组织选派自己的人员来达到贯彻集团公司的意图和对子公司进行控制的目的。这些机构和组织都是子公司的重要决策系统,是子公司治理结构的构成内容。在对子公司的治理层进行控制时,主要是选择能够代表集团公司的利益、便于集团公司沟通的人员。这些人员一般要具有如下条件:一是能够进入子公司的重要决策层,在子公司决策时有一定的话语权;二是要在集团公司和子公司中都具有比较强的沟通和协调能力。通常可以采用的控制措施是:

1.向子公司派出董事。对子公司设有董事会的(或者由企业章程规定的经理、厂长办公会等类似的决策、治理机构,以下简称董事会),母公司应当向其派出董事,通过子公司董事会行使出资者权利。

委派的董事应当定期向母公司报告子公司经营管理有关事项。对于重大风险事项或重大决策信息,委派董事应当及时上报母公司董事会。

2.向子公司董事会提名子公司的经理人选。对于子公司经理未能履行其职责，并对企业集团利益造成重大损害的，母公司有权向子公司董事会提出罢免建议。

3.根据需要实行总会计师委派制。委派的总会计师，应当定期向母公司报告子公司的资产运行和财务状况。如有必要，委派的总会计师可以实行定期轮岗。

4.母公司应当建立健全对子公司委派董事、选任经理、委派总会计师等人员的绩效考核与薪酬激励制度，充分发挥其积极性，维护整个企业集团的利益。

在对子公司的决策层进行控制时，有几点需要注意：

第一，母公司参与建立子公司的治理架构，是在《公司法》等法律的框架下进行的，不能违背相关的法律规定。

第二，集团公司对子公司无论是派遣董事、经理或者是总会计师，都应该在子公司的章程中予以明确。换言之，集团公司对于子公司治理结构的参与和人员的选派，都是按照子公司的章程进行的。因此，章程的条款对于集团公司来说，非常重要，不能忽视这个控制环节和手段。

第三，集团公司是同时派出董事、经理和总会计师，拟或是只派出其中的一位？这主要取决于集团公司对于能否实现对子公司控制的判断。一般来说，只要选派其中的任何一位，都能够达到集团公司控制子公司的目的，同时派遣是没有必要的。而且对于很多集团公司来说，也未必有这么多的人选可以向子公司派遣。

（二）组织机构控制

组织机构控制是指集团公司通过设立专门的组织机构来实施对于子公司的控制。在实际中，母公司可以根据需要设置专门部门（或岗位），具体负责对子公司的股权管理工作，行使母公司出资人的各项权利。其主要职责包括但不限于：

1.参与子公司高级管理人员的聘用及管理工作；

2.参与制定子公司的资产置换和重组等资本运作方案；

3.制定子公司的改制方案并参与实施等。

对于组织机构控制，有一点需要明确：集团公司是否一定要设置专门的机构？对此问题，正确的思路应该是，根据集团公司所属的子公司的多少和控制所涉及的工作量的多少而定。从理论上讲，如果集团公司的所属子公司比较多，任务比较繁重，可以设置专门的机构从事这些工作。反之，如果集团公司的子公司比较少，任务比较轻，则完全不必要设立一个专门的机构，其有关的管理任务完全可以分解到集团公司的相关部门。这时候，集团公司的职能部门就有两种不同的角色：一个是集团公司内部本身业务的经办者，一个是子公司的监管者。根据中国企业的情况分析，目前多数集团公司并不设专门的监管机构，而是将有关监督控制职责分解到集团公司的企管部、财务部、投资部等来承担。

二、面向业务层的控制方法

面向业务层的控制方法，主要是指针对子公司的业务进行控制时所采用的方法。其控制的对象不是体现在人员选聘上，而是体现为业务是否能够开展以及如何开展等的批准上。而且这些控制措施都是针对着具体的控制项目和业务进行的。通常情况下，集团公司对子公司业务的控制主要存在着混合性集团之中，而且集团公司和子公司具有产业链上的上下游关系。目前，根据中国企业的管理实践总结，集团公司对于子公司的业务控制主要集中在四种业务上：一是投资业务，二是融资业务，三是销售业务，四是采购业务。

其中，投资业务控制主要是为了避免子公司和集团公司在业务上形成竞争；融资业务控制主要为了防止子公司过度负债而影响集团公司的资信水平，同时避免子公司采用股权融资可能对集团公司控股权造成的伤害；至于销售业务和采购业务控制，则主要是为了控制子公司的销售市场及原材料采购，以便加强集团公司和子公司之间的产业集成和协调。

集团公司对于子公司的业务控制，所采用的方法与单一主体企业的控制方法基本相同，这里就不再赘述。

第四节　集团公司对子公司的控制体制[①]

控制体制决定着集团公司对子公司控制的总体特征和管理思想。实践中，集团公司在对子公司进行控制时，有时候控制比较紧，有时候控制比较松。每个集团公司可能并不完全相同。从经验总结和理论归纳角度上，人们通常将其分成集权型体制和分权型体制两种，并在此基础上分析其控制体制的基本特征、优缺点和适用的条件。

一、集权型控制体制

集权型控制体制是集团公司对子公司所采用的两种代表性管理体制之一。这种体制下，子公司的重要权力都集中在母公司之中。这里所谓的集权，就是指权力集中在母公司。

（一）集权型控制体制的基本特征

集权型控制的权力，理论上讲，应该是集中在企业集团总部或者是集团公司。也就是说，集团总部是整个集团的最高权力机构。从国际经验看，由于集团总部多数是以集团公司的董事会作为集团的最高决策机构，因此，事实上的集权是集中到了集团公司的董事会。这是对集权的比较精确的理解。[②]

---

① 也有学者将企业集团的控制体制分为五种类型：绝对集权型控制模式、相对集权型控制模式、相对分权型控制模式、绝对分权型控制模式和中间平衡型控制模式。不过就基本类型来说，还是集权和分权两种类型，而绝对集权、相对集权、绝对分权和相对分权只是对集权和分权的细分而已。中间平衡型只是对集权和分权的综合。

② 集团总部除了依托于集团公司的董事会，以集团公司的董事会作为决策平台外。还存在着另外的两种形式：一种是独立型的集团总部，即企业集团有自己的独立的领导机构，不依赖于母公司；二是折中型的集团总部，即建立母子公司代表共同参与的集团总部。但是，在总部中，集团公司的代表通常担任最重要的岗位，以便于掌握对总部的控制权。

集权型控制体制的基本特征是，集团公司实行高度集权式管理。母公司和子公司虽然法律上相互独立，但是经营上由集团公司统一经营、两级核算、共负盈亏。从母公司的高层到子公司的基层采用垂直控制。子公司一般不需要设立独立的职能部门。如果从集团公司和子公司两者分别进行概括的话，其基本特征具体如下：

1.集团公司方面表现的特征

集权型控制体制对集团公司的影响是多方面的，理论上讲，可以从很多方面进行概括和总结。这里主要从企业管理的主要方面进行总结。

(1)功能定位。在集权型控制体制下，所有重大管理决策权高度地集中于母公司，子公司只享有很少的决策权。总体上集团公司是一个决策者的角色。

(2)主要权力。①战略管理方面。全面负责子公司的战略制定、过程监控和绩效评价等。②资产管理方面。全面负责母子公司的资产保值、增值，以及重要资产的采购和论证。③人事管理方面。负责子公司的重要岗位的人事安排，通常是直接向子公司派遣高层管理人员，或者由母公司的管理者兼任子公司的高管。④财务管理方面。决定子公司的财务政策，对财务政策的执行情况进行监管，决定子公司的筹资、资金调度等重大的财务事项。⑤审计管理方面。由集团公司的内部审计部负责子公司的审计工作。⑥信息管理方面。负责建立信息数据网络，进行信息收集、整理、分析和研究，为集团公司的决策提供信息支持。

2.子公司方面表现的特征

在集权控制体制下，子公司的权力主要是执行权，总体上是负责实施集团公司的决策方案。所有子公司都必须执行集团公司的决策。子公司只能够独立地处理短期财务规划和日常的经营管理工作。

(1)功能定位。这种控制体制下，子公司被定为一个执行者。子公司的人财物及供产销等统一由集团公司管理。子公司的职能就是执行集团公司的方案。集权体制下，子公司很大程度上相当于集团公司的一个直属分厂或者分公司，只是一个成本控制中心，通常不具有投资功能。

(2)主要权力。这种体制下，在决策权、执行权和监督权中，子公司主要享有的是执行权。①战略管理方面。负责实施集团公司制定的发展战略。②资产管理方面。负责子公司的资产管理，确保资产的合理使用和安全完整，提高资产使用效率。③人事管理方面。接受母公司的人事安排，进行非重要岗位的中层和基层岗位的人事管理。④财务管理方面。设立相应的财务部门，执行集团公司制定的财务政策，落实集团公司在资金筹集、资产采购等方面的财务决策方案。⑤审计管理方面。接受集团公司内部审计部门的监督；如果单独设立内部审计部的话，需要向集团公司的审计监督提供服务。⑥信息管理方面。每月向集团公司上报经营管理情况的报表和其他规定的信息。

这种体制下母公司和子公司的运行关系如图 14-2 所示。

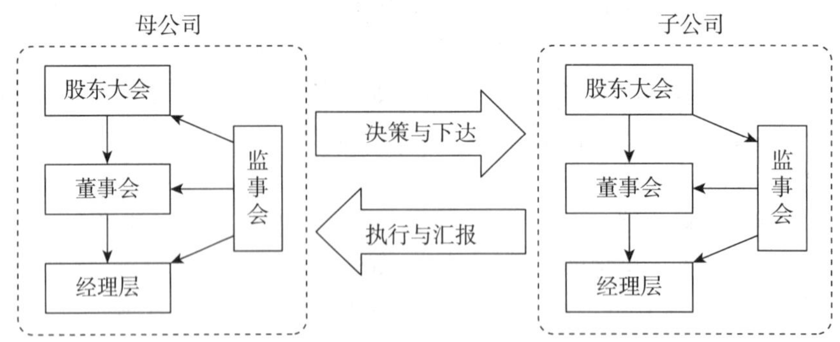

图 14-2 集权型控制体制下母子公司运行关系

(二)集权型控制体制的优缺点

理论上,集权体制的优点和缺点是:

1.优点

机构简单明了,命令统一,责任的线路很清晰;控制效率和协调能力比较强,能够有效地集中集团公司所有资源来谋取最大的利益与发展。各个子公司可以获得成本比较低廉的资金,可以减少投资盲目性,有效地规避投资风险,增加财务控制上的协调性。

2.缺点

缺乏合理的分工,在企业规模巨大和管理层次过多时,可能影响信息的传递和控制效率;子公司不参与集团公司的战略和财务计划的制订过程,其积极性和能动性的发挥受到限制;集团公司的高级管理者容易陷入具体事务而影响宏观的筹划和管理;集团公司的管理费用比较高。

(三)集权型控制体制的适合条件

在选择使用集权型控制体制时,关键是考虑各个子公司之间和集团公司之间是否具有紧密的业务联系,集中是否能够产生竞争优势,以及总公司是否具有控制子公司所需要的管理能力等各种因素。通常情况下,集权体制主要适合于以下情形:一是业务和产品比较单一的企业集团;二是规模比较小的母子公司组成的企业集团。在集团企业发展的初期阶段,大多是采用这种管理体制。此外,处于紧缩发展阶段的集团公司、对于比较重要的子公司、管理水平比较高的集团公司、文化上偏好于家长型领导的集团公司,都可能采用这种管理体制。

二、分权型控制体制

分权型控制体制是母公司对子公司采用的两种基本控制体制之一。这种体制下,子公司的管理权力不是主要集中于母公司,而是下放给子公司的管理层。因此,这里的分权是指集团公司把权力分给或者是下放给子公司之意。而且这种分权主要是针对决策权而言的。

(一)分权型控制体制的基本特征

分权型控制体制的总体特征是,集团公司仅仅保留子公司的一部分决策权和监督权,而把所有的执行权和一部分决策权分给子公司的管理层。这样一来,子公司的管理层不仅需要执行集团公司的决策方案,而且还要对一部分事项进行自主性决策,要自己拿主意。这种体制下,集团公司实际上只起控股公司的作用,主要从事集团的发展方向和重大事项的决策,以便实现整个集团的利益最大化。而子公司作为一个独立的法人单位,拥有生产经营上自主权,可以进行公司发展战略、生产计划的制定,以及自主地调配子公司的各种生产要素,同时以自己的资产为债务承担责任,自己计算盈亏。这种体制下的集团公司和子公司的各自特征可以做如下的概括:

1.集团公司方面表现出的特征

集团公司的管理总体特征是"抓大放小"。即重大事项的决策权由集团公司自己控制,而相对于集团公司来说不重要的决策权,而下放给子公司。在管理上,集团公司不采用指令性计划的方式直接干预子公司的管理和经营活动,而是采用间接管理方式指导和鼓励子公司发展,在利润分配时较多的考虑子公司的需要,以便增强子公司的竞争实力。其特征具体表现在:

(1)功能定位。分权型控制体制下,集团公司仍然定位于投资中心,子公司的重大投资权仍然由集团公司决定;管理中心,子公司的重大资产出售、重大的筹资活动等方面的决策权由集团公司行使。

(2)主要权力。①战略管理方面。负责集团公司的战略方案的制定、过程监管和执行结果的考核,对子公司的战略进行审批,协调子公司和母公司的发展战略等。②资产管理方面。负责母子公司的资产保值、增值,对于子公司的投资项目和重大的资产采购进行审批。③人事管理方面。负责子公司高层的人事安排。通常是向子公司董事会派遣董事,通过子公司的董事会进行控制。④财务管理方面。制定整个企业集团的财务政策,对子公司的财务政策进行宏观上和专业上的指导,监管子公司重大的筹资和资金调度事项。⑤审计管理方面。集团公司的内部审计部门定期对子公司进行审计,或者派遣外部的专业机构对子公司进行审计。⑥信息管理方面。负责建立信息数据网络,收集各个子公司的信息,对信息进行整理和分析,为集团公司的决策提供信息支持。

2.子公司方面表现出的特征

在决策权、执行权和监督权中,子公司享有执行权,同时具有部分的决策权和对自己内部各个职能部门的监督权;负责子公司日常财务事项和管理活动的决策权,在资本投入及应用、财务收支费用、财务人员选聘、职工福利等方面有比较充分的自主性;可以根据市场需要和公司的自身情况做出重大的财务决策。子公司只需要将决策结果向集团公司进行汇报和备案即可,不必经过集团公司的审批。子公司这些执行权分布在如下方面。

(1)功能定位。这种控制体制下,子公司具有比较大的经营自主权,功能上被定为利润中心的地位。这种定位与集权体制下的成本中心的定位区别在于,子公司不仅对成本控制负责,而且要计算利润,对母公司下达的利润指标负责。这就意味着子公司需要具有产品定价和销售等方面的更大的自主权。

(2)主要权力。①战略管理方面:负责实施集团公司制定的发展战略,制定子公司的发展战略,并进行组织实施,对战略执行结果进行考核和评价。②资产管理方面。负责子公司的资产管理,确保资产的合理使用和安全完整,提高资产使用效率,编制重大资产采购的方案并提交给集团公司审批。③人事管理方面。接受母公司的人事安排。进行中层和基层岗位的人事管理。定期向集团公司的董事会进行工作汇报。④财务管理方面。设立相应的财务部门,执行集团公司制定的统一财务政策,组织子公司的财务计划的编制和实施,进行子公司内部的财务管理、资金筹集、利润分配等。⑤审计管理方面。接受集团公司内部审计部门的监督;单独设立内部审计部对子公司内部的管理进行监督,并对子公司的审计提供帮助。⑥信息管理方面。定期向集团公司上报经营管理情况的报表和其他规定的信息。

分权体制下的母子公司之间的运行方式如图 14-3 所示。

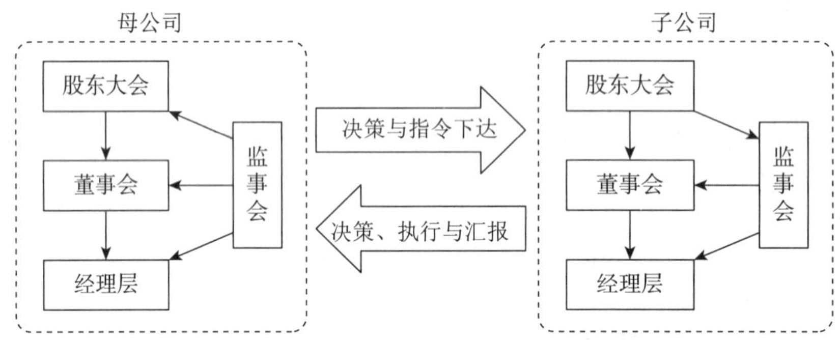

图 14-3　分权型控制体制下母子公司运行关系

(三)分权型控制体制的优缺点

1.优点

与集权型控制体制相比,分权体制的优点是:其一,集团公司可以把许多日常经营决策权交给子公司经理,由于子公司经理比集团公司的管理层更加贴近于实际,因此决策的质量和效率会比较高。其二,这种体制下,不是以某项工作是否完成来考核子公司的工作成效,而是以利润目标是否完成来考核子公司的管理层。由于利润指标具有综合性,能够更加充分地调动子公司管理层的积极性,发挥其主观能动性,并且有利于为企业培养管理人才。其三,集团公司和子公司的分工比较明确,集团公司的管理人员不需要陷入具体的事务之中,可以集中精力进行重大的谋划和决策。其四,可以降低集团公司的管理费用,提高集团公司的管理效率。

2.缺点

在实施中,该种体制的可能弊端表现在:其一,分权的幅度很难把握,如果分权不当,可能造成集团公司对子公司的失控;其二,由于子公司具有比较大的自主权,母公司在协调方面可能会出现一些困难,资金在集团公司内难以统筹和集中使用;其三,容易出现小而全的问题,资源利用效率可能降低,各个子公司之间的协调比较困难。

(二)分权型控制体制的适合条件

在选择分权型控制体制时,需要考虑子公司经营者是否受到必要的约束,以及子公司管理层是否具有必要的管理能力等因素。在这些条件具备的情况下,分权型控制体制通常比较适合于产品比较多、行业跨度大的集团公司。另外，处于成熟期的企业集团、采用事业部制的企业集团，以及文化上强调个性化和民主性的社会中，一般也会比较倾向于采用这种控制体制。

案例分析题

上海宝钢集团的母子公司控制体制①

宝钢集团公司作为国内的大型企业集团，对母子公司管理体制的探索和做法具有标杆的意义。通过研究其控制体制，对其他公司设计自己的控制体制有一定的参考借鉴意义。

1.母子公司的功能定位

宝钢集团的母公司作为国家授权投资的机构和国家控股公司，代表国家按出资比例对子公司行使所有者职能，包括资产收益、重大决策和选择管理者等。它是集团的投资责任中心和资本运营中心；母公司也是技术创新和产品开发中心，设有研究院（技术中心）；母公司在集团实行统一的国际、国内营销战略，对子公司进出口业务和海外经营进行统一协调，并负责对子公司在产品生产、原料互供、市场营销等方面的协调。子公司依法实施集团的投融资决策、资本运营决策、科技开发决策，遵照集团发展战略和中长期规划，负责本公司的日常经营活动，发挥各自优势，参与市场竞争，提升经济效益，努力实现利润目标，确保资产的保值增值。

与母公司功能定位相对应的，上海宝钢集团公司成立初期在总部设立的管理机构有：集团公司办公室（下设秘书处、调研处、外事办公室、接待处、驻京联络处），人事部（下设干部管理处、工资管理处、人才开发处、人力资源处），规划发展部（下设战略研究处、规划处、科技处、综合处、企业管理处），计划部（下设资金管理处、投资管理处、资产经营处、预算处、财会处、成本管理处、建设计财处），市场部（下设市场处、生产协调处、营销管理处、销售处、物资采购处、设备采购处），审计监察部（下设审计处、监察处）和法律事务部（下设诉讼处、合同处）。同时，保留了一些由原宝山钢铁（集团）公司的相应管理机构更名后的集团公司三期工程指挥部、技术改造管理处、生产部、技术部、设备部、能源部等机构。在2003年开始的集团全面管理体制和机制创新改革中，上海宝钢集团公司对总部职能部门进行了压缩管理层次、实现扁平化管理的改革。同时，为了增强集团发展所需的管理功能，组建了战略发展部、资产经营部、财务部、海外事业发展部、科技发展部以及管理创新部（企业文化部）。

2.母公司对子公司的管理

上海宝钢集团公司作为母公司，对其全资子公司及非上市的控股子公司所进行的管理包括如下方面：

（1）发展战略与规划管理。按照发挥集团群体优势和综合功能的要求构筑管理关系，统一制定发展战略和发展规划，统一制定技术创新和产品发展规划，统一安排重大技术改

①　王凤彬，赵民杰．企业集团管控体制——理论、实务与案例[M]．北京：经济管理出版社，2008．这里的宝钢集团的控制体制只是对非上市子公司的控制体制。

造项目，统一规划建设资金使用。

(2)人事管理。全资子公司的党政领导班子由母公司任免、考核和奖惩；控股子公司的宝钢派出人员，按公司章程由母公司依法向子公司委派或推荐，经股东(大)会、董事会聘任后任董事、监事、经理等职，母公司对其进行考核和奖惩；控股子公司的党群领导(包括党委书记、纪委书记、工会负责人)依党章和工会法选举后，由母公司党委任免、考核和奖惩；外地控股子公司的党组织为属地化管理，其党群领导(主要是党委书记人选)由母公司与所在地组织部门协商，母公司党委常委讨论后，向当地发同意函，由当地党委发文任免，属于宝钢派出人员担任领导职务的，由母公司考核和奖惩。

(3)投资管理。母公司对其全资、控股子公司的有关国有资产行使出资人权利。子公司的投资项目未经母公司审批，不得自行决策长期投资，不得对外签署有约束力的意向书、协议书、合同等文件。二级子公司(孙公司)及其所属公司不得对外投资。

(4)产权管理。母公司按照国家规定对子公司的资产进行清查、界定产权、核实资本金、组织产权登记，确保子公司规范运作，并提出子公司的保值增值指标，按法定程序对其实行资产经营责任制，考核经营者的业绩，以工效挂钩的办法，控制子公司的工资总额。子公司的股权转让、变更注册资本、合并、分立、解散、清算以及为外单位担保等必须通过母公司审批，母公司对上述事项涉及的资产处置、资产评估、产权交易、产权登记等行为进行全方位、全过程监管，并重点做好资产的处置、股权的转受让、资产重组、资产评估备案及产权交易等工作。母公司为对子公司实施更为有效的管理，制定了出任子公司董事的宝钢派出人员，就子公司董事会重大事项，在表决前向母公司提出表决申请的制度。

(5)预算管理。宝钢集团的全面预算管理覆盖母公司与子公司，母公司所属全资、控股子公司根据集团总体发展规划，结合本企业产品市场需求情况，按年编制年度预算计划，并上报母公司审批，由母公司下达、执行。

(6)协作管理。集团内部子公司之间的资源互供，参照市场价格运作，子公司产品外销价格由其根据市场行情确定，母公司不予干涉。集团内部子公司之间由于产品品种、规格、档次不同，有互相协作、共同开发市场的协作关系，但无市场区划。

2.案例解析

宝钢集团在母子公司的控制体制上，对非上市的子公司采用的是一种有统有分、相对分权的控制体制。具体体现在：

(1)战略管理。集团公司战略管理由母公司统一制定、监督实施和对效果考评；子公司没有独立的战略制定权，只是负责执行战略规划的实施。

(2)人事管理。根据资本控制权确定子公司的人事管理方式。全资子公司的党政领导班子由母公司任免、考核和奖惩；控股子公司，由集团公司派出，并按公司章程进入子公司的董事会、监事会，或者直接担任子公司的经理。子公司的领导定期接受由集团公司组织的培训，并每半年向集团公司进行述职报告，接受集团公司进行的考核。

(3)投资管理。集团公司对子公司的投资权集中管理，子公司的对外投资一律按照集团公司的投资管理程序进行办理。子公司只有对外投资的建议权，不具有最后确定权。子公司的对外投资未经批准之前禁止组织实施。所有的孙公司都不得对外进行投资。

(4)资本管理。母公司代表出资人进行资本集中管理。子公司的股权转让、变更注册资本、合并、分立、解散、清算以及为外单位担保等，必须通过母公司审批，母公司对上述事项涉及的资产处置、资产评估、产权交易、产权登记等行为进行全方位、全过程监管。

(5)预算管理。由集团公司统一进行预算管理。子公司根据母公司的预算和发展规划，编制自己的预算。集团公司的预算涵盖了所有的全资和控股子公司的预算。子公司预算的调整，要经过母公司的批准。

(6)生产经营管理。各个子公司组织自己的生产和销售，销售价格由子公司自行依据市场来确定，或者参考市场价格按照内部协议来确定。子公司自行核算利润和亏损。

(7)利润分配管理。根据资本控制权确定不同的利润分配管理方法。全资子公司的利润全部上缴给集团公司，由集团公司按照国家规定进行利润分配，税后利润由集团公司按照授权经营委托书或者是子公司章程规定的比例返还给子公司。

控股子公司和参股子公司的利润分配，由集团公司派驻在子公司的代表在董事会上形式表决权。

三、企业集团控制体制实施纲要

企业集团控制体制设计之后，应该固化成文件，由集团公司的董事会表决通过，并在整个企业集团的所有成员之间实施。固化成文件之后的集团公司的控制体制，有些公司称为“公司宪章”，这里称为“实施纲要”。在作用上，控制体制实施纲要，实际上是整个企业集团的根本大法，是规范母子公司之间的管理关系的基本依据。同时它也是各个子公司设计自己的内部控制体系的依据。

一般来讲，控制体系实施纲要由总则、基本原则、基本目标、控制模式、母子公司职能定位、组织政策、母子公司职责、决策制度、监督制度和附则等要素组成。具体的详细程度，可以由集团公司自行确定。

案例分析题

××企业集团控制体制实施纲要(基本式样)①

第一章　总则

第一条　为了加强××企业集团的管理，提高资源整合效应，保证集团内部各成员企业的工作有序、协调、高效地运转，促进集团战略目标的实现，依据国家法律法规和公司章程，参照国内外集团运作的惯例和管理经验，结合本集团的实际，特制定本实施纲要。

第二条　本纲要所称的“控制”是指集团公司对所属单位经营管理活动的管理和控制。其中，集团是指集团公司与所属单位的总和。所属单位是指集团公司的全资或控股的子公司。

第三条　本纲要主要包括基本原则、职能定位、组织正常、决策制度、监督控制等内容。

---

①　王风彬，赵民杰. 企业集团管控体系——理论、实务、案例[M]. 北京：经济管理出版社，2008.

第四条 本纲要适用于集团公司总部(简称集团公司)和所属单位。集团公司和所属单位应该根据本纲要的精神和要求制定自己的业务控制制度。

第二章 基本原则

第五条 集团公司对所属单位(以下简称为"子公司")的控制是以如下原则进行的。

(一)合法性原则。本纲要所构建的母公司对子公司的控制制度是以国家的适用法律法规为基础的。

(二)先进性原则。本纲要在构建母公司对子公司的控制制度时,借鉴和吸收国内外其他集团公司的良好经验,具有先进性。

(三)适用性原则。本纲要在制定时,对集团公司和子公司的管理实际进行过深入的调查研究。纲要所提出的控制制度吸收了各方的意见。

第三章 基本目标

第六条 本纲要的目的是规范集团公司和子公司之间的管理关系,提高集团公司和子公司的管理水平,提高整个企业集团的管理效益。

第四章 管理模式

第七条 根据实际需要,集团公司对子公司原则上采取"集中决策,分散经营"的相对集权控制。子公司有关战略、人事、财务、资本、绩效、品牌、文化、内控、审计和协同等方面的重大事项的决策权由集团公司行使,但是不直接参与子公司的具体业务经营。

第八条 集团公司对一般性的参股子公司,原则上采取相对分权管控模式,主要侧重于财务和绩效等方面的决策和管理。

第五章 职能定位

第九条 集团公司职能定位。集团公司作为母公司和核心企业,原则上不从事具体实业经营,主要承担集团管理责任。集团公司是集团的决策中心、管理中心和指导服务中心。

(一)集团公司主要负责集团基本政策的制定和审批工作。子公司应根据集团公司的基本政策与要求,制定本单位的各项政策,并报集团公司审批或备案。子公司的各项政策不能与集团公司的基本政策相矛盾。

(二)集团公司负责制订集团整体业务的发展战略规划和年度计划。子公司的业务发展规划和年度计划应由子公司根据集团公司的要求制订,并报集团公司审批。

(三)集团公司负责集团重大事项决策。子公司的重大事项决策方案要根据集团公司要求制订,并报集团公司审批。

(四)集团公司负责监督检查集团重大决策方案的落实情况。子公司要认真接受集团公司的监督检查,并积极配合集团公司工作做好监督检查工作。

(五)集团公司负责各个成员企业之间的业务活动和管理活动的协调工作。子公司要积极配合集团公司做好协调工作,并认真落实集团公司的协调决议。

(六)集团公司承担对子公司的业务和管理工作进行指导和服务的责任。集团公司要采取措施支持和帮助子公司的工作,帮助其提高经营和管理水平。

第十条 集团公司的重要职责。集团公司对子公司的管理主要侧重于战略规划、资本运作、班子建设、财务控制、品牌建设、文化构建、风险控制、业绩考核、审计监督和协同管理等方面。

集团公司应就上述各项重要职责领域，制定统一的政策和制度，并监督子公司落实和实施这些政策。同时，对实施中出现的问题进行解答和指导。

第十一条　子公司的职能定位。子公司的职能定位是执行中心。子公司在集团公司领导下和规定的业务领域内，从事具体业务的经营和管理，充分运用集团公共资源发展业务。子公司应根据集团的统一政策、管理制度和规划方案的要求，结合自身实际情况，研究制订在本单位落实集团的详细管理制度、战略规划方案和年度计划的方案，并在报集团公司审批之后予以落实和实施。

第六章　组织政策

第十二条　组织工作基本原则

组织结构的建立和健全，必须坚持以下原则：

（一）有利于强化责任，确保集团总体目标和战略实现。

（二）有利于强化集团管控，确保集团公司管控权威。

（三）有利于简化流程，提高集团工作效率。

（四）有利于提高协同效应，降低管理成本。

（五）有利于信息交流，确保集团公司决策质量和监督效果。

第十三条　企业集团的组织结构。本企业集团的组织结构是由两层级母子公司结构组成的。集团公司是投资中心、决策中心，负责集团整体发展和管理工作。子公司按业务或地区设立，是利润中心，在集团公司规定的业务范围内承担研究开发、销售和用户服务的职责。

第七章　基本职责

第十四条　集团公司董事会基本职权和职责。集团公司董事会是集团最高的行政权力机构，负责确定集团整体发展战略方案，负责集团重大事项的决策和审批，确保集团整体利益最大化和可持续发展。

第十五条　专业管理委员会基本职权和职责。专业管理委员会是集团公司董事会的专业议事机构。

集团公司根据需要设立战略管理委员会、投资决策委员会、财务预算委员会、风险控制委员会、审计委员会、提名与薪酬委员会等专业管理委员会。

各专业管理委员会负责审议所规定领域内的关于集团整体和子公司从事经营管理活动的基本政策、制度和规划方案，并监督检查所属单位的落实情况。

各专业管理委员会由集团公司的董事会成员和外部专业人士组成。专业管理委员会下设办公室，具体负责专业委员会的秘书工作。

第十六条　集团公司职能部门基本职权和职责。集团公司职能部门是集团公司总经理直接领导下的按专业化分工的工作机构，负责集团日常职能管理工作。职能部门代表集团公司对集团公共资源进行管理，对子公司的对口职能部门的工作进行指导和监督。子公司的职能部门应积极接受集团公司职能部门的管理和监督。

第十七条　子公司单位的基本职责。子公司在集团公司领导下，承担规定经营范围内的业务发展和管理责任。

第八章　决策制度

第十八条　集团公司的决策基本原则

(一)民主集中与个人负责相结合的决策原则。

(二)坚持集团整体利益最大化原则。

(三)坚持决策程序科学化的决策原则。

第十九条　集团公司董事会的决策权责。集团公司董事会拥有集团所有事项的最终决策权。集团公司与子公司的所有重大事项必须经过集团公司董事会决策后方可执行,集团公司的职能部门和所属子公司可以向集团公司董事会提出建议,但是不得擅自做出决定和对外发表主张。重大事项一旦形成决议,实行权威管理。

集团公司董事会实行集体领导和个人分工负责相结合的制度。凡属重大问题,都要按照集体领导、民主集中、个别酝酿、会议决定的原则,经董事会成员集体讨论,做出决定。决策时应该以票决制来完成决策程序。

第二十条　集团公司专业委员会的决策权责。集团公司各专业管理委员会实行集体决策和领导负责制相结合的决策制度。集团重大决策须经过集团公司专业管理委员会充分讨论后,提交集团公司董事会进行表决。

第二十一条　集团职能部门的决策权责。集团公司职能部门的日常管理决策,遵循部门负责人办公会确定的原则,部门负责人对决策后果承担主要个人责任。

第二十二条　集团公司各级机构对集团事项做出决策时,要积极听取上级单位、所属单位和相关单位的意见,及时解决他们提出的问题。

第二十三条　子公司的决策权责。子公司作为集团公司决策事项的执行单位,必须坚决执行集团公司的决定。子公司如果认为集团公司的决定不符合本单位实际情况的,可以建议改变;如果集团公司坚持原决定,则子公司必须坚决执行,并不得公开发表不同意见。子公司的所有重大决策事项在提交董事会表决前须报集团公司有关部门审批,充分听取集团公司意见后方可提交董事会讨论。

第九章　监督制度

第二十四条　集团公司作为子公司的控股股东,拥有监督所属单位日常经营管理活动的权利和责任。集团公司主要采用人员派出、管理报告、经营协调会、现场调研等方式监督所属子公司的日常经营管理活动。

第二十五条　人员派出是集团重要的一种控制方式。集团公司派出子公司的各类人员要根据有关规定切实代表集团公司行使派出权利,履行派出责任。

第二十六条　管理报告制度是集团重要的控制制度。子公司要根据集团公司的要求,及时、准确、全面地向集团公司提交相关报告,并接受集团公司的考核。管理报告制度主要采用定期述职会、经营质询会、专项报告等形式。

(一)定期述职会。集团公司所属子公司的中高级管理者,应根据集团需要定期或不定期向集团公司述职。

(二)经营质询会。集团公司所属子公司的重大决策事项要接受集团公司的质询,并认真执行质询结果。

(三)专项报告制度。集团公司所属子公司应定期或不定期向集团公司提交业务报告、财务报告和其他专项报告。定期报告包括月度报告、季度报告、半年报告和年度报告；不定期报告应集团公司的要求由所属子公司提供。

第二十七条　经营协调会是集团公司的重要控制措施。集团公司与所属子公司建立经营协调会，通过经营协调会议，相互通报情况、交流意见、探讨方法。

第二十八条　基层单位现场调研是集团的一种重要手段。集团公司定期或不定期到所属子公司及其分支机构进行现场检查调研，充分掌握所属子公司的第一手信息。

第十章　附则

第二十九条　本纲要是××集团控制体制的基本制度，集团公司各职能部门和所属各个子公司应根据其精神制定具体的管理制度，并报集团公司审批。

第三十条　本纲要由集团公司负责制定、解释和修改，自发布之日起开始实施。

思考练习题

1.为什么要对子公司进行控制？

2.简述集团公司对子公司控制的特点。

3.集团公司对子公司的控制有哪几种控制体制？其优缺点是什么？

拓展阅读

1.徐秀艺.企业集团内部控制体系构建与应用研究[M].北京：中国人民大学出版社，2016.

2.王艺霖，王爱群.企业集团财务管控[M].北京：经济科学出版社，2017.

3.邬烈岚.企业集团财务管理[M].上海：上海立信会计出版社，2017.

第十五章　行政事业单位的内部控制

行政事业单位不同于企业组织,其内部控制也因此而呈现出与企业内部控制所不同的管理特征。在实践中,企业内部控制的一些原则与方法对于行政事业单位来说未必完全适用。因此,阐述和总结行政事业单位内部控制的特征与方法,对于加强行政事业单位的内部控制,提高行政效能非常必要。

第一节　行政事业单位的含义与构成

行政事业单位是一个囿于中国独特的政治体制和行政管理体系而存在和使用的概念。这里的行政事业单位,实际上是行政单位和事业单位的合称,包含行政单位和事业单位两类组织。

一、行政事业单位的概念

所谓的行政单位,是指从事国家行政管理、组织经济建设和文化建设、维护社会公共秩序的单位,主要包括国家权力机关、行政机关、司法机关,以及实行预算管理的其他机关、政党组织等。而事业单位则是和企业单位相区别而言的,主要是指利用国有资产设立的,从事教育、科技、文化、卫生等活动的社会性服务组织。与行政单位相比,事业单位具有如下特征:(1)向社会公众提供公共服务,比如科、教、文、卫等领域的社会服务。它们是保障国家政治、经济、文化生活正常进行的社会服务支持系统。(2)属于非公共权力机构。事业单位所从事的服务事业,通常是政府职能所派生出来的具体事务,但是,它本身却不属于公共行政权力机关,不拥有公共行政权力,同类事业单位之间也不存在领导与被领导的关系,它们对于行政区划内的其他部门或个人也不具有行政管理的职能,只是利用自身的专业知识和专门技术向社会提供服务。(3)专业性。事业单位主要分布在教、科、文、卫等专业领域,它们提供的服务具有非常明显的专业性,与社会上存在的其他第三产业等劳务性服务全然不同。(4)公益性。公益性是指事业单位提供的服务不以经济盈利为主要目的,即使存在一些收费项目,也是以成本为限。事业单位提供服务的公益性,决定于其社会功能和市场经济体制下所扮演的角色。在社会主义市场经济条件下,市场对资源配置起着决定性作用,但在一些领域,某些产品或服务,比如教育、卫生、基础研究、市政管理等，不能或无法由市场来提供。为了保证社会生活的正常进行，就要由政府组织、管理或者委托社会公共服务机构从事社会公共产品的生产，以满足社会发展和公众的需求。因此，事业单位所追求的首先是社会效益，同时有些事业单位在保证社会效益的前提下，为了实现事业单位的健康发展和社会服务系统的良性循环，根据国家规定也可以向接受服务的单位或个人收取一定的服务费用。(5)知识密集性。我国绝大多数的事业单位是以脑力劳动、专业技能为主体的知识密集性组织，专业人才是事业单位的主要人员构成，利用科技文化知识为社会各方面提供服务，是事业单位的主要手段。尽管事业单位不从事物质产品的直接生产，但是，由于其在科技文化领域的地位，对社会进步起着重要的推动作用，因此，事业单位是国家科技创新体系和社会经济与文化系统中必不可少的重要组成部分。

在我国，行政单位和事业单位是两种不同性质与功能的组织，它们之间具有明显区别，主要表现在：

第一，内涵不同。行政单位是国家机关的核心部门，体现着政治和政权功能，是国家专政机关。而事业单位，则是承担者政府某项公益性、社会性服务的部门，是一种社会服务性组织，而非专政机关。

第二，职责不同。行政单位的职责是负责对国家各项行政事务进行组织、管理和指挥，事业单位则是为了社会性公益目的从事教育、文化、卫生、科技等活动。

第三，人员编制不同。行政单位使用行政编制，属于国家的公务员系列；事业单位则属于事业编制，不是严格的公务员系列，现实中，只是在某些方面参照公务员进行管理。

第四，经费来源不同。行政单位的经费由国家行政经费全部负担。事业单位的经费虽然也由国家事业经费进行负担，但是，现实中有些事业单位是由国家财政全额拨款的，有些则是由国家财政部分拨款，还有些事业单位进行企业化管理，国家财政不予拨款。

二、行政事业单位的构成

(一)行政单位的构成

行政单位或者行政机关是指依法行使国家权力、执行国家行政职能的机构。在组织结构特征上，它具有明显的行政级别和纵向的对应性。在行政级别上分为中央、省市、县乡，在纵向对应方面，上级有哪些部门，下面通常也设哪些部门。我国行政单位比较多。由于其上下具有对应性，这里以国务院系统来加以列示，省、市、县也可借此看出端倪。国务院的组成主要有①：(1)25个部门。包括外交部、国防部、国家发展和改革委员会、教育部、科学技术部、工业和信息化部、国家民族事务委员会、公安部、国家安全部、监察部、民政部、司法部、财政部、人力资源和社会保障部、国土资源部、环境保护部、住房和城乡建设部、交通运输部、水利部、农业部、商务部、文化部、国家卫生和计划生育委员会、中国人民银行、审计署。(2)直属机构。这是指国务院直属、主管国务院的某项专门事务、具有独立

① 由于国务院机构经常改革调整，不断变化，这里仅以2017年国务院的构成来介绍。参见范恒山：《事业单位改革：国际经验与中国探索》，中国财政经济出版社2004版。

的行政管理职能的机构，主要有中华人民共和国海关总署、国家税务总局、国家工商行政管理总局、国家质量监督检验检疫总局、国家新闻出版广电总局、国家体育总局、国家安全生产监督管理总局、国家统计局、国家林业局、国家知识产权局、国家旅游局、国家宗教事务局、国务院参事室、国务院机关事务管理局、国家预防腐败局。(3)办事机构。这是指协助总理办理专门事项，不具有独立的行政管理职能的机构，主要有国务院侨务办公室、国务院港澳事务办公室、国务院法制办公室、国务院研究室。(4)议事协调机构。主要指承担跨部门的重要业务工作的组织协调任务以及临时突发性事务的组织。议事协调机构议定的事项经国务院同意，由有关的部门按照各自的职责负责办理，特殊情况下经国务院同意后规定临时性的行政管理措施。议事协调机构和临时机构的设置及撤销，由国务院决定。这类机构的变动比较频繁，国务院议事协调机构和临时机构共有 30 个左右。议事协调机构和临时机构，一般不单设办事机构，具体工作由有关部门承担。单设办事机构的，通常把办事机构设在有关部门内部，称“* *领导小组办公室”，与部门内的其他业务司局同等规格。

(二)事业单位的构成

我国现有的事业单位主要包括 18 个大类，分别是：(1)教育事业单位，主要有高等教育事业单位、中等教育事业单位、基础教育事业单位、成人教育事业单位、特殊教育事业单位、其他教育事业单位；(2)科技事业单位，主要包括自然科学研究事业单位、社会科学研究事业单位、综合科学研究事业单位和其他科技事业单位；(3)文化事业单位，主要包括演出事业单位、艺术创作事业单位、图书文献事业单位、文物事业单位、群众文化事业单位、广播电视事业单位、报纸杂志事业单位、编辑事业单位、新闻出版事业单位和其他文化事业单位。(4)卫生事业单位，主要有医疗事业单位、卫生防疫检疫事业单位、血液事业单位、计划生育事业单位、卫生检验事业单位和其他卫生事业单位；(5)社会福利事业单位，主要包括托养福利事业单位、康复事业单位、殡葬事业单位和其他社会福利事业单位；(6)体育事业单位，主要包括体育竞技事业单位、体育设施事业单位和其他体育事业单位；(7)交通事业单位，主要有公路维护监理事业单位、公路运输管理事业单位、交通规费征收事业单位、航务事业单位和其他交通事业单位；(8)城市公用事业单位，主要包括园林绿化事业单位、城市环卫事业单位、市政维护管理事业单位、房地产服务事业单位、市政设施维护管理事业单位和其他城市公用事业单位；(9)农林牧渔水事业单位，主要有技术推广事业单位、良种培育事业单位、综合服务事业单位、动植物防疫检疫事业单位、水文事业单位和其他农林牧渔水事业单位；(10)信息咨询事业单位，主要有信息中心、咨询服务中心(站)、计算机应用中心、价格信息事务所、农村社会经济调查队、企业经济调查队和城市社会经济调查队；(11)中介服务事业单位，主要包括技术咨询事业单位、职业介绍(人才交流)事业单位、法律服务事业单位、经济监督服务事业单位和其他中介服务事业单位；(12)勘察设计事业单位，主要包括勘察事业单位、设计事业单位、勘探事业单位和其他勘察设计事业单位；(13)地震测防事业单位，主要有地震测防管理事业单位、地震预报事业单位和其他地震测防事业单位；(14)海洋事业单位，主要包括海洋管理事业单位、海洋保护事业单位和其他海洋事业单位；(15)环境保护事业单位，主要包括环境标准事业单位、环境监测事业单位和其他环境保护事业单位；(16)检验检测事业单位，主要包括标准计量事业单位、技术监督事业单位和质量检测事业单位、出入境检验检疫事业单位和其他检验检测事业单位；(17)知识产权事业单位，主要包括专利事业单位、商标事业单位、版权事业单位和其他知识产权事业单位；(18)机关后勤服务事业单位。

第二节　行政事业单位内部控制的特点与内容

一、行政事业单位内部控制的特点

对于行政事业单位内部控制的主要特征，站在与企业内部控制相互比较的角度来分析，主要有如下方面：

1.内部控制主体的非营利性。这是指行政事业单位内部控制的建设和实施主体是非营利性组织。我国财政部于2012年正式颁布的《行政事业单位内部控制规范(试行)》中规定，本规范的适用范围是各级党的机关、人大机关、行政机关、政协机关、审判机关、检察机关、各民主党派机关、人民团体和事业单位。等于在制度规范层面上统一了行政事业单位内部控制的主体范围。这里不管是行政单位还是事业单位，其共同的特征都是非营利性组织。

2.内部控制客体的预算性。内部控制客体是指内部控制指向的对象范围。与企业的内部控制包含企业所有的经营活动有所不同，行政事业单位的活动非常广泛、种类繁多，其是否全部包括在内部控制的范围之内，或者如果仅包含部分的话，那么应该包含哪些、除去哪些，这些都是需要细致研究和明确界定的。对此，我国目前行政事业单位的内部控制对象主要是以预算资金的使用、国有资产的管理为主。

3.内部控制目标的反腐败性。企业内部控制的主要是目标是实现自我利益，尽管反腐败也是其目标之一。而行政事业单位的职能和任务决定着其工作具有公共性的突出属性。因此，我国财政部颁布的《企业内部控制基本规范(试行)》中并没有突出内部控制的反腐败目标，而是将其隐含在资产安全和效率效果目标之内。但是，在《行政事业单位内部控制规范(试行)》中却是直接明确指出，内部控制的目标之一就是有效防范舞弊和预防腐败。

4.内部控制动因的非市场性。企业内部控制的建设和实施，就其内在动力来说，主要是资本市场促进的结果，目的是解决信息不对称及由此导致的委托代理问题。所以，我国的内部控制规范，首先且主要在上市公司中执行。而其他企业只是参照实施。但是，行政事业单位的内部控制建设，则是非市场性的产物，甚至是非经济性因素导致的，主要是公共和行政管理需要的结果。在推动行政事业单位内部控制发展上，其主要的力量是管理效率、国有资产安全和反腐败的考虑。

二、行政事业单位内部控制的内容

行政事业单位的业务相对于企业来说比较简单，因此，内部控制的内容也比较少。按照我国财政部颁布的《行政事业单位内部控制规范（试行）》中的列示，其内部控制的主要内容有七项：(1)预算业务控制；(2)收支业务控制；(3)政府采购业务控制；(4)资产控制；(5)建设项目控制；(6)合同控制；(7)其他情况。这些业务的控制方法与企业相同业务的控制方法基本相同。这里只是把不同于企业内部控制的要求加以介绍。

1.预算业务控制

预算业务控制，实质是一种控制方法，并不属于单纯的一项业务。比如，政府采购、收支等都需要进行预算控制，通过编制和执行预算来达到控制的目标。

相对于企业的预算控制来说，行政事业单位的预算控制更加严格。这主要是因为行政事业单位的资金主要来自于政府的预算拨款，从上到下都是用一条预算控制链条串联起来的。在管理上，行政事业单位的预算控制要关注如下环节：

(1)预算编制程序规范、方法科学、内容完整、项目细化、数据准确。也就是说，预算编制的质量要高，这是保证预算执行效果的前提条件。

(2)建立预算执行分析机制。定期通报各部门预算执行情况，召开预算执行分析会议，研究解决预算执行中存在的问题，提出改进措施，提高预算执行的有效性。

(3)加强预算绩效管理，建立“预算编制有目标、预算执行有监控、预算完成有评价、评价结果有反馈、反馈结果有应用”的全过程预算绩效管理机制。

2.收支业务控制

收支业务控制是行政事业单位内部控制中最具特色的一个项目。因为在企业内部控制中，涉及收支的业务是分开进行的，比如，销售收入的控制是单独一项，而支出中的内容则分散在采购、资产等项目中了。但是，行政事业单位把收支业务放在一起来规划内部控制建设，主要是因为行政事业单位收入是行政拨款，收入项目少，而把收支放在一起更能够反映行政事业单位以收抵支的业务特点。

对于行政事业单位来说，收支业务控制的重点环节是：

(1)各项收入应当由财会部门归口管理并进行会计核算，严禁设立账外账。

(2)建立健全票据管理制度。财政票据、发票等各类票据的申领、启用、核销、销毁均应履行规定手续。单位应当按照规定设票据专管员，建立票据台账，做好票据的保管和序时登记工作。

(3)加强支出审核控制。全面审核各类单据。重点审核单据来源是否合法，内容是否真实、完整，使用是否准确，是否符合预算，审批手续是否齐全。

(4)加强支出的核算和归档控制。由财会部门根据支出凭证及时准确登记账簿，与支出业务相关的合同等材料应当提交财会部门作为账务处理的依据。

3.政府采购业务控制

政府采购业务是行政事业单位内部控制中最容易失控的一个领域，也是内部控制的重点之一。对于政府采购业务的内部控制来说，重要环节是：

(1)建立健全政府采购预算与计划管理、政府采购活动管理、验收管理等政府采购内部管理制度。

(2)加强对政府采购活动的管理。对政府采购活动实施归口管理,在政府采购活动中建立政府采购、资产管理、财会、内部审计、纪检监察等部门或岗位相互协调、相互制约的机制。

(3)加强对政府采购项目验收的管理。根据规定的验收制度和政府采购文件,由指定部门或专人对所购物品的品种、规格、数量、质量和其他相关内容进行验收,并出具验收证明。

(4)加强对政府采购业务的记录控制。妥善保管政府采购预算与计划、各类批复文件、招标文件、投标文件、评标文件、合同文本、验收证明等政府采购业务相关资料。

4.资产控制

行政事业单位的资产控制包括所有的资产项目,既包括货币资金,也包括固定资产、无形资产等。在实务中,应该根据不同的资产种类而采用相应的控制方法:

(1)对于货币资金控制。建立健全货币资金管理岗位责任制,合理设立岗位,不得由一人办理货币资金业务的全过程,确保不相容岗位相互分离。出纳不得兼管稽核、会计档案保管和收入、支出、债权、债务账目的登记工作。严禁一人保管收付款项所需的全部印章。财务专用章应当由专人保管,个人名章应当由本人或其授权人员保管。负责保管印章的人员要配有单独的保管设备,并做到人走柜锁。按照规定应当由有关负责人签字或盖章的,应当严格履行签字或盖章手续。加强对银行账户的管理,严格按照规定的审批权限和程序开立、变更和撤销银行账户。加强货币资金的核查控制。指定不办理货币资金业务的会计人员定期和不定期抽查盘点库存现金,核对银行存款余额,抽查银行对账单、银行日记账及银行存款余额调节表,核对是否账实相符、账账相符。对调节不符、可能存在重大问题的未达账项应当及时查明原因,并按照相关规定处理。

(2)对资产实施归口管理。明确资产使用和保管责任人,落实资产使用人在资产管理中的责任。贵重资产、危险资产、有保密等特殊要求的资产,应当指定专人保管、专人使用,并规定严格的接触限制条件和审批程序。

(3)建立资产台账,加强资产的实物管理。单位应当定期清查盘点资产,确保账实相符。财会、资产管理、资产使用等部门或岗位应当定期对账,发现不符的,应当及时查明原因,并按照相关规定处理。

5.建设项目控制

建设项目控制要重点把握好项目的立项、建设和验收三道关口,严格项目经费的预算、执行和调整。

(1)建立与建设项目相关的议事决策机制,严禁任何个人单独决策或者擅自改变集体决策意见。决策过程及各方面意见应当形成书面文件,与相关资料一同妥善归档保管。

(2)建立与建设项目相关的审核机制。项目建议书、可行性研究报告、概预算、竣工决算报告等应当由单位内部的规划、技术、财会、法律等相关工作人员或者根据国家有关规定委托具有相应资质的中介机构进行审核,出具评审意见。

(3)按照审批单位下达的投资计划和预算对建设项目资金实行专款专用,严禁截留、挪用和超批复内容使用资金。加强与建设项目承建单位的沟通,准确掌握建设进度,加强价款支付审核,按照规定办理价款结算。实行国库集中支付的建设项目,单位应当按照财政国库管理制度相关规定支付资金。建设项目竣工后,单位应当按照规定的时限及时办理竣工决算,组织竣工决算审计,并根据批复的竣工决算和有关规定办理建设项目档案和资产移交等工作。建设项目已实际投入使用但超时限未办理竣工决算的,单位应当根据对建设项目的实际投资暂估入账,转作相关资产管理。

行政事业单位的合同控制,在内容与方法上和企业相同,这里不再赘述。

需要说明的是,上述行政事业单位内部控制的七项业务中,前面六项含义明确,执行中没有歧义。但是,最后一项"其他情况",则实际上留下了一个缺口。这个缺口可大可小,实践中不好把握。对此,我们认为,在行政事业单位建设和实施中要掌握好两大原则或者是两条边界:第一,行政事业单位的内部控制,只能控制一部分事项和业务内容,不能包括全部内容。这一点和企业内部控制明显不同。这是因为,行政事业单位的有些事项,比如人员编制、工资薪水、发展目标、职能任务等都受国家宏观制度和政策的影响,外在于行政事业单位自身,对于基层微观单位来说具有不可控性和不可预见性,超出了单位自身的行政和管理能力。第二,以预算资金使用和国有资产管理为核心来开展内部控制工作。内部控制,在本质上属于经济控制,其既不是政治控制,也不是文化控制。这一点无论是对企业,还是对于行政事业单位都要坚持,不能把它的边界无限扩大。而对于行政事业单位来说,其主要的经济活动都是围绕着预算资金的使用和国有资产的采购、使用和处置展开的,因此,自然也就应该成为其内部控制的主要内容。① 这也是我国《行政事业单位内部控制规范(试行)》中所列举的六项内容的依据和基础。以此为标准,可以对第七项"其他情况"做相机性处理。如果符合这两条边界,就可以纳入到内部控制的客体范围,尽管其没有被明确列出;反之,就不属于内部控制的内容,不能无缘由地扩大。

思考练习题

1.行政事业单位由哪些单位构成的?

2.行政事业单位的内部控制有哪些特点?

3.如何对行政事业单位的资产进行控制?

拓展阅读

1.郝建国,陈胜华,王秋红.行政事业单位内部控制规范实际操作范本[M].北京:中国市场出版社,2015.

2.杨武岐,田亚明,付晨璐.事业单位内部控制[M].北京:中国经济出版社,2018.

3.黄的祥,蓝茂.行政事业单位内部控制实操方案[M].西安:西北工业大学出版社,2018.

---

① 对于行政事业单位内部控制的范围应否包括非经济事项,或者是否包括行政性事务,目前存在着争议。比如,乔春华(2015)认为,行政事业单位的内部控制应该包括行政事务,不能仅仅限于经济活动和经济事项,否则,其内部控制就不完整,有违内部控制建设中的"全面性"原则。

第十六章　内部控制评价

内部控制评价是内部控制系统运行中的一个重要环节，它既是一种纠错机制，也是一种信息鉴定与披露机制。在某种意义上讲，内部控制是沿着设计、实施、评价与改进路径而趋于完善和不断提高的。

第一节　内部控制评价的意义

按照我国颁布的《企业内部控制评价指引》的界定，所谓的内部控制评价是指由企业董事会或者类似权力机构对内部控制的有效性进行全面评价、形成评价结论、出具评价报告的过程。这是一种企业自我性质的评价。

企业内部控制系统是企业正常运转的基础，其作用范围非常广泛，涉及企业经营管理活动的各个层面，影响到内部所有组织机构的运作，企业的一切活动都不可能游离于内部控制制度之外。因此，企业内部控制是否健全、有效，能否达到查错防弊、确保会计信息真实可靠的目的，将直接影响到企业经济活动的真实性和效益性。按照《企业内部控制评价指引》的规定，单位在建立内部控制制度以后，除了日常的监督检查以外，也要重视对内部控制的评价，并指定专门机构或人员负责内部控制的执行情况的监督与检查，以确保内部控制的贯彻执行。

现实中，内部控制评价一般是由专门的机构或人员来进行的。他们通过对单位内部控制系统的了解、测试和评价，对其完整性、合理性及有效性提出意见，并进行报告，以利于单位进一步健全和完善内部控制体系。可见，内部控制的建立、健全也是一个不断完善的动态过程，其不断改进、完善的制动点或依据就是内部控制评价。只有通过内部控制评价，才能对内部控制的实践运用进行监督检查、总结，也才能了解内部控制的建立和健全情况。因此，对单位的内部控制制度进行检查和评价，具有重要的意义。

1.通过内部控制评价，可以全面了解、掌握内部控制的实际执行情况及执行效果

单位内部控制是根据各个经济业务系统来设置的，各个经济业务系统都有相应的控制体系，检查和评价各个经济业务控制制度的建立和执行，其目的是对单位的内部控制系统有一个全面的了解和把握，从而对单位的内部控制的健全性和有效性提供一个基本的评价，并为提出改进内部控制的意见和建议提供依据。

2.通过内部控制评价,可以明确控制关键点,诊断出控制强点和控制弱点

检查和评价内部控制制度的一个主要任务是找出控制强点和控制弱点,确定内部控制存在的重大缺陷、一般缺陷等,对于一些关键的控制弱点即重大缺陷要进一步提出改进完善的建议,使单位内部形成一个有效的自我防范机制,增强预防能力,防止问题的发生,做到事前控制,从而增强内部控制的有效性。

3.通过内部控制评价,可以为内部控制审计做好准备

内部控制审计是指由注册会计师进行的对企业内部控制建设和执行情况的评价与鉴定。它是市场经济发展的必然要求。注册会计师进行的企业内部控制审计是一种外部性质的评价与鉴定,其需要依赖于企业内部的自我评价。换而言之,有效的企业内部控制自我评价可以为注册会计师对于企业的内部控制审计提供基础,减少他们测试的工作量,从而提高内部控制审计效率。

4.通过内部控制评价,可以进一步完善内部控制的理论和实务操作程序

在我国,内部控制制度的建立还是一项全新的工作,存在着许多不尽完善的地方。虽然目前有国外的内部控制经验可以借鉴,但适合我国国情的内部控制理论还需要在实践中不断探索。通过检查和评价单位的内部控制制度,不断总结经验,不仅可以为单位的内部控制制度提供不断完善的意见和建议,还可以进一步探索和完善适合我国现实的内部控制理论。

5.通过内部控制评价,可以提高企业的管理效率

现代企业管理已经进入了一个例外管理(the exceptional management)①阶段,企业的高层管理者工作的重心在于整个企业的发展规划、发展方向等战略层次的管理,对于一些具体的经营业务,通常实行的是例外管理。通过检查和评价内部控制的执行情况,可以使高层管理者明确例外管理的内容和目标。

第二节　内部控制评价的主体

一、内部控制评价主体选择的理论依据

注册会计师进行的内部控制审计和企业自己进行的内部控制评价,如果就其本质来讲,都可以理解为是一种评价活动。因为注册会计师对于企业内部控制进行的审计,包括出具的审计报告,也是在评价的基础上进行的。

内部控制评价主体,也就是由谁进行评价的问题。目前在国外,企业内部控制评价的一个新趋势是实行"控制自我评估"(Control Self-Appraisal, CSA),意指每个企业不定期

---

① 例外管理是指关注于例外事件(突发事件、重大危机等一切正常流程之外的事件)的处理,并将这种例外事件逐步引入企业的规范流程之中,纳入企业正常经营的管理机制中,而非将精力投放在企业正常管理机制可以胜任的问题之中。

或定期地对自己的内部控制系统进行评估，评估内部控制的有效性及其实施的效率效果，以期能更好地达到内部控制的目标。[①] 在一般情况下，对内部控制的检查与评价是通过内部审计来完成的，内部审计在某种程度上可以理解为对内部控制的再控制。

对于内部审计的定位，一直是理论界讨论的热点问题之一。有学者认为，内部审计是"一个不依附于任何职能部门的相对独立的内部审计机构，在总经理的直接领导下，独立行使审计监督权"[②]。也有学者则认为，内部审计机构不应受制于总经理，而应与总经理处在同一个管理层级上。其实，对于内部审计的定位问题，也可以用委托—代理理论来分析和讨论。

内部控制作为管理当局为实现各管理目标而建立的一系列规则、政策和组织实施程序，与公司治理是密不可分的，公司治理结构是内部控制的源头。内部控制框架在公司制度安排中担任内部管理监控者的角色，成为公司治理和公司日常管理中不可缺少的部分。按照控制权与所有权分离以及管理者主导企业的理论假说，由于公司制企业中所有权的广泛分散，企业的控制权就事实上转移到了管理者手中。在这种情况下，对企业控制制度的健全性、有效性和协调性进行监督与审计职责的内部审计，理应超脱于总经理的控制，唯如此，才能做出客观的评价。根据委托—代理理论，从经济学的理性假设出发，委托人和代理人具有不同的目标函数，代理人具有道德风险、机会主义、搭便车等的动机和行为。如果内部审计成为总经理的代理人，其活动将在总经理的授权或指使下进行，这种契约安排形式就很容易使内部审计出现规避风险的机会主义行为，从而无法对总经理负责的内部控制做出客观的评价，对企业的经营管理起不到应有的作用。

理论上，由谁从事内部控制的评价工作并不重要，重要的是评价机构一定要满足一些必要条件。这些条件是：(1)评价机构一定要独立于被评价对象，即要具有独立性。这是保持评价结论具有超然性和客观性所必需的。否则，如果评价者与被评价对象之间不独立，那么可能的情况要么是评价者从属被评价者，或者相反。而这两种情况下都必然使评价者和被评价者之间具有紧密的利益关联性，评价者很难进行客观地评价。(2)评价机构一定要有权威性。这种权威性主要来源于评价者要具有令人信服的专业知识和比较高的管理层次。否则，其评价结论可能因缺乏专业知识而不准确或者因为管理层次较低而缺乏信服力和执行力。这是在选择内部控制评价主体时遵循的理论基础。

二、西方国家内部控制评价的主体

在内部审计的组织机构方面，现代西方国家的企业普遍设立审计委员会进行内部审计监督。审计委员会是西方国家实行的一种内部控制制度，从其内容和地位上看，已成为公司治理结构的组成部分。西方许多国家的法律明文规定企业必须设立审计委员会，健全内部控制。另外，从审计委员会的职责和作用来看，其应该是所有者监督经营者的工具或手段，审计委员会应该是董事会的代理人，向董事会负责并报告，代表董事会监督财务

---

① 宋建波.企业内部控制[M].北京：中国人民大学出版社，2004：284-285.

② 杨有红.企业内部控制系统[M].北京：中国人民大学出版社，2004：48-49.

报告的过程和内部控制的执行情况,以保证财务报告的真实可靠性和公司各项活动的合规性。审计委员会只有处于这样的位置(如图 16-1[①] 所示)才能保证其权威性和客观性,同时为内部审计正常运转打下基础。如美国的 COSO 报告中,就重申了审计委员会在监督内部控制过程中的作用。

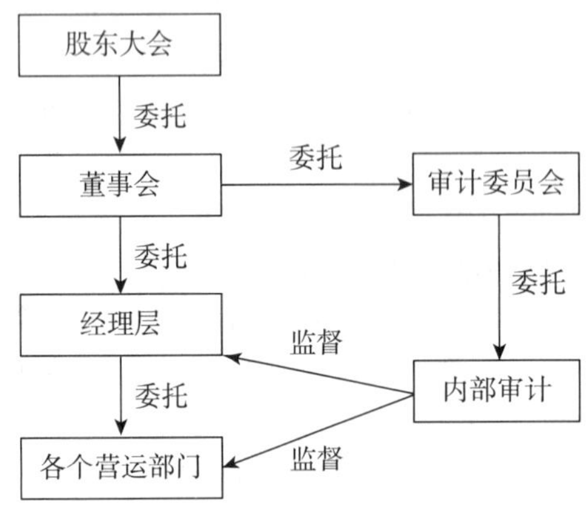

图 16-1 审计委员会的地位

内部审计接受董事会的委托,组织内部控制的评价,摆脱了总经理的束缚,将会发挥自身的效能,在帮助管理当局更有效地达到预期控制目标的过程中,评价企业内部控制系统,以期达到组织成功所需要的内部控制水平。

三、我国内部控制评价的主体

按照我国颁布的《企业内部控制评价指引》的规定,企业的内部控制评价可以授权由内部审计或者类似专门机构进行,也可以由企业委托中介机构来进行。但是,为企业提供内部控制审计服务的会计师事务所,不能同时为同一家企业提供内部控制评价服务。由此可以看出,我国企业的内部控制评价主体既可以是企业内部的审计机构,也可以是外部的注册会计师。

在我国企业中,有些企业尤其是上市公司建立有审计委员会,由审计委员会领导和组织内部审计部门(处或科室)的工作,再由内部审计机构进行内部控制的评价;也有些企业没有审计委员会,而是在总经理下设立审计部门,该部门与财务部、营销部、计划投资部等一样都是企业的职能部门,由内部审计部进行内部控制的评价。

我们认为,按照内部控制评价主体应该具备的条件和要求,内部控制的评价主体可以根据不同的评价对象来设定和选择。如果是评价企业某个业务领域的控制制度,如采购制度等,可以让内部审计机构进行。因为内部审计机构是独立于业务部门如采购供应部门的,而且在总经理的授权下也具有一定的权威性。但是,如果评价对象是企业整体的内部控制系统,则最好让外部的注册会计师进行,或者如果存在审计委员会的话,由审计委

① 王立勇.杜绝内患——企业内部控制系统分析[M].北京:中国经济出版社,2004:481-482.

员会来进行。这样可以避免总经理和企业管理层的干预,评价结论更加具有可靠性。

第三节 内部控制评价的内容

一、内部控制评价的标准

内部控制系统的设计是以内部控制的目标为导向,以完善企业内部治理结构及内部控制环境为前提,以相关法规和制度为基本依据和准绳构建的。其基本框架是以内部控制的组织规划为前提和保证,以业务流程控制为主线,以确定业务循环的关键控制点、制定业务基本流程和相关制度为内容的。那么,内部控制评价的标准,既可以从企业管理与控制目标方面来考量,也可以从内部控制要素的构成来认定,通常可以分为一般标准和具体标准两部分。

(一)内部控制评价的一般标准

内部控制评价的一般标准是指应用于内部控制评价的各个方面的标准,即内部控制制度整体运行应遵循和达到的目标。在检查和评价内部控制时,应该有一个明确的目标。内部控制评价业务的一般目标应该是对企业的内部控制的完整性、合理性及有效性发表意见。

1.内部控制的完整性

内部控制的完整性包含两层含义:一方面是指企业根据生产经营的需要,应该设置的内部控制都已设置;另一方面是指对生产经营活动的全过程进行自始至终的控制。完整性是内部控制评价一般标准中首要的一条,也是其他一般标准的基础。若内部控制连完整性都达不到,则内部控制的合理性与有效性就无从谈起。按照企业管理的基本要求,结合单位实际业务的需要,在检查内部控制制度时,应注重如下内容的监督:管理制度、会计制度是否完善,企业内部控制制度及其范围、采取的控制方式、关键的控制点和相应措施是否建立齐全,所有的控制目标是否达到。

2.内部控制的合理性

内部控制的合理性同样包括两层含义:一是指内部控制设计和执行时的适用性;二是指内部控制设计和执行时的经济性。在企业管理实践中,若只追求完整的各种内部控制措施、方法等,而忽略设计和执行中的适用性和经济性,其结果只能是完全背离实施内部控制的初衷,甚至会给企业的正常生产经营造成负面影响。在评价内部控制的合理性时,适用性是首要的。它是指企业所建立的内部控制制度需要适应企业的特点和要求。不同的企业在企业性质、经营方式、组织规模、经济技术条件、内部结构、人员素质等方面都存在差异,内部控制制度就不尽相同。即使同一企业,在不同时期、不同环境下,其内部控制制度也不相同。因此,内部控制制度的建立应该考虑企业的特点、要求和发展。内部控制系统作为企业管理系统的一个子系统,其控制目标必然要服从企业管理的总目标。内部控制系统还必须与其他的管理系统形成一种相互制约、协调运行的关系,才能保证自身的合理运行。内部控制的适用性要以经济性为限制条件。内部控制的最终目的是提高企业的经济效益，减少低效和投资浪费，因而制定内部控制也要以成本效益原则为指导。一方面内部控制的设计和运行应有重点，对企业经济活动有重要影响的部门和环节应实施强有力的控制；另一方面，要在实行内部控制所花费的成本和由此产生的经济效益之间保持适当的平衡，即因实行内部控制所花费的代价不能超过由此而获得的效益，否则，就得不偿失。

3.内部控制的有效性

有效性是内部控制的精髓。如果企业内部控制不能有效运行，则实质上就不存在什么内部控制了。内部控制的有效性也有两层含义：一是指企业的内部控制政策和措施没有与国家法律法规相抵触的地方；二是指设计完整、合理的内部控制在企业的生产经营过程中，能够得到贯彻执行并发挥作用，实现其为提高经营效率效果、提供可靠财务报告和遵循法律法规提供合理保证的目标。在评价内部控制的有效性时，只有满足了第一层含义即不与国家法律法规相抵触，才能考虑其执行的效果，这是基本前提。而第二层含义对企业控制制度来说则是根本性的，也是企业的追求目标。如果只满足了合法合规的前提，而在实际中根本不予执行或执行起来达不到预计效果，则内部控制对企业来说就相当于不存在。有效性要求企业内部控制的各个环节、控制点应该能够被控制主体所控制，能有效地防止错误与弊端的发生，产生管理效率和经济效益。这不仅仅需要内部控制总体上是有效的，而且需要各项具体制度也要有明确的目的并发挥其自身的作用。因此，深入了解、调查和描述内部控制的各个环节，分析内部控制的关键点，重点分析控制弱点，是分析、评价控制有效性的重要手段。除此之外，还必须对控制制度的执行情况进行检查，通过符合性测试来掌握内部控制的有效性。通常，有效性的评价标准包括：企业员工胜任各个控制节点的控制职能的素质和能力，业务处理与记录程序正确，各种控制方法和措施都已被采用，并无重大遗漏和缺陷，所有控制目标都能达到。内部控制系统要相互协调，决不能顾此失彼、自相矛盾，既要有制约作用，又要有协调机制，以有利于整体功能的发挥。控制要适度，过严会使管理活动失去生机，影响职工积极性的发挥；过宽又会引起运行的机制失调，达不到控制目的。任何制度都要有利于管理者和职工群众的理解和执行，因此要简明扼要、方便易行、讲究实效。

（二）内部控制评价的具体标准

内部控制评价的具体标准是指应用于内部控制评价具体方面的标准，是具体内部控制制度运行应遵循和达到的目标。对内部控制进行检查和评价，应该从操作性较强的具体标准入手，对具体的内部控制的设计与运行有了认识之后，才能从整体上对企业内部控制的完整性、合理性和有效性做出判断。

内部控制评价的具体标准，还可以分为两个层次：第一个层次是内部控制要素的评价标准；第二个层次是内部控制作业层级的评价标准。[①]

内部控制要素的评价标准，可以借鉴 COSO 委员会（Committee of Sponsoring Organization of the Treadway Commission）发布的 COSO 报告的研究成果。虽然 COSO

① 孟凡利.内部控制与全面预算管理[M].北京：经济科学出版社，2003：39-40.

报告自 1992 年发布以来，由于其报告立场[①]和对内部控制概念定义的固有局限性而受到理论界和实务界的质疑，但与以往的内部控制理论相比，COSO 报告更强调对企业进行动态控制，并突出强调了控制环境的重要性。迄今为止，COSO 报告仍然是有关企业内部控制的最权威的文献。[②] 中国财政部等五部委 2008 年颁布的《企业内部控制基本规范》就基本采纳了 COSO 报告的框架体系。两者的差异只是名称上有所区别。比如，COSO 报告中的监督，我国的基本规范中称之为“内部监督”。COSO 报告认为，内部控制组成要素包括控制环境、风险评估、控制活动、信息与沟通、监督五个。每一个要素又可以再分为更多项目，例如，控制环境要素涵盖的项目就有操守及价值观、执行能力、董事会、管理哲学及经营形态、组织结构、权责分派体系、人力资源政策及实行等。通过对各个要素的逐个审查来具体评价企业的内部控制制度。目前，国际上内部控制要素评价标准很多，除 COSO 报告框架外，还有加拿大特许会计师公会（Canadian Institute of Chartered Accountants，简称 CICA）的 CoCo 标准、马尔科姆鲍德里奇国家质量奖（Malcolm Baldrige National Quality Award，简称 MBNQA）评价标准、内部审计师协会（Institute of Internal Auditors，简称 IIA）制定的内部审计准则中的内部控制指南等。

作业层级的评价标准主要是控制活动要素的进一步细化，控制活动是确保管理阶层的指令得以实现的政策和程序，旨在帮助企业保证其已针对“使企业目标不能实现的风险”采取了必要的控制行动。控制活动是针对控制点而制定的，企业一般根据其生产经营活动的特点、作业流程来设计控制活动，所以，作业层级的评价标准比内部控制要素的评价标准要更繁杂、更细致。

二、内部控制评价的内容

内部控制评价的内容是由内部控制评价的标准决定的，有什么样的标准（或目标）就有什么样的内容。由于企业的内部控制框架是由控制环境、风险评估、控制活动、信息与沟通以及监督五个要素构成的，因此内部控制评价就应该从这五个方面出发，来确定具体的评价内容和重点。这也是我国颁布的《企业内部控制评价指引》中所倡导的。

（一）控制环境

控制环境是通过描述组织中人的个体品质来评价一个组织中的内部控制有效性。人是内部控制制定与执行中最活跃的因素，只有组织中从管理层到基层员工在意识观念上都对内部控制的制定、执行和控制目标等问题达成了一致，才能发挥内部控制的作用。对这一要素的审查要点应是以下几个方面：

---

① COSO 委员会由一个咨询理事会及永道会计师事务所提供支持的，永道会计师事务所是 COSO 报告的主要撰写人。他们在内部控制的框架中不断强调财务报告的重要性，因此，许多人都质疑该报告的倾向性，认为该报告有降低会计师的执业风险和扩大事务所的业务范围的嫌疑。

② 史蒂文·J. 鲁特. 超越 COSO——强化公司治理的内部控制[M]. 林谦，译. 北京：中信出版社，2004：Ⅲ.

1.操守及价值观

(1)管理层是否制定行为守则或类似的规范？如果有，该规范是否落实？如果无，企业文化是否强调操守的重要性？

(2)管理层在与员工、供应商、投资人、债权人、竞争对手及会计师等人员交往时，其行为显示出来的操守与价值观如何？

(3)当员工违反既定政策及程序时，如何补救？如何惩罚？

(4)管理阶层对逾越既定控制程序的态度如何？

2.执行能力

(1)是否订有职务说明书？如果有，清晰度如何？如果无，管理层如何告诉员工他们须执行的工作有哪些？如何执行？

(2)管理层是否分析负责某特定工作的员工需具备哪些知识及技术？如何分析？

3.董事会及监察人

(1)董事会及管理层期待某些短期目标的达成并获得报酬的程度如何？员工是否受到达成某些不切实际的短期目标的压力？他们的报酬与这些目标达成程度的关系如何？

(2)董事会与管理层之间独立性如何？监察人与管理层之间独立性如何？董事会、监察人负责的员工的任免及薪金如何决定？

(3)董事们、监察人的知识及经验如何？

(4)董事会成员与财务主管、主管会计联系的情况如何？与内、外部稽核人员联系的情况如何？提供指导及监督的程度如何？监察人与这些人联系的情况如何？提供指导及监督的程度如何？

(5)董事获悉的信息有多少？其中，敏感性信息有多少？获悉信息所需要的时间？监察人获悉的信息有多少？其中，敏感性信息有多少？获悉信息所需要的时间？

(6)董事获悉的信息是否与企业的目标及策略、财务状况及经营成果、现金流量、重大合约条款有关？能否用于监督企业的营运？

4.管理哲学及经营形态

(1)管理层对承担风险的态度如何？

(2)管理层与各营业主管之间互动情形如何？

(3)当可供选择的会计政策超过一个时，管理层的态度如何？选用的会计政策保守、稳健的程度如何？揭露重要信息的意愿如何？编造或伪造书面记录的意向如何？

(4)管理层是否对外提出内部控制说明书？

5.组织结构

(1)组织结构是否合适？各重要主管承担的责任如何？他们对所负的责任了解程度如何？

(2)各重要主管的知识及经验如何？履行责任的能力如何？

6.权责的分派

(1)企业的规模如何？作业的复杂性如何？权责如何划分？划分是否适当？授给员工的权利与其负担的责任是否相称？员工人数是否足够？

(2)负责信息处理、财务及会计职能的员工，人数上是否足够？

7.人力资源的政策及实务

(1)如何雇聘员工？如何调查员工的背景？如何训练员工？

(2)员工升迁及薪金报酬的政策如何？员工的留任、晋升与其绩效的关系如何？如何搜集用以评估员工绩效的信息？员工的留任与晋升、行为守则之间的关系如何？如何搜集这些资料？

(二)风险评估

风险评估是评价对企业所从事的包括销售、生产、营销和财务在内的不同活动中的风险进行确认、分析和管理的机制。企业在任何层面的任何活动中都会在一定程度上遇到风险管理的问题。由于在一定时期,交易和事件都改变着环境,所以风险管理也是一个持续不断的过程,这种变化不论大小都会改变风险的程度和分布。因此,风险管理机制可以使得人们知道怎样确认风险并采取相应的措施,这正是风险管理的全部内容。也可以简单的概括为使人们学会如何发现问题和处理问题,即进行事前控制,实施预防措施。评价企业内部的风险管理机制是评价企业内部控制全面性和有效性的一个主要内容。风险评估要素有四个方面的内容:

1.企业整体目标的制定

(1)企业所制定的整体目标有哪些?

(2)如何让董事会和员工知悉企业的整体目标?他们对目标的了解程度如何?

(3)企业的策略如何制定?策略与整体目标间的关系如何?

(4)企业计划、预算如何制定?其与企业整体目标、企业策略之间的关系如何?在目前情况下,这些目标是否合理?是否可行?

2.作业层级目标的制定

(1)作业层级目标如何制定?其与企业整体目标及策略之间的关系如何?明确程度如何?与营业过程之间的关系如何?

(2)各作业层级目标之间是否一致?

3.风险分析

(1)引发企业整体风险的外在因素有哪些?如何识别这些风险因素?每一种因素发生的可能性有多大?万一真的发生,后果有多严重?

(2)引发企业整体风险的内在因素有哪些?如何识别这些风险因素?每一种因素发生的可能性有多大?万一真的发生,后果有多严重?

(3)引发作业层级风险的外在因素有哪些?如何识别这些风险因素?每一种因素发生的可能性有多大?万一真的发生,后果有多严重?

(4)引发作业层级风险的内在因素有哪些?如何识别这些风险因素?每一种因素发生的可能性有多大?万一真的发生,后果有多严重?

4.对“变化”的管理

对“变化”进行管理的目的主要在于:评估哪些变化会对企业产生重大影响?哪些情况需要高级主管加以注意?如何辨别?企业必须对哪些变化做出回应?

(三)控制作业

控制作业主要是评价和检查对管理层制定的方针、程序的执行情况,以保证目标的实现。每个企业都有自己的一套目标和战略实施方案，所以目标结构和相应的控制作业也就有所不同。对控制作业要素的评估不仅可以检查和评价企业内部控制的全面有效性，还能评价其合理性。因此，控制作业项目的评估重点是：每一个作业的控制政策和程序如何？是否能有效降低已辨认出来的风险？设计是否有效？控制政策和程序是否已予以执行？执行的效果如何？由于控制作业是合理管理风险的手段，因此控制作业是和风险的评估过程相联系的。

以制造业为例，各公司应对其内部控制制度（包含书面化的和未书面化的）各项控制作业逐项评估，每一项作业的评估过程必须考虑内部控制的各组成要素。公司应依据各项作业评估结果，调整评估公司的整体内部控制制度，以确保制度的不断完善。

（1）销售及收款循环，包括订单处理、授权管理、发货运送、开立销货发票、应收账款及记录、收款、应收客票、客诉处理等作业。

（2）采购及付款循环，包括请购、采购、验收、退货处理、应付供应商负债及记录、付款、零用金等作业。

（3）生产循环，包括领料、生产、产品存货出入库、存货管理及记录等作业。

（4）薪工循环，包括人事资料、人力资源规划、招募、训练、考核、升迁、薪资表编制、薪资发放等作业。

（5）融资循环，包括借款额度审核、借款合约制定、发行公司债、还本付息及记录、抵（质）押记录以及股务处理（例如：股票的发行、过户、挂失及注销等作业的授权、执行、记录及空白股票的控管）等作业。

（6）固定资产循环，包括固定资产的取得、增添、处置、报废、保管及记录等作业。

（7）投资循环。包括有价证券、不动产及衍生性商品的投资决策、买卖、保管、记录、监督、直接或间接持股超过百分之五十以上被投资公司的内部控制等。

（8）研发循环，包括基础研究、产品设计、技术研发、产品试作与测试、研发信息及文件的记录与保管等作业。

（9）电脑化信息处理作业循环，包括信息部门与使用者部门权责的划分、信息化处理部门的功能及职责划分、系统开发及程式修改控制、编制系统文书的控制、程式及资料的存取控制、资料输出入控制、资料处理控制、档案及设备的安全控制、硬件及系统软件的购置、使用及维护控制、系统复原计划及测试程序的控制等作业。

（四）信息和沟通

信息是确保人们履行职责的必要条件，而沟通则是各级人员接受最高管理层关于控制责任的指令的方式和他们对待内部控制的严肃程度。信息和沟通要素是用来评价使企业成员能够捕捉和交换在控制活动中所需信息的系统。

1.信息

信息项目有三项评估重点：

（1）如何取得内、外部信息？

（2）如何制订信息系统？如何修正？

（3）管理阶层支持信息系统的程度如何？投入的人力、物力有多少？

2.沟通

沟通项目有七项评估重点：

(1)取得的信息给谁用、何时给、详细程度如何？如何将管理阶层的绩效信息提供给各相关主管？

(2)如何告诉员工他们的任务有哪些？就这些任务他们负责的控制作业有哪些？员工了解的程度如何？

(3)如何把员工的不当行为或迹象告诉管理层？

(4)管理层接纳员工建议的能力如何？

(5)企业内部各部门间如何沟通？信息完整性如何？信息要等多久才会传递？传递的速度多快？

(6)如何与顾客、供应商及其他外部人员进行信息沟通？得到信息后，如何将管理阶层的反应告诉相关人员？采取行动的性质如何？

(7)外界如何获悉本企业的道德标准？知悉程度如何？

(五)监督

对监督要素的评价主要在于企业对整个过程的监控能力和确保条件发生变化时的快速反应能力。监督是由实时评价内部控制执行质量的程序所组成的。这一程序包括持续监督、独立评价，或者是两者的综合。独立评价的范围和频率取决于所评估的风险程度。监督能够确保内部控制的有效运行。

1.持续性的监督

持续性的监督项目有五项评估重点：

(1)在员工进行营业活动时，主管如何监督？

(2)是否借外界的信息判断内部信息的正确性？如果有，如何做？

(3)在哪些情况下，会计记录与实际资产进行对比？如何对比？多久对比一次？

(4)管理阶层是否通过训练课程、会议或其他方式？获悉控制是否有效的信息？

(5)是否定期询问员工、他(她)是否了解公司的行为守则？以及是否定期执行重要的控制活动？

2.个别的评估

个别的评估项目有四个评估重点：

(1)有无员工负责内部稽核工作？这些人是谁？能力如何？经验如何？其资格是否符合主管机关的相关规定？人数是否适当？他们又对谁负责？负责内部稽核工作的人，除了稽核工作以外，是否还负责别的任务？

(2)负责稽核工作的人如何执行其稽核任务？他们评估的事项有哪些？多久评估一次？评估的对象是什么？如何评估？评估的方法是否合乎逻辑、是否适当？

(3)评估的结果是否做成书面记录？书面记录是否完备？何人使用这些书面记录？使用方式如何？

(4)管理阶层对内、外部稽核所提建议的态度如何？

3.缺失的报告

缺失的报告项目有两个评估重点：

(1)已辨认的内部控制缺失如何报告？向谁报告？报告速度如何？内容详细程度如何？

(2)缺失报告有无后续的行动？后续行动的有效性如何？

第四节　内部控制评价的程序与方法

一、内部控制评价的程序

内部控制评价的程序和审计程序一样，可以根据评价对象的现实情况而做出权变性的选择。总的来说，评价的程序按照测试和评价的重点可以分为两个阶段：健全性测试和评价阶段与符合性测试和评价阶段。根据这两个阶段测试的结果所进行的后续评价过程称之为综合性评价。在评价过程中，如果健全性测试和评价认为某单位的内部控制系统是完善的，那么就可以对其进行符合性测试和评价；否则，即直接执行全面的实质性测试。如果符合性测试和评价认为该单位的内部控制系统的执行是有效的，就可在前期测试与评价结果的基础上，确定实质性测试的范围、重点和方法，进行有限性的实质性测试。否则，即执行全面的实质性测试。内部控制的评价程序，可以流程图的形式来表现（如图16-2所示）。

(一)熟悉内部控制环境，确定内部控制的评价模式

一个企业内部控制的有效性如何，在很大程度上依赖于其内部控制的环境。内部审计人员在进行内部控制评价的时候，首先要了解企业的控制环境如何。这主要包括管理人员的控制意识、各级管理组织的设置、各级人员的素质、各项管理措施等。在熟悉了企业的控制环境以后，内部审计人员应该确定一个与这一环境相适应的内部控制评价模式。所谓的内部控制评价模式，是指内部控制制度的理想模式，即最完整无缺的内部控制制度具有的良好风险控制所需要的所有环节和手段。[①] 只有先了解理想的控制制度模式，才能在对比基础上对现有的控制制度作出判断。内部控制评价模式实质上是以企业内部控制的目标为导向。内部控制评价模式，可以使企业内部审计人员确定企业内部控制制度究竟应该怎样建立，内部控制制度达到什么样的标准才是健全、完善的。实际上它也是内部控制评价的依据。

这一阶段的主要工作程序，就是阅读有关规章制度和方针政策等文件，查看组织机构或业务程序系统图，与有关部门或人员进行座谈或询问，还可以深入车间、工地或仓库作实地考察。

(二)了解内部控制结构

在检查评价过程中，调查了解内部控制构成是评价内部控制准备阶段的重要内容，在调查了解的时候，审计人员可以就内部控制的各个构成要素分别进行。

---

① 王立勇.杜绝内患——企业内部控制系统分析[M].北京：中国经济出版社，2004：493.

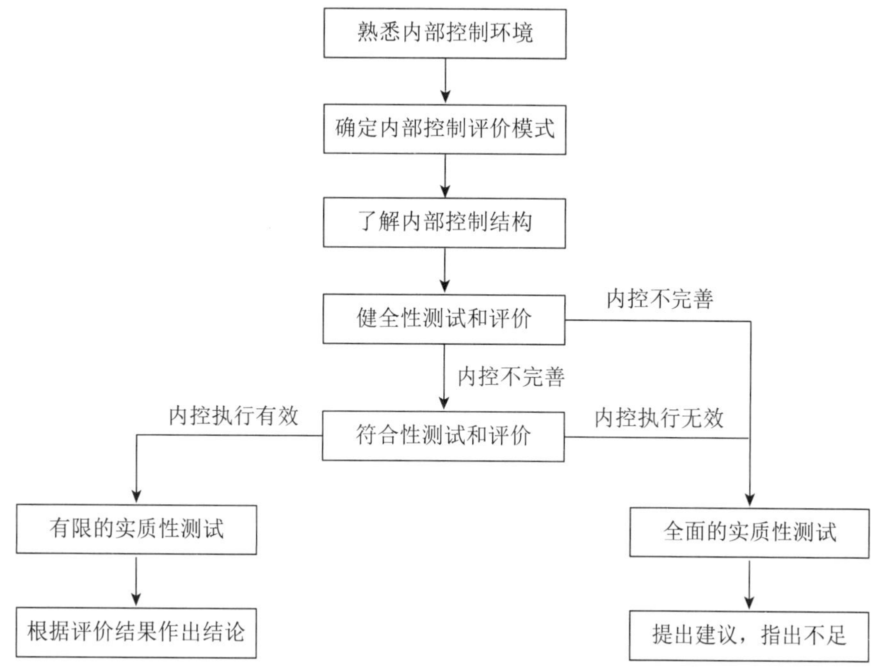

图 16-2　内部控制评价流程

1.调查控制环境

内部审计人员需要获取控制环境各个子要素的有关信息,然后利用这些信息来评价企业高层管理人员和其他人员对内部控制重要性的态度和意识。

2.调查风险评估

内部审计人员通过企业管理者如何确定风险、如何评估风险、如何将风险发生的概率与管理目标、经营计划和财务报告的相关内容联系起来并采取相应的措施,来了解管理部门的风险评估过程。

3.调查控制作业

企业的作业是内部控制所指向的客体,它决定了企业内部控制的具体设计方式。内部审计人员应了解企业生产经营涉及的每一个作业的控制政策和程序,这些作业控制政策和程序能否降低风险等问题,来识别控制活动的重要程度。

4.调查信息和沟通

这一要素的调查重点在于企业的会计系统和企业的授权和报告系统。主要查明信息在各个部门的传递方式、传递速度等。

5.调查监督

主要了解企业经常性的监督检查办法,即管理者为监督各项工作而使用的预算、计划、责任报告等制度和方法,内部审计部门的设置和工作情况等。

实际上,了解内部控制结构是建立在调查内部控制环境的基础上的。具体来说,审计人员可以通过了解企业管理机构的工作作风;各部门、岗位的权责是否明确;不相容职务是否分工负责、相互制约;经济业务流程是否都有书面记录;凭证填制、传递是否有明确的规定；是否符合程序牵制原则；重要经济业务是否都有检查、核对和考核制度；是否建立了独立职能的内部审计等来了解内部控制的结构。

这一阶段的调查方式有：(1)向有关管理人员和当事人询问有关内部控制的现状；(2)查阅有关内部控制的规章制度和资料文件，并查阅以前年度有关内部控制方面的审计档案；(3)观察企业的经营管理活动。

经过对内部控制结构系统全面的调查了解之后，应该运用各种描述性的方法对控制制度进行综合具体的反映，将抽象的内部控制机制转化为具体的程序化的“可执行文件”，以利于后续的评价活动。

(三)内部控制健全性测试和评价

在了解内部控制现状以后，内部审计人员就可以根据事先确定的评价模式对其严密性、合理性和完备性加以评价，即健全性评价。

在将现有的内部控制制度和理想模式进行比较时，我们应该关注内部控制制度整体上能否实现控制目标，控制程序是否清楚可行，现行控制与理想模式的差距有多大，以及存在差距的原因是什么，这一差距可能造成的后果等问题。内部控制制度的健全性评价特别要注意分析和识别内部控制的控制关键点，并明确哪些是控制强点，哪些是控制弱点。对内部控制制度的健全性评价的重点是对控制弱点的分析。内部审计人员要分析这些控制弱点可能产生的后果，是否已采取补救措施来消除其不良影响，并分析控制弱点转变成控制强点的具体措施步骤等。对内部控制制度的健全性评价的同时，还可以评价其合理性，内部控制的合理性要求内部控制布局合理，没有冗余控制，控制措施能契合本企业的实际情况，执行人员能够达到各个控制点的素质要求。

在分析企业内部控制系统中所有控制缺陷及其潜在影响的基础上，内部审计人员即可对其健全程度做出评价。如果认为企业的内部控制系统是健全的或基本健全的，能够保证内部审计人员所关注的控制目标的实现，那么审计人员即可对企业的内部控制系统予以信赖，并测试其有效性；反之，审计人员对企业的内部控制不予信赖，而直接进入实质性测试阶段。

(四)内部控制的符合性测试和评价

企业设置了内部控制系统，并不意味着就能达到预期的控制目的。内部控制制度能否发挥作用，还取决于它的实际执行情况与结果。如果执行人员在工作中有章不行、行之不严，都会影响控制效果。因此，审计人员应对内部控制系统的实施情况和有效程度进行测试评审，即符合性测试，也称遵循性测试。

符合性测试是基于正确评价内部控制系统可靠性的需要而产生的，其根本目的就在于审查企业的各项控制措施是否都真实地存在于生产经营的各项管理活动之中，是否确实、一贯地遵守了制度规定的全部要求，并真正发挥了作用。

符合性测试一般根据企业的不同特点，或不同的业务环节及其要求，采取抽查的办法来测定现行内部控制制度是否有效执行，是否达到预期目标。其测试方式有两种：一种是业务程序测试，即选择几个具体的典型业务作为样本，沿着内部控制所规定的处理程序进行检查，考察有关的控制点是否符合规定，并能认真执行，以此就可以判断各项控制措施的遵循情况。另一种是功能性测试，即针对某项控制程序的某个控制点，选择几个时期的同类业务进行审查，可以查明这一控制点的具体控制措施，以及这些措施是否发挥了作用。由于符合性测试作为一种横向证据在测试的数量和质量上有不同的要求，其测试样本的抽样和样本的规模有很大的主观成分。在一般情况下，测试的范围和数量主要取决于初期对内部控制的评价结果。如果初评认为控制系统较为健全，则测试范围可以小一些；反之，如果认为控制系统极不健全，则控制风险较大，就应相应扩大抽查的样本。

通过符合性测试就可以对内部控制制度在实际工作中的执行与否和执行程度做出合理的评价。如果关键控制点或多个一般控制点失去了控制，则表明内部控制没有发挥预期的控制功能，可以直接进入全面的实质性测试阶段；如果全部的控制点都执行良好或只有少数的一般控制点执行不利，则可进入综合性评价阶段。

(五)内部控制的综合性评价

经过上述几个阶段的审查和测试之后，内部审计人员对内部控制的健全性和有效性有了一个全面的了解，在此基础上，可以对企业的控制系统进行综合性评价，以便其做出一个客观公正的审查结论。综合性评价主要包括以下几个方面：

1.汇集整理前述阶段的有关资料，分析内部控制的控制弱点及其影响

汇集大量的零散的审查资料并加以整理是进行综合性分析、评价的基础性工作。审计人员应将健全性测试阶段和符合性测试阶段等各个阶段的有关资料分类汇总，特别是要把与内部控制系统中的控制弱点相关的资料汇集整理好，以利于分析人员把控制弱点归集到相关的控制点上，并分析控制弱点对整个控制效果的影响。

内部控制中的控制弱点，就是控制过程中的薄弱环节。通过对这些控制弱点的分析，可以避免由于控制的失效造成更大的损失和错误。内部控制弱点分析包括以下内容：

(1)分析是否存在补偿性控制措施。所谓补偿性控制是指能够代替控制弱点的其他控制，这种控制可以消除控制弱点可能带来的影响，保证控制制度仍发挥其有效性。例如，财务部门没有参与材料采购的“购货合同”签约，这属于控制的弱点，有可能造成企业的购货成本失去控制。但财务部门可以制定并实施严格的购货结算审核控制措施，来达到补偿性控制的目的和效果。一般来说，在经济业务处理过程中，控制弱点出现得越早，获得补偿性控制的机会就越多。

(2)分析控制弱点是否会产生潜在的错误。例如，销售部门没有专人审核销售发票，它的潜在错误就是收款时可能发生错误，因此，就必须分析它对经济信息和经济效益的影响程度。

(3)分析潜在的错误是否以假乱真，导致贪污舞弊行为的发生。例如，凭证连续编号这项控制措施如果没有得到执行，那么可能会导致“审批”这个控制点未能起到对所有业务活动的发生均加以批准或授权的作用，销货收款员或现金出纳人员有可能利用控制弱点挪用、贪污现金；如果实物保管控制有缺陷，仓库保管员就可能会利用控制弱点私分、倒卖国家财产物资等。因此，对有潜在错误的内部控制弱点，应制定有关证据收集程序，编制内部控制弱点分析表。格式如表16-1所示。[①]

① 辛茂荀.内部控制实务[M].北京：民主与建设出版社，2004：299.

表 16-1　内部控制弱点分析表

编号：
分析内容：
测试时间：　　　年　　月　　日

控制弱点	补偿措施	是否发生潜在错误	重要性程度	审计证据收集程序

通过大量的检查、分析和评价，审计人员逐渐认识到各项控制措施和控制点与各种错弊的对应关系，发现其内在的客观规律，这就为更为迅速准确地判断各种控制缺陷对内部控制制度的影响提供了认识基础。

2.评价内部控制的可靠性

内部控制的可靠性就是要确定在哪些方面，以及在何种程度上可以依靠内部控制制度。一般情况下，内部审计人员可以在某种程度上或在某些方面依赖内部控制制度进行实质性抽样测试，根据测试结果来审查和评价其可靠程度。对于内部控制制度的可靠性的评价可从以下两个方面进行：

(1)评价内部控制制度的可靠性范围。对于审计人员而言，内部控制制度的可靠性具体表现为：有效性(所有的业务活动都得到适当的授权或批准)、准确性(业务活动记录真实准确)、完整性(所有的业务都得到了实时的记录和反映)和实物安全性等。如果所有的控制点都能有效地发挥作用，则可以对这些方面的内部控制制度给予比较全面的信任；反之，如果内部控制制度存在较多的控制弱点，未能充分发挥作用，则内部审计人员会给予有限制条件的信任，即可能要考虑予以信赖的范围。

(2)评价内部控制制度的可靠性。在确定内部控制制度的范围后，审计人员还应该评价制度的可靠程度，并以此来确定实质性抽样审查的深度。如果认为某项控制措施或控制点非常有效，审计人员给予较高的信任，可以选择较小的抽样审查的规模；反之，则应适当扩大抽样审查的规模，以保证最终评价结论的正确性。

二、内部控制评价的方法

内部控制评价的方法是进行内部控制评价的工具和途径。由于内部控制评价实质上是一种对内部控制制度的评审，因此，在内部控制制度评价的过程中，其采用的评价方法与审计方法基本一样，一般包括制度调查法、健全性测试阶段的评价方法和符合性测试阶段的评价方法。

(一)内部控制调查法

在内部控制制度评价的程序中我们知道，要评价企业的内部控制制度，首先要了解企业的内部控制环境和结构，这就要求审计人员对企业概况、企业的组织结构和功能、重要

管理制度、内部控制等各个方面开展调查。在实施制度调查过程中,一般可采用以下方法:

1.查阅内部控制制度的文件资料

通过查阅有关文件或书面资料,可以了解企业内部控制制度的建设情况,获得对内部控制制度概括性的整体印象。查阅的内容主要有:以前的审计档案、企业内部职责说明书或程序手册、有关业务处理流程图、会计资料、统计资料、其他内部管理规章制度等。在进行查阅时应做好记录,为后续的制度测试和评价提供依据。

2.询问和观察内部控制制度的实施情况

(1)询问法

询问法就是找有关的人员进行谈话了解内部控制制度的内容与实施情况、职务分工情况、人员胜任情况等。运用询问法调查了解内部控制制度的优点是灵活、便捷,但具体运用要注意以下几点:

第一,询问对象要全面,并具有代表性,既要有管理人员,也要有具体执行控制的非管理人员。仅针对某一方的调查询问是片面的。

第二,为使询问工作顺利进行,应事先拟好询问提纲,做好充分的准备。询问的问题要明确、具体,以便于被询问者的理解和回答。

第三,具体询问过程中,应注意询问技巧,注意被询问者的心理,以一种客观的立场倾听被询问者对控制制度的描述和看法,以提高询问质量。

第四,在询问过程中应做好详细的记录。

(2)观察法

观察法是指为了了解内部控制制度的执行情况而在被调查部门和岗位进行实地考察。通过实地考察,可以进一步印证审阅法和询问法所了解的情况是否真实可信。例如,到办公室、车间和仓库等地进行实地考察,可以具体了解业务操作的具体过程,观察其操作流程与制度规定的流程是否一致,了解业务处理中的职务岗位分离情况,了解文件、资料、数据传递方式与保管及各岗位人员履行的职责与内部控制制度是否相符等。

3.调查表法

内部审计人员可以根据事先设计好的表格来了解企业内部控制制度的设计与执行情况。调查表法是指根据内部控制的要求,以理想的控制模式为指南,将需要调查的全部内容以提问的方式列在固定的格式表中,交由被调查的部门和人员来回答。这种方法可以单独运用,也可以结合询问法与观察法一起使用。在实际使用中,虽然可以提高工作效率,节约时间和成本,但比较呆板,灵活性不佳,而且在具体设计表格时必须将全部内容列出,问题要问得明确,否则,被调查人可能无法按调查人员的意图回答或提供其所需要的信息。

采用调查表法,一项重要的工作就是如何设计调查问题和调查表。调查问题和表格的设计,可根据内部控制及检查的需要进行。在设计时,需注意如下问题:

(1)调查问题应采用一般疑问句的格式,用"有无"或"是否"提问,尽量不用特殊疑问句的格式,如用"什么"或"哪里"提问。用一般疑问句格式提问的好处是问题简单明了,便于回答,避免繁琐和含混不清的答案。

(2)问题的设计应一句一问。即一个问题一个句子,不要将两个以上的问题挤在一个句子里提问,给回答者造成困难。

(3)应根据业务处理的控制环节和控制点进行设计调查问题,可参考审计的标准化问题,但更重要的是适合单位的具体情况。

(4)调查表中应留有备注栏,使回答者对那些不适于用"是""否""有""无"回答的,能写上一些简单的说明。

调查表法的优点是,调查范围明确,问题突出,省时省力,容易发现单位的内部控制系统中存在的缺陷,便于标准化操作。调查表法的缺点是,仅限于用肯定或否定的回答,无法反映出单位内部控制的具体情况和存在问题的轻重程度。另外,对于不同性质的单位,标准化问题的调查表有时也显得不太适用。因此,该法适用于规模较大、业务较复杂、控制环节较多的大型单位。调查表的具体格式见表16-2所示。①

表16-2 内部控制调查表

调查单位: 调查内容:

调查日期: 年 月 日 被调查人:

调查结果	调查问题				备注
	是	否		不适用	
		轻微	严重		
(略)					

(二)内部控制的健全性测试法

健全性测试的根本目的是弄清内部控制措施是否均已建立,已经建立的内部控制措施是否有明确的控制目标,有关制度内容是否符合国家的有关规定,是否经济可行。健全性测试方法是对内部控制制度是否健全、合法和合理做出评价的方法。"健全"主要是指建立的内部控制制度是否全部建立起来,能否保证管理目标的实现;"合法"是指所有的内部控制制度与措施都在国家法律法规允许的范围内;"合理"是指各项内部控制制度和措施都有其特定的目标,且花费的代价也是适宜的,即只要内部控制制度能被有效遵循和执行,就能达到既定的控制目标。

对内部控制制度的健全性测试,主要包括对现行制度的描述、比较与评价。

1.制度描述

在对内部控制制度调查的基础上,对其进行描述,是内部控制评价的前提。制度描述的方法,主要包括文字说明法、制表法和流程图法。

(1)文字说明法

文字说明法,是一种通过书面语言将内部控制情况进行说明的方法。该方法一般按

① 辛茂荀.内部控制实务[M].北京:民主与建设出版社,2004:290.

不同控制环节及主要控制点，分别说明其具体内容及特征、经办部门及人员、具体控制措施和方法，并指出有效控制的方面与可能存在的问题。文字说明法的最大优点是方便、灵活，可对企业内部控制的各个环节作比较深入和具体的描述，不受任何限制，可以应用于任何类型的企业。但文字说明法也有缺点，有时对内部控制的各个细节很难用简明易懂的语言来详细说明，不利于为评价内部控制风险提供直接的依据。运用文字说明法进行制度描述时，应注意以下几个问题：

①文字说明法一般是将内部控制制度所涉及的主要经济业务的处理程序、凭证传递程序和职务分工等作连贯的文字叙述。例如，现金收支控制的文字说明，一般应对现金收支的批准手续、由何人填制何种凭证、凭证经过哪些传递程序、作何账务记录、有无核对制度，以及现金出纳与有关记账如何分工等进行叙述。

②采用文字说明法时，检查人员应根据各项经济业务的性质，沿着每一主要经济业务的流程，向有关人员逐一询问，并逐笔记录，将他们的回答综合在一份文字说明中。需要询问的主要是有关方面所完成的工作内容、经办业务的具体要求和所负的责任等。

③文字说明法一般应按不同的业务环节，分别写明各个岗位的主要工作内容和控制情况。对制度的文字说明应当简明扼要，既能说明问题，又不繁琐。

文字说明法的优点是适用范围广，方便简单，能系统连贯地对制度作完整的记录，并可根据实际情况灵活提问，自由地选择调查内容。它的缺点是，对业务经营环节较多的大型单位来说，记录内部控制状况耗费的时间多，文字说明也会显得冗长，难以将各种内部控制中的薄弱环节和不完善的地方筛选出来，并往往会遗漏问题。另外，由于记录人员的文字表达水平不同，常常会出现理解上的差异，从而给检查人员进行复核时造成误解。因此，这种方法适用于业务规模较小、内部控制较简单的小型单位。

(2)调查表法

调查表法就是单位将需要了解的内部控制制度的情况，通过一定的表格加以表示的方法。采用这种方法的关键在于，事先根据企业内部控制制度系统的主要控制点和主要问题设计出一套科学合理的内部控制调查表。用表格描述内部控制制度情况，条理较为清楚、直观，问题突出，便于理解、阅读和评价(如表 16-3)[①]。

表 16-3　健全性测试调查表

调查部门：供销科

调查问题：销售业务内部控制

内部控制目标：内部控制的严密性和有效性及其存在的风险因素

调查内容	调查结果			风险因素
	是	否	不适用	
供销部门责权利是否清晰 市场预测是否实现“三化” 预测信息传递是否快捷有效 是否出现过重大失误				

① 王立勇. 杜绝内患——企业内部控制系统分析[M]. 北京：中国经济出版社，2004：493.

续表

调查内容	调查结果			风险因素
	是	否	不适用	
对预测信息的利用是否合理				
产品销售是否签订合同				
有关销售价格的确定是否合规				
销售业务的内部牵制是否合规				
销售业务的内部牵制是否生效				
销售发票是否经财务部门审核				
发票和公章是否严格保管				
仓库是否有严格管理措施				
仓库发票是否以销售发票为依据				
货物出门是否有严格的查验手续				
供销、财务和仓库是否经常对账				
对账中是否经常发生账实不符				

调查人员:(签名)　　调查时间:　　年　　月　　日

评价人员在对内部控制制度进行调查、评价时,可能直接通过询问、观察或审阅、使用调查表后获得有关内部控制的情况,再经过分析归纳,编制内部控制制度弱点分析表和强点记录表。弱点分析表,可以很直观地列出内部控制弱点情况及没有控制制度的地方,同时针对每个弱点列出与该弱点相关岗位或管理人员的意见,然后由审计人员根据这些弱点或缺乏控制制度的环节,通过分析判断,列出可能会产生的问题,最后,再有针对性地提出改进内部控制的措施和办法。而强点记录表则反映内部控制在实施过程中已经得到有效实施或控制的地方,表明强点控制的有效性,达到了预期的控制目标。

(3)流程图法

流程图法是指用特定的符号和图形,将内部控制中各种业务处理手续以及各种文件或凭证的传递流程,用图解的方式直观地表现出来。

企业内部各个部门与人员,分工明确,协作紧密,均按照其职责分工,分别从事各自的业务活动,并产生和利用一些合法的、经审批的文件和凭证。这些文件、凭证在各部门人员之间的传递,既反映了各项业务的处理过程,又协调了各项业务活动,形成了一个连续不断的流转过程。用特定的符号和图形,将这一过程以图解的方式描述出来,就是流程图。一般是每个主要经营环节应绘制一张流程图,将各个经营环节的流程图合并起来,就构成整个企业生产经营的流程图。

绘制流程图(见图 16-3)一般有两种方法:一种是将业务的处理过程按照先后顺序,用一条主线垂直串联起来,并将经济业务发生的凭证编制、传递、记账程序等从上至下用图形符号描绘出来,即纵向流程图;另一种是以横向表示业务处理程序,按业务部门设置若干竖栏,将业务处理程序由左到右、由上向下,用图形符号表示凭证的编制、传递、保管、记账、复核以至编表的过程,并用流程线把各项业务流动串联起来,即横向流程图。

绘制流程图的目的,在于评审被审单位的内部控制。评价的方法有两种:一是用特别符号和特殊颜色将应有而未设置的控制弱点在图上标明;二是用文字在图的下端对控制

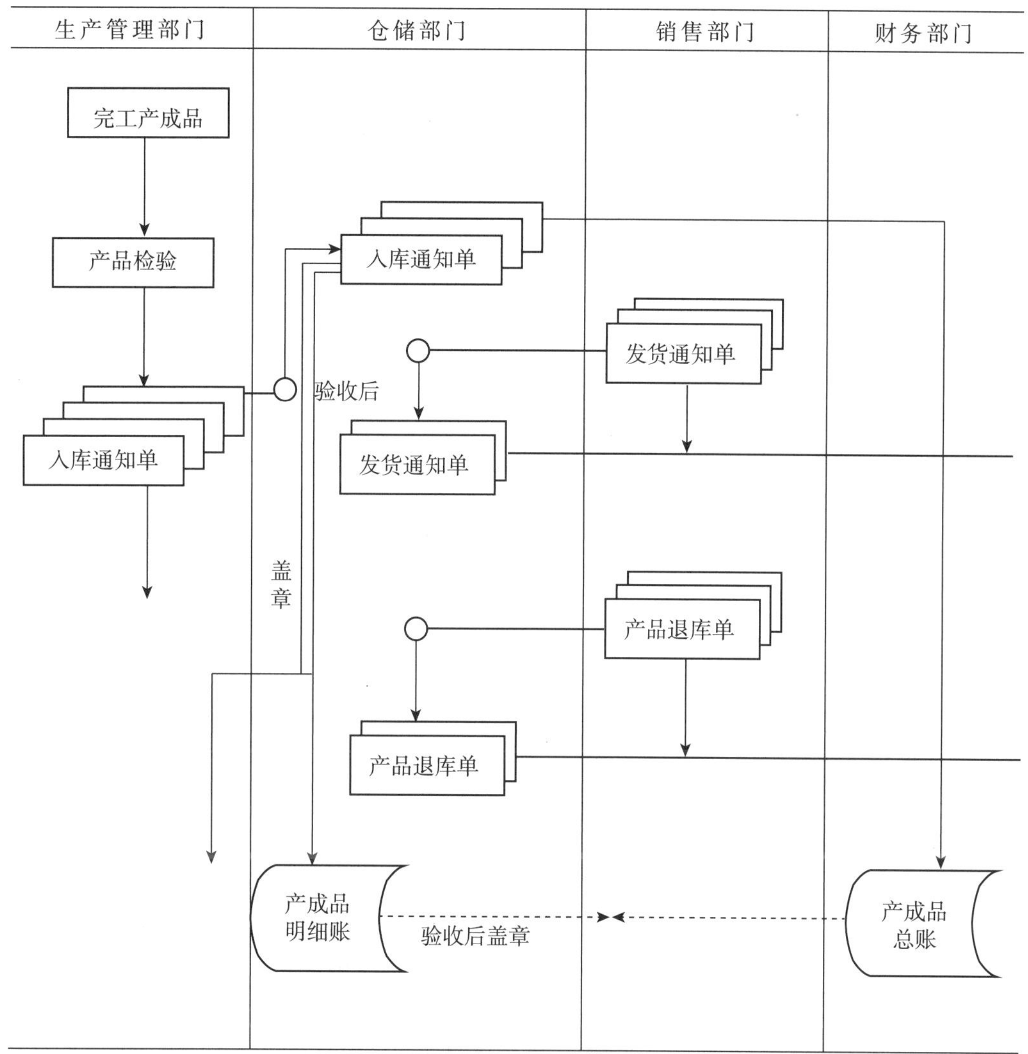

图 16-3　库存商品收发业务内部控制流程图

弱点加以说明。

用流程图描述内部控制，其主要优点在于：流程图能够从整体的角度，以简明的形式描述内部控制的实际情况，便于较快地检查出内部控制逻辑上的薄弱环节，也便于评审；流程图便于表述内部控制的特征，同时便于修改，在下次评审时，只要根据修改后的内部控制实际情况，稍微变动几根线条、几个符号，就能更新整个流程图。当然，和任何其他方法一样，流程图也有其缺点：编制流程图需具备较娴熟的技术和较丰富的经验，很耗时间；流程图法不能将内部控制中的控制弱点明显地标明出来，故评价时，往往需要与其他两种方法相结合。

描述内部控制的三种方法，并不相互排斥，而是相互依赖和相互补充的。在描述某一单位内部控制时，可对不同业务环节使用不同的方法，也可同时使用两种或三种方法，三者结合使用,往往比采用一种方法效果更好。

(三)符合性测试方法

符合性测试的目的在于检查现行内部控制制度是否有效执行或能否取得预定的结果。由于企业经营业务繁杂,内部控制又涉及企业生产经营和管理的各个环节,一般来讲,不可能对内部控制进行全面的检查,而只是根据生产经营和管理的特点,以及不同业务环节,采取抽查的方法进行检查,也就是从大量的经济业务或有关记录中选择一定数量的样本进行详细检验,然后,再根据样本检查结果,判断内部控制的整体有效性程度。符合性测试主要包括业务测试和功能测试两种。

1.业务测试

业务测试是指按经济业务或会计事项类型编号,对企业的重要经济业务或会计事项作跟踪检查,借以判断内部控制系统中的关键控制点在整体业务过程中是否确实存在。在进行业务测试时,一般要将企业经营环节或重要经济业务划分成若干类型或子系统,每个类型中的有关业务应具有内在联系。比如,可以将货币资金作为一个子系统,对货币资金中涉及的控制点和控制内容进行实际测试,核查各项内部控制程序和措施与实际操作的符合程度。

2.功能性测试

功能性测试主要侧重于内部控制的功能检查,即对关键控制点作用的发挥情况进行检查。根据内部控制的各种功能及其作用,功能性测试可以分为合法性、有效性、完整性、估算或计价、分类、截止期、过账与汇总等测试。在进行内部控制功能测试过程中,主要应做好以下两方面的工作:

(1)确定测试程度的方法

测试程度是指能够对内部控制的执行情况做出评价时的测试范围。在进行功能测试时,如果测试范围过大,会增大工作量;太小又达不到预期的目的。具体确定测试范围的方法有两种:一种是使用统计抽样法确定,也就是按照估计的差错率、允许误差大小、应该达到的保证程度等,运用公式计算或查表确定;另一种是运用经验估计法来确定,内部控制制度执行的次数越多,发生差错的概率越大。因此,评价人员可以凭经验,按内部控制制度执行的次数多少来估计应该抽查的业务范围。当然,业务范围的确定要结合健全性测试的结果来考虑。

(2)具体测试方法

抽查的业务范围确定后,需要运用随机抽样的方法从总体中抽取相应的样本项目进行检查。具体检查测试的方法包括:实地观察法、实验法和检查证据法。

实地观察法,是指到现场观察工作人员的工作情况,了解业务处理是否与内部控制制度的要求相符,以判明内部控制制度是否有效执行的方法。例如,管理人员可以观察材料仓库的收料情况,确定其是否与规定的收料程序相一致,以判断收料是否对有关的采购风险起到检查防范的作用。实验法,又称重新处理法,是指根据有关资料和业务处理程序,重复做一次已完成的业务,并比较两次的处理结果,以判明内部控制制度是否有效的方法。检查证据法,又称结合会计资料检查法,也就是通过对部分资料的审查,查明应有的内部控制措施是否存在,是否发挥了作用的方法。

(四)内部控制评价指标的选择与设计

评价指标选择和设计的合理与否,直接关系到整个评价体系的评价功能的发挥。为了保证内部控制评价的有效运行,还需要设计出一些度量指标,并将它们结合在一起,以便能可靠地帮助审计人员深入了解控制流程等方式的运行状况。这些度量指标应该能够充分保证对这些控制流程、控制系统等的运行状况进行可靠的衡量。通常相关的度量指标包括:错误率、周转次数、每笔交易成本、流程总成本、修正成本等。[①]

评价指标的选择和设计,要根据被评价企业的现实情况来确定。不同的企业、不同的业务处理流程,其评价指标都不尽相同。具体评价操作过程中要注意评价指标的适用性。

在内部控制制度的评价中,不仅要关心控制结果的好坏,还要判断控制手段的优劣。因此,指标选择时要注意评价指标的类型。评价指标的类型可以分为措施型指标和结果型指标。措施型指标是指与各种控制手段相对应的指标,如岗位分离指标等;结果型指标是针对内部控制的实施效果制定的评价指标,如应收账款回收率等。[②] 措施型指标一般比较直观,它直接指向“合理控制手段的实施与否”,没有实施就有失控的可能,企业内部控制也就必然存在漏洞。但其缺乏综合性,特别是由关键控制点产生的评价指标,容易忽略对次要控制手段的评价。然而,次要控制点一旦失控,也会给企业带来巨大损失。比较而言,结果型指标综合性很强,评价效果较好。但其也存在着不足之处:由于结果与控制手段并非一一对应,好的控制效果有时并非控制措施所带来的;同样,有时看起来很好的控制措施却没有取得相应的控制结果。这就使得单纯依靠效果性指标时,可能会导致评价结论的谬误。因此,在内部控制评价过程中,应注意两种类型的评价指标结合使用,并注意以措施型指标为主,结果型指标配合使用。特别要关注与关键控制点相对应的指标。只有把内部控制的各个评价指标结合到内部控制评价的各个程序与方法中,才能对企业的内部控制制度做出一个客观、准确的评价结论。

第五节　内部控制缺陷及其认定

一、内部控制缺陷的概念

内部控制缺陷是指内部控制系统中存在的导致内部控制失效或低效的控制点。这里的缺陷是针对内部控制目标的实现与保证程度而言的。理论上讲,所有影响内部控制目标实现的控制环节和控制点,都是一种缺陷。所以,只要内部控制目标没有得到实现,就一定存在着或这样或那样的控制缺陷;反之,如果企业设定的内部控制目标得到完全的实

---

① 史蒂文·J.鲁特. 超越COSO——强化公司治理的内部控制[M]. 林谦,译. 北京:中信出版社,2004:274.

② 戴彦. 企业内部控制评价体系的构建——基于A省电网公司的案例研究[J]. 会计研究,2006(1).

现,那么也就意味着内部控制系统中没有缺陷。因此,在内部控制评价中,未必一定要找出内部控制缺陷,尤其是不能以是否,以及找出多少个内部控制缺陷作为企业内部控制评价是否认真、有效的衡量标准。

不过,在现实中,企业内部控制缺陷却是普遍存在的。换言之,不存在任何缺陷的内部控制系统是极为少见的。完美的内部控制只是一种理论上的分布或假设。这主要是因为:第一,人类的认知能力是有限的。这种有限性不仅表现在我们无法对被控制对象做出精确的认识和预测,尤其是面对着规模大、组织结构复杂的企业更是如此;而且还因为我们无法用精确的语言来表达我们所观察到的被控制对象的表象特征,因此,所制定和所表述的内部控制制度有可能被企业内部员工在执行中有所误解。第二,即便我们在某个时间点上所制定的内部控制和所表述的内部控制制度是完善的,但是,由于被控制对象即企业经济活动和企业所处的经营环境是随时变化的,也可能出现原有的控制系统和控制制度因为过时而无法适应需要的现象。这意味着,企业的内部控制系统是相对静止的,但是被控制对象却是绝对变化的。因此,内部控制系统的时滞性是无法彻底消除的。至少理论上讲,内部控制系统的完美无缺是相对的,而内部控制系统的缺陷却是绝对的。

二、内部控制缺陷的分类

企业内部控制缺陷可以从多个角度、按照多个标准进行分类。这种分类有助于人们加深对于内部控制缺陷的认识,分析控制缺陷形成的原因,从而更加有效地去修正已经存在的内部控制缺陷。这里根据我国颁布的《企业内部控制评价指引》中的相关内容介绍内部控制缺陷的种类。

(一)按照形成原因分类

按照内部控制缺陷形成的原因,可以将内部控制缺陷分为设计缺陷和执行缺陷两种。所谓内部控制设计缺陷是指在内部控制系统设计环节上存在的缺陷。这些缺陷主要表现为:第一,控制点布设存在着遗漏,也就是说,有些业务节点上没有设计基于资产安全、效率提升等与内部控制目标相关的控制措施和管理制度;第二,有些业务流程节点虽然有相应的控制制度和措施,但是这些控制制度和控制标准的不合法、不合理、不合情。比如,有些控制制度规定的作息时间违法了《劳动法》的规定;再比如,有些企业对于违反控制制度的处罚措施过于严格,导致员工产生抵触情绪等。

(二)按照影响程度分类

按照内部控制缺陷的影响程度,可以把内部控制缺陷分为重大缺陷、重要缺陷和一般缺陷三种。这三种缺陷的影响程度是依次递增的。其中,重大缺陷是指一个或者多个控制缺陷的组合使得企业行为严重偏离控制目标;而重要缺陷是指一个或者多个控制缺陷的组合使得企业行为有可能偏离控制目标;至于一般缺陷则是指除了重大缺陷和重要缺陷之外的所有影响内部控制目标实现的因素。

需要指出,前述两种分类既可以是单独的,也可能是交叉的,甚至是递延的。比如,企业制度中规定对于存货只是不定期地进行抽查盘点,以至于业务繁忙时两年时间都未能进行盘点审核。这既是一种设计缺陷,也可能是重要缺陷。因为长时间不盘点可能导致财务报告信息失真和财产物资被盗窃、挪用而无法发现，从而严重地影响到财务信息真实性和资产安全性的内部控制目标的实现。

三、内部控制缺陷的认定

内部控制缺陷的认定是一项复杂的工作。这种复杂性主要表现在控制缺陷具有高度的环境适应性和目标相依性的特征。前者使得不同行业、不同企业、同一企业的不同阶段都可能对控制缺陷有不同的认定标准；后者则使得相同的控制缺陷但相对于不同的控制目标也可能导致人们做出不同的评价判断。

迄今为止，无论是理论的总结还是我国颁布的《企业内部控制评价指引》都没有给出具体的认定标准，都只是原则性地指出由企业自行确定。我们认为，对于内部控制缺陷的认定，可以从两个方面来进行，这样可以使经验判断或者职业判断更加有规可循，而不至于一人一样、一时一样，毫无可比性和规律性。第一方面是研判控制缺陷发生的概率，是偶发性的还是系统性的。如果是系统性的控制缺陷，就意味着无论任何人面对这项控制措施时都会表现出有悖于企业控制目标的行为。这样的缺陷就应该是重要的或者重大的缺陷。比如，假设在一个月工资只有4 000元的企业中，如果考勤制度规定迟到 5 分钟就扣除1 000元的工资，那么这一控制措施下无论是思想觉悟高的职工还是思想觉悟比较低的职工，都会产生抵触情绪，甚至是导致职工辞职情况经常发生。这个设计缺陷就应该是重点或者重大缺陷。第二个方面是失控时导致的损失程度。如果一项控制措施失效或者失控时导致一项控制目标受到影响且程度较轻，可以视为一般性缺陷；反之，如果一项控制措施失效或者失控可能导致多项控制目标受到影响或者虽然只影响到一项控制目标但是影响程度较大，那么这种情况就应该认定为是重大缺陷或者是重要缺陷。

在企业管理实践中，上述评价过程企业可以借助于评价量化打分表来实施。这种情况下可以使得不同时期的评价具有可比性，便于持续改进内部控制工作。表 16-4 是某企业实行的内部控制评价量化评分表。

表 16-4　某企业投资业务内部控制评价计分表

评价项目	评价指标	评价内容	测评要求与程序	制度与文件文号	评价意见	满分	设计是否适用			缺陷描述
							是	否	评分	
投资控制	内部控制设计的健全性和合理性（满分 100 分）	是否明确岗位职责，并有相应的文件描述	索取和评估对外投资管理岗位设置和人员配备的资料	×××〔2013〕98 号制度汇编、内控手册	岗位职责明确 制度文件齐全	10	√		10	
		岗位职责是否清晰，不相容岗位是否分离	索取和评估对外投资管理岗位设置及职责规定的资料	×××〔2013〕98 号制度汇编、内控手册	职责清晰 不相容岗位分离	10	√		10	
		是否有对外投资的授权批准制度	索取和评估对外投资审批制度	×××〔2013〕98 号制度汇编、内控手册	制度健全 符合实际	10	√		10	
		是否建立轮岗制度或交叉审核制度	索取和评估关于轮岗、交叉审核的制度	×××〔2013〕98 号制度汇编、内控手册	制度健全 交叉审核规定合理	10	√		10	
		是否建立投资预算管理制度	索取和评估预算管理制度	×××〔2013〕98 号制度汇编、内控手册	制度健全、合理	10	√		10	
		是否建立投资合同审核制度	索取和评估投资合同管理制度	×××〔2013〕98 号制度汇编、内控手册	制度健全、合理	10	√		10	

续表

评价项目	评价指标	评价内容	测评要求与程序	制度与文件文号	评价意见	满分	设计是否适用			缺陷描述
							是	否	评分	
投资控制	内部控制设计的健全性和合理性(满分100分)	是否建立项目进度监督制度	索取和评估项目监督制度	×××〔2013〕98号制度汇编、内控手册	有制度,但是不够细致	10		√	5	没有规定对投资项目监控的手段和时点,可能导致不能及时评估而影响减值制度计提和回收制度的执行。
		是否有明确的投资流程	索取和评估投资业务流程管理制度	×××〔2013〕98号制度汇编、内控手册	流程清晰符合实际	10	√		10	
		是否建立投资减值制度	索取和评估投资减值制度	×××〔2013〕98号制度汇编、内控手册	制度健全、合理	10	√		10	
		是否建立投资回收、转让与核销制度	索取和评估投资回收、转让和核销制度	×××〔2013〕98号制度汇编、内控手册	制度健全、合理	10	√		10	
		该环节得分合计:				100			95	
		投资设计部分的权重:4%	该环节权重得分=权重×得分数=4%×95=3.8							

续表

		评价内容	测试要求与程序	对应制度与文件	测试结果	满分	执行有效性			存在缺陷
							是	否	评分	
投资控制	内部控制执行有效性（满分100分）	各岗位人员是否了解自己的权限与职责	现场测试、问卷调查	×××〔2013〕98号制度汇编、内控手册	相关人员清楚自己的岗位职责和权限	10	√		10	
		是否存在串岗、混岗、顶岗的现象	现场测试、问卷调查	×××〔2013〕98号制度汇编、内控手册	没有发现串岗、混刚、顶岗的现象。	10	√		10	
		审批制度执行效果如何，有无越权审批现象	查看投资项目审批档案资料	×××〔2013〕98号制度汇编、内控手册	执行有效，与制度规定相符合	10	√		10	
		轮岗制度或交叉审核制度执行情况如何，有无错报或漏报现象	现场测试、问卷调查	×××〔2013〕98号制度汇编、内控手册	执行有效，与制度相符	10	√		10	
		是否编制预算，预算是否严格执行，有无超预算投资现象	审查预算编制资料	×××〔2013〕98号制度汇编、内控手册	执行有效，无超预算投资现象	10	√		10	
		投资合同审核制度执行如何，有无漏签合同，合同缺乏审核手续的现象	审查投资项目和合同签订资料	×××〔2013〕98号制度汇编、内控手册	执行有效，与制度相符	10	√		10	

续表

		评价内容	测试要求与程序	对应制度与文件	测试结果	满分	执行有效性			存在缺陷
							是	否	评分	
投资控制	内部控制执行有效性（满分100分）	监督部门是否对投资项目进行专项检查	问卷调查、审核相关记录资料	×××〔2013〕98号制度汇编、内控手册	检查记录不完整	10		√	5	没有监督部门对投资项目进行专项检查的书面记录资料。
		投资流程执行是否完整，项目建议书、可行性报告是否有书面证明	查看项目审批文件、项目建议书、可行性报告原件	×××〔2013〕98号制度汇编、内控手册	执行有效，与制度相符	10	√		10	
		投资收益是否回收及时	查看投资档案资料和会计记录	×××〔2013〕98号制度汇编、内控手册	执行有效，与制度相符	10	√		10	
		投资减值、核销是否经过审批，并保留有完整的记录	查看相关审批记录材料	×××〔2013〕98号制度汇编、内控手册	无此业务	10				
		投资执行环节总分：				100			85	
		该环节权重：5%	该环节权重得分＝权重％×得分数＝5％×85＝4.25							

第六节　内部控制评价报告及其报送

一、内部控制评价报告的作用

所谓内部控制评价报告是指由企业进行内部控制评价后出具的、表述内部控制设计合理性与执行有效性、内部控制缺陷及其改正的书面文件。内部控制评价报告，从理论分析上应该有如下的积极作用。

(一)是管理当局报告受托责任的一种方式

内部控制评价报告的目的在于表明企业的内部控制是否有效。在市场经济条件下，资源提供者将资源提供给企业，交由经理人员进行经营管理。管理当局必须尽心尽责地完成受托责任，保证资产的安全完整，并向资源提供者提供内部控制评价报告以反映其受托责任的履行情况。管理当局应对企业的内部控制制度负责，如果企业没有健全的内部控制制度或者内部控制制度失效，导致财务报告虚假而对投资者形成误导，或者企业的资产受到损失，将承担民事和刑事责任。因此，建立一套完善并有效执行的内部控制制度是管理当局的职责。也正因为此，管理当局对本企业的内部控制最熟悉，最有能力对其进行评估。通过对企业内部控制评估并将结果报告给投资者，实际上是向委托者表明已经履行了管理职责。

(二)促使企业管理当局提高内部控制

内部控制评价报告，必须要由企业的总裁(CEO)、董事长和总会计师或财务总监签字。Treadway 委员会(1987)认为，CEO 在管理报告上的签名将提高其对财务报告和内部控制的责任感，类似的，总会计师或财务总监的签字将强调他们对于内部控制设计与实施的作用和责任。

(三)有助于投资者做出更加科学的决策

通过内部控制评价报告，投资者可以一定程度上了解企业管理控制是否有效。如果企业有着良好的控制制度，则企业的经营有序，能够防范经营活动中的风险。反之，如果企业的内部控制混乱，则风险较大，投资者在做出投资决策时就必须谨慎。巴林银行之所以会因为一个交易员而倒闭，一个重要原因就在于缺乏有效的内部控制制度，以至于里森操作指数期货已经造成巨额亏损时尚无人知晓，这促使一些投资者在投资时关注企业有无内部控制。另一方面，作为投资者，企业的真正所有者，也有权知道企业的运行是否正常，企业的资产是否有保障，因此，内部控制信息对于投资者来言是一项重要的决策依据。

二、内部控制评价报告的主体

目前，对内部控制报告应由谁提供有两种观点：一种观点认为应由注册会计师在提供会计报表审计报告的同时提供内部控制评价报告；另一种观点认为应由企业管理当局对外披露内部控制报告。COSO委员会认为，首先应由企业管理当局（或其指定人，如内部审计机构）定期对本单位内部控制设计的有效性和执行的有效性进行评估，提出评估报告，然后再由注册会计师对其加以审核，提出内部控制审计报告。实际上，内部控制五要素之一的监督主要就是指管理当局对内部控制的评价，因此，内部控制评价报告应该由企业管理当局提供具有一定的理论和实践基础。

在我国，根据《企业内部控制评价指引》的精神，内部控制评价可以由企业的内部审计机构或者类似机构进行，也可以委托注册会计师进行。因此，内部控制评价报告的编制主体可以是企业的内部审计机构，也可以是外部的注册会计师。但是，当内部控制评价报告对外报送时，需要由企业的董事会或者类似权力机构批准。从这一意义上讲，如果对外的话，内部控制评价报告的责任主体其实是企业的董事会，尽管他们并不直接编写内部控制评价报告。

三、内部控制评价报告的内容

一般来讲，理论上一份完善的内部控制评价报告应包括以下内容：

1.表明管理当局对内部控制的责任。管理当局应在内部控制报告中明确声明，建立、实施和维护企业的内部控制制度是管理当局的责任，企业内部控制的目标在于合理保证财务报告的可靠性、经营效果和效率、符合适用的法律和法规。

2.关于内部控制的固有限制。内部控制只能对资产安全、财务信息报告编制及效率效果等内部控制目标的实现提供合理的保证，并且随着环境、情况的改变，内部控制制度的有效性可能会发生改变，对内部控制制度的遵循程度可能会降低，从而根据内部控制制度的评价结果推测未来内部控制的有效性具有一定的风险。

3.企业已经按照有关标准设计与实施内部控制制度。需要声明企业是否已经遵守和实施了相关的内部控制，同时对于设计与实施内部控制的情况进行介绍和说明。

4.声明本企业内部控制系统是否存在着缺陷，如果存在着缺陷，那么这些缺陷可能影响内部控制的哪些目标，以及企业是否针对存在的缺陷采用或拟采用相应的改进措施等。

5.企业管理阶层的签名，包括董事长、总经理、财务总监或总会计师等应在内部控制报告上签名，以表明对内部控制和内部控制报告所承担的相关责任。

在我国，财政部等颁布的《企业内部控制评价指引》中对于企业内部控制评价的主要内容和要素也进行了相应的规范性要求。这些要求虽然和前面的理论归纳有所差异，但是其所包括的信息要素基本是相同的。这些规范性要求的内容有：

(1)董事会对内部控制报告真实性的声明；

(2)内部控制评价的总体情况；

(3)内部控制评价的依据；

(4)内部控制评价的范围；

(5)内部控制评价的程序与方法；

(6)内部控制缺陷及其认定；

(7)内部控制缺陷的整改情况及重大缺陷所采用的改进措施；

(8)内部控制有效性的结论。

四、内部控制评价报告的报送方式

(一)企业内部控制评价报告报送的理论依据

企业基于自身内部控制评价所形成的报告信息，从性质上讲属于企业的内部信息，那么这些报告所承载的信息为什么要向外报送呢？目前能够对此做出解释的主要有如下理论：

1.受托责任理论

在经济发展过程中，股份公司的产生导致了“两权分离”即财产所有权与经营管理权的分离，这种分离必然形成所有者与管理者之间的委托和受托这样一种经济责任关系，也就是委托人和代理人的关系。对行为责任的履行情况进行报告，正是委托人正确评价受托人责任履行状况、受托人借以免责的重要依据。在理论上，对应一种行为责任就要求有相应的报告提供，既然受托人肩负着建立内部控制的行为责任，那么就理应对内部控制的有效性进行报告。

2.信息不对称理论

一般而言，证券市场只给我们提供了价格方面的信息，在包括内部控制信息的其他信息的分布上则存在严重的不对称现象。其中上市公司与投资者之间的信息不对称现象最为广泛。上市公司与投资者形成委托—代理关系，上市公司为代理人，投资者为委托人，在上市公司与投资者之间的博弈中，由于内部控制信息不对称的存在，导致上市公司逆向选择和道德风险问题。按照2001年度诺贝尔经济学奖获得者阿克洛夫的相关理论，当上市公司和中介机构的内部控制信息大于投资者时，市场便会受到损害而可能出现萎缩，次品便会冲击优质产品，坏股票便会淘汰好股票。特别是在坏信息集中暴露出来时，市场上的投资信息便会受到打击，股价泡沫会随之产生一定程度的破灭。在这种情况下，上市公司披露内部控制评价信息则有效缓解了这种信息的不对称性，从而有助于市场的健康发展。

3.信号传递理论

在目前的证券市场上，为了解决信息不对称及其导致的逆向选择问题，信号传递理论发挥着重要作用。信号传递理论认为，高质量的公司将通过传递信号将其与那些较次企业区别开来，市场也会做出积极的反应，这些公司的股票价格将会上涨，而那些不披露的企业则被认为是有不好的消息，其股价将会下降。因而，企业就有动力进行充分披露以向市场传递企业的信号，从而使外部用户能将不同的企业区分开来，促进了证券市场的有效运行。正是因为企业管理当局有这种披露动机，因此，即使在非强迫的情况下，一些企业也愿意披露和公开自己的内部控制评价报告。

(二)企业内部控制评价报告报送的方式

内部控制评价报告方式涉及两个问题:一个是单独报送还是与其他报告合并报送;二是强制性报送还是自愿性报送。

对于单独报送还是合并报送,理论上讲两种方式都可以。如果选择单独报送,那么就意味着市场或者相关利益关系人在利用信息时是将内部控制信息与其他信息分开使用的。因此,内部控制信息可以单独地影响使用人的决策行为和判断。反之,如果选择合并报送,则理论假设是认为,内部控制评价信息并不构成一个独立的信息整体,它必须和其他信息相互配合使用才能发挥其作用。具体在合并报送时,内部控制评价报告既可以和董事会报告、管理者讨论合并,也可以和注册会计师的审计报告合并提供。我国颁布的《企业内部控制评价指引》中要求,企业内部控制评价报告需要和注册会计师的内部控制审计报告一起对外进行报送和公开。

至于强制性公开与自愿性公开问题,同样也是一个富有争议的话题。而且各有其相应的理论依据。

强制性披露者认为,市场是不完善的和无效的。因此,强制性信息披露可以缓解信息不对称现象,抑制市场投机行为。我国目前在内部控制评价信息公开上基本采用的是强制性披露方式。相关法规已经把内部控制评价报告报送纳入法规里面,由此,内部控制评价信息的公开已经成为一种法定行为或者准法律行为。比如,中国证监会 2000 年 11 月发布的《公开发行证券公司信息披露编报规则》要求公开发行证券的商业银行、保险公司、证券公司应建立健全内部控制制度,并在招股说明书正文中专设一部分,对其内部控制制度的完整性、合理性和有效性做出说明。同时规定,商业银行、保险公司、证券公司还应委托所聘请的会计师事务所对其内部控制制度及风险管理系统的完整性、合理性和有效性进行评价,提出改进建议,并以内部控制报告的形式做出报告。内部控制评价报告随招股说明书一并呈报中国证监会和证券交易所。若聘请的会计师事务所指出,在内部控制制度完整性、合理性或有效性三方面存在严重缺陷的,董事会应对此予以说明,监事会应就董事会所做的说明表示意见,并分别予以披露。同样的,《企业内部控制评价指引》中也要求企业把内部控制评价报告连同注册会计师的内部控制审计报告一起公开。

而自愿性披露论者则认为,为了获得投资者的信任及明确自己在企业经营管理中的责任,企业管理者当局愿意披露企业内部控制评价的信息。比如,Hermanson 和 Heather M.(2000)对 9 个财务报告使用者团体的调查研究就表明,财务报告使用者认为自愿性内部控制报告改进了内部控制,提供了额外的与决策有用的信息。

在理论上,自愿性披露与市场的有效性相关。如果资本市场具有有效性,公司的股价与其价值存在关联性,管理者当局通常具有充分披露内部控制信息以反映公司运营质量的动机。同时,在自愿披露内部控制信息时,管理当局也可以明确自己的责任,加强对内部控制制度的建设和管理,以提高企业的经营水平;当然,如果资本市场缺乏有效性,公司的股价与其价值缺乏关联,管理者当局也就缺乏进行充分披露内部控制信息以反映公司质量的动机。所以,只有管理当局认识到自愿披露内部控制信息的益处时,他们才会主动地、自愿地进行内部控制评价的信息披露。

五、内部控制评价报告与内部控制审计报告的区别

我国颁布的《企业内部控制评价指引》中要求,企业的内部控制评价报告需要同注册会计师的内部控制审计报告一同报送和公开。因此,这里有必要就两者的区别和关系做一比较和说明。

如果从本质上分析,内部控制评价报告和内部控制审计报告都是基于对内部控制的设计与执行情况而进行的评估报告。这是两者的共同点。二者的不同主要表现如下方面:

(一)主体不同

内部控制评价报告是由企业的内部审计机构或者类似机构进行的;而内部控制审计报告是由会计师事务所的注册会计师进行的。除非受到聘用,否则,注册会计师不会就企业的内部控制评价进行报告。

(二)目的不同

内部控制评价报告是企业自身为了发现内部控制存在的缺陷及改进内部控制工作所进行的一种评价,主要是一种自我监督和改进工作;而注册会计师进行的内部控制审计报告是就企业的内部控制的有效性所进行的审计和鉴定。这种审计和鉴定更多时候是针对内部控制对于财务报告信息的保证程度所进行的。比如,在对内部控制重大缺陷的判定上,企业内部控制评价注重的是控制目标的实现;而注册会计师出具的内部控制审计报告关注的则是管理层的舞弊以及可能导致的财务报告信息的误报。

(三)范围不同

企业内部控制评价报告,在实务中可以就内部控制的某一个领域来进行,即存在着专题式的内部控制评价报告,也可以就整个内部控制系统来编制评价报告;而注册会计师的内部控制审计报告则一定是针对整个内部控制系统来实施的。

(四)效果不同

注册会计师出具的内部控制审计报告通常要比企业的内部控制评价报告具有更高的独立和可信行性,这主要是因为注册会计师具有比较高的独立性和专业水平;而企业自己进行的内部控制评价,一则没有独立性,二则人员的专业水平也会比较差。正因为如此,在资本市场上,注册会计师的内部控制审计报告通常具有更显著的市场效应,这也是企业内部控制评价报告所无法替代的。

案例分析题

1.案例资料[①]

据《上海证券报》2001 年 9 月 23 日报道，2001 年 9 月 15 日，金陵药业董事会发布公告，披露了公司前任董事长江某涉嫌贪污、挪用巨款、为亲友非法牟利被依法逮捕的消息。因同案被逮捕的还有公司董事、副总经理陈某和财务负责人吕某。几乎与金陵药业发布这份公告的同时，还有两家上市公司的高级管理人员经济犯罪行为被曝光。9 月 12 日，武汉市纪委、市监察局向新闻界通报，武汉三镇实业控股公司原董事长张某因挪用公款、收受巨额贿赂，已经被移送司法机关处理。9 月 13 日，广州市检察机关向新闻界通报了广东省交通系统的特大受贿案，全省交通系统共有 32 名厅、处、科级干部在高速公路的建设中涉嫌受贿，总额高达1 427万元。令人吃惊的是，广东高速前后三任董事长、公司内两名总会计师也卷入其中。

(1)腐败分子连成串

随着越来越多的上市公司涉嫌造假案例的曝光，市场上响起了一片打假之声。ST 黎明、银广厦，都成了千夫所指。但与造假公司同时曝光的，还有更多的上市公司高级管理人员大肆进行的经济犯罪流动，尚未引起市场足够的重视。

据武汉市纪委和市监察局提供的材料，武汉控股原董事长张某一案是武汉市自新中国成立以来查处的级别最高、涉案金额最大的腐败案件。他伙同其家属或单独收受贿赂共计人民币 337.6 万元、港币 300 万元、价值港币 298.8 万元的香港住宅一套，以及价值人民币2.97万元的劳力士手表一块，同时，被他挪用的公款共计港币3 000万元和人民币1 900万元。

粤高速的三任董事长都涉嫌重大经济问题。第一任董事长李某利用主管深汕高速公路东段工程建设的职务便利，在收受多家工程队的“好处费”后，多次予以“关照”，获得追加款等，从中收受贿赂共计人民币 21 万元，港币 30 万元。林某是李某之后的新一任董事长，但他在担任粤高速副总经理兼深汕高速公路东段项目公司总经理时就已经很不干净。他未经概算和审核，为多家工程队追加工程款达数千万元，并从中收受贿赂人民币 50 万元、港币 10 万元。另一位李某是粤高速“三连丑”中的最后一位，当董事长时间不长，但也步了前任后尘，他同样是在工程的发包、招标过程中大搞钱权交易，收受贿赂共计人民币 17 万元，港币 22 万。

(2)上市公司被蛀空

上市公司高级管理人员堕落为腐败分子，给上市公司带来了非常大的危害。在大庆联谊，伴随着公司董事长薛某的贪污、侵占、挪用公款等犯罪活动的是公司不择手段达到欺诈上市的目的。以薛某为首的公司有关领导和经办人大肆利用公司股票进行行贿活动，不仅击倒了一大批党政干部，而且使公司的股权管理一度陷于十分混乱的境地。在康

---

① 朱荣恩. 内部控制案例[M]. 上海：复旦大学出版社，2005:254.

塞集团，公司董事长和总经理狼狈为奸，大肆进行贪占活动，使企业的流动资金一度近乎枯竭。上市以前的康赛年生产360万标准件，但2000年度的新产品上市却几乎空白，康赛品牌的上市量与往来相比萎缩80%，市场占有率下降60%，而且市场平均售价也下降50%。康赛集团近几年一直陷于亏损之中，已经戴上ST帽子。腐败分子对上市公司的破坏作用，已经十分严重，它们在股票市场上所产生的恶劣影响，绝对不比上市公司造假行为来得轻。

已经更名为PT白猫的原双鹿电器，在80年代时，生产的双鹿冰箱曾经是上海市场的热门货，企业也因此在90年代初期就获准进行了股份制改造，成为我国早期的一家上市公司。但是，上市不久，双鹿电器就爆出了董事长收受贿赂的腐败丑闻，双鹿电器在市场上的形象也因此大打折扣。接任的公司董事长兼总经理陈某不久以后也因为腐败而进了监狱。"高管"们根本无心于上市公司的经营管理，在他们眼里，上市公司成了他们攫取私人财富的一座"金矿"，他们个人肥了起来，但企业却因此垮了下去。

(3)公司治理不到位

武汉控股的张某在武汉市城乡建设管理委员会主任的位子上一坐就是14年，这期间他利用手中的权力，以承接工程等为诱饵，伙同妻儿大肆收受贿赂。但是，已经犯有重罪的张某在武汉控股改制为上市公司的时候，却又被安排为董事长，使这家上市公司的名声为此受辱。

ST康赛在童某把持期间，企业的大小事务都是由他一个人说了算，董事会、监事会形同虚设，股东更没有了解公司内部事务的任何可能，眼睁睁看着他大肆贪占，直到把一个企业搞垮。更令人惊讶的是，在有的公司内部，腐败分子的犯罪行为已经暴露，但居然还能把持公司领导的位子。2000年8月，ST棱光董事长杨某因涉嫌经济犯罪被公安机关刑事拘留。但令人感到不可思议的是，在今年ST棱光董事会推举的下届董事会组成人员中，杨某的大名居然还赫然在列，虽然这是第一大股东亨通集团提出的，但第二大股东能及其他一些股东居然提出任何异议。

2.案例点评

上述案例中，上市公司高管人员纷纷落马，主观上是由于他们受到金钱的诱惑，利用手中掌握的权力大搞贪污腐败的行径，根本没有履行公司高管人员的职责，去为上市公司和股东的利益最大化服务。但从客观上来看，公司内部控制失去应有的监督和控制作用，为这些蛀虫大开方便之门，严重侵害了上市公司和股东的利益。这是值得我们反思的。

案例反映出来的主要是涉及高管人员的管理层舞弊。舞弊的类型按照实施主体的层次可以分为管理层舞弊和员工舞弊两大类。员工舞弊主要是利用职务便利，贪污、挪用、侵占公司的资产，或者设租寻租，做权钱交易，这种舞弊只要通过加强相关业务循环的内部控制制度就可以有效地加以防范和避免。但是董事、经理层发生舞弊的问题，就不这么简单了。下面着重分析管理层舞弊的防范和治理问题。

首先，上市公司法人治理结构。内部控制是由管理层设计并负最终责任的。管理层在内部控制的实施和运行中担当重要的角色。由此，当管理层凌驾于内部控制之上，绕过内部控制制度的时候，内部控制的监督控制作用就消失殆尽而形同虚设。为此，就要加强和完善公司的法人治理结构。一般而言，企业应建立“股东会—董事会—管理层”的法人治理结构，其中董事会成员应由内部管理董事和外部独立董事混合组成，应赋予独立董事对公司财务报告和利润分配方案、公司投资、财产处置、收购兼并、对外投资、担保事项、关联交易等事项发表独立意见的权力。为保护股东利益，确保公司内各项政策、制度的贯彻执行，保证公司合法合规经营，企业应建立独立于董事会的监事会或隶属于董事会、主要由公司外部独立董事参加的审计委员会。监事会或审计委员会的基本职责是：(1)监督公司财务报告制度及财务、会计、法律相关的内部控制制度的完善性；(2)监督外部审计和内部审计的独立性和工作业绩；(3)提供外部审计、内部审计、企业管理层和董事会之间的沟通途径。

上市公司中出现这么多的腐败分子，与我国上市公司法人治理结构的缺位、企业改制“走过场”有很大关系。这些出现腐败分子的企业，都是由原国有企业改制过来的。本来，按照上市公司的制度框架，股东大会是其最高权力机构，但是在国有企业改制为上市公司的过程中，其董事会成员其实已经由原国有企业的上级部门安排好了，股东，特别是新加入公司的中小股东对此根本没有什么发言权。有的上市公司的董事会，甚至成了退下来的党政干部的“安乐窝”。公司治理制度的缺位，使上市公司的董事长实际上处于无人监督的境地，在许多“一股独大”的上市公司中，实际上了成了犯罪分子“一人独大”的温床。由此可见，加强和完善上市公司法人治理结构是当务之急。

对上市公司高级管理人员缺少监督，也是造成腐败分子层出不穷的一个重要原因。为了约束高管人员的行为，一方面要是引进激励机制，但同样重要的是要对高管人员加强监督。一些领导机关在对上市公司的领导班子的安排上不愿意按股份制企业的制度原则办事，但在日常的管理中却又借口这些企业已经是上市公司而放松了管理，致使一些高管人员“唯我独大”的心理恶性膨胀，在腐败的道路上越走越远。加强上市公司高管人员的监管，应该提上议事日程，不仅领导机关应加强这方面的工作，上市公司的董事会、监事会都应该把董事长、总经理管起来。这既是反腐败的要求，也是为了保护上市公司和全体股东的利益。

其次，建立良好的控制环境。所谓控制环境，是指对企业控制制度的建立和实施有重大影响的一组因素的通称，这一组因素包括管理哲学和经营方式、组织结构、董事会、授权和分配责任的方式、管理控制方法、内部审计、人事政策和实务、外部影响等。控制环境的好坏直接决定着企业其他控制能否实施或实施的效果。它既可增强也可削弱特定控制的有效性。控制环境反映了管理当局和董事会关于控制对公司重要性的态度。管理层在建立一个有利的控制环境中，起着关键性的作用。如果管理层不愿意设立适当的控制或不能遵守已建立的控制，那么控制环境将受到很不利的影响。通常以下三个方面可能会极大地影响控制环境：(1)管理层对待经营风险和控制经营风险的方法；(2)为实现预算、利润和其他财务及经营目标，企业对管理的重视程度；(3)管理层对财务报表所持有的态度和采取的行动。在不考虑其他控制环境因素的情况下，如果管理层是受某一个人或几个人的支配，那么对上述这几个方面的影响会更大。比如，如果管理层很想夸大财务报告中的盈余总额，那么，控制失效的风险将大大增加。控制环境的建设不是一朝之功，也不是一个部门一个环节可以解决问题的，它涉及企业整体的一种风格和氛围，需要企业上下、企业内外齐心协力。

思考练习题

1.内部控制制度评价的意义是什么？

2.简述内部控制制度评价的基本程序，并说明各个程序应用的评价方法。

3.分组讨论内部控制制度评价指标的设计与选择。每一小组选定某个具体业务，设计出一套评价该业务控制措施和控制效果的指标。

拓展阅读

1.中国财政部，等. 企业内部控制评价指引[S]. 2010.

2.李连华，唐国平. 内部控制效率：理论框架与测度评价[J]. 会计研究，2012(5).

3.戴彦.企业内部控制评价体系的构建——基于 A 省电网公司案例研究[J]. 会计研究，2006(1).

参考文献

一、著作

[1]中国财政部，等. 企业内部控制基本规范[S]. 2008.

[2]中国财政部，等. 企业内部控制应用指引[S]. 2010.

[3]中国财政部，等. 企业内部控制评价指引[S]. 2010.

[4]于玉林. 现代会计百科词典[M]. 北京：中国大百科全书出版社，1994.

[5]刘宗柳，陈汉文. 企业内部控制：理论、实务与案例[M]. 北京：中国财政经济出版社，2000.

[6]潘秀丽. 企业内部控制研究[M]. 北京：中国财政经济出版社，2005.

[7]宋建波. 企业内部控制[M]. 北京：中国人民大学出版社，2004.

[8]朱荣恩，应唯，袁敏. 企业内部控制制度设计——理论与实践[M]. 上海：上海财经大学出版社，2005.

[9]朱荣恩. 内部控制案例[M]. 上海：复旦大学出版社，2005.

[10]中国财政部. 行政事业单位内部控制规范[S]. 2012.

[11]胡世强.内部会计控制规范有问必答[M]. 成都：西南财经大学出版社，2003.

[12]吴少平，叶新年，胡志鹏.现代企业财务内部控制[M]. 北京：首都经济贸易大学出版社，2004.

[13]张伟，孙秀清. 公司筹资[M]. 上海：上海财经大学出版社，1997.

[14]王丽娅. 企业融资理论与实务[M]. 北京：中国经济出版社，2005.

[15]程新生. 企业内部控制[M]. 北京：高等教育出版社，2016.

[16]李凤鸣. 内部控制设计[M]. 北京：经济管理出版社，1997.

[17]杨开明. 企业融资——理论、实务与风险管理[M]. 武汉：武汉理工大学出版社，2004.

[18]刘俊彦. 筹资管理学[M]. 北京：中国人民大学出版社，2003.

[19]孟凡利. 内部控制与全面预算管理[M]. 北京：经济科学出版社，2003.

[20] Richard P. Tritter. 控制自我评估——以协调为基础的咨询指南[M]. 李海风，朱军霞，译. 北京：清华大学出版社，2004.

[21]史蒂文·J. 鲁特. 超越 COSO——强化公司治理的内部控制[M]. 林谦，译. 北京：中信出版社，2004.

[22]杨有红. 企业内部控制系统[M]. 北京：中国人民大学出版社，2004.

[23]朱荣恩. 内部控制评价[M]. 北京:中国时代经济出版社,2002.

[24]王立勇. 杜绝内患——企业内部控制系统分析[M]. 北京:中国经济出版社,2004.

[25]王 李. 企业内部控制[M]. 北京:高等教育出版社,2017.

[26]杨有红. 企业内部控制框架[M]. 杭州:浙江人民出版社,2001.

[27]王化成,佟岩,李勇. 全面预算管理[M]. 北京:中国人民大学出版社,2004.

[28]史习民. 全面预算管理[M]. 北京:立信会计出版社,2003.

[29] 张瑞君. e时代财务管理[M]. 北京:中国人民大学出版社,2004.

[30]财政部企业司. 企业全面预算管理的理论与案例[M]. 北京:经济科学出版社,2004.

[31]潘爱香,高晨. 全面预算管理[M]. 杭州:浙江人民出版社,2001.

[32]侯其锋. 企业内部控制基本规范操作指南:图解版[M]. 北京:人民邮电出版社,2016.

[33]财政部. 关于企业实行财务预算管理的指导意见[Z]. 2002-04-25.

[34]吴少平,叶新年,胡志鹏. 现代企业财务内部控制[M]. 北京:首都经济贸易大学出版社,2004.

[35]赵保卿. 内部控制设计与运行[M]. 北京:经济科学出版社,2005.

[36]张为国,邱昱芳. 后安然时代[M]. 北京:中国财政经济出版社,2003.

[37]郑洪涛,张颖. 企业内部控制学[M]. 大连:东北财经大学出版社,2015.

[38]张继德. 企业内部控制体系构建、实施与评价[M]. 北京:经济科学出版社,2013.

[39]杨武岐,等. 事业单位内部控制[M]. 北京:经济科学出版社,2018.

二、论文

[1]李明辉,何海,马夕奎. 我国上市公司内部控制信息披露状况的分析[J]. 审计研究,2003(1)

[2]李秀强. 谈谈内部控制信息的披露[J]. 财会通讯, 2003(3)

[3]潘秀丽. 企业内部控制及其信息披露[J]. 中国注册会计师,2001(4)

[4]刘丽,韩志仁. 浅论内部控制信息披露[J]. 财务透视,2005(2)

[5]陈关亭,杨芳. 上市公司内部控制报告的调查研究[J]. 审计理论与实践,2003(1)

[6]刘全贵,杨敏. 浅析上市公司内部控制信息的披露[J]. 山东机械,2005(5)

[7]刘大贤. 简论上市公司内部控制信息的披露[J]. 审计理论与实践,2000 年(4)

[8]李春玲. 简议上市公司内部控制信息的披露[J]. 上海会计,2002(8)

[9]章卫东. 企业内部控制报告问题探讨[J]. 企业经济,2002(5)

[10]李明辉. 试论内部控制报告[J]. 上海会计,2002(5)

[11]李明辉. 浅谈上市公司内部控制报告[J]. 审计研究,2001(3)

[12]蔡冬梅,郑婕霞. 小议内部控制信息披露的效益与成本[J]. 首都经济贸易大学学报,2005(2)

[13]王敏. 谈谈内部控制报告评价[J]. 财会通讯,2002(4)

[14]陈关亭,李姝. 中美内部控制评审准则比较[J]. 审计研究,2002(5)

[15]刘秋明. 我国上市公司内部控制信息披露的问题及改进[J]. 证券市场导报, 2002(6)

[16]李明辉,何海,马夕奎,等. 上市公司内部控制信息披露现状与改进[J]. 上海会计,2003(4)

[17]吴蔚. 论上市公司内部控制信息披露[J]. 北方经济,2005(12)

[18]余利. 我国上市公司内部控制信息披露研究[D]. 硕士学位论文,东华大学,2003

[19]徐伟珍. 内部控制信息披露与公司治理[D]. 硕士学位论文,暨南大学,2004

[20]K.Ragahunandan & D.V.Rama,Management Reports after COSO[J]. Internal Auditor,1994, August:54-59

[21]Dorothy A. McMullen & K.Ragahunandan,Internal Control Reports and Financial Reporting Problems[J]. Accounting Horizons,1996,December:67-75

[22]戴彦. 企业内部控制评价体系的构建——基于A省电网公司的案例研究[J]. 会计研究,2006(1)

[23]陈红,等. 内部控制与研发补贴绩效研究[J]. 管理世界,2018(12)

[24]程新生,等. 多元化企业集团内部控制研究——德隆集团公司的启示与SSA集团公司的实践[J]. 会计研究,2018(11)

[25]宋建波,等. 中国特色内部控制规范体系建设的思考[J]. 会计研究,2018(9)